존 웨슬리 표준설교집 II

새로운 탄생

개정판

kmc

John Wesley's Forty-Four Sermons

… 개정판을 내며 …

한 사람을 알고자 할 때, 그 사람의 말을 직접 듣는 것만큼 확실한 것이 없습니다. 그에 대해서 누군가가 해주는 이야기를 듣는 것도 도움은 되겠지만, 그 사람이 직접 한 말을 듣는 것만큼 선명하지는 못할 것입니다.

웨슬리의 후예라고 하는 웨슬리안이라면 무엇보다 웨슬리를 알아야 합니다. 웨슬리를 알려면 그가 한 말을 들어야 할 것입니다. 그중에서도 웨슬리가 의지를 가지고 설교한 것을 들어야 그를 알 것입니다. 우리가 웨슬리의 설교를 반드시 읽어야 하는 이유입니다.

웨슬리안이라고 자처하면서 웨슬리 설교를 읽지 않았다면, 그것은 설교집을 만나지 못했거나 읽으려고 집어 든 설교집이 읽기 어려워서였을 것입니다. 그 이유 하나로 개정판을 냅니다. 더 많은 이들이 웨슬리의 설교를 쉽게 읽을 수 있기를 바라며, 읽기 쉬운 개정판을 내어놓습니다.

존 웨슬리는 설교하며 전도하던 목회자였고, 일기와 금전출납부를 꼼꼼하게 쓰며 신앙생활의 본을 보여주었습니다. 그의 꼼꼼하고 치밀한 신학과 신앙은, 설교문과 일기와 저널과 논문 등에 세밀하게 담겨 있습니다. 엄청난 양의 그의 저서에는 산업혁명으로 기계에 밀려 무너지던 노동자를 세워준 신앙과 복음이 들어 있었고, 유혈 폭동 없이 영국을 살렸습니다.

이 땅의 웨슬리안 250만 명이 웨슬리 설교만이라도 제대로 읽는다면, 산업혁명으로 어려웠던 영국을 살렸던 것처럼 대한민국을 살리는 웨슬리안으로 살아가리라 기대합니다. 하나님의 시간은 우리가 생각하는 것만큼 더디지도 않고 급하지도 않게 지나고 있고, 우리에게 충분한 기회를 주고 있음을 믿습니다. 그리고 소망합니다, 우리의 작은 수고가 하나님의 손에 쓰임 받기를, 하나님의 사랑의 나라가 이뤄짐을.

2024년 2월
도서출판kmc

··· 웨슬리 표준설교집을 내며 ···

웨슬리의 후예들을 위하여

　웨슬리의 회심 사건을 기점으로 무려 261년이나 지난 오늘, '그 긴 시간과 상황의 차이에도 불구하고 우리는 웨슬리의 눈을 통해 오늘의 교회를 변혁할 수 있는가?'라는 말은 웨슬리의 후예들인 우리가 물어야 할 물음이다. 그것은 곧 감리교회를 비롯하여 웨슬리 전통 안에 있는 모든 교회가 자기 정체성을 확인하고 변혁의 공동체로 거듭나는 데 필요한 지침이요, 자극이기도 하다. 그러므로 오늘의 교회가 웨슬리에 관한 탐구에 힘을 쏟는 것은 희미해진 과거를 되찾고 미래를 향해 나가는 제안을 발견하자는 것에 다름 아니다.
　홍보출판국은 이러한 생각에서 과거에 발간된 웨슬리 관련 서적과 논문의 목록을 인터넷을 통하여 찾아내 안내집을 만드는 것을 출발점으로 최근 국내외에서 이루어진 연구서들을 번역, 소개하고 있다.

이와 함께 웨슬리 자신이 전한 설교를 소개하는 일이 관심사였는데 그것은 단순히 역사적 유산을 소개하는 차원을 넘어 오늘의 교회가 경험하고 있는 '강단의 공허함'을 메워줄 무엇인가를 웨슬리에게서 찾아보려는 의도이기도 하다. 강단의 공허는 교회가 마땅히 지녀야 할 하나님 나라 백성으로서의 윤리적 차별성이나 예언자적 사명을 확실히 갖지 못하여 밖으로부터 신뢰받지 못하는 지경에 이르게 된 근본 원인이기도 하다.

이러한 점에서 당시 영국 교회와 사회에 놀라운 반향을 불러일으켜 수많은 사람이 악습과 부도덕한 생활에서 벗어나고 부패와 타락으로 멸망의 길을 가던 영국을 구원하는 동기가 되었던 웨슬리의 설교를 살피는 일은 역사의식을 지닌 목회자들에게 필수 과제다.

평생동안 40,000여 회에 걸쳐 외친 설교 중 웨슬리 자신이 가장 대표적이라고 선택한 44편의 설교를 일컬어 '표준설교'라 하였는 바 그 속에는 우리의 신앙 도리가 모두 들어 있다.

이미 오래전 국내 웨슬리 전문가들에 의해 번역 소개된 이래 웨슬리신학연구원(원장: 이계준 목사)의 주선으로 전망사에서 발간해오던 것을 금번 홍보출판국이 그 판권을 넘겨받아 재발행하기에 이른 것이다. 감리교회의 창시자인 웨슬리에 관한 많은 자료를 발간하여온 위 연구원의 노고에 감사하는 마음과 다른 한편으로는 감리회본부가 이제야 그 일에 관심을 기울이게 된 부끄러움을 동시에 느끼면서 웨슬리 회심 261주년을 기해 표준설교집 1, 2편을 내놓는다.

1999년 5월
홍보출판국

감리교회 신앙 도리의 표준

존 웨슬리는 체계를 갖춘 신학 저서를 별로 쓰지 않았습니다. 그런 의미에서 그는 신학자가 아니라고 볼 수 있습니다. 그렇다고 그에게 신학이 없는 것은 아닙니다. 그의 신학은 대체로 44편 내지 53편의 『설교집』과 『신약성서 주해』, 그의 『일기』, 『서신』 등에 표현되었습니다. 그중에서도 가장 대표적인 것은 그의 『설교집』과 『신약성서 주해』입니다.

존 웨슬리는 평생에 4만여 회의 설교를 했습니다. 이 중에서 가장 대표적인 설교 44편과 그 밖의 9편을 선택하여 1771년에 네 권으로 출판하였으며, 이 『53편 설교집』(표준설교집)과 『신약성서 주해』에 나타난 기독교 도리를 감리교회의 표준 도리로 인정하였습니다. 1793년에는 이른바 고시문(Model Deed)이란 것을 발표하였는데 여기에서 그는 "연회에서 임명받은 교역자들은 본인이 발행한 4권의

『설교집』과 『신약성서 주해』에 포함된 도리 이외에 다른 것은 설교하지 않는다는 조건 아래에서만 메도디스트회의 예배소를 사용할 수 있다"고 규정하였습니다.

웨슬리는 그가 출판한 『53편 설교집』 서문에서 아래와 같이 말하였습니다. "나는 이 설교집에 수록된 설교문에서 기독교의 모든 제목에 관하여 공석상에서 자주 말하였습니다. 나는 이 가운데서 기독교의 어느 한 도리라도 다루지 않은 것이 없습니다. 그러므로 이 설교문을 읽는 사람이면 누구나 내가 여기에 포함시키고 가르치는 종교의 본질적 도리들이 무엇인지 확실히 알 것입니다(Sugden, 『표준설교집 I』, 29쪽)" 하였습니다. 그러므로 웨슬리의 설교는 그것이 비록 체계를 갖춘 신학서는 아니더라도 감리교인이 믿는 신앙 도리가 여기에 다 포함되었다고 볼 수 있으며, 그런 면에서 그의 설교는 큰 비중을 가졌다고 할 것입니다.

그러면 그의 설교 목적은 무엇이며 그 성격은 어떤 것입니까? 그는 설교집 서문에서 "나는 평범한 진리를 평범한 사람들에게 전하기를 뜻하였습니다… 나는 오직 한 가지만을 알기를 원합니다. 그것은 곧 하늘 가는 길입니다… 나는 이 설교집에서 성서에서 내가 찾은 하늘 가는 길에 대하여 서술하였습니다(Sugden, 『표준설교집 Ⅰ』, 서문, 30~32쪽)"라고 하였습니다.

그러므로 웨슬리의 설교는 본질적으로 실용적이었습니다. 그의 설교는 "복음의 적나라한 진리"를 개진하여 하늘 가는 길을 보여주는 것, 바꾸어 말하면 사람들로 구원을 얻게 하는 데 있었습니다. 그렇기 때문에 그는 "정교한 철학적 사고와 착잡한 이론 전개의 방법"을 쓰지 않았습니다.

그러나 그의 설교는 다만 여기에 그친 것이 아니요, 성서에 나타난 기독교의 구원의 도리를 올바로 나타냄과 함께 이에 대한 오해와 고의적인 반대 이론을 타파하려는 데도 그 목적이 있었습니다. 그러므로 그의 설교에는 기독교 도리에 대한 변증도 없지 않았습니다. 예컨대 루터이래 유신앙론(唯信仰論)의 주장으로 이른바 도덕 무용론, 즉 우리는 믿음으로만 의롭다 함을 받기 때문에 선행이 필요 없다는 극단론이 있어서 선행을 경시 내지는 무시하는 경향이 신자간에 많았던 것입니다. 그리하여 웨슬리는 이에 대하여 적극적인 반대론을 폈습니다. 그는 구원의 유일한 조건은 믿음임에 틀림없으나 "하나님은 의심 없이 우리에게 회개와 회개에 합당한 열매를 맺으라고 명령하십니다. 그러므로 우리가 짐짓 이를 무시한다면 우리는 의롭다 함을 받을 수 없을 것입니다.

따라서 회개와 및 회개에 합당한 열매는 어느 의미에서는 의인(義認)에 필요 불가결한 조건입니다. 다만 이것은 믿음과 같은 의미, 같은 정도에서 필요한 것은 아닐 따름입니다"라고 하여 회개와 회개에 합당한 열매 즉 선행을 중시하여 이를 권장하였습니다.

웨슬리는 또한 그 당시 유행한 신비주의의 가치를 충분히 인정하면서도 이것은 동시에 구원의 유일한 조건인 믿음을 무시할 뿐 아니라 신앙생활의 향상을 위한 은혜의 방법들, 즉 기도, 성서 읽기, 성찬식 참여 등을 무시하고 있다고 보았습니다. 그러한 신비주의 사상은 예수님의 "너희는 세상의 소금이요 빛이라" 하신 교훈을 경시하여, 우리가 이 세상에 살면서 부패한 세상을 청신케 하고 그리스도의 빛으로 어두운 세상을 밝혀줄 책임을 망각하여, "우리의 사고의 전부를 다만 높은 천상의 경지에 몰입시켜 외부의 사물들과의 접촉을 단절하고 우리의 영 속에서 하나님과의 대화로만 시종할 것입니다(Sugden, 『표준설교집 Ⅰ』, 380쪽)"라고 말함으로써 기독교의 사회성을 부인하였던 것입니다. 그리하여 웨슬리는 설교문을 통하여 기독교 내의 불건전한 사상과 경향 등을 통박하여 그의 신도들에게 그릇된 교훈과 경향에 현혹되지 않도록 경계하였습니다. 요컨대 그의 설교는 기독교 도리의 변증적 역할도 크게 하였던 것입니다.

웨슬리의 설교는 영국 교회와 사회에 놀라운 반향을 불러일으켰습니다. 그의 전도를 들은 대중들은 지난날의 모든 죄를 눈물로 통회하고, 모든 악습과 부도덕한 생활에서 벗어나 선량하고 성실한 사람들이 되었습니다. 그의 설교는 그들을 새 사람이 되게 하였고, 부패하고 타락하여 멸망의 언덕으로 굴러가던 영국 사회를 무서운 도덕적 파산 상태에서 건져냈습니다. 이것은 독단론이 아니요, 모든 역사가들이 입을 모아 증거하는 바입니다. 이와 동시에, 그의 힘있는 설교를 통한 부흥 운동은 당시의 무기력한 교직자들을 깊은 잠에서 깨우쳐 침체하던 교계에 새로운 활력을 불어 넣어 주었습니다.

그러면 20세기 후반에 처한 우리는 그의 설교를 어떻게 이해하며 어떻게 받아들일 것입니까? 200여 년 전에 저 어두운 영국 사회에서 외친 그의 설교가 오늘 우리에게 적절한 것이며, 받아들임직한 것이겠습니까? 이 문제를 생각함에 있어서 우리는 먼저 그의 설교의 영감의 근원을 살펴볼 필요가 있습니다. 단도직입적으로 말해서, 그의 설교는 하나님의 성령의 감화에 의하였다는 것을 인정하지 않을 수 없습니다. 1738년 5월 24일 그의 마음이 뜨거워지고, 다시 그 이듬해 1월 1일 페터레인 집회소에서 하나님의 능력의 입히심을 받은 이후 그의 설교에는 위대한 능력이 따랐습니다. 곧 죄인으로 하여금 "마음에 찔려" 죄를 인식하게 하고 마음을 아프게 하여 회개의 눈물을 흘리게 하고, 결연히 죄에서 나와 새 사람이 되게 하고 새 생활을 하게 하였던 것입니다. 그의 설교는 그보다 1,700년 전 오순절 때의 베드로의 설교 그것이었습니다. 우리가 설교에서 이 밖에 또 다른 것을 요구할 수 있겠습니까?

만일 웨슬리의 설교가 다만 웨슬리라는 자연인의 머릿속에서 산출된 것이었다면, 어떻게 그러한 감화력과 새 사람 되게 하는 영력이 따랐겠습니까? 그는 『표준설교집』 서문에서 "나는 이 설교집에서 성서에서 내가 찾은 '하늘 가는 길'에 대하여 기술하면서 이 길을 다만 인간이 안출한 길과 구별하려고 생각했습니다. 나는 여기에서 참되고 성서적이며 경험적인 종교를 나타내기에 힘썼으며, 이러한 종교의 본질에 관하여서는 추호도 빼놓지 않는 한편, 여기에 관계없는 것은 하나라도 첨가하지 않기를 힘썼습니다(Sugden, 『표준설교집 I』, 서문 32쪽)"라고 하였습니다.

여기에 문제되는 것은, 그러면 그는 설교문에서 과연 성서에 나타난 "하늘 가는 길"을 올바로 찾았는가 하는 점입니다. 그가 만일 성서에 나타난 하늘 가는 길을 찾았다면 그의 설교는 영원성을 가졌다고 인정할 것이요, 그렇지 못하다면 그것은 다만 시대적이요 일시적인 것에 지나지 않을 것입니다.

그러나 감리교회는 오늘까지 웨슬리의 『표준설교집』과 『신약성서 주해』를 감리교회의 신앙 도리의 표준으로 삼고 있습니다. 그의 설교는 대체로 성서적이며 또 경험에 토대한 것입니다. 그러므로 20세기 후반에 처한 우리는 그의 설교를 이런 견해 아래에서 평가하며, 우리의 신앙과 도리의 길잡이로 삼아 나감에 있어서 큰 잘못이 없음을 인정하기를 주저하지 않습니다.

우리는 한국에 감리교회가 전래된 지 100년이나 아직까지 감리교회 교조의 설교가 우리말로 옮겨져 수십만 감리교도들에게 읽혀지지 못하고 있음을 깊이 유감으로 생각하던 차에 금번 웨슬리의 다른 저서와 함께 그의 설교도 번역 출판하게 된 것에 커다란 만족과 긍지를 느낍니다. 이것은 확실히 감리교회 전래 100년 사상 획기적인 사업임에 틀림없다고 자부하여 큰 잘못이 없다고 믿고 싶습니다.

그러나 우리는 그의 설교문 번역이 그리 쉽지 않은 작업임을 절실히 느꼈습니다. 원래 남의 말을 우리말로 옮긴다는 것은 어려운 작업임에 틀림없으나, 더욱이 웨슬리의 설교는 더 한층 쉬운 것이 아님을 우리 역자들은 느꼈습니다. 그는 그의 설교집 서문에 자기는 "평범한 사람들에게"라는 생각 아래 그 설교문을 썼다고 했으나, 그의 설교문은 그리 평범한 것이 아니었고, 몹시 난삽하였으며 까다로운 만큼 번역에 고

심하지 않을 수 없었습니다. 그리고 번역에 수고하신 분들이 오늘 한국 내에서 유수한 학자들이었으나, 그런 만큼 모두 바쁜 탓에 충분한 시간적 여유를 가지지 못하였기 때문에 또한 큰 어려움이 있었습니다. 그러나 모두들 성심껏 분망한 시간을 쪼개 어려운 작업을 완수하여 주신 데 대하여 깊이 감사의 뜻을 표합니다.

이 책을 번역하는 데는 엡워드 사가 펴낸 *John Wesley's Forty-Four Sermons*를 사용했습니다. 웨슬리의 설교는 원래 연설체이기 때문에 같은 뜻의 표현을 반복한 것은 더러 생략하기도 하였습니다. 그리고 인용 성구는 원칙적으로 "공동 번역"을 표준으로 하였으나 때로는 "새번역"과 "개역"을 따르기도 하였으며, 고유 명사는 재래식을 따랐습니다.

우리는 우리의 노고가 헛되지 않기를 간절히 바라며, 이를 통하여 웨슬리의 신앙과 신학을 깊이 이해하여 그의 설교가 이룩한 도덕적 갱신과 교회 부흥과 사회 혁신이 이 땅에서도 이루어지기를 절원하는 바입니다.

옮긴이

··· 차례 ···

개정판을 내며 2
웨슬리 표준설교집을 내며 4
서문 6

23. 산상설교 VIII
Upon our Lord's Sermon on the Mount VIII 마 6:19~23 ······ 17

24. 산상설교 IX
Upon our Lord's Sermon on the Mount IX 마 6:24~34 ······ 49

25. 산상설교 X
Upon our Lord's Sermon on the Mount X 마 7:1~12 ······ 77

26. 산상설교 XI
Upon our Lord's Sermon on the Mount XI 마 7:13~14 ······ 99

27. 산상설교 XII
Upon our Lord's Sermon on the Mount XII 마 7:15~20 ······ 117

28. 산상설교 XIII
Upon our Lord's Sermon on the Mount XIII 마 7:21~27 ······ 137

29. 율법의 기원, 본성, 속성과 용법
    The Original, Nature, Property and Use of the Law 롬 7:12 ······ 159

30. 믿음으로 세워지는 율법 Ⅰ
    The Law Established through Faith Ⅰ 롬 3:31 ······ 187

31. 믿음으로 세워지는 율법 Ⅱ
    The Law Established through Faith Ⅱ 롬 3:31 ······ 211

32. 광신의 본성
    The Nature of Enthusiasm 행 26:24 ······ 229

33. 편협한 믿음에 대한 경고
    A Caution against Bigotry 막 9:38~39 ······ 253

34. 보편적 정신
    Catholic Spirit 왕하 10:15 ······ 281

35. 그리스도인의 완전
    Christian Perfection 빌 3:12 ······ 305

36. 방황하는 생각
    Wandering Thoughts 고후 10:5 ······ 341

37. 사탄의 계략
Satan's Devices 고후 2:11 ······ 361

38. 원죄
Original Sin 창 6:5 ······ 383

39. 새로운 탄생
The New Birth 요 3:7 ······ 405

40. 광야의 상태
The Wilderness State 요 16:22 ······ 429

41. 여러 가지 시험을 통한 근심
Heaviness through Manifold Temptations 벧전 1:6 ······ 457

42. 자기 부인
Self-Denial 눅 9:23 ······ 481

43. 험담의 치료
The Cure of Evil Speaking 마 18:15~17 ······ 501

44. 돈의 사용
The Use of Money 눅 16:9 ······ 521

23

산상설교 VIII
Upon our Lord's Sermon on the Mount VIII

〈John Wesley〉, John Michael Williams, 1743

너희를 위하여 보물을 땅에 쌓아 두지 말라 거기는 좀과 동록이 해하며 도둑이 구멍을 뚫고 도둑질하느니라 오직 너희를 위하여 보물을 하늘에 쌓아 두라 거기는 좀이나 동록이 해하지 못하며 도둑이 구멍을 뚫지도 못하고 도둑질도 못하느니라 네 보물 있는 그 곳에는 네 마음도 있느니라 눈은 몸의 등불이니 그러므로 네 눈이 성하면 온 몸이 밝을 것이요 눈이 나쁘면 온 몸이 어두울 것이니 그러므로 네게 있는 빛이 어두우면 그 어둠이 얼마나 더하겠느냐 (마 6:19~23)

1. 일반적으로 종교적 행위라고 일컫는 것들은 참된 종교의 진실된 가지라 할 수 있는데, 이러한 것들은 순수하고 거룩한 의도에서 돋아난 가지로서 그에 알맞은 방식으로 행해야 하는 것들입니다. 그래서 우리 주님께서는 일상생활 중에 나타나는 행동들에 대한 가르침을 이어 말씀하시는데, 우리가 구제, 금식, 혹은 기도할 때처럼 우리의 일상생활에서도 그와 동일한 의도의 순수성(purity of intention)이 반드시 요청된다는 것을 보여주십니다.

　　의심할 것도 없이 동일한 의도의 순수성이 있어야 우리의 구제와 헌신이 하나님께서 받으실 만한 것이 되며, 우리의 노동이나 고용 또한 하나님께서 받으실 만한 것이 됩니다. 만일 우리가 사업을 하되 그 목적이 자기의 지위를 높이거나 단순히 부의 축적을 위하는 것만이라면 우리는 더 이상 우리의 직업을 통하여 하나님을 섬기는 것이 아닙니다. 따라서 그는 사람들의 칭찬을 얻으려고 구제를 하거나 남에게 보이려고 기도하는 사람처럼 하나님께로부터 아무런 상급도 받지 못합니다. 우리가 구제나 종교적 헌신에서만이 아니라 우리의 일반 세상 직업에서도 헛되고 세상적인 계획들을 마음에 품어서는 안 됩니다. 이러한 것들이 우리의 선한 행위, 우리의 종교적 행위들과 섞여 있을 때 악한 것이 되며, 그뿐만 아니라 이것들이 우리의 일반적인 고용 사업 안에 들어와 섞여 있을 때에도 동일한 악한 본성을 가지게 됩니다. 만일 우리가 세상적인 고용 사업에서 그러한 마음을 허용한다면 우리의 종교적 헌신에서도 그런 마음을 추구하는 것이 허용될 것입니다. 그러나 우리가 구제나 헌신을 할 때 그것이 의도의 순수성에서 나온 것이 아니라면 우리의 그 행위들은 받으실 만한 예배가 될 수 없습니다. 마찬가지로 우리의 일반적인 사업도 동일한 마음의 경건으로 행한 것이 아니라면 이 역시 하나님께서 받으실 만한 예배라고 생각할 수 없습니다.

2. 복되신 우리 주님께서는 이 장(마태복음 6장-역자 주) 전체에 걸쳐 가장 생생한 방식으로, 강하고 이해하기 쉬운 말들로써 당신께서 설명하고 강조하며 확장하신 것을 선포하십니다. "눈은 몸의 등불이다. 그러므로 만일 네 눈이 단순하면(single) 네 온몸이 빛으로 가득하게 될 것이요, 그러나 네 눈이 악하면 네 온몸이 어두움으로 가득하게 될 것이다." 여기서 '눈'은 인간의 '의도'를 가리킵니다. 우리의 눈이 육체에 대해 갖는 관계는 의도가 영혼에 대해 갖는 관계와 같습니다.

눈이 온몸의 움직임을 지도하는 것처럼 의도는 영혼의 움직임을 지도합니다. 그러므로 영혼의 눈은 오직 하나만을 바라볼 때 순일(純一)해야 된다고 말합니다. 만일 우리가 모든 것에서 항상 하나님을 기쁘시게 하려는 생각만 한다면, 우리의 마음과 생각과 혼과 힘을 다하여 그분을 섬기듯이 또한 그분을 사랑하려는 생각만 한다면, 영원토록 모든 만물 안에 계시고 모든 만물 위에 뛰어나신 하나님을 기뻐하려는 생각만 한다면, 우리는 비로소 우리의 눈이 단순하다고 말할 수 있습니다.

3. "만일 당신의 눈이 단순하면", 즉 하나님께만 고정되어 있다면, "당신의 온몸이 빛으로 가득하게 될 것"입니다. 몸이 눈에 좌우되는 것처럼 '온몸'은 그 의지가 좌우합니다. 온몸은 당신의 존재 전체, 당신이 욕망하는 모든 것, 당신의 기질, 모든 감정, 당신의 모든 말과 행위를 의미합니다. 이 모든 것이 "빛으로 가득하게 될 것"이란 말이며, 참된 신성한 지식으로 가득하게 될 것이라는 뜻입니다. 이것이 우리가 여기에서 '빛'이라고 이해하는 것에 대한 첫째 해석입니다. "그의 빛 안에서 당신은 빛을 보게 될 것입니다." 옛 계명을 통해 어두움 가운데 빛을 비추라고 명령하셨던 하나님이 당신 마음에 빛을 비추게 될 것입니다. 그분의 성령께서 하나님의 "깊은 것"을 드러내 주실 것입니다. 성령의 감화감동이 그대에게 이해력을 줄 것이며 이로써 비밀스러운 지혜를 알게 될 것입니다. 그렇습니다. 당신이 그분께 받은 기름부음이 "당신 안에 머무르고 있어 모든 것을 당신에게 가르치실 것"입니다.

우리의 경험이 이를 어떻게 확증해 주고 있습니까? 그러나 하나님께서 우리가 이해할 수 있는 눈을 열어 주신 후라도, 우리가 하나님 외에 다른 것을 추구하거나 욕망하면 우리의 어리석은 마음은 얼마나 빨리 어두워질는지요! 그렇게 되면 우리의 영혼에 다시금 구름이 드리우게 됩니다. 의심과 두려움이 다시 우리를 엄습합니다. 우리는 갈 길과 행할 일을 알지 못하여 무엇을 해야 할지 우왕좌왕하게 될 것입니다.

그러나 만일 우리가 하나님 이외에 다른 어떤 것을 욕망하거나 추구하지 않는다면 구름과 의심은 사라지고, "한때 어둠이었던" 우리가 "이제는 주님 안에서 빛이 될 것입니다." 밤은 낮처럼 밝게 빛나고 우리는 "의로운 자의 길이 빛나는" 것을 보게 될 것입니다. 하나님께서는 우리가 마땅히 가야 할 길을 보여주시고, 우리의 얼굴 앞에 놓인 길을 평탄하게 하실 것입니다.

4. 여기서 우리가 빛이라고 이해하는 것의 둘째 의미는 거룩함(holiness)입니다. 만일 당신이 모든 일에서 하나님만을 찾는다면 모든 거룩함의 원천이 되시며 당신 자신의 형상과 의와 자비와 진실로 당신을 계속해서 충만하게 하시는 그분을 모든 것 안에서 발견하게 될 것입니다. 만일 당신이 예수님과 하나님만을 바라본다면 당신은 예수님의 마음으로 채워질 것입니다. 당신의 영혼은 우리를 지으신 하나님의 형상을 따라 날마다 새로워질 것입니다. 만일 당신의 마음의 눈이 주님에게서 떠나지 않는다면, 만일 당신이 "보이지 않는 하나님"을 인내로써 바라본다면, 하늘과 땅 위의 다른 어떤 것도 보지 않는다면, 당신은 비로소 주님의 영광을 보게 될 것이며, 당신은 주님의 영으로 말미암아 주님의 영광스러운 형상으로 변화를 받아 영광에서 영광에 이르게 될 것입니다.

이것은 또한 "우리가 은혜로 말미암아 믿음을 통해 구원받았음"을 매일 경험하는 문제이기도 합니다. 믿음이 있어야만 우리 마음의 눈이 열려 주님의 영광스러운 사랑의 빛을 보게 됩니다. 그리고 우리의 눈이 하나님과 세상의 화해자이신 그리스도 안에 나타난 하나님께로만 향한다면 우리는 더욱더 하나님 사랑과 이웃 사랑으로, 온유와 친절과 오래 참음으로 가득 채워질 것입니다. 이렇게 될 때 우리는 예수 그리스도를 통하여 변화된 모든 거룩한 열매로 충만하게 되어 하나님께 영광을 돌릴 것입니다.

5. 단순한 눈을 가진 자에게 채워지는 빛의 셋째 의미는 거룩함과 함께 행복을 의미합니다. 분명히 "빛은 달콤하며 태양을 보는 것은 즐거운 일입니다." 그러나 영혼을 끊임없이 비추는 '정의의 태양(Sun of Righteousness)'을 보는 것은 얼마나 더 즐거운 일이겠습니까! 그리스도 안에서 어떤 위로가 있거든, 어떤 사랑의 안위가 있거든, 모든 생각을 뛰어넘는 어떤 평화가 있거든, 하나님의 영광을 소망하는 가운데 어떤 즐거움이 있거든, 이것은 바로 단순한 눈을 가진 자들의 소유입니다. 이러한 사람은 "그의 온몸이 밝을 것"입니다. 하나님께서 빛 가운데 계신 것처럼 이러한 사람도 빛 가운데 거합니다. 이런 사람은 늘 기뻐하며, 쉬지 않고 기도하며, 범사에 감사합니다. 이런 사람은 그리스도 예수 안에서 하나님의 뜻이 자신과 관련된 것이라면 무엇이든지 즐거워합니다.

6. "만일 네 눈이 나쁘면 네 온몸이 어둠으로 가득할 것이다." "만일 네 눈이 나쁘면", 단순한 눈과 나쁜 눈 사이에 중간 상태란 없습니다. 눈이 단순하지 않으면 그 눈은 나쁩니다. 이와 마찬가지로 우리가 무엇을 하든지 그 의도가 오로지 하나님 한 분만을 목적으로 삼지 않고 다른 것을 추구한다면 우리의 마음과 양심은 불순하게 됩니다.

그러므로 우리가 만일 무슨 일에나 하나님 이외에 다른 것을 의도한다면, 우리가 하나님 이외에 다른 것을 알고 사랑하고 바라본다면,

우리가 무엇이든지 하나님 이외에 다른 것을 기쁘게 하고 섬긴다면, 우리가 하나님을 기뻐하는 것 이외의 다른 것을 마음에 품고 있다면, 그리고 지금부터 영원토록 하나님을 향유하는 것(to enjoy God) 이외에 그 어떤 다른 구상을 가지고 있다면, 그것은 우리의 눈이 나쁘다는 증거입니다.

7. 만일 당신의 눈이 오로지 하나님께로만 고정되어 있지 않다면 "당신의 온몸이 어두움으로 가득 찰 것"입니다. 즉 당신의 마음에는 휘장이 가려지며, 이 세상의 신이 그대의 눈을 점점 더 어둡게 할 것입니다. 그리하여 "그리스도의 복음의 영광스러운 광채가 당신 위에 비치지 못하게 될 것"입니다. 따라서 당신은 무지와 오류가 가득하게 되어서 하나님의 사건을 느끼지 못하며, 이를 받아들이거나 분별하지 못할 것입니다. 심지어 당신에게 하나님을 섬기려는 마음이 조금 있을지라도 어떻게 그분을 섬겨야 할지 확실히 알 수 없으며, 당신은 모든 것에서 의심과 난관을 겪고 미로를 방황하게 될 것입니다.

과연 그렇습니다. 만일 당신의 눈이 단순하지 못하고 땅에 속한 것만을 추구한다면, 당신은 거룩하지 못하고 불의가 가득하게 될 것입니다. 당신의 욕망과 성정과 감정이 정도를 벗어나 온통 어둠과 죄악과 허망한 것의 지배를 받을 것입니다. 따라서 당신의 마음뿐만 아니라 당신의 입에서 나오는 말도 소금을 골고루 치지 않은 것처럼 악하게 되며 듣는 사람에게 은혜를 끼치기는커녕 도리어 게으르며 무익하고 타락하여, 하나님의 성령을 근심하게 할 것입니다.

8. 이런 사람에게는 멸망과 불행만이 그의 길이 될 것이요, "평

강의 길을 알지 못할" 것입니다(사 59:8). 하나님을 알지 못하고 그분을 전심으로 찾지 않는 자들에게는 영원하고 참된 평강과 만족이 없습니다. 당신이 사라지고 말 것들을 하나라도 추구한다면 그 모든 결과는 허망할 뿐이며, 심령도 상하게 될 것입니다. 당신이 찾고 즐기는 모든 것에서도 그러할 것입니다. 그대는 진실로 헛된 그림자 속에서 살며 마음의 허무함 가운데서 불안을 느낄 것입니다. 당신은 온몸을 휩싸는 어둠을 걷게 될 것이며, 자리에 눕되 안식하지 못하고, 삶에 대한 꿈들은 고통의 연속임을 알고 있습니다. 그것들은 평안을 가져다주지 못합니다. 이 세상이나 오는 세상에서나 참된 안식이 없고, 오직 모든 영혼의 중심이 되시는 하나님 안에서만 참된 안식이 있습니다.

"그러므로 만일 당신 속에 있는 빛이 어두우면 그 어두움이 얼마나 심하겠느냐?" 모든 영혼을 비춰야 할 그 마음의 의도가, 그 영혼을 자식과 사랑과 평화로 가득 채워 주어야 할 의도가(만일 당신의 눈이 단순하다면, 즉 하나님 한 분만을 향해 고정되어 있다면 실제로 이것은 가능합니다) 어둠이라면, 만일 당신의 눈이 하나님 이외에 다른 것을 향해 있다면, 그리고 그 결과 당신의 영혼이 빛이 아닌 어둠과 무지와 실수와 죄와 불행으로 덮여 있다면, 아! 그 어둠이 얼마나 크겠습니까! 그것은 밑이 없는 구렁텅이에서 솟구쳐 오르는 바로 그 연기입니다! 그것은 가장 낮고 깊은 세계, 즉 죽음의 그림자의 땅을 다스리는 칠흑의 밤입니다.

9. 그러므로 "자신을 위하여 이 땅에 재물을 쌓아 두지 마십시오. 땅에서는 좀이 먹고 녹이 슬어 못쓰게 되며 도둑이 뚫고 들어와 도둑질합니다." 만일 당신 이렇게 한다면 당신의 눈이 악한 것이 틀림없습

니다. 당신의 눈이 오로지 하나님께로만 고정되어 있지 않은 것입니다.

일반적으로 하나님의 계명을 준수하는 데 관해서는 그것이 마음에 관련된 것이든 실생활에 관련된 것이든 상관없이, 저 아프리카나 아메리카에 사는 이교도들(미개인들)도 소위 그리스도인이라 불리는 사람들 못지않은 수준에 올라와 있습니다. 그리스도인들도 일부 소수를 제외하고는 이방인들과 거의 비슷하게 그 계명을 지킵니다. 예컨대 일반적으로 그리스도인이라 하는 영국 본토인 대부분은 희망봉 근처에 거주하는 이방인들과 다름없이 진실하고 온건합니다. 마찬가지로 네덜란드인이나 프랑스인(북미 조지아와 루이지애나를 개척한) 그리스도인들도 북미의 체로키 인디언이나 마찬가지로 겸손하고 정숙합니다. 유럽 여러 나라 사람들과 미국 여러 주의 사람들(미국 본토 홍인종들)을 비교해 보았을 때 대체로 어느 쪽이 더 나을지 말하기가 곤란합니다. 적어도 미국 본토인들이 더 뛰어나다고 말할 수는 없을 것 같습니다. 하지만 지금 우리가 문제 삼는 이 계명(마 6:19~20)에 비추어 봤을 때 반드시 그렇다고 자신할 수도 없습니다. 이 점에 있어서는 이방인들이 훨씬 앞서고 있습니다. 왜냐하면 그들은 평범한 식물에 만족하며, 의복은 몸을 가리는 정도로도 부족함을 느끼지 않기 때문입니다. 매일의 분량 외에 더 요구하지 않으며, 기껏해야 다음 해 추수기까지 필요한 분량만 쌓아 두고 더 요구하지 않습니다. 그러므로 이방인들은 비록 이 계명을 인식하지 못했지만 언제나 "재물을 쌓아 두지 말라"는 이 계명을 꾸준히 규칙적으로 지키고 있는 것입니다. "그들은 자기를 위하여 이 땅에 재물을 쌓아 두지" 않으며, "좀이 먹거나 녹이 슬거나… 도둑이 뚫고 들어와 훔쳐갈 수 있는" 화려한 의복이나 금은을 쌓아 두지 않습니다. 그런데 지극히 높은 하나님께 계명을 받았다고 자처하는 그리스도인들은 얼마나 이 계명을 지키고 있습니까? 전혀 그렇지 않습니다! 하나도 지키지 않습니다! 마치 그런 계명을 받은 적도 없는 것처럼 지키지 않습니다. 독실한 그리스도인이라고 자타가 다 인정하는 사람들도 그 계명을 함부로 합니다. 그들이 알아차린 것이 행여 헬라어 원문에 여전히 감추어져 있을 수도 있습니다. 기독교 도시 가운데 어느 도시에서 재물의 축적과 증식에 일말의 양심의 가책을 느끼는 이를 5백 명 중 단 한 사람이라도 찾아볼 수 있습니까? 자신이 할 수 있는 한 최대한으로 재물을 늘리는 행동에 대해서 일말의 양심의 가책을 느끼는 사람 말입니다. 물론 부정한 방법으로 재물을 늘리지 않는 사람을 찾을 수 있겠지요. 남의 재물을 탈취하거나 도둑질하지 않고 부를 축적하는 사람도 많이 있을 것입니다. 이웃의 등을 쳐서 자기 배를 채우지 않는 사람들도 많이 찾아볼 수 있습니다. 그러나 이것은 전혀 다른 논점입니다. 설령 이 사람들이 양심의 가책을 느끼지 않는다 하더라도 그러한 행동에는 분명히 문제가 있습니다. 그들은 부적절한 방법으로 재물을 쌓아 두는 것에는 양심의 가책을 느끼지만 '재물을 이 땅에 쌓아 두는 일'에 대해서는 마음에 아무런 가책을 느끼지 않습니다. 그들은 그리스도께 불순종하는 데서 시작하지 않습니다. 대신 이교도의 도덕성을 위반함에서 시작합니다. 그래서 정직하다고 한 그들도 노상의 강도나 가택 침입자에 못지않게 주님의 계명을 어기고 있습니다. 그렇습니다. 그들은 이 계명을 지키려고 생각조차 한 적이 없습니다. 그들은 그리스도인 부모나 시장 밑에서, 그리고 그리스도인 친구들 틈에서 자랐지만 이에 대한 어떤 가르침도 받지 못했습니다. 이 계명이 없었더라면 어쩌면 그들은 죽는 날까지 할 수 있는 대로 많이, 그리고 기회가 있으면 곧바로 이 계명을 어겼을 것입니다.

10. 이 세상에 아마 이 재물 축적보다 더 우리의 정신을 빼앗는 것은 없을 것입니다. 재물을 모으는 사람들 중의 대다수는 성서를 읽거나 들으며, 매주일 교회에 나가 그 말씀을 읽거나 듣습니다. 그들은 이 성서의 말씀을 수백 번도 더 읽거나 들었습니다. 하지만 그들은 자기들의 자녀를 몰록(Moloch, 옛 페니키아인이 아이를 제물로 드려 제사하던 화신-역자 주)에게 바치는 것을 금했던 바로 그 말씀에 의해 정죄를 받고 있다고 생각조차 해본 적이 없습니다. 오! 하나님께서는 친히 자신의 위대하신 목소리로 자기 자신을 속이고 있는 이 비참하고 우매한 인간들에게 말씀하십니다. 저들은 마귀의 올무에서 깨어나야 하고 자신의 눈에 붙어 있는 비늘을 떼어내야 합니다.

11. 그러면 "재물을 이 땅에 쌓아 둔다"는 말은 무슨 뜻일까요? 우리는 이 말을 면밀히 검토할 필요가 있습니다. 이 말씀이 무엇을 의미하는지 분명히 분간하기 위해 우선 이 명령에서 금하지 않는 것은 무엇인지를 살펴보도록 합시다.

첫째, 예수님의 명령에는 모든 사람들 앞에서 선한 일을 도모하기 위한 것, 자기가 내야 할 모든 의무금을 -그것이 무엇이든 상관없이 우리에게 정당하게 요구되는 것들- 납부하기 위해 재물을 쌓는 것을 금하지 않았습니다. 이것 때문에 하나님께서는 우리에게 "아무에게도 어떠한 빚도 지지 말라"고 가르치신 것입니다. 그러므로 우리는 다른 사람에게 빚지지 않기 위해 우리의 직업에 최선을 다해 근면성실해야 합니다. 이것이야말로 바로 우리 주님께서 "폐하러 온 것이 아니라 완성하러 왔다"고 말씀하신 지극히 평범하고 당연한 바로 그 공통적 정의의 법칙입니다.

둘째, 재물을 쌓아 두지 말라는 말씀이 금하고 있지 않은 것은 우리의 육체의 필요를 채우기 위한 것입니다. 즉 평범하고 몸에 유익한 음식물이나 깨끗한 의복을 갖추는 데 필요한 재물을 말합니다. 그렇게 하는 것은 우리의 의무입니다. 왜냐하면 하나님께서 이러한 것을 공급할 능력을 또한 우리에게 부여하셨기 때문입니다. 이렇게 해야 다른 사람에게 폐를 끼치지 않고 "우리 스스로 자신의 먹거리를 먹을 수" 있을 것입니다.

셋째, 우리의 자녀들과 가족을 돌보기 위해 재물을 저축하는 것은 금지 사항이 아닙니다. 자기 가정을 책임지는 것은 이 세상의 도덕법에 비춰 보아도 당연한 의무입니다. 모든 사람은 자기의 가족의 생활에 필요한 평범한 것들을 공급해 주어야 하며, 더욱이 불행하게 가장이 죽은 이후에라도 가족이 거리에 내몰리는 비극이 없도록 재물을 저축해야 합니다. 여기에서 내가 말하는 것은 고급스러운 것이나 필요 이상의 것이 아니라 "생활에 꼭 필요한" 지극히 평범하고도 기본적인 것을 말합니다. 또한 그것을 모을 때도 근면성실하게 일한 대가로 얻은 것을 말합니다. 유가족들이 호화스러운 삶이나 빈둥거리는 삶을 누리도록 그 이상으로 남겨 주는 것은 의무가 아닙니다. 만일 누구든지 자기 자녀들이나 부인을 위해서 그렇게 필요 이상으로 남겨준다면 사도 바울이 디모데에게 말한 그 유명한 말씀처럼 이 사람은 실제적으로 "믿음을 저버린 사람이요, 믿지 않는 사람보다 더 나쁜 사람(딤전 5:8, 새번역)", 즉 이교도보다 더 나쁜 사람입니다.

마지막으로, 예수님의 계명에서 금하지 아니한 것은 우리가 위에서 말한 여러 가지 목적을 이루기 위해 사업을 할 때 꼭 필요한 재물을 시의적절한 방법과 정도로 때때로 쌓아 두는 행위입니다. 먼저 적절한 방법이라는 것은 다른 사람에게 빚을 지지 않는 것을 말합니다. 둘째, 우리가 살아가는 데 꼭 필요한 생필품을 얻기 위한 것을 말합니다. 셋째, 우리가 사는 동안 자기 집을 꼭 필요한 것으로 채워 놓기 위한 수단으로서, 우리가 죽어서 하나님께로 갈 때를 대비해서 조달하는 수단으로서의 경제활동을 의미합니다.

12. 이상 서술한 바에 따라 이제 우리는 주님께서 금하신 것이 무엇인지 확실히 분간할 수 있습니다. 여기에서 금하는 것은 우리가 위에 말한 목적에 부응하는 정도 이상으로 재물을 탐하고 쌓아 두려는 것입니다. 그것은 이 세상의 물질을 많이 얻으려고, 더 많은 금과 은을 모으려고 안간힘을 쓰는 것입니다. 그러므로 위에 말한 필요 이상으로 더 많이 재물을 쌓아 두려는 것은 오늘 성서 말씀에서 분명하고도 단호하게 금하였습니다. 이 말씀이 담고 있는 의미는 바로 이것이고 다른 어떤 의미도 아닙니다. 따라서 만일 어떤 사람이 다른 사람에게 어떤 것도 빚지지 않고, 자신과 자기 가족들에게 필요한 음식과 의복을 갖고 있으며, 또한 위에서 언급한 그 합당한 목적을 이루기 위해 이 세상에서 사업을 수행하는 데 충분한 자금을 갖고 있는데도 불구하고, 만일 그가 이 세상에서보다 더 많은 몫을 추구하고 있다면, 단언하건대 그 사람이 누가 되었든지 그는 공공연히 자기를 사신 주님을 상습적으로 부인하는 자이며, 실제로 믿음을 부인하는 자이며, 믿지 않는 저 아프리카나 아메리카의 이교도보다 나쁜 사람입니다.

13. 여러분, 이 말을 들으십시오! 이 세상에서 살을 붙이고 살며 당신이 사는 세상을 사랑하는 이들이여, 좀 들어보십시오. 여러분은

사람들에게는 높임을 받을지 몰라도 하나님 보시기에는 역겨운 존재들입니다. 언제까지 그대들의 영혼을 이대로 흙 속에 버려두겠습니까? 언제까지 진흙탕 싸움을 하면서 사시겠습니까? 당신은 언제 정신 차려 하늘나라보다 입을 더 벌리고 엄청난 기세로 다가오는 지옥이 있다는 사실을 깨달으시렵니까? 도대체 언제 여러분은 더 좋은 쪽을 선택하라는 말에 귀를 기울이겠습니까? 그렇게 귀를 기울이지 않는 이상 그 지옥은 여러분에게서 멀어지지 않을 것입니다. 여러분은 도대체 얼마나 더 있어야 다른 모든 것을 거부하고, 싫어하고, 혐오하면서 "하늘에 보화를 쌓아 둘" 생각만 하시렵니까? 만약에 여러분이 "땅 위에 보화를 쌓아 두려고" 한다면 여러분은 양식이 아닌 것을 위해 여러분의 시간과 에너지를 잃게 될 것입니다. 설령 여러분이 땅 위에 보화를 잘 쌓아 두었다고 한들, 그 수고의 결과가 무엇이란 말입니까? 여러분은 그저 자신의 영혼을 죽였을 뿐입니다! 여러분의 영적인 생활의 마지막 불꽃을 꺼뜨린 것입니다! 그러므로 비록 지금 당신은 숨은 쉬고 있지만 실상 당신 삶의 중심에서 죽은 것입니다! 여러분은 비록 살아 있지만 그리스도인으로서는 죽은 자입니다. "왜냐하면 여러분의 재물이 있는 곳에 여러분의 마음도 있기 때문입니다." 여러분의 마음은 흙 속에 가라앉았고, 여러분의 영혼은 이 땅에 딱 달라 붙었습니다. 여러분의 마음은 위의 것에 있지 않고 이 땅의 것에 쏠려 있습니다. 여러분의 마음은 독이 있는 쥐엄열매 껍데기에 있지만 그것이 하나님을 위해 만들어진 영원한 영을 절대로 만족시킬 수 없습니다. 여러분의 애정과 기쁨, 여러분의 욕망은 쓰면 소멸되고 말 이 세상 것들을 집착하고 있습니다. 여러분은 하늘의 보화인 하나님과 그리스도를 내던져 잃어버리고, 그 대신 재물과 더불어 지옥 불을 얻었습니다.

14. 아! "부자가 하나님 나라에 들어간다는 것이 얼마나 어려운 일인지요!" 주님께서 이 말씀을 하셨을 때 제자들이 놀라는 것을 보시고 주님은 더 강한 표현으로 매우 중요한 진리를 반복하여 말씀하셨습니다. "부자가 하나님 나라에 들어가는 것보다 낙타가 바늘귀를 통과하는 것이 더 쉽다(마 19:24)." 그 하는 말마다 남들에게 칭송 받는 사람들은 자기 스스로를 돌아볼 때 자신이 얼마나 어리석은지 깨닫는 것이 거의 불가능합니다. 이들은 가난하고 미천하며 무식한 사람들보다 자신이 별로 나은 것이 없는 존재라고는 절대로 생각하지 않을 것입니다. 이들이 자기들의 부(富)에서 행복을 찾지 않거나 그 소유에 의지하지 않으려 한다는 것 또한 거의 불가능한 일입니다. 그들은 자신들이 가진 부에서 육체의 만족과 안목의 즐거움과 인생의 향락을 얻으려 합니다. 오! 부자들인 그대여! 그대가 어찌 지옥의 저주를 피할 수 있겠습니까! 오직 그것은 하나님의 능력에 의해서만 가능합니다!

15. 가령 그대가 이 땅에 재물을 쌓는 데 성공하지 못했다 한들, 재물을 쌓으려고 애썼던 그 수고의 열매는 무엇이란 말입니까? "부자가 되려는 자들은(oi boulomenoi ploutein – 실제로 부자가 되었든 되지 못하였든 상관없이, 일단 부자가 되려는 욕심이 있고 그렇게 되려고 애쓴 이들)" "시험과 올무에 빠집니다(딤전 6:9)." 이것은 악마의 기계이자 덫입니다. 그리하여 여러 가지 어리석음과 해로운 욕심(epiqumias anohtous)에 빠집니다. 이 말은 이성적인 판단 없이 욕망으로 가득하게 된다는 의미입니다. 이러한 것은 이성적이고 도덕적인 사람에게는 있을 수 없고 무식한 짐승 같은 사람에게나 어울리는 것입니다. 이 욕심은 인간을 현세뿐만 아니라 내세에서도 영원토록 불행한 상태, 즉 멸망과 죽음으로 인도할

뿐입니다. 그러므로 여러분, 우리가 눈을 크게 떠서 비록 우울하긴 하지만 엄연한 사실, 즉 부자가 되기를 열망하고 결심하는 자는, 모든 악의 뿌리가 되는 돈을 따라다니는 자는, 이미 많은 고통으로 자기 자신을 찔렀으며 자기들이 가게 될 지옥을 기다리고 있다는 이 사실을 직시하도록 합시다.

그러나 우리는 사도 바울께서 우리에게 특별히 경계한 말씀을 면밀하게 살펴볼 필요가 있습니다. 사도께서 부(富)에 관해 절대적으로 단언한 것은 아닙니다. 왜냐하면 과실을 범하지 않고도, 자기 자신의 선택이 아닌 하나님의 지배적인 섭리에 의해 부자가 될 수도 있기 때문입니다. 그래서 사도 바울이 여기서 말하는 'oi boulomenoi ploutein'이라는 말은 부자가 되기를 갈망하거나 추구하는 사람들이라는 의미입니다. 재물이라는 것은 그 자체로 매우 위험하지만 그렇다고 그 재물 자체가 항상 "사람들을 파멸과 멸망에 빠지게" 하는 것은 아닙니다. 그렇게 만드는 것은 재물이 아니라 재물을 탐하는 인간의 욕망입니다. 재물을 얻고자 조용히 갈망하거나 일부러 추구하는 사람은 그 결과로 세상을 얻을 수도 있고 얻지 못할 수도 있습니다. 그러나 확실한 것은 그런 사람들은 자신의 영혼을 반드시 잃게 된다는 사실입니다. 이런 자들은 그 계약대로 지옥과 죽음으로 들어갈 것이며 그 계약은 유효합니다. 왜냐하면 그들은 매일 마귀와 그의 사자들이 받을 유업을 받기에 합당한 일에 전심하기 때문입니다.

16. 아, 누가 이 독사의 자식들에게 장차 올 진노를 피하라고 경고하겠습니까? 그들의 문전에 눕거나 그들의 발치에 웅크리고 앉아서 그들의 상에서 떨어지는 음식 부스러기나 주워서 배를 채우고자 하는

자들은 그 경고를 외칠 수 없습니다. 그들의 비위를 맞추며 호의를 구걸하거나 그들의 낯빛을 살피며 그들에게서 무슨 은덕을 바라는 사람들도 아닙니다. 이 세상의 일들에 신경을 쓰는 자들도 그 경고를 말할 수 없습니다. 이 땅 위에서 혹시 그리스도인이라고 하는 자가 있다면, 이 세상을 이겼다고 하는 사람이 있다면, 하나님 외에 다른 어떤 것은 바라지 않는 이가 있다면, 육체와 영혼 모두를 지옥에 멸하실 수 있는 하나님 한 분만을 두려워하는 자가 있다면, 바로 그 사람이 이 경고를 외칠 수 있습니다. 오, 하나님의 사람이여! 기탄없이 말하십시오! 나팔을 불듯 소리쳐 고하십시오! 크게 외치십시오! 그래서 불쌍한 죄인들에게 자신들이 얼마나 절박한 상황에 처해 있는지 보여주십시오! 그렇게 한다면 혹시 천 명 중에 한 사람이라도 들을 귀가 있어, 당신의 소리를 듣고 분연히 그 진토 속에서 일어나 몸에 붙은 흙먼지를 떨어 버릴는지 모릅니다. 혹시 그가 이 땅에 얽매인 쇠사슬을 끊고 마침내 보물을 하늘에 쌓는 자가 될지 모르는 일입니다.

17. 그러나 재물에 대한 욕심을 가진 자들 중 한 사람이라도 하나님의 크신 능력에 깨우침을 받아 "내가 무엇을 하여야 영생을 얻으리이까?"라고 묻는다면 무엇이라고 대답할 것입니까? 하나님의 계명에 따르면 그 대답은 아주 명료하고 충분하며, 즉각적으로 그 답을 줄 수 있습니다. 하나님께서는 그대에게 "네 가진 것을 다 팔라"고 대답하시지 않습니다. 인간의 마음을 다 아시는 하나님께서는 특수한 경우에 있는 그 부자 청년에게만 명료하게 할 필요성을 느껴 그렇게 말씀하신 것입니다. 주님은 이 명령을 이 세대와 후대의 모든 부자에게 일반적인 생활 원칙으로 주신 것이 아닙니다. 그분의 가르치심의 요지는 첫

째, "교만한 마음을 가지지 말라"는 것입니다. 하나님께서는 사람이 보는 것처럼 보지 않으십니다. 그분의 인간 평가의 기준은 부나 호화로운 집이나 재물로 직간접적으로 얻게 된 어떤 자격이나 업적이 아닙니다. 하나님께서는 이런 것들을 분토(糞土)로 여기십니다. 그러므로 그대도 이런 것들을 분토와 같이 여기십시오. 그대가 이런 것들을 갖고 있다고 해서 그대가 조금 더 지혜롭거나 더 잘났다고 스스로 생각하지 않도록 주의하십시오. 도리어 다른 것에 치중하십시오. 즉 그대 자신을 하나님께서 그대에게 주신 믿음과 사랑의 분량으로써 평가하도록 하십시오. 만일 그대가 하나님에 대한 지식과 사랑에서 다른 사람보다 더 낫다면, 그대는 다른 것이 아닌 바로 이것 때문에 개와 함께 양을 치는 그 사람보다 더 지혜롭고 더 나으며 더 소중하고 존귀한 사람인 것입니다. 하지만 만일 그대가 이 보배를 가지지 못했다면, 내가 단언하건대 그대는 그대의 집에 있는 가장 미천한 하인보다도, 아니, 그대의 집 대문에 누워 있는 헌데투성이인 저 걸인보다 더 어리석고 사악하며 더 경멸스러운 자입니다.

18. 둘째, "우리는 덧없는 재물을 신뢰하지 말아야 합니다." 그것들에게 무슨 도움을 받으려 하지 마십시오. 그것들이 행복을 안겨줄 것이라고 믿지 마십시오. 우선 재물의 도움을 받으려 하지 마십시오. 만일 그대가 금이나 은으로부터 무슨 도움을 얻고자 한다면 큰 착각을 하고 있는 것입니다. 재물은 그대가 이 세상 위에 올라서 있거나 마귀를 이길 힘도 주지 못합니다. 이 세상이나 이 세상의 임금도 우리가 그들에 대해 승리를 얻으려는 의도로 재물을 쌓아 둔 것을 보면 코웃음을 칠 것입니다. 재물은 우리가 무슨 역경에 처해 있을 때 우리를 건져

주지 못합니다. 재물이 도움이 될 것이라는 생각은 확실하지 않습니다. 왜냐하면 재물은 영원한 것이 아니어서 어느 날 훌쩍 날개가 돋친 듯이 날아가 버릴 수도 있기 때문입니다. 비록 날아가 버리지 않는다 해도 그것들이 우리 삶의 평범한 문제들에 무슨 도움을 주겠습니까? 그대의 눈에 보기만 해도 좋은 것들, 그대의 젊은 날에 품었던 아내와 자식, 그대의 외아들, 그대의 영혼과도 같았던 친구는 모두 단번에 날아가 버릴 것입니다. 그대의 재물이 숨 끊어진 진흙덩이(죽은 사람)를 다시 살릴 수 있으며, 유명을 달리한 사람을 다시 불러올릴 수 있으며, 그대의 질병과 아픔을 면하게 해줄 수 있습니까? 이런 고통은 가난한 자에게만 찾아옵니까? 아닙니다! 그대의 양을 치는 사람이나 밭을 가는 사람이 그대보다 덜 아프고, 덜 고통을 느낄 수도 있습니다. 도리어 그들에게는 이런 반갑지 않은 손님이 덜 찾아옵니다. 설사 찾아온다 해도, 그것들은 "구름 꼭대기에 자리 잡은 궁궐"보다 작은 우리에서 더 쉽사리 쫓겨갑니다. 그대의 욕심이 고통에 쫓겨 다니는 동안, 찌르는 고통에 소진되어 나가는 동안, 그대가 쌓아 둔 재물이 도대체 무슨 도움이 된다는 말입니까? 그래서 가련한 이교도도 이렇게 답변합니다.

눈이 아픈 자에게 그림이 도움이 되듯,
통풍을 앓는 주인에게는 쌓아 둔 탁자가 도움이 된다.

19. 그러나 이 모든 불행보다도 더 큰 불행이 그대에게 가까이 있으니, 그것은 그대가 장차 죽을 것이라는 사실입니다. 그대는 흙으로 돌아갈 것입니다. 그래서 영혼은 그것을 주신 하나님께로 돌아가지만 육체는 그대가 왔던 바로 그 흙으로 되돌아가서 평범한 흙과 섞이게 될

것입니다. 세월은 흐르고 흘러 그런 때가 멀지 않아 오고야 말 것입니다. 그대들 중에는 수한이 거의 다하고 인생의 정오가 벌써 지나서 석양이 하염없이 비추는 이도 있을 것입니다. 솟구치는 삶의 분수도 메말라 죽음이 가까움을 느끼는 이도 있을 것입니다. 인생의 봄날은 재빨리 닳아 사라집니다. 이러한 때에 그대의 재물이 무슨 도움을 줄 것입니까? 그 재물이 죽음을 달콤하게 만들어 준단 말입니까? 그 재물이 엄숙한 시간을 사랑스러운 것으로 만들어 줍니까? 오히려 정반대입니다. "오, 죽음이여, 재물에 싸여 안식을 얻으려는 사람에게 그대는 어찌도 그리 쓰디쓴지요. 바로 오늘 밤에 네 영혼을 도로 찾을 것(눅 12:20)"이라는 이 끔찍한 선고는 얼마나 받아들이기 힘든 말입니까! 재물이 이 불청객의 앞길을 막을 수 있으며, 이 두려운 순간을 조금이라도 더 늦출 수 있습니까? 그대의 재물이 지나간 시간을 다시 회복해 줄 수 있습니까? 재물이 있다고 그대에게 주어진 시간에서 한 달이나 하루나 한 시간 혹은 단 한순간이라도 연장시킬 수 있습니까? 그처럼 애지중지하던 모든 것들을 그대가 저 넓은 바다를 건널 때 가지고 갈 수 있습니까? 그렇지 않습니다. 이 세상에 빈손으로 왔다가 빈손으로 가는 것이 인생입니다.

> 그대의 땅과 그대의 집, 그리고 사랑스런 아내도
> 이 모든 것들과 작별하지 않으면 아니 되느니
> 이것은 자연의 숙명
> 그대의 인생을 꾸며 주던 잘 자라던 나무들도 모두 사라지고
> 오직 삼나무만이 그대의 무덤을 슬프게 기다릴 뿐이라네.

이 시가 말하려는 것이 분명하여 누구나 이 시를 부인할 수 없다면, 죽음을 피할 수 없는 인간은 정함이 없는 재물에 기대어 도움을 바랄 수 없을 것입니다.

20. 그러므로 재물에서 행복을 찾을 것이라고 믿지 마십시오. 이것들은 "속이는 저울"로 드러날 것입니다. 지혜있는 사람이라면 지금까지 살펴본 것들을 추론해 보기만 해도 이 진리를 충분히 깨달을 것입니다. 수천의 금은이나 이로써 얻게 되는 어떤 이익이나 쾌락도 우리의 불행을 막아 줄 수 없고, 결국 우리에게 행복을 가져다 줄 수 없습니다. 아래의 노래를 부를 수밖에 없는 사람들에게 그것들이 무슨 행복을 안겨 줄 수 있겠습니까?

새로 지은 내 궁전에는
여전히 슬픈 사념이 오가고
금빛 찬란한 내 지붕 위에는
근심의 구름이 감돌고 있네.

우리는 일상 경험을 통해 이러한 사실을 충분하고도 강하게 그리고 부인할 수 없도록 확실히 경험했기 때문에 더 이상 논증이 필요하지 않습니다. 사실들을 확인해 봅시다. 세상에서 돈 많고 이름있는 사람만이 행복합니까? 그들이 가진 자산의 정도에 따라 그들의 행복이 결정됩니까? 그들이 참으로 행복한가요? 나는 그들이 모든 사람 중에 가장 불행한 사람들이라고 말하고 싶습니다. 부자들이여, 그대의 진심을 단 한 번이라도 말해 보십시오. 그대와 그대의 형제를 위하여 말해 보십시오. 이러한 시도 있지 않습니까?

> 우리는 모든 것이 풍족하지만
> 그대와 나와 우리 모두에게 무엇인가 아쉬운 것이 있지!
> 우리가 아직 갖지 못한 잔인한 바로 그것이
> 우리가 갖고 있는 다른 모든 것들을 썩고 부패하게 만든다네.

과연 그렇습니다. 헛된 영화를 좇는 그대의 고달픈 삶의 나날들이 다하고 죽음의 깊은 밤에 갇히게 될 그날까지 물질의 풍요는 그대에게 참된 행복과 만족을 주지 못할 것입니다.

그렇다면 부에서 행복을 찾으려 하는 것은 해 아래 있는 모든 것 가운데 가장 어리석은 일입니다. 그대는 아직도 이 사실이 수긍되지 않습니까? 그래도 그대는 아직도 돈이나 그 돈으로 얻을 수 있는 것들에서 행복을 찾을 수 있다고 기대하십니까? 금이나 은이나 음식이나 말이나 하인이나 화려한 옷이나 세상의 모든 오락이 그대를 행복하게 해줄 것이라 믿습니까? 그것들이 그대를 불멸의 존재로 만들어 준답니까?

21. 이 모든 것들은 그대에게 죽음의 굿판에 지나지 않습니다. 그러므로 이것들을 의지하지 말고 도리어 살아 계신 하나님을 의지하십시오. 그래야만 그대는 전능하신 하나님의 그늘 아래서 안전할 것입니다. 그분의 성실과 진실이 그대의 방패와 손 방패가 될 것입니다. 그분은 환난 날에 실제로 도우실 분이시니 그분의 도우심은 실패가 없습니다. 그때에 그대는 말할 것입니다. 나의 친구들은 다 죽을지라도 "주님은 영존하시리니 나의 강한 도움이신 그에게 영광이 있을지어다." 그

분은 내가 병상에서 신음할 때나 사람들의 도움이 허사로 돌아갈 때 나를 기억하실 것입니다. 이 세상 어떤 것도 나를 돕지 못할 때 그분은 나로 편안히 자리에 눕게 하시며, 내 고통을 완화하시며, 비록 불꽃 속에서라도 그분의 붙드심으로 내가 손뼉을 치게 될 것입니다. 그리고 이 땅의 장막이 무너지게 될 때에도 그분은 나로 하여금 "사망아 너의 승리가 어디 있느냐? 사망아 네가 쏘는 것이 어디 있느냐? 우리 주 예수 그리스도로 말미암아 우리에게 승리를 주시는 하나님께 감사합니다(고전 15:55, 57)" 하게 하실 것입니다.

그대는 행복과 도움을 얻기 위하여 하나님만 의지하십시오. 모든 행복의 근원은 오직 하나님께만 있습니다. 모든 것을 풍성히 주시고 누리게 하시는 하나님만을 신뢰하십시오. 그분의 풍성하심 가운데 사랑의 표시로 거저 주시는 선물을 받으므로 우리는 더할 수 없는 기쁨을 누릴 수 있을 것입니다. 그분의 사랑은 우리가 먹는 모든 것에 맛을 내게 해주며, 모든 것에 생명과 감미를 부여합니다. 이렇게 될 때 모든 피조물은 우리를 위대하신 창조주에게로 인도하며, 모든 만물은 우리를 하늘로 인도하는 사다리가 될 것입니다. 그리고 그분께서는 당신의 오른손에 있는 기쁨을 감사하는 자녀들에게 내리시는 모든 것들 안에 불어넣어 주십니다. 그분의 자녀들은 성부와 그의 아들 예수 그리스도와 더불어 사귐을 나누는 가운데 만물 안에 계시고 만물 위에 계신 그분을 즐기게 될 것입니다.

22. 셋째, 재물을 증식하려 하지 마십시오. "너희를 위하여 재물을 땅에 쌓아 두지 말라." 이 말씀은 가장 평범하지만 확실한 명령입니다. 이것은 "간음하지 말라"는 계명처럼 매우 분명합니다. 부자인 그

대는 그대를 값 주고 사신 주님을 배반하지 않고 어떻게 재물 위에 재물을 쌓을 수 있겠습니까? 어떻게 이미 이 세상에 사는 데 필요한 것들을 다 갖춘 사람이 더 많이 소유하거나 더 많이 가지려고 하면서 동시에 잘못이 없을 수 있겠습니까? 그러므로 주님은 이 땅에 재물을 쌓아 두지 말라고 하신 것입니다. 그럼에도 불구하고 그대가 좀이 먹고 녹이 슬고 도둑이 뚫고 들어와 훔쳐갈 재화를 쌓아 둔다면, 그리고 집 위에 집을 더 사고, 밭 위에 밭을 더 산다면, 어떻게 그대를 착실한 그리스도인이라 부를 수 있겠습니까? 그대는 그리스도를 순종하지 않는 자이며, 순종하려는 마음조차 먹지 않는 자입니다. 그런데 어찌하여 그대는 주님의 존귀한 이름을 갖고 자신을 부릅니까? 무슨 염치로 "나더러 주여 주여" 하기만 하고 "내 말을 듣고도 행하지는 않습니까?"

23. "그러면 우리가 사용할 것 이상으로 소유하고 있다면, 그리고 이것을 쌓아 두어서는 안 된다면, 어떻게 해야 합니까? 이것을 내버려야 할까요?"라고 그대는 물을 것입니다. 저는 이렇게 대답하겠습니다. "그대가 이것을 바다에 던지거나 불에 던져 태우는 것보다는 이를 차라리 주는 것이 낫습니다. 자신의 번영을 위해 재물을 쌓아 두거나 어리석음과 사치를 위하여 자신에게 재물을 쌓아 두는 것은 재물을 내다버리는 방법 가운데 가장 못된 방법입니다. 이런 것들은 그리스도의 복음에 정반대되며 그대의 영혼에 가장 치명적입니다."

아래의 인용구는 재물을 낭비하는 것이 그대의 영혼에 얼마나 치명적인지 아주 잘 보여줍니다.

"만일 우리가 재물을 낭비하면 하나님께서 우리에게 주신 재능을 헛되이 쓰는 잘못을 저지르는 것뿐 아니라 훨씬 더 해로운 것, 즉 이

유익한 재능을 오히려 우리 자신을 부패하게 만드는 강력한 수단으로 삼는 것이다. 그러므로 우리가 재능을 잘못 사용하는 한, 우리가 그릇된 욕망을 채우는 데 쓰는 한, 허망하고 불합리한 욕망을 달성하기 위하여 그 재능을 사용하는 한, -그리스도인인 우리는 이러한 것을 서부할 의무가 있다- 우리는 그런 행동을 하고 있는 셈이다."

"재능을 잘못 쓸 때 우리는 이를 낭비할 뿐 아니라 도리어 그로 인해 우리 자신이 더 우매한 자가 되는 것처럼 재물 또한 그렇게 허망하게 낭비될 수 있을 뿐 아니라, 이성과 신앙에 따라 적합하게 쓰이지 않는다면 재물이 없어서 어려움을 당하는 것보다도 더 어리석고 해로운 생활로 우리를 몰고 갈 것이다. 그러므로 그대가 만일 다른 사람의 유익을 위해 재물을 쓰지 않는다면 그대는 반드시 이것을 자신을 해치는 일에 쓰게 될 것이다. 그대가 재물을 쓸 곳에 쓰지 않고 자신을 위해 쓴다면 그것은 마치 환자에게 필요한 약을 주지 않고 도리어 자신이 마심으로써 자신의 피가 타는 고통을 자초하는 것과 같다. 필요 이상의 재물은 이와 같다 할 것이다. 만일 그대가 이것을 필요한 사람에게 준다면 이것은 강심제와 같은 역할을 할 것이다. 하지만 만일 그대가 필요하지 않은데도 불구하고 그대 자신을 위해 필요 없이 쓴다면 이것은 그대의 정욕에 불을 지르고 정신을 혼미하게 하는 해독물이 될 것이다."

"실제 필요하지도 않고 꼭 써야 할 일도 없는데 재물을 쓴다면 이것은 우리에게 큰 해독을 끼쳐 바람직하지 못한 정욕을 유발하며, 못된 성품을 더욱 키워 주며, 어리석은 감정을 북돋우며, 괜히 마음에 허영심을 조장한다. 좋은 음식과 음료수, 좋은 의복과 호화로운 집, 높은 지위나 마차, 쾌락과 방종, 이 모든 것들은 본성적으로 우리의 마음을 혼탁하게 만들고 손상을 줄 뿐이다. 우리가 이러한 생활을 계속할 때 이것은 우리의 정신을 이완시키고 우둔하게 만들며 경계하여야 할 모든 불건전한 정신을 자라나게 하는 것이다. 그뿐 아니라 이러한 향락적 생활은 근신과 경건에 반대되는 것으로서, 이런 것들이 많으면 우리의 신앙생활에 장애물이 되어 신앙을 약하게 만들고, 우리의 마음을 높이 들 수도 없고 그러고자 하는 마음도 줄어들게 된다."

"요컨대 돈을 선용하지 못하면 이것은 다만 돈의 낭비에 그치는 것이 아니라 더 나아가서 악한 목적과 비참한 결과를 만드는 데 사용되는 셈이다. 그렇게 돈을 사용하면 우리의 마음이 부패해지고 혼란스럽게 되며 고상한 복음 진리를 따를 수 없게 된다. 이것은 마치 가난한 자들에게서 돈을 거두어다가 자기 자신을 위해 해독을 끼칠 독약을 사는 것과 같은 것이다."

24. 어떤 합리적인 이유를 대면서 필요하지도 않은 것을 쌓아두는 사람들도 마찬가지로 변명의 여지가 없습니다. "만일 누가 손과 눈과 발을 여러 개 가졌는데 그것이 없는 사람에게 나누어 줄 수 있다고 가정해보자. 그런데 그 사람이 눈 멀고 다리를 저는 자기 형제에게 그것을 주지 않고 이것들을 그대로 장 속에 넣어 두고 문을 잠근다면, 우리는 그 사람을 마땅히 가장 몰인간적인 나쁜 녀석이라고 생각하지 않겠는가?"

"돈도 마찬가지다. 우리 옆에 먹을 것, 입을 것이 없는 가난하고 고생하는 사람들이 많이 있는데, 우리에게 남아돌아가는 재물이 있으면서도 이것을 그대로 묻어 두고 그들을 돕지 않는다면, 이것은 우리에게 쓰고도 남는 눈이나 손이나 발을 공연히 묵혀 두는 그 잔인한 사람과 무엇이 다를 것인가? 만일 우리가 돈을 선용함으로써 영원한 상급을 받으려 하기보다는 그냥 그것을 묻어 두려고 한다면, 우리는 그것을 필요한 사람들에게 나누어주어 영원한 축복을 받기보다는 그 눈과 손을 가두어 놓는 제정신을 가진 자라 할 수 없을 것이다."

25. 이것이 또한 왜 부자가 하나님 나라에 들어가기 어려운지 보여주는 또 다른 이유가 되지 않겠습니까? 그들의 대다수는 하나님의 이 특별한 저주 아래 있습니다. 그들의 일상생활을 보면, 주님의 재물을 가로채어 낭비함으로써 자신의 영혼을 부패와 타락의 길로 인도하고 있을 뿐 아니라 가난한 자, 굶주린 자, 헐벗은 자의 것을 탈취하고 과부와 고아들을 학대합니다. 부자들은 물질이 부족해서 고통당하며 슬퍼하는 자들의 그 모든 아픔을 없애줄 수 있는데도 그렇게 하지 않습니다. 따라서 그들은 이 모든 것에 대해 책임을 져야 합니다. 그렇습니다. 이들이 낭비하거나 필요없어 쌓아 둔 물건이 공급되지 못해 죽어간 모든 사람들의 피가 땅에서부터 그들을 향해 대적하여 울부짖고 있지 않습니까? 산 자와 죽은 자를 심판하실 하나님께 저들은 무엇이라 변명하겠습니까?

26. 그러면 우리의 남는 재물을 어떻게 해야 할까요? 이것이 우리가 네 번째로 생각할 문제입니다. 재물을 땅에 쌓아 두지 말라는 예수님의 다음 말씀에서 대답을 찾을 수 있습니다. 예수께서는 "너희 재물을 하늘에 쌓아 두라. 거기는 좀이 먹거나 녹이 슬지 않고 도둑이 뚫고 들어와 훔쳐가지 못한다" 하셨습니다. 그대는 아껴둘 수 있는 것이 무엇이든 그것을 하늘에 쌓아 두십시오. 이 세상은 하늘만큼 확실하게 안전을 보장해 줄 수 없습니다. 그대의 재물을 하늘의 은행에 보관하

십시오. 그러면 하나님께서 그날에 그것들을 그대에게 되돌려 주실 것입니다. "가난한 자를 불쌍히 여기는 것은 여호와께 꾸어 드리는 것이니 그의 선행을 그에게 갚아 주시리라(잠 19:17)" 하였으며, 사도 바울은 "그가 빚진 것이 있거든 내 앞으로 달아 두어라." 그러나 "네가 지금의 네가 된 것은 다 내 덕분이라는 점에 대해서는 별도로 하여 내가 굳이 따지지는 않겠다(몬 1:18~19)"고 말씀하셨습니다.

그러므로 단순한 눈과 올바른 마음을 가지고 가난한 자에게 베푸십시오. 그리고 "그만큼 하나님께 드렸다"라고 쓰십시오. 주님은 "너희가 여기 있는 형제 중에 지극히 작은 자 하나에게 한 것이 곧 내게 한 것이다(마 25:40)"라고 하셨습니다.

이것이 바로 "충성스럽고 슬기로운 종(마 24:45)"입니다. 종의 직분은 무슨 특별한 사건이 일어나지 않는 한, 집이나 땅이나 혹은 중요한 재산을 처분하지 않습니다. 그는 그 재산을 늘리려고 욕심내거나 애쓰지도 않습니다. 그저 쓸데없이 방탕하게 쓰지도 않습니다. 그의 직책은 그 주인이 맡긴 재산을 지혜롭고도 합리적으로 잘 쓰는 일입니다. 슬기로운 종은 자기 관할 아래 있는 식구들에게 그들의 생활과 신앙에 필요한 물자를 지급하고는 종종 그 남는 것, 즉 "불의한 재물"로는 친구를 사귑니다. 그러면 "어려울 때에", 즉 그의 이 세상 장막이 사라질 때, 그들이 그를 영원한 처소로 영접해 들일 것입니다. 즉 그가 나눠 준 빵을 먹은 자들이, 그보다 앞서 죽어서 아브라함의 품에 안겨 있으면서 흰 털옷을 입고 자기들을 위로해 주시는 하나님을 찬양하는 그들이 그를 천국, 곧 "하늘에 있는 영원한 하나님의 집"으로 맞이할 것입니다.

27. 그러므로 우리는 이 세상에서 부요한 당신에게 우리 주님

의 권위를 가지고 권고합니다. 습관적으로 선을 행하며 덕을 끼치는 생활을 하십시오. "하늘에 계신 너희 아버지께서 자비하신 것 같이 너희도 자비하여라." 이 말씀은 선을 행하고 그만두지 말라는 것입니다. "자비하여라." 어느 정도까지 해야 합니까? 하나님께서 그대에게 주신 모든 능력으로 힘이 다할 때까지 하십시오. 선을 행할 때는 이 세상의 어느 초라한 격언이나 관습에 따라 할 것이 아니라 이것을 유일한 기준으로 삼으십시오. 우리는 "선을 행하는 데 있어서 부요한 자가 될 것"을 권합니다. 많이 갖고 있으니 넘치게 주십시오. "거저 받았으니 거저 주십시오." 재물을 하늘 외의 다른 곳에 쌓아 두지 마십시오. 여기저기 널리 모든 사람에게 필요에 따라 나누어 주며, 재물을 헤쳐 가난한 사람을 돕고, 굶주린 자를 먹이며, 헐벗은 자를 입히며, 나그네를 대접하며, 옥에 갇힌 자에게 구호의 손길을 펴십시오. 병자를 고쳐 주되 기적이 아닌 하나님께서 여러분에게 때를 따라 돕는 은혜로 주신 복을 통하여 고쳐 주십시오. 없어서 죽어 가는 자가 필요로 하는 것을 채워 주어서 그에게 임할 복이 그대에게도 임하게 하십시오. 눌린 자를 변호하고, 고아를 위하여 신원하며, 과부의 마음이 기뻐 노래하도록 도와주십시오.

28. 내가 주 예수 그리스도의 이름으로 권하는 것은 "기꺼이 상통하도록" 하십시오. 이 말은 그 옛날 초대 교인들이 가졌던 것과 똑같은 마음(물론 겉보기에는 서로 다를 수 있지만)을 품으라는 것입니다. 그들은 복되고 거룩한 친교를 꾸준히 가져 "어느 누구도 자기 소유를 자기 것이라고 주장하는 사람이 없었으며 모든 것을 공동으로 썼습니다(행 4:32)." 그러므로 그대는 하나님과 가난한 사람들의 충실하고 지혜로운 청지기가 되십시오. 다만 유의할 점은, 그대가 가진 주님의 재물에서 그

대에게 필요한 것을 먼저 공급하고 그다음에 남을 도우십시오. 현실의 세상을 위해서가 아니라 다가올 날을 대비해서, 여러분 자신을 위하여 선한 기초를 쌓으십시오. 그리하면 "그대는 영원한 생명을 취하게 될 것입니다." 하나님께서 주시는 모든 이 땅의 복이나 영원한 복 가운데 가장 위대한 기초는 예수 그리스도이십니다. 그 복은 그분께서 우리를 위하여 이룩하신 것, 즉 그분의 의이며, 우리를 위하여 겪으신 것, 즉 흘리신 피입니다. 그런 의미에서 어떤 사도라도, 하늘의 천사라도, 어느 누구도 다른 기초를 놓을 수 없습니다. 그러나 그분께서 하신 일로 인하여 우리가 그분의 이름으로 무엇을 하든지, 그것은 각 사람이 자신의 수고대로 자신의 상을 받는 날에 상을 받는 기초와 조건이 될 것입니다. 그러므로 "썩어 없어질 음식을 위하여 수고하지 말고 영원하도록 남아 있을 양식을 얻으려고" 노력하십시오. 그대의 손으로 무엇을 하든지 전력을 다하여 하십시오. 그리하여

> 정신을 차려 그대 앞에 놓인 절호의 기회를 놓치지 말고,
> 그 황금의 순간이 날아가기 전에 그것을 낚아채라.
> 저 흘러가는 세월 속에서 그대는
> 영원을 붙잡으라.

그러므로 그대는 참고 꾸준히 선을 행함으로써 "영광과 존귀와 영생"을 구하십시오. 한결같은 마음으로 열심히 모든 선을 행함으로써 임금이 오셔서 그대에게 "내가 굶주렸을 때에 먹을 것을 주었고 목말랐을 때에 마실 것을 주었으며 나그네 되었을 때에 따뜻하게 맞아 주었다. 또 헐벗었을 때에 입을 것을 주었으며 병들었을 때에 돌보아 주었고

감옥에 갇혔을 때에 찾아 주었다. … 너희는 내 아버지의 복을 받은 사람들이다. 나와서 창세로부터 너희를 위하여 예비된 이 나라를 차지하여라(마 25:34~46)"라고 말씀하실 그 행복한 시간을 기다리십시오.

24

산상설교 IX
Upon our Lord's Sermon on the Mount IX

⟨John Wesley⟩, Nathaniel Hone I, c.1766

한 사람이 두 주인을 섬기지 못할 것이니 혹 이를 미워하고 저를 사랑하거나 혹 이를 중히 여기고 저를 경히 여김이라 너희가 하나님과 재물을 겸하여 섬기지 못하느니라 그러므로 내가 너희에게 이르노니 목숨을 위하여 무엇을 먹을까 무엇을 마실까 몸을 위하여 무엇을 입을까 염려하지 말라 목숨이 음식보다 중하지 아니하며 몸이 의복보다 중하지 아니하냐 공중의 새를 보라 심지도 않고 거두지도 않고 창고에 모아들이지도 아니하되 너희 하늘 아버지께서 기르시나니 너희는 이것들보다 귀하지 아니하냐 너희 중에 누가 염려함으로 그 키를 한 자라도 더할 수 있겠느냐 또 너희가 어찌 의복을 위하여 염려하느냐 들의 백합화가 어떻게 자라는가 생각하여 보라 수고도 아니하고 길쌈도 아니하느니라 그러나 내가 너희에게 말하노니 솔로몬의 모든 영광으로도 입은 것이 이 꽃 하나만 같지 못하였느니라 오늘 있다가 내일 아궁이에 던져지는 들풀도 하나님이 이렇게 입히시거든 하물며 너희일까보냐 믿음이 작은 자들아 그러므로 염려하여 이르기를 무엇을 먹을까 무엇을 마실까 무엇을 입을까 하지 말라 이는 다 이방인들이 구하는 것이라 너희 하늘 아버지께서 이 모든 것이 너희에게 있어야 할 줄을 아시느니라 그런즉 너희는 먼저 그의 나라와 그의 의를 구하라 그리하면 이 모든 것을 너희에게 더하시리라 그러므로 내일 일을 위하여 염려하지 말라 내일 일은 내일이 염려할 것이요 한 날의 괴로움은 그 날로 족하니라 (마 6:24~34)

1. 성서를 보면 앗시리아 왕은 이스라엘 백성을 포로로 끌고 간 후에 다른 민족들을 사마리아 여러 도시에 이주시켜 살게 하였는데, 그의 점령 지역 내에서 "그들이 주님을 두려워했고 자기들의 신들을 섬

겼다"고 기록되어 있습니다. "다른 민족들은 주님을 두려워했다"라고 영감받은 성서의 저자는 기록합니다. 즉 그들은 겉으로는 그분께 제사를 드렸지만(이것은 그들이 제대로 알지는 못했지만 하나님에 대한 두려움을 갖고 있었음을 증명합니다), 또한 자기들의 손으로 만든 형상들에게도 제사를 드렸습니다. 그리고 그들의 자녀와 그 후손들까지도 그렇게 했습니다. 그들은 자기 조상들이 했던 것처럼 오늘날까지 형상들에게도 제사를 드리고 있는 것입니다(왕하 17:33).

그런데 오늘의 그리스도인들의 상태를 살펴보면 옛날의 이방인들과 다름이 없습니다. 그들은 "여호와도 경외하고" 하나님께 형식적 예배도 드림으로써 저들에게 어느 정도 하나님 경외하는 마음이 있음을 나타냅니다. 그러나 동시에 그들은 "자기들의 신들도" 섬깁니다. 옛날에 앗시리아인들에게 그 땅의 하나님 섬기는 법을 가르쳐 준 사람이 있었던 것처럼 오늘의 그리스도인들에게도 가르치는 사람들이 있습니다. 그 옛날에 그들이 거룩한 예배로 섬겼던 그 하나님의 이름을 오늘날 이 나라에서도 간직하고 있습니다. 그렇지만 그들은 하나님 한 분만을 섬기는 것이 아니며 또 전심으로 경외하는 것도 아닙니다. 모든 민족이 자기 자신들의 신들을 만들었습니다. 각 도시의 모든 민족들이 자기들이 거주하는 그 도시들에서 그렇게 했습니다. 이 민족들은 하나님을 경외하며 그분을 예배하는 외형적인 예식 절차를 버리지 않았습니다. 그러나 동시에 그들은 자기들의 손으로 은과 금으로 "아로새긴 우상"도 섬겼습니다. 즉 돈과 향락과 인간의 칭송 등, 이 세상의 우상들을 섬김으로써 이스라엘의 하나님을 전적으로 섬기는 일을 분열시킵니다. 이리하여 "자자손손이 그 열조의 행한 것을 좇아 오늘날까지도 그대로 따라 하는" 것입니다.

2. 그러나 성서는 사람들의 보통 예절을 따라 너그럽게 말해서 이 불쌍한 이방인들이 "여호와도 경외하였다"고 하였으나(왕하 17:33), 사실 성령께서는 이 말씀 다음에 즉시 이어서 그 이방인들의 참모습을 말씀하셨습니다. 즉 "그들이 여호와를 경외하지 아니하며 주님께서 야곱의 자손에게 명령하신 율례와 법도와 율법과 계명을 준행하지 아니하는도다. 여호와께서 야곱의 자손에게 언약을 세우시고 너희는 다른 신을 경외하지 말며 그를 경배하지 말며 그를 섬기지 말아야 한다. 오직 너희 하나님 여호와만을 경외하라. 그가 너희를 모든 원수의 손에서 건져내리라(왕하 17:34~35, 39)" 하였습니다.

실수가 없으신 하나님의 영께서 똑같은 심판을 내리십니다. 그리고 그분께서는 소위 불쌍한 그리스도인들이라 부르는 사람들의 눈을 열어주셔서 그들의 지혜로 하나님의 진리를 분별할 수 있게 하셨습니다. 진리를 따라서 사실 그대로 말한다면 그들은 하나님을 경외하지 않았으며 그분을 섬기지도 않습니다. 왜냐하면 그들은 주님이 그들과 맺으신 언약을 따라 행하지 않았으며, "주 너희 하나님께 경배하고 오직 그분만을 섬기라는 명령을 따라서" 행하지도 않았기 때문입니다. 그들은 그날에 다른 신을 섬겼습니다. 그러나 "아무도 두 주인을 섬길 수는 없습니다."

3. 두 주인을 섬긴다는 것, 이것은 얼마나 어리석은 일입니까? 이러한 시도가 어떤 불행한 결과를 가져올 것인가는 의심할 여지가 없습니다. "한편을 미워하고 다른 편을 사랑한다. 한편을 극진히 위하고 다른 편은 업신여긴다." 비록 이 두 문장이 두 구절로 따로 이루어져 있지만 이 둘은 서로 연관시켜 이해해야 합니다. 왜냐하면 이 문장의 나

중 부분은 첫 부분의 결과이기 때문입니다. 사람은 자기가 사랑하는 것을 중히 여기어 붙잡게 되어 있으며, 어떤 것을 사랑하면 누구나 그것을 바라고, 그것에 성실하며, 열심히 그것을 섬기게 마련입니다. 그러는 동안 그는 자기가 미워하는 주인을 적어도 무시하고, 그 주인이 명령한 것을 개의치 않으며, 그 명령을 따르지 않게 됩니다(적어도 그 명령을 가볍게 여기거나 그것에 주의를 기울이지 않는 정도라도). 그러므로 이 세상에서 똑똑하다는 사람들이 무어라 말해도 "여러분은 하나님과 맘몬을 함께 섬길 수는 없습니다."

4. 맘몬(mammon)은 재물을 주관한다고 알려진 이방 신의 이름입니다. 하지만 성서에서는 재물 그 자체를 말하는 것으로 이해할 수 있습니다. 금이나 은 또는 돈 말입니다. 혹은 돈으로 살 수 있는 모든 것, 안락이나 명예나 감각적인 쾌락 등을 가리킵니다.

그렇다면 여기에서 하나님을 섬긴다 함과 맘몬을 섬긴다 함을 어떻게 이해해야 할까요?

먼저 하나님을 섬긴다는 것이 무엇을 의미하는지 생각해 봅시다. 우리가 하나님을 섬기려면 첫째, 그분을 믿어야 합니다. 이것이 그분을 섬기는 유일하고 참된 기초입니다. 따라서 하나님이 예수 그리스도를 통하여 세상을 자기 자신과 화목하게 하시는 분으로 믿어야 하며, 사랑과 용서의 하나님으로 믿어야 합니다. 그분을 믿는다는 것은 그분을 섬기는 데 가장 우선되고 중요한 조건이 됩니다.

그러므로 하나님을 믿는다는 것은 그분을 우리의 능력으로 신뢰하여 그분 없이는 아무것도 할 수 없음을 의미합니다. 이 말은 또한 그분께서는 높으신 능력으로 매순간 우리를 참아주신다는 것, 그리고 그 믿음이 없으면 우리는 그분을 기쁘시게 할 수 없다는 것을 의미합니다. 우리가 그분을 믿는다는 것은, 그분이 우리를 도우시는 분임을 신뢰하며, 환난 날에 우리의 유일한 도움이 되시는 분임을 고백하는 것이며, 우리를 보호하시어 구원의 노래가 우리의 입가에서 흘러나오게 하는 분이심을 의미합니다. 우리가 그분을 믿는다는 것은 그분을 우리의 방패와 수호자로, 우리를 둘러싼 모든 원수들 위로 우리의 머리를 높이 들게 하시는 분으로서 그분을 신뢰하는 것을 뜻합니다.

하나님을 믿는다는 것은 동시에 하나님을 우리의 행복으로서, 모든 영의 주체로서, 우리 영혼의 유일한 안식처로서, 우리가 가진 전 재능을 충족케 할 최상의 선이시며, 하나님이 주신 모든 욕망을 만족케 하시기에 부족함이 없는 분으로 인정하는 것이기도 합니다.

이것은 또한 (위에 포함된 바이지만) 하나님을 나의 생의 목적으로 삼아, 모든 일에 그분만을 앙망하며, 모든 사물을 하나님을 즐거워하는 수단으로 삼으며, 우리가 어디 있든지 무엇을 하든지 거기에서 보이지 않는 하나님이 나를 굽어살피고 계심을 느끼며, 그리스도 예수 안에서 모든 일이 그의 섭리에 의한 것을 인정하는 태도를 뜻합니다.

5. 그러므로 믿는다는 것은 첫째, 하나님을 섬김으로써 그분을 이해하는 것입니다. 그리고 둘째, 하나님을 사랑하는 것입니다.

이제 성서에 나타난 대로, 하나님께서 우리에게 요구하시는 대로, 그리고 우리 안에서 역사하도록 요구하시는 대로, 하나님을 사랑한다는 것은 그분을 유일한 하나님으로서 사랑하는 것입니다. 즉 우리가 마음과 영혼과 뜻과 생각과 힘을 다하여 그분을 사랑하는 것입니다. 하나님을 사랑한다는 것은 단지 하나님이 하나님이시기 때문에 사랑하는 것을 의미합니다. 다른 이유는 없습니다. 그저 그분에 대해서만 이유를 댈 수 있습니다. 그분을 사랑한다는 것은 하나님 안에서 기뻐하는 것이며, 주님 안에서 기뻐하는 것입니다. 그것은 모든 행복을 오직 하나님에게서 찾으려 하고 또한 실제로 그분 안에서 행복을 발견하는 것입니다. 그것은 모든 것보다 그분을 가장 즐거워하며, 우리의 하나님으로, 우리의 모든 것 되는 그분 안에서 안식을 누리는 것입니다. 한 마디로 말해서 우리를 항상 행복하게 하시는 하나님을 우리 안에 모시는 것을 의미합니다.

6. 셋째, 하나님을 섬긴다는 것은 그분을 본받고 그분을 닮는 것을 의미합니다. 옛 교부 중의 한 분은 "네가 예배하는 하나님을 본받는 것이 그분을 가장 잘 섬기는 것이다"라고 하였습니다.

우리가 하나님을 본받는다는 것의 참 뜻은 그분을 우리 마음의 영혼 가운데 닮거나 본받는 것입니다. 바로 여기에서 참 그리스도인의 하나님 본받기가 시작합니다. 하나님은 영이시니, 그분을 닮거나 본받고자 하는 자는 반드시 "신령과 진실로(영적으로 참되게-공동번역) 예배를 드려야 합니다."

하나님은 사랑이십니다. 그러므로 누구든지 마음의 영으로 그분을 닮는 자는 그분과 같은 사랑의 형상대로 변화될 것입니다. 그분께서 자비하신 대로 그를 본받는 자도 자비로울 것이요, 그들의 영혼은 온통 사랑으로 충만할 것이요, 친절하고 자비심이 많고 동정심이 풍부하고 부드러운 마음을 지닐 것입니다. 이것은 다만 선량하고 신사적인 태도를 지닌 사람뿐만 아니라 고약한 사람에게도 그런 것입니다. 그렇습니다. 하나님을 본받는 자는 하나님처럼 모든 사람을 한결같이 사랑하고, 모든 하는 일마다 하나님의 자비를 드러냅니다.

7. 하나님을 섬긴다는 것의 또 다른 뜻은 그분의 말씀에 순종한다는 것입니다. 이것은 우리의 영혼뿐만 아니라 몸도 바쳐 그분을 영화롭게 하며, 그분의 계명들을 지키며, 그분의 명령을 성심으로 준행하는 것입니다. 그분께서 기뻐하시는 것이라면 무엇이든지 열심을 내어 하는 것입니다. 그리고 그분께서 금하신 것이라면 무엇이든지 주의하여 하지 않으며, 우리의 일상생활 속에서 모든 일을 단순한 눈과 깨끗한 마음으로 성스럽고 열렬한 사랑으로 예수 그리스도를 통하여 하나님께 그것들을 산 제사로 바치는 것입니다.

8. 이제 다른 한편으로, 맘몬을 섬긴다는 것은 무엇인지 살펴봅시다. 첫째, 이것은 부와 돈과 또는 돈으로 살 수 있는 모든 것들을 우리의 힘으로 신뢰하며, 이것을 우리의 목적 달성의 유일한 수단으로 삼으며, 그것을 우리의 유일한 도움으로 신뢰하며, 여기에서 우리가 어려움에서 안위를 얻고 또 이것에 의하여 난관에서 살아날 수 있기를 바라는 것입니다.

맘몬을 섬긴다는 것은 이것들을 통해 행복을 찾을 줄 믿으며, 사람의 생명과 자기 생명의 위로가 소유의 풍성한 데 달려 있다고 믿으며, 보이는 물질에서 안식을 추구하며, 겉으로 드러나는 세상에서 생의 만족을 기대하는 것을 말합니다. 하나님에게서는 찾아볼 수 없는, 이 세상의 일들 가운데서 만족을 기대하는 것입니다.

만일 이 세상과 세상의 물질에서 만족을 찾는다면, 우리는 이 세상을 우리 삶의 궁극적 목표로 삼을 수밖에 없습니다. 설령 우리의 삶 전체의 목표가 아니라 하더라도, 우리의 행동과 계획과 사업의 많은 부분을 차지하는 것입니다. 그리하여 부의 증대와 세상의 쾌락과 명예의 획득 등, 저 영원한 것들과는 전혀 상관 없는, 잠시 있다가 사라질 이 세상에 속한 것을 될 수 있는 대로 많이 얻으려는 것을 우리의 목표로 삼는 것입니다.

9. 둘째, 맘몬을 섬긴다는 것은 이 세상을 사랑하는 것입니다. 즉 세상이 좋아서 세상을 사모하는 것입니다. 이것은 세상의 물질에다 우리의 기쁨을 두며 거기에 우리의 마음을 쏟는 것입니다. 맘몬을 섬긴다는 것은 우리의 행복을 세상에서 찾으려 하는 것(실상은 불가능하지만)이며, 부러진 갈대 막대기 위에 우리의 심혼을 올려놓고 안식을 찾으려 하는 것입니다. 매일같이 이 막대기가 우리를 지지해 주기는커녕 "우리의 손만 아프게 찔러 대기만(왕하 18:21)" 할 뿐입니다. 그런데도 불구하고 맘몬에 의지하는 것입니다.

10. 셋째, 맘몬을 섬긴다는 것은 이 세상을 본받고 거기에 맞추는 것을 의미합니다. 그저 생각뿐 아니라 우리의 모든 계획과 욕망과 성정과 감정을 세상일에 합당하도록 맞추며, 모든 일을 땅에 붙은 생각과 관능적인 충동에 의하여 함으로써 이 세상과 밀접하게 관련지음을 말합니다. 이것은 항상 아집과 자기중심으로 행동하며, 자기 자신이 이룬 업적을 대단하게 여기며, 사람의 칭송을 바라거나 기뻐하는 것을 말합니다. 반면에 이것은 책망받기를 두려워하고, 피하고, 꺼리며, 사람의 비난을 참지 못하며, 쉽게 분노하며, 악을 악으로 갚는 데 재빠른 것을 말합니다.

11. 마지막으로, 맘몬을 섬긴다는 것은 세상에 복종하는 것입니다. 즉 세상에서의 생활과 그 풍습을 좇으며, 세상 모든 사람들이 가는 넓고 평탄하고 잘 다져진 길을 따라가는 것을 말합니다. 뿐만 아니라 일반 유행을 따르며, 대중을 따라가며, 다른 사람의 눈치를 보면서 살아가는 것입니다. 동시에 육체와 생각의 의지대로 행하는 것입니다. 이것은 우리 자신에게 희생 제사를 드리는 것이며, 우리의 평상시 말과 행동에서 우리 자신의 안일과 쾌락만을 채우기에 급급함을 말하는 것입니다.

맘몬을 섬긴다는 것이 이런 것들이라면, 우리가 하나님과 맘몬을 겸하여 섬길 수 없다는 것은 이보다 더 의심할 여지가 없지 않습니까?

12. 이렇게 본다면 우리는 평안한 마음으로 이 둘을 겸하여 섬길 수 없다는 것이 확실해 보이지 않습니까? 하나님과 맘몬 사이에서 우왕좌왕한다면 우리는 필연코 이 둘 모두에게서 실망을 얻고, 아무데서도 마음의 안정을 찾을 수 없게 됩니다. 우리가 만일 하나님을 두려워만 하고 사랑하지 않는다거나, 섬긴다고 하면서 온 정성을 기울이지 않는다면, 많은 수고를 할지라도 괴로움만 있을 뿐 종교가 주는 참된 즐거움을 맛보지 못할 것입니다. 이런 사람에게 종교는 다만 그의 고민의 재료는 될지언정 희열의 원천은 되지 못할 것입니다. 그는 종교 생활을 하기 때문에 세상에서의 즐거움도 얻지 못하고 동시에 이 세상에 다리를 걸치고 있기 때문에 하나님의 즐거움도 얻지 못합니다. 요컨대 이 둘 사이에서 머뭇거리다가 둘을 다 잃어버릴 것이며, 따라서 하나님 안에서의 평화도, 세상에서의 즐거움도 다 잃어버리고 말 것입니다.

13. 이 둘을 같이 섬기려 할 때 거기에는 피할 수 없는 모순이 있음을 누구나 알지 않습니까? 우리가 하나님과 맘몬을 같이 섬기려고 시도할 때 우리 자신의 행동에는 분명하게 커다란 불일치가 일어남을 부인할 수 없습니다. 우리는 두 길을 동시에 걷고 있는 죄인이며, 한 발은 앞으로 한 발은 뒤로 디디고 있는 자이며, 한 손으로는 건물을 세우며 다른 한 손으로는 건물을 허는 자이며, 한편으로는 죄를 사랑하나 다른 한편으로는 미워하는 자이며, 한쪽으로는 하나님을 찾으면서 다른 한쪽으로는 항상 달아나는 자입니다. 그리하여 우리는 하루도, 아니 한 시간도 인격적 통일성을 갖지 못할 것입니다. 우리 자신 안에는 상반되는 모순과 당착이 뒤섞여 있어 우리 자신이 모순 덩어리가 될 수밖에 없습니다. 오, 이렇게 하든 저렇게 하든 일관된 마음을 가지십시오! 오른쪽으로 가든지 아니면 왼쪽으로 가든지 하십시오. 만일 맘몬이 그대의 하나님이라면 그분을 섬기고, 하나님이 주님이시라면 그분만을 섬길 것입니다. 그러나 이 둘 모두를 그대의 온 마음을 다해 한꺼번에 섬길 수 있다는 생각은 아예 하지 마십시오.

14. 누구나 이성적인 판단을 좀 하는 사람이라면 하나님과 맘몬을 동시에 섬길 수 없음을 쉽게 알 수 있지 않습니까? 왜냐하면 이 둘은 서로 극명하게 용납할 수 없는 모순성과 적대적인 두 원리가 내재하여 서로 화해할 수 없기 때문입니다. 물과 불, 빛과 어두움같이 이 세상에서 서로 대조가 되는 것은 하나님과 맘몬이 서로 대조를 이루는 것에 비교하면 아무것도 아닙니다. 그리하여 만일 그대가 어느 하나를 섬기면 불가불 다른 하나를 부인하지 않으면 안 됩니다. 그대는 그리스도를 통해 하나님을 믿습니까? 그분을 그대의 힘으로, 도움으로, 방패로,

가장 큰 상급으로 알고 신뢰하며, 또는 그대의 행복과 삶의 최상의 것으로, 가장 궁극적인 것으로 의지하고 있습니까? 그렇다면 그대는 재물을 신뢰할 수 없습니다. 그대가 하나님을 믿는 한, 재물을 신뢰한다는 것은 절대 불가능합니다. 그대가 만일 재물을 의지한다면 그대는 믿음을 저버리고 살아계신 하나님을 의지하지 않은 것입니다. 그대는 하나님을 사랑하며, 그 안에서 행복을 추구하며, 또 그 안에서 이것을 발견했습니까? 그렇다면 그대는 세상과 세상에 속한 것들을 사랑할 수 없습니다. 그대는 세상에 대하여 십자가에 못 박혔고, 세상은 그대에 대하여 십자가에 못 박힌 것입니다. 그 반면에 그대는 세상을 사랑하고 있습니까? 그대는 땅에 있는 것에 애착심을 가지며 이 세상의 것들에서 행복을 추구합니까? 그러면 그대는 하나님을 절대로 사랑할 수 없습니다. 만일 그렇다면 하나님의 사랑이 그대 안에 있을 수 없습니다. 그대는 하나님을 본받습니까? 하나님 아버지의 자비하심과 같이 그대는 자비합니까? 그대의 마음을 새롭게 하여, 그대를 지으신 하나님의 형상대로 변화되었습니까? 그렇다면 그대는 이 세대를 본받는 자가 될 수 없으며, 세상에 대한 애착심과 온갖 정욕을 버려야 합니다. 그대는 세상에 맞춰 살고 있습니까? 그대의 영혼은 아직도 땅에 속한 세상의 형상을 그대로 지니고 있습니까? 그렇다면 그대의 마음은 아직 하늘에 속한 거룩한 형상을 가지지 못한 것입니다. 반대로 그대가 하나님을 순종하며, 하늘에 있는 천사들처럼 이 땅에서 하나님의 뜻을 힘써 행합니까? 그렇다면 그대는 맘몬에게 굴복할 수 없습니다. 그대는 이 세상과 정면 대결을 할 것입니다. 그대는 이 세상의 습속과 가르침을 거부하여 이를 따르거나 좇지 않을 것입니다. 그대는 이 세상을 따릅니까? 그대는 세상 사람들처럼 살아갑니까? 그대는 세상 사람들의 비위를 맞추며 살고 있습니까? 그리고 그대 자신을 즐겁게 합니까? 그러면 그대는 하나님의 종이 아닙니다. 그렇다면 악마가 그대의 주인이며 아버지인 것입니다.

15. 그러므로 "주 여러분의 하나님께 경배하고 그분만을 섬기십시오." 그대는 두 주인, 즉 하나님과 맘몬을 섬기고자 하는 모든 허망한 생각을 버리십시오. 그대는 하나님만을 궁극적 목적으로 삼고, 하나님 밖에는 어떤 도움도 행복도 없음을 아십시오. 하늘과 땅에서 하나님 외에 다른 어떤 것도 추구하지 마십시오. 그대는 하나님을 알고, 하나님을 사랑하며, 그분만을 즐거워하는 일 외에 다른 어떤 것도 목표로 삼지 마십시오. 이것이 그대가 이 땅에서 해야 할 유일한 본분인 만큼, 그대가 당연히 가져야 할 세계관이고, 모든 것 가운데 여러분이 추구해야 할 유일한 생각입니다. "그러므로 내가 너희에게 이르노니 네 목숨을 위하여 무엇을 먹을까, 무엇을 마실까, 네 몸을 위하여 무엇을 입을까 염려하지 말라(마 6:25)." 이 가르침은 심오하고 중대한 가르침입니다. 우리는 이 가르침에 대하여 좀 더 고찰해 봄으로써 여기에 함축된 의미를 이해할 필요가 있습니다.

16. 예수님의 이 말씀은 이 세상의 삶에 대하여 그 어떤 생각도 하지 말고 만지지도 말라고 금하시는 것이 아닙니다. 이러한 성급하고 무사려한 판단은 예수님의 교훈의 진의와는 큰 거리가 있습니다. 그분께서는 우리에게 "부지런히 일하여 게으르지 말고" 꾸물대거나 태만하지 말 것을 요구하십니다. 이런 태도는 예수님의 가르침의 참모습과 정신에 어긋나는 것입니다. 그리스도인은 태만을 술취함만큼이나 증오하

고, 게으름을 간음만큼이나 멀리합니다. 그리스도인은 하나님께서 기뻐하시는 생각을 잘 알고 있습니다. 이 생각은 하나님께서 당신의 섭리로 부르신 자들이 해야 할 외적 행동을 잘 수행하는 데 절대적으로 필요한 것입니다.

모든 사람이 자기 자신의 음식을 위해 일하는 것은 하나님의 뜻입니다. 모든 사람은 각자 자기 자신과 자기 식구들에게 필요한 것을 알아서 공급해야 합니다. 동시에 아무에게도 빚을 지지 말고 모든 사람이 보기에 선하다고 하는 일들을 하십시오. 그러나 이러한 모든 책임의 완수를 위하여서는 우리의 신경을 써야 하며, 어떤 때는 장기간 심사숙고하고 진지하게 신경을 쓰지 않으면 안 됩니다. 그러므로 우리가 우리의 의무와 책임을 감당하기 위하여 생각하고 마음을 쓰는 것에 대하여 주님은 책망하지 않으십니다. 이것은 하나님 앞에서 선하고 받으실 만한 것입니다.

이와 동시에 당장 해야 할 것들을 생각하며, 우리가 하는 것을 분명하게 이해하며, 사업을 하기 전에 어떤 순서로 진행할까 계획을 세워야 합니다. 그리고 이렇게 하는 것이 하나님께서 보시기에 선하고 받으실 만한 것입니다. 우리가 무엇을 하기 전에 어떤 과정을 거쳐야 하는지 종종 주의를 기울여서 심사숙고하는 것은 바람직한 것입니다. 어떤 방법으로 운영해야 가장 효과적일지 등을 연구하는 것도 다 필요한 것입니다. 이런 일들에 대해 마음 쓰는 것을 어떤 사람들은 "머릿속의 염려(the care of the head)"라고 하는데, 우리 주님께서는 이런 것들을 결코 정죄하지 않으십니다.

17. 주님이 책망하시는 것은 마음속의 염려입니다. 즉 걱정이나

불안, 고통스럽게 염려하는 것입니다. 이런 것들은 영혼과 마음을 모두 상하게 합니다. 이런 걱정은 우리의 피를 말리고, 심령을 좀먹는 것입니다. 우리는 때로 어떤 불행을 예상하여 두려워하며, 이것이 오기도 전에 우리의 마음을 괴롭히기도 합니다. 예수님은 내일 일을 미리 염려하여서 오늘 받을 복을 망치는 그런 근심을 금하십니다. 그분께서 금하시는 염려는 훗날에 모자라게 될 것들을 생각하느라 지금 넉넉히 갖고 있는 것을 제대로 누리지 못하게 하는 염려입니다. 이런 염려는 영혼의 아픈 질병일 뿐만 아니라, 하나님께 대적하는 아주 못된 범죄, 가장 깊이 물든 죄악입니다. 이것은 은혜롭고 지혜로우신 만물의 통치자이시며 섭리자이신 하나님께 대한 큰 모독입니다. 이러한 태도에는 필연적으로 "대심판자이신 하나님은 불공평하시다. 모든 일을 올바로 처리해 나가시지 못한다. 그에게는 우리의 요구를 파악하는 예지도 없으며, 자기를 신뢰하는 자에게 혜택을 베푸시는 선의도 없다"는 불평이 내포되어 있기 때문입니다. 그러므로 이런 식으로 생각하지 않도록 주의하십시오. 불안해하지 마십시오. 이것은 아주 쉽고도 분명한 법칙입니다. 불안한 염려는 올바른 염려가 아닙니다. 하나님을 향해 단순한 눈(single eye)을 가지십시오. 여러분 안에 있는 모든 것을 모든 사람 앞에서 좋은 일을 하기 위하여 하십시오. 그리고 모든 것을 더 나은 손에, 즉 모든 일을 하나님의 손에 맡기십시오.

18. 그러므로 우리는 다음과 같은 종류의 걱정 근심을 가져서는 안 됩니다. "목숨을 위하여 무엇을 먹을까, 무엇을 마실까, 몸을 위하여 무엇을 입을까 염려하지 말라. 목숨이 음식보다 중하며, 몸이 의복보다 중하지 아니하냐?" 하나님께서 이것들보다 더 큰 생명을 주셨다면 이

생명을 유지할 음식을 주시지 않겠습니까? 하나님께서 여러분에게 몸을 주셨다면 몸에 필요한 의복도 주시지 않겠습니까? 만일 여러분이 하나님께 온몸을 바쳐 전심으로 그를 섬기기만 한다면 더욱 그러하시지 않겠습니까? "공중의 나는 새를 보십시오. 그것들은 씨를 뿌리지도 않고 추수도 안 하고 곳간에 모아들이지도 않으나" 아무 부족함이 없습니다. 그렇지만 "그대의 하늘 아버지께서는 그것들을 먹여 주십니다. 여러분은 그것들보다 더 귀하지 않습니까?" 하나님의 유능한 창조물인 여러분은 하나님 보시기에 더욱 중요하지 않습니까? 여러분은 모든 존재들 가운데 가장 뛰어난 존재가 아닙니까? 여러분 가운데 누가 걱정함으로 키를 한 자라도 더 길게 할 수 있겠습니까? 그렇다면 이렇게 걱정하고 근심한다고 무슨 유익이 있습니까? 이것은 정말로 백해무익합니다.

"어찌하여 여러분은 옷을 염려하십니까?" 여러분의 눈을 돌리는 곳마다 매일 여러분을 책망하는 것이 보이지 않습니까? "들에 핀 백합화가 어떻게 자라는가 살펴보라. 수고도 하지 않고 길쌈도 하지 않는다. 그러나 내가 너희에게 말한다. 온갖 영화를 누린 솔로몬도 이 꽃 하나만큼 입지 못하였다. 오늘 있다가 내일 아궁이에 던져지는 들풀도 하나님께서 이와 같이 입히시거든 하물며 너희야 더 잘 입히시지 않겠느냐? 오! 믿음이 적은 자들아!(마 6:28~30)" 인간은 하나님의 영원하신 형상에 따라 영생할 수 있도록 창조된 존재입니다. 여러분에게 큰 믿음이 있다면 그분의 사랑을 의심할 수 없을 것이며, 단 한순간도 염려할 수 없을 것입니다.

19. 만일 우리가 이 땅에 재물을 쌓아 놓지 않는다면, 우리의 온

힘을 다해 하나님을 섬긴다면, 눈이 오로지 단순하게 그분께만 고정되어 있다면, "그러므로 무엇을 먹을까, 무엇을 마실까 염려하지 마십시오." 만일 우리가 이 세상을 따라 사는 사람이 아니라면, 만일 우리가 누구에게 이익을 남길까 하고 미련을 두지 않는다면, "무엇을 입을까" 염려하지 마십시오. "이 모든 것들은 이방인들이 구하는 것"입니다. 여기에서 이방인들이란 하나님을 알지 못하는 이교도들을 가리킵니다. 그러나 "여러분의 하늘 아버지께서는 여러분이 이 모든 것들을 필요로 함을 아신다는 사실을" 잊지 마십시오. 예수님께서는 우리에게 이러한 요구들이 계속해서 공급될 수 있는 확실한 방법을 제시해 주셨습니다. 그것은 곧 "너희는 먼저 하나님의 나라와 그분의 의를 구하라"는 것입니다. "그리하면 이 모든 것이 너희에게 더해질 것입니다."

20. "너희는 먼저 하나님의 나라를 구하라." 세상의 다른 일에 대해 염려하고 마음을 쓰기 전에 (우리에게 그의 독생자를 주시어 그를 믿음으로 멸망하지 않고 영생을 얻게 하신) 주 예수 그리스도의 아버지이신 하나님께서 여러분의 마음을 다스리고 계신지, 그분께서 자기 자신을 여러분의 영혼 속에 나타내시고 거기에 상주(常住)하시고 다스리고 계신지에 대해 관심을 두십시오. 여러분은 먼저 하나님께서 "그분을 아는 지식을 압도하고 높아지려는 오만한 생각을 무너뜨리고 모든 생각을 사로잡아 그리스도께 복종하도록" 하는지에 대하여 관심을 두십시오. 그리하여 오직 하나님께서만 경쟁자 없이 홀로 우리 마음 전체를 다스리도록 하십시오. 그분 외에 다른 누구도 다스리지 못하게 하십시오, 오직 그분만이 여러분의 마음을 소유하고 홀로 다스리도록 하십시오. 그분께서 여러분의 유일의 소망이요 기쁨이요 사랑의 대상이 되도록 하

십시오. 그리하여 여러분의 전 존재가 끊임없이 "전능하신 주 하나님께서 다스리신다"라고 외치게 하십시오.

"하나님의 나라와 그의 의를 구하라." 하나님이 우리 마음속에서 다스리시는 결과는 의입니다. 의란 무엇입니까? 이것은 다름 아닌 사랑입니다. 의는 하나님 사랑이고 사람 사랑입니다. 이 사랑은 예수 그리스도께 대한 믿음에서 흘러나와 겸손과 온유와 온순과 오래 참음과 인내와 세상에 대한 죽음을 만들어 냅니다. 의는 하나님과 사람을 향한 모든 올바른 마음씨의 총칭입니다. 이러한 마음이 있을 때 우리는 비로소 거룩한 행동들, 즉 하나님께서 받으실 만하고 사람에게 유익을 주는 모든 사랑스러운 것이나 칭찬할 만한 것들이나 또는 믿음을 토대로 한 활동과 사랑의 수고를 열매 맺을 수 있습니다.

"그의 의", 이것은 전적으로 그분의 의를 가리킵니다. 이것은 우리의 의가 되신 예수 그리스도를 위하여 우리에게 거저 주시는 그분 자신의 선물입니다. 오직 그분을 통해서만 우리는 이것을 받을 수 있습니다. 우리 안에서 성령의 감화와 감동을 통해 그것을 이루시는 분은 오직 하나님 한 분입니다.

21. 이 말씀을 잘 살펴본다면 우리가 기왕에 잘 이해하지 못했던 다른 성구의 뜻도 밝힐 수 있습니다. 사도 바울은 로마서에서 믿지 않는 유대인에 대하여 "저희가 하나님의 의를 모르고 자기 의를 세우려고 힘써 하나님의 의를 복종하지 아니하였느니라(롬 10:3)" 하였습니다. 사도 바울의 이 말씀을 풀이해 본다면 유대인들은 하나님의 의를 알지 못했는데 여기에는 두 가지 측면이 있습니다. 하나는 그리스도의 의인데, 이 의는 모든 믿는 자들에게 주어졌으며 이것을 통해 그 사람

의 모든 죄가 사라지고 하나님의 은혜에 화해를 이루게 되는 그 의입니다. 그러나 그들은 이 의를 알지 못했다는 것뿐만이 아닙니다. 또 하나의 다른 뜻은 가장 본질적인 속성을 이루는 내적 의, 즉 거룩한 마음을 알지 못했다는 것입니다. 이것은 하나님께서 그리스도를 통하여 거저 주시는 선물임에 틀림없으나, 성령의 활동에 의하여 우리 속에 성취되는 것입니다. 이들이 이러한 하나님의 의, 즉 거룩한 마음에 대해 알지 못했기 때문에 자기 자신들의 의를 세우려고 한 것입니다. 그들은 자신들의 의라고 부를 수 있는 것의 본질적 속성인 외적인 의를 세우려고 안간힘을 썼습니다. 그러나 그것은 하나님의 성령에 의하여 이룩된 것이 아니요, 따라서 그분에게 속한 것이거나 그분께서 받으실 만한 것도 아닙니다. 그들은 이 외적인 의를 자신들의 힘으로 세우려고 한 것입니다. 그러나 그들이 세운 것인만큼 이것은 하나님 앞에 가증스럽고 냄새를 피우는 것입니다. 그런데도 그들은 자기들의 의를 신뢰했기 때문에 하나님의 의에 복종하지 않은 것입니다. 그렇습니다. 그들은 믿음에 대적하여 자신들의 마음을 강퍅하게 하고 있는데, "그리스도는 모든 믿는 사람에게 의롭다 함을 얻게 하시려고 율법의 마지막이 되셨습니다(롬 10:4)." 그리스도께서 "다 이루었다"고 말씀하셨을 때 율법을 폐하신 것입니다. 이 율법은 외적으로 드러나는 의식이나 예전으로서, 예수께서는 자기 자신을 단번에 드리심으로써 자신이 흘리신 피를 통해 더 나은 의를 이루셨으며, 모든 믿는 자들의 영혼의 심층에 하나님의 형상을 심어 주셨습니다.

22. 이와 연결될 수 있는 사도 바울의 고백이 빌립보서에도 있습니다. "나는 그리스도를 얻기 위해서 모든 것을 배설물로 여겼다(빌 3:8)"

하였습니다. 그리스도를 얻는다는 것은 그의 영원한 나라에 들어간다는 것을 말합니다. "그 안에서 발견되려 함"이란 그분을 믿는다는 것입니다. "내가 가진 의는 율법에서 난 것이 아니요 오직 그리스도를 믿음으로 말미암은 것이니, 곧 믿음으로 하나님께로부터 난 의라(빌 3:9)." "내가 가진 의는 율법에서 난 것이 아니요"라는 말은 외적인 의, 내가 이전에 가졌던 외적 종교를 가리킵니다. 그때에 나는 "율법의 의로는 흠이 없었기" 때문에 하나님께서 나를 받아들이실 것이라 생각하였습니다. 그러나 오직 그리스도를 믿음으로 말미암은 것, 즉 믿음으로 하나님께로부터 난 의를 통해서만 나는 받아들여질 수 있습니다. 그 의는 하나님께로부터 오는 마음의 성화와 나의 모든 욕망과 성정과 감정과 함께 완전히 내 영혼이 새로 남을 뜻하는데, 이것은 하나님만이 하실 수 있는 일이요, 믿음으로 말미암은 것입니다. 이것은 그리스도를 믿는 믿음을 통해 가능하고 우리 안에 예수 그리스도께서 자신을 계시해 주셔야만 가능하며, "그리스도의 피에 대한 믿음"으로 가능해집니다. 우리는 이 그리스도의 속죄의 피에 의해서만 죄사함을 받고, 거룩해진 자들과 더불어 그 나라를 상속으로 받을 수 있습니다.

23. "너희는 먼저 하나님의 나라"를 너희 마음에 "구하라." 이것은 의, 곧 하나님께서 선물로 주신 것이며, 여러분의 영혼 속에서 새로워진 하나님의 형상을 가리킵니다. "그리하면 이 모든 것을 너희에게 더하시리라." 이것은 우리의 육신 생활에 필요한 모든 것, 즉 하나님 생각에 하나님 나라를 이루기 위해서 우리에게 필요한 모든 수단을 주신다는 의미입니다. 이 모든 것을 더하신다는 말은 흔들어 넘치도록 안겨 주신다는 것입니다. 평화와 하나님의 사랑을 추구하다 보면 여러분은

지금 여러분이 추구하는 흔들림 없는 하나님 나라를 얻을 뿐만 아니라 여러분이 구하지 않은 것들도 얻을 것인데, 물론 이것은 그것들 자체를 위해서가 아니라 하나님 나라를 얻는 데 도움을 주기 위한 것입니다. 여러분은 하나님 나라를 위해 일할 때 여러분에게 필요한 세상 물질들도 얻을 것입니다. 하나님께서는 친히 이 염려를 짊어지셨습니다. 그분께서는 여러분에게 필요한 것이 무엇인지 다 아시므로 무엇이나 필요한 것을 채워 주실 것입니다.

24. "그러므로 내일 일을 염려하지 마십시오." 단지 어떻게 재물을 이 땅에 쌓아 둘까, 세상 물질을 어떻게 많이 불릴까, 매일매일 먹고 입고 쓰는 음식물이나 의복이나 돈을 여러분의 정상적 삶의 목적 달성을 위한 것보다 어떻게 더 많이 모을까, 여러분의 육체를 위한 필수품을 위하여 염려하지 말아야 합니다. 여러분은 또한 아직 먼 장래에 당할 일을 어떻게 처리할까 걱정하면서 마음을 괴롭히지 마십시오. 이런 미래는 여러분에게 영원히 오지 않을 수도 있습니다. 그날이 미처 오기도 전에 어쩌면 여러분은 이 세상 풍파를 넘어 저 영원한 나라에 가 있을 수도 있습니다. 이 먼 훗날의 일들은 하루살이 같은 여러분에게는 해당이 없는 것입니다. 엄밀하게 말하자면 여러분이 내일과 무슨 상관이 있다는 말입니까? 왜 여러분은 쓸데없이 자신을 괴롭히십니까? 하나님은 여러분에게 주신 그 생명을 유지하기 위해서 여러분이 필요로 하는 것을 오늘 공급해 주십니다. 그것으로 충분합니다. 여러분을 하나님의 손에 맡기십시오. 여러분이 하루를 더 살게 된다면 하나님께서는 또 그 하루를 위해 필요한 것을 여러분에게 공급해 주실 것입니다.

25. 무엇보다도 미래 일에 대한 염려 때문에 현재 마땅히 해야 할 의무를 태만히 여기지 마십시오. 이것이야말로 내일 일을 위해 염려하는 가장 치명적인 모습입니다. 이것은 우리 가운데 흔히 있는 사례입니다. 우리가 어떤 사람에게 양심에 거리끼는 과오를 저지르지 말라고 권고한다면 많은 사람들이 양심의 가책도 없이 흔히 이렇게 말합니다. "아니, 그렇다면 우리더러 어떻게 살라는 말입니까? 나와 내 가족도 돌보지 말라는 말입니까?" 이 사람들은 알면서도 일부러 계속 범죄를 합리화하기 충분한 이유를 대는 것입니다. 그들은 앞으로 먹고 살아갈 길만 보장된다면 당장 하나님을 섬기겠다고 말합니다. 그들은 영생을 준비해야 한다는 것도 압니다. 그러나 문제는 혹시 당장 먹고 살아갈 것이 부족하지나 않을까 두려워합니다. 그래서 그들은 고작 한 그릇의 밥을 위하여 악마를 섬기고, 물질이 모자라지는 않을까 두려워하여 지옥의 길을 향하여 내달리며, 자기들의 몸에 필요한 것이 때로 부족하지 않을까 염려하여 자신의 가련한 영혼을 팽개치고 맙니다.

그런데 우리가 유념할 것은, 이렇게 세상 물질을 앞세워 구하는 사람들은 흔히 그들이 그렇게 애타게 구하는 물질도 얻지 못하는 경우가 흔하다는 사실입니다. 그들은 세상 물질을 얻으려다가 천국도 내버리게 되어, 결국 두 가지 모두를 다 얻지 못하게 되는데, 이 또한 결코 놀랄 일이 아닙니다. 질투의 하나님은 그의 지혜로운 섭리 안에서 자주 이런 일로 인해 가슴 아파하십니다. 그러므로 잠시 있다가 사라질 것들을 염려하느라 자신들의 염려를 하나님께 맡겨 드리지 않는 자들은 이 세상 물질에만 집착하여 영원한 것에 전혀 관심이 없으며, 자기들이 선택한 것조차도 결국 잃고 맙니다. 이제 그들은 그들이 하는 일에서 눈에 보이는 큰 파탄을 겪게 됩니다. 그들이 무엇을 하든 결코 번창하지 않을 것입니다. 그들이 세상을 살아가기에 바빠 하나님을 버렸기에, 그들이 자기들이 찾지 못하는 것뿐만 아니라 찾는 것까지 다 잃어버립니다. 결과적으로 그들은 하나님 나라와 그의 의에 이르지 못합니다. 또한 그들은 그들에게 더해지는 다른 것들까지 잃게 될 것입니다.

26. "내일 일을 위하여 염려하지 말라"는 말씀에는 또 다른 모습이 있습니다. 그것은 신령한 일에 관하여 잘못된 방식으로 염려하는 경우입니다. 장래 일에 너무 신경을 쓰는 바람에 지금 당장 해야 할 일들을 소홀히 하는 것입니다. 우리는 어처구니 없이 이런 잘못에 빠져드는데, 그렇게 되지 않기 위해 끊임없이 주의하여 기도해야 합니다. 우리는 멋진 장면을 상상하고 원대한 계획과 아름다운 설계를 만들어 놓고 거기에 심취하여 우리가 이러저러한 장소에, 이러저러한 때에 처한다면 얼마나 좋을까, 우리의 환경이 좀 더 나아진다면 우리 자신이 필요한 자리에서 얼마나 좋은 일을 할 것인가, 이런 장애물이 제거된다면 하나님을 얼마나 더 잘 섬길 것인가, 하면서 헛된 상상을 합니다.

아니 어쩌면 여러분의 영혼이 이미 침울한 상태에 놓여 있어서, 하나님께서 이전에도 그러셨듯이 자신의 얼굴을 여러분에게서 숨기십니다. 여러분은 그분에게서 오는 빛을 거의 보지 못합니다. 만일 마음이 그런 상태에 있다면 당연히 "아, 하나님께서 만일 내게 다시 그분의 얼굴 빛을 비추신다면 나는 하나님을 찬양하리라! 그분께서 내 마음 속에 그 사랑을 다시 두루 비춰 주실 때 나는 다른 사람에게 그분을 찬양하라고 말하리라! 그때 나는 그렇게 하고 또 그렇게 하리라! 내가 어느 곳에 있든지 하나님을 위해 말하고, 나는 그리스도의 복음을 부끄러워하지 아니하고 선포하리라! 이제 내게 주어진 시간을 아껴 내가 받은 모든 은사를 최대한 활용할 것이다"라고 말할 것입니다.

그러나 그대는 그대 자신을 과신하지 마십시오. 그대가 그렇게 생각하는 바를 지금 하지 못한다면 그때 가서도 실천하지 않을 것입니다. 어떠한 종류의 일에, 그것이 세상 일이든지 아니면 하나님을 두려워하고 사랑하는 신앙 생활에 관한 일이든지, 작은 일에 충성하는 자가 큰 일에도 충성하는 법입니다. 그러나 만일 그대가 이 땅에서 한 달란트를 땅에 묻어 둔다면 그것은 사실 다섯 개의 달란트를 묻어 두는 셈입니다. 물론 그 은사를 받았을 경우에 그렇다는 말입니다. 하지만 이런 사람들이 그렇게 은사를 받을 것이라고 기대하기는 어렵습니다. 진실로 "누구든지 가진 자", 즉 자기가 가진 것을 활용하는 사람은 더 받아 풍족하게 되고, 가지지 못한 자, 즉 크든 작든 상관없이 이미 자기가 받은 은사를 활용하지 않는 자는 "그 가진 것마저 빼앗기게 될 것입니다."

27. 그뿐 아니라 여러분은 혹시 내일 유혹에 빠지는 것은 아닐까 걱정하지 마십시오. 이 또한 위험한 함정입니다. "시험이 닥쳐오면 어떻게 하지? 내가 어떻게 견뎌 낼 수 있을까? 그런 유혹에 저항할 능력이 없는 것 같은데! 나는 그런 강적을 이길 수 없을 거야!"라고 생각하지 마십시오. 사실 여러분은 현재 여러분이 예상하는 시험을 이길 능력이 없습니다. 여러분은 지금 원수를 정복할 수 없습니다. 그리고 그 원수도 지금은 여러분을 공격하지 않습니다. 여러분이 지금 받은 은혜로는 여러분이 당하지 않은 그 시험들을 이길 수 없을지 모릅니다. 하지만 시험이 닥쳐오면 그것을 이길 수 있는 은혜도 함께 찾아옵니다. 더 큰 시험이 오면 더 큰 능력을 받을 것입니다. 고난이 크면 하나님의 위로도 그만큼 넘쳐날 것입니다. 그래서 어떠한 정황에서든지 하나님

의 은혜는 그 정황에 따라 풍족할 것입니다. 하나님께서는 오늘 그대가 감당할 수 없을 정도의 시험으로 그대를 힘들게 하시지 않습니다. 그리고 시험을 당할 때마다 피할 길을 열어 주십니다. "여러분이 사는 날 동안 여러분에게는 이겨낼 힘도 갖게 될 것입니다(신 11:9)."

28. "그러므로 내일 일은 내일이 염려하게 하십시오." 이 말은 내일이 오거든 그때 가서 그것을 생각하라는 말입니다. 여러분은 오늘을 사십시오. 지금 이 시간을 더 잘 보낼 수 있도록 전력하십시오. 지금 현재만이 그대의 것이고 그대의 전부입니다. 과거는 마치 존재하지 않았던 것처럼 아무것도 아니며, 미래 또한 그대에게 아무것도 아니며, 당신의 것이 아닙니다. 어쩌면 그 미래는 없을 수도 있습니다. 아직 오지도 않은 것에 의지할 필요는 없습니다. 왜냐하면 여러분은 오늘 하루 무슨 일이 일어날지 알지 못하기 때문입니다. 그러므로 오늘을 사십시오. 한 시간이라도 잃지 마십시오. 이 순간을 선용하십시오. 이것만이 그대의 것입니다. "이 세상에서 누가 태어나기 전에 있던 일을 알 것이며, 또한 누가 죽은 뒤에 일어날 일을 알겠습니까?" 세상이 시작할 때부터 있었던 세대들이 지금 어디에 있습니까? 날아가 버렸습니다. 잊혔습니다. 그들은 자기들의 시대에 존재했고 그들의 세월을 살았습니다. 그러나 그들은 늦가을 나무에서 낙엽이 지듯이 이 땅에서 떨어져 나갔습니다. 그들은 저 뫼 기슭에 한 줌의 흙이 되어 버렸습니다. 그들을 뒤밟아 다른 세대가 계승했습니다. 그리고 또 다른 세대가 뒤따랐고, 전 세대는 다시 빛을 보지 못했습니다. 이제 여러분의 차례입니다. "오, 젊은이들이여, 그대는 젊은 날에 기뻐하십시오. 바로 지금을 즐기십시오. 그분을 즐기면서 현재를 즐기십시오(전 11:9)." 그분의 연대는 다함이 없습

니다. 이제 그대의 눈이 변함이 없으시고 회전하는 그림자도 없으신 그분께만 고정이 되도록 하십시오. 이제 그대의 마음을 그분께 드리십시오. 그분과 함께 머무십시오. 그분께서 거룩하신 것처럼 그대 또한 거룩한 자가 되십시오. 그분께서 받으실 만한 완전한 뜻을 행할 복된 기회를 꼭 포착하십시오. 이제 기쁜 마음으로 모든 것을 잃어버리십시오. 그리하면 그리스도를 얻게 될 것입니다.

29. 오늘 그분께서 그대에게 무엇을 허락하시든 그분의 이름을 위하여 기쁜 마음으로 견디십시오. 그러나 내일의 고난을 미리 생각하지 마십시오. "그날의 괴로움은 그날로 족합니다." 그러나 인간적 견지에서는 질책을 당하는 것이든, 무엇인가 부족함에 허덕이는 것이든, 고통이든 질병이든, 모두 괴로운 것입니다. 그렇지만 하나님의 언어로 말한다면 이 모든 것들은 불행이 아니라 축복이며, 하나님께서 그의 지혜로 예비하신 소중한 치료제이며, 각 사람 영혼의 질병의 징후에 따라 그의 자녀들에게 처방하시는 귀중한 약입니다. 하나님께서는 환자의 필요와 감당할 능력에 따라 하루에 적당한 분량을 알맞게 주십니다. 그러므로 그대가 내일의 것까지 앞당겨 쓴다든가 지나간 것까지 끌어다가 감당하려면, 그것은 그대에게 불가능합니다. 이것은 그대가 병을 치료하기보다 더 악화시키는 짓입니다. 그러므로 다만 오늘 여러분께 주신 것만큼만 취하십시오. 오늘 그분의 뜻대로 행하고 그분의 뜻대로 견뎌 내십시오! 오늘 그대 자신을, 그대의 몸과 혼과 영을 그리스도 예수를 통하여 하나님께 맡기십시오. 아무것도 바라지 말고 오직 그대의 모든 존재와 그대가 하는 모든 일과 그대가 견디는 모든 것 가운데서 하나님께서 영광을 받으시도록 힘쓰십시오. 아무것도 구하지 말고,

오직 영원하신 성령을 통하여 하나님과 그의 아들 예수 그리스도만을 알기에 힘쓰십시오. 아무것도 좇지 말고 지금 바로 이 시간과 영원토록 그분만을 사랑하고 그분만을 섬기며 그분만을 즐기려고 하십시오.

이제 "나와 온 세상을 지으신 하나님 아버지"와 "나와 온 세상 인류를 구속하신 성자 하나님"과 "나와 선택받은 모든 하나님의 백성을 거룩하게 하시는 성령 하나님"께 영광과 찬송과 위엄과 통치가 영원무궁토록 있을지어다! 아멘.

25
산상설교 X
Upon our Lord's Sermon on the Mount X

〈John Wesley〉, oil on ivory attributed to John Barry, 1790

비판을 받지 아니하려거든 비판하지 말라 너희가 비판하는 그 비판으로 너희가 비판을 받을 것이요 너희가 헤아리는 그 헤아림으로 너희가 헤아림을 받을 것이니라 어찌하여 형제의 눈 속에 있는 티는 보고 네 눈 속에 있는 들보는 깨닫지 못하느냐 보라 네 눈 속에 들보가 있는데 어찌하여 형제에게 말하기를 나로 네 눈 속에 있는 티를 빼게 하라 하겠느냐 외식하는 자여 먼저 네 눈 속에서 들보를 빼어라 그 후에야 밝히 보고 형제의 눈 속에서 티를 빼리라 거룩한 것을 개에게 주지 말며 너희 진주를 돼지 앞에 던지지 말라 그들이 그것을 발로 밟고 돌이켜 너희를 찢어 상하게 할까 염려하라 구하라 그리하면 너희에게 주실 것이요 찾으라 그리하면 찾아낼 것이요 문을 두드리라 그리하면 너희에게 열릴 것이니 구하는 이마다 받을 것이요 찾는 이는 찾아낼 것이요 두드리는 이에게는 열릴 것이니라 너희 중에 누가 아들이 떡을 달라 하는데 돌을 주며 생선을 달라 하는데 뱀을 줄 사람이 있겠느냐 너희가 악한 자라도 좋은 것으로 자식에게 줄 줄 알거든 하물며 하늘에 계신 너희 아버지께서 구하는 자에게 좋은 것으로 주시지 않겠느냐 그러므로 무엇이든지 남에게 대접을 받고자 하는 대로 너희도 남을 대접하라 이것이 율법이요 선지자니라 (마 7:1~12)

1. 우리의 복되신 주님은 산상설교의 첫 두 장에서 먼저 그 설교의 주된 계획을, 즉 참된 종교의 모든 면모를 전달하신 후에 인간들이 하나님의 말씀을 무효하게 만드는 해석들의 위험성을 지적하셨습니다.

그다음 예수께서는 인간이 모든 외적 행동을 할 때 마땅히 갖추어야 할 올바른 의도에 대한 원칙을 말씀하셨습니다. 그리고 이제 예수께서는 7장 첫머리에서 이 종교를 가로막는 주된 장애물에 대하여 지적하시고 적절하게 적용하심으로써 모든 가르침을 결론지으십니다.

2. 우리의 위대한 스승이신 주님은 마태복음 5장에서 내적 종교의 다양한 면들을 상세하게 설명하셨습니다. 그분께서는 거기에서 진정한 기독교를 구성하는 영혼의 기질들을 펼쳐 보이셨습니다. 이 기질은 바로 거룩함이며, 하나님을 볼 수 있는 유일한 조건입니다. 이 기질은 또한 사랑인데, 사랑은 참된 근원에서부터, 즉 그리스도 예수를 통한 하나님께 대한 믿음에서 흘러나와야 하며, 내적으로나 본질적으로 선하며 하나님께서 받으실 만한 것들입니다. 마태복음 6장에서 예수께서는 어떻게 인간의 모든 행동들이 이와 마찬가지로, 비록 본질상 이와는 무관하지만, 순수하고 거룩한 의도 없이는 무엇을 하든지 하나님 앞에서는 아무런 가치도 없다고 선언하셨습니다. 반면 순수한 의도 없이 하는 어떤 외적 행동도 하나님 앞에 무가치하지만, 하나님께 헌신하는 경건한 태도로 할 때는 그분께서 보시기에 매우 값진 일이 됩니다.

3. 마태복음 7장 전반부에서 예수께서는 이 거룩함을 이루는 데 가장 흔히 일어나지만 가장 치명적인 장애물이 무엇인가를 지적하셨고, 후반부에서는 우리에게 다양한 동기들을 부여하시면서 이 모든 장애물을 돌파하고 용감히 전진함으로써 우리 앞에 놓인 하늘의 부르심의 상을 얻도록 가르치십니다.

4. 주님이 우리에게 경고하신 첫 번째 경계할 사항은 바로 남을 심판하는 행위입니다. "심판을 받지 아니하려거든 심판하지 말라." 주님의 심판을 받지 아니하려거든, 여러분 자신의 머리에 복수를 자초하지 않으려거든, 다른 사람들을 심판하지 마십시오. "너희가 심판하는 그 심판으로 너희가 심판을 받을 것이요 너희가 헤아리는 그 헤아림으로 너희가 헤아림을 받을 것이니라." 이 말씀은 마지막 심판 날에 그분께서 여러분을 어떻게 다루실 것인지, 여러분 스스로 잘 생각해 보라고 하나님께서 주신 지극히 평범하고 지당한 법칙입니다.

5. 남을 심판하지 말라는 이 경고는 하나님의 자녀들이 처음으로 회개하고 복음을 믿을 때부터, 사랑 안에서 완전한 사람이 될 때까지 어떤 시기, 어떤 정황 아래에서나 늘 필요합니다. 남을 심판할 기회는 항상 넘쳐납니다. 심판하고자 하는 유혹은 셀 수 없이 많습니다. 이 유혹은 대부분 기가 막히게 위장되어 있어서 우리가 차마 위험 상황을 알아차리기도 전에 이미 과오에 빠지는 경우가 많습니다. 이러한 범과의 해독은 참으로 큽니다. 남을 심판하는 사람은 자신의 영혼에 큰 상처를 입힐 뿐만 아니라, 자기 자신을 의로우신 하나님의 심판대 앞에 올려놓은 것입니다. 한편 심판을 받는 사람 또한 비록 그 길에서 완전히 벗어나서 완전한 파멸로 되돌아가는 정도는 아니더라도, 살아가는 동안 손이 축 늘어질 정도로 연약해지고 길이 막히는 해를 입게 됩니다. 그렇습니다. 얼마나 자주 이 "쓴 뿌리가 돋아나서 많은 사람들이 이로 인해 더럽혀지고 있습니까?" 이로 인해 얼마나 진리의 도가 비난을 받고, 우리에게 붙여진 그 존귀한 이름이 모욕을 받고 있습니까?

6. 우리 주님께서 이 경고의 말씀을 하나님의 자녀들에게만 주신 것이 아니요, 도리어 하나님을 알지 못하는 세상의 자녀들에게도 주셨습니다. 이 세상의 자녀들은 세상에 속하지 않은 사람들에 대해 듣지 않을 수 없습니다. 세상에 속하지 않은 자녀들은 위에서 말한 예수님의 가르침을 따르는 자들이며, 겸손하려고 노력하는 이들이며, 진지하고 신사적이며, 자비롭고 마음이 성결한 자들입니다. 이들은 이와 같은 거룩한 기질들을 마치 아직 얻지 못한 것처럼 열심히 구합니다. 이들은 모든 사람들에게 선을 행하고 인내로써 악을 견뎌 내면서 세상에 속한 자들을 기다려 주고 있습니다. 이렇게 하는 이들은 마치 산 위에 있는 도시처럼 감추일 수 없습니다. 그렇다면 이들의 "선한 행실을 보면서"도 그들은 왜 하늘에 계신 그들의 아버지께 영광을 돌리지 않습니까? 이런 사람들의 발자취를 따라 밟지 않는 것에 대해 그들은 무슨 핑계를 대고 있습니까? 세상의 자녀들은 이런 선한 사람들을 본받기는커녕 도리어 정죄하며, 그들의 행실을 보면서 자기들의 잘못을 개선할 생각은 하지 않고 될 수 있는 대로 그들의 흠을 찾아내기에 여념이 없습니다. 그들은 다른 사람들이 길에서 벗어난 문제에 대해서 너무 정신이 팔린 나머지 정작 자기 자신은 그 길 안으로 들어서지 않고 있습니다. 그들은 결코 앞으로 나가지 못합니다. 그들은 능력이 없는 죽은 경건의 불쌍한 모습 이상으로 결코 앞으로 나가지 못합니다.

7. 주님께서는 특히 이런 사람들을 향하여 "어찌하여 형제의 눈 속에 있는 티는 보고"(이것은 하나님의 자녀들이 갖고 있는 부족함, 실수, 신중하지 못함, 연약함을 의미합니다.) "네 눈 속에 있는 들보는 깨닫지 못하느냐?"라고 하셨습니다. 여러분 내면에 저주받을 완고함, 악마적인 자만

심, 완고한 아집, 이 세상을 사랑하는 우상 숭배 등의 아름답지 못한 생각들이 도사리고 있으며, 이로 인하여 여러분의 생활 전체가 주님의 혐오스러운 대상이 되어 있지는 않습니까? 그뿐만 아니라 얼마나 태만한 부주의와 무관심으로 여러분은 지옥의 입구에서 춤을 추고 있습니까? 그렇다면 어떻게, 무슨 우아함이나 품위나 겸손으로 그대는 형제에게 "당신의 눈에서 티끌을 빼주겠소" 하고 말할 수 있는 것입니까? 여기에서 말하는 티끌은 하나님을 향한 지나친 열정, 극단적인 자기부정, 세상의 염려와 일들로부터 지나치게 동떨어져 있는 것, 밤낮으로 기도하려는 욕구, 혹은 영생의 말씀을 듣고자 하는 욕구를 가리킵니다. 그러나 "들보가 당신의 눈 속에 있는 것을 보십시오!" 티도 아닌 들보 말입니다. 다른 사람들을 염려하는 척하지만 정작 자기 자신의 영혼에 대해서는 관심이 없는 "너 위선자여!" 그대는 실상 하나님을 사랑하지도 않고 경외하지도 않습니다. 하나님을 위하는 열심을 가진 척하는 이여! "먼저 당신의 눈에서 들보를 빼내십시오." 완고한 들보를 내버리십시오! 그대 자신을 아십시오! 그대 자신이 죄인임을 직시하고 느끼십시오! 그대 내면의 모든 생각이 사악하고 부패하여서 하나님 앞에 가증스러우며 하나님의 진노가 그대의 머리 위에 임했다는 것을 느끼십시오! 당신의 교만의 들보를 빼내십시오! 당신 자신의 그런 모습을 혐오하십시오. 먼지와 잿더미 위에 주저앉으십시오. 당신 자신이 얼마나 작고 비열하고 미천하고 악한 존재인지 깨달으십시오. 그대 자신의 아집을 내세우는 들보를 빼내 버리십시오! "누구든지 나를 따라오려거든 자기를 부인하라"는 말씀을 배우십시오! 그대 자신을 부인하고 매일 자기 십자가를 지고 따르십시오. 그대의 온 영혼이 "내가 하늘에서 온 것은 내 뜻을 행하려 함이 아니요, 나를 보내신 이의 뜻을 행하려 함이라"고 외치도록 하십시오. 이 세상을 사랑하는 사랑의 들보를 뽑아 버리십시오. 이 세상이나 이 세상에 속한 것들을 사랑하지 마십시오. 이 세상에 대하여 십자가에 못 박히고, 세상은 여러분에 대하여 못 박히도록 하십시오. 그리고 세상을 사랑하는 대신에 세상을 이용하고, 그 대신 하나님만을 즐거워하십시오. 그대의 모든 행복을 그분 안에서만 찾으십시오. 무엇보다도 초점을 잃은 부주의와 무관심의 큰 들보를 빼내십시오. 그리고 "필요한 한 가지(눅 10:42)"만을 깊이 생각하십시오. 그 한 가지는 그대가 거의 생각하지 않았던 것입니다. 그대는 가장 가련하고 악하고 죄 많은 벌레와 같은 존재라는 것을 깨닫고 느끼십시오. 그대가 무엇입니까? 죽어야 할 죄인입니다. 바람에 이리저리 날리는 낙엽이며 보이는 듯 있다가 흩어져 곧 사라져 안 보이는 안개 같은 존재임을 아십시오. 그래야 당신의 눈이 잘 보여서, 남의 눈 속에 있는 티를 빼줄 수 있습니다. 그대가 자신의 영혼의 염려에서 벗어나 여유를 찾을 때 비로소 그대 형제의 잘못을 바로잡아 줄 방법도 알게 될 것입니다.

8. 그러나 예수님의 "심판하지 말라"는 말씀의 정확한 뜻은 무엇입니까? 여기에 금하신 바 심판은 어떤 것을 말합니까? 이것은 험담을 말하는 것이 아닙니다. 보통 이것이 포함되기도 하나 실상은 그렇지 않습니다. 험담은 그 사람이 없는 데서 그의 흠을 말하는 것이지만, 심판은 상대자가 있든지 없든지 상관없이 그를 나쁘게 말함을 의미합니다. 그렇지만 다른 사람에 관하여 나쁘게 생각하는 모든 종류가 다 우리 주님께서 책망하신 심판의 행위는 아닙니다. 이를테면 어떤 사람이 강도나 살인하는 것을 보거나, 하나님을 훼방하는 말을 들으면 나는 분명히 그 행위를 나쁘게 생각하지 않을 수 없습니다. 이런 것은 악한 심

판의 행위가 아닙니다. 이런 것은 죄도 아니고 온유한 감정과 상반되는 그 어떤 것도 아닙니다.

9. 주님이 여기에서 책망하시는 심판은 다른 사람에 대해 사랑 없이 생각하는 것을 가리킵니다. 여기에는 여러 가지 형태가 있습니다. 첫째, 아무런 잘못도 없는 사람을 비난하는 행위입니다. 이것은 잘못하지도 않은 일을 그 사람이 잘못했다고 하는(마음속으로만 생각했다고 하더라도) 것입니다. 그 사람이 하지 않은 말이나 행동을 그리 판단하는 것입니다. 혹은 그 사람이 행동하는 방식에 아무 문제가 없는데도 불구하고 그것이 잘못됐다고 생각하는 것일 수도 있습니다. 심지어 그 어떤 것도 비난받을 이유가 없고, 그 사람이 한 일이나 행동하는 방식에서도 아무런 문제가 없는데도 불구하고, 도리어 마음을 감찰하시는 분께서 이 사람의 단순한 마음과 경건한 진실성을 보고 계시는데도 불구하고, 우리는 그 사람의 의도가 좋지 않다고 생각하여 그 사람을 정죄합니다.

10. 둘째, 이와 같이 우리는 무죄한 자를 심판하는 죄를 저지르기도 하지만 어떤 사람의 잘못을 잘못한 것보다 더 크게 정죄하여 불공정한 심판을 하는 경우도 많이 있습니다. 이렇게 남을 심판하는 것은 자비뿐만 아니라 정의의 정신에도 어긋납니다. 그러므로 가장 강력하고 따스한 사랑만이 우리가 이러한 잘못을 범하지 않도록 우리를 지켜 줄 수 있습니다. 이러한 마음이 없다면 우리는 어떤 사람이 잘못했을 때 실제로 그 사람이 잘못 행한 것보다 침소봉대하여, 그 사람이 선한 일을 했더라도 그 가치를 과소평가합니다. 한번 잘못을 저지른 사람

에 대해서는 그에게 어떤 선한 것이 남아 있으리라는 생각을 좀처럼 하지 않습니다.

    11. 이러한 모든 사고 방식은 "남의 악행을 생각하지 않는" 속성을 가진 사랑의 결핍 때문입니다. 사랑은 다른 사람에게 선입견을 갖고 불공정하거나 불친절한 결론을 이끌어내지 않습니다. 사랑은 한번 어떤 범과를 저질렀다 해서 그런 일을 상습적으로 할 것이라고 속단을 내리지 않습니다. 혹 그런 좋지 못한 버릇이 있을지라도, 사랑은 그 사람이 앞으로도 또 그럴 거라고 단정하거나, 또는 이런 범과를 저질렀으니 다른 잘못도 저지를 거라고 판단하지 않습니다. 이러한 생각들이 우리 주님께서 여기서 우리에게 주의하라고 경계하신 악한 심판의 행위에 모두 해당합니다. 만일 하나님과 우리 자신의 영혼을 사랑한다면 우리는 반드시 이런 잘못을 범하지 않도록 매우 세심한 주의를 기울여야 합니다.

    12. 이와 같이 무고한 사람을 정죄하거나, 또 그 사람이 저지른 잘못 이상으로 지나치게 정죄하지 않는다 하더라도, 우리가 모든 올무에서 자유로워진 것은 아닙니다. 왜냐하면 셋째 종류의 심판이 있는데, 이것은 어떤 사람에 대하여 충분한 증거가 없는데도 불구하고 그를 정죄하는 것입니다. 설사 우리가 추측한 것이 사실이었다 할지라도 그로 인해 우리의 심판하는 행동이 정당화될 수 없습니다. 왜냐하면 추측으로만 단언을 내릴 것이 아니라 충분한 증거가 있어야 하기 때문입니다. 그들의 잘못이 증명되기 전에 우리는 어떤 판단도 내려서는 안 됩니다. 나는 "그들의 잘못이 증명되기 전까지는"이라고 말했습니다. 아무리 그의 범죄 사실에 뚜렷한 증거가 있다 하더라도 우리의 심판하는 행동이

정당화될 수는 없습니다. 우리가 어떤 판결을 내리기 전에 먼저 증명되어야 하며, 이 증거는 다른 편의 증거와 비교되어야 합니다. 또한 잘못했다고 하는 사람이 자기를 변호하는 말을 하기 전에 먼저 확정판결을 내려버린다면 그 또한 심판하지 말라는 명령을 어긴 것입니다. 심지어 유대인들도 이에 대해 가르침을 주고 있습니다. 자비와 형제 사랑에서 나온 정의에 대한 간단한 가르침인데 한 유대인 니고데모가 "우리의 율법으로는, 먼저 그 사람의 말을 들어보거나, 또 그가 하는 일을 알아보거나, 하지 않고서는 그를 심판하지 않는 것이 아니오?(요 7:51)"라고 말했습니다. 그리고 한 이방인(베스도)도 유대 나라의 지도자가 자신의 죄수에 대해 판단하려고 했을 때, 이렇게 말했습니다. "우리 로마의 관례로는 피고가 원고를 직접 대면해서, 그 고발에 대하여 변호할 기회를 얻기 전에는 고발당한 사람을 그저 넘겨 주는 법이 없다(행 25:16)"라고 대답했습니다.

13. 또 다른 로마인(세네카) 이교도의 행동 준칙을 잘 살펴보기만 하더라도, 우리는 쉽사리 남에게 그릇된 심판을 내리는 과오를 저지르지 않을 것입니다. 그는 이렇게 말했습니다. "나는 어떤 사람이든지 다른 사람에 대하여 반대하는 증거를 제시하더라도 절대로 쉽게 믿어주지 않는다. 또한 그 사람이 자기 자신에 반대하는 증거를 제시하더라도 그 자리에서 즉시 쉽게 믿어주지 않는다. 나는 항상 그 증언자가 한 번 더 생각할 수 있는 기회를 주며, 그것을 여러 번 돌아보라고 한다." 소위 그리스도인이라 칭하는 그대여, 가서 이와 같이 하십시오(눅 10:37). 그리하여 마지막 날에 이교도가 일어나서 그대를 심판하지 못하도록 하십시오.

14. 그러나 만일 우리가 주님께서 직접 우리에게 분명하고 명확하게 가르쳐 주신 대로 실천한다면, 그 악은 속히 치료되고, 우리는 서로 심판하거나 정죄하지 않게 될 것입니다. "만일 그대의 형제가 네게 죄를 짓거든", 즉 그가 그렇게 했다는 말을 듣거나 그가 그렇게 했다는 생각이 들거든 "그에게 가서 그의 잘못에 대해 그 사람과 그대, 단 두 사람만 이야기하십시오." 이것이 그대가 취해야 할 첫 단계입니다. "그러나 만일 그가 듣지 않거든 둘이나 셋을 데리고 가서 두세 증인의 입으로 말마다 확증하게 하십시오." 이것이 두 번째 취할 단계입니다. "그러나 만일 그가 그들의 말도 듣지 않거든 교회에 말하십시오." 즉 교회의 어른들이나 전 교회원에게 말하십시오. 이렇게 하면 그대는 그대의 할 일을 다한 것입니다. 그 이상에 대해서는 생각하지 말고 다만 그 결과를 하나님께 맡기십시오.

15. 그러나 하나님의 은혜로 그대의 눈에서 들보를 빼내어 형제의 눈 속에 있는 티나 들보를 똑똑히 볼 수 있다고 합시다. 그렇다고 해서 그대가 그 형제를 돕는 중에 그대 자신이 상하지 않도록 주의하십시오. 특히 "거룩한 것을 개에게 주어서는 안 됩니다." 아무나 경솔히 이런 사람이라고 분류하지 마십시오. 다만 그 사람이 이런 부류에 해당하는 인물인지 분명하게 드러나거든, 그때 "여러분의 진주를 돼지들에게 던져 주지 마십시오." 제대로 아는 지식을 따르지 않는 열심을 조심하십시오. 왜냐하면 제대로 알지도 못하면서 열정만 앞서는 것은 "하늘에 계신 아버지의 완전하심 같이 완전하게 되려는" 사람의 앞길에 놓인 또 다른 커다란 장애물이기 때문입니다. 완전해지기를 원하는 사람들은 반드시 모든 인류가 똑같이 이런 축복을 나눠 갖기를 갈구하게

마련입니다. 우리가 먼저 이 하늘의 은사, 즉 "보이지 않는 것들에 대한 신적인 증거"에 참여하게 되면 우리는 모든 인류가 우리의 눈에 그렇게 분명히 보이는 것들을 보지 못하고 있다는 사실에 놀라게 됩니다. 그리고 당연히 우리와 교제하는 모든 사람의 눈을 열어 주고 싶어 합니다. 그래서 우리는 우리가 상대하는 사람들을 지체 없이 비판하고, 그들이 원하든 원하지 않든 상관없이 그들의 눈을 우격다짐으로 열어 보게 해주려고 합니다. 이 투박한 열정이 성공하지 못하면 우리는 종종 우리 자신의 영혼에 아픔을 겪습니다. 우리의 힘이 헛되이 소모되지 않도록 우리 주님께서는 경고를(이 경고는 모든 사람에게 필요하지만 특히 첫사랑으로 뜨거워진 사람들에게 더욱 필요합니다) 덧붙여 주셨습니다. 그것은 곧 "거룩한 것을 개에게 주지 말며 너희 진주를 돼지 앞에 던지지 말라. 그렇지 않으면 그들이 그것을 발로 밟고 돌이켜 너희를 찢어 상하게 할 것이다."

16. "거룩한 것을 개에게 주지 말라." 여러분이 더 이상 거부할 수 없을 정도로 충분하고 의심의 여지가 없는 증거가 있기까지는 어느 누구도 이 불명예스러운 호칭에 해당되는 사람이라고 속단하지 않도록 주의하십시오. 그러나 만일 그들이 불경건하고 사악한 사람이라는 것이, 하나님과 상관없는 사람일 뿐만 아니라 하나님과 모든 의와 참된 거룩함의 원수라는 것이 명백하고 분명히 증명되었다면, "거룩한 것을 그들에게 주지 마십시오." 이 "거룩한 것", 특히 복음의 교리들은 이런 사람들, 즉 성령이 계시는지도 모르는 이런 사람들에 의해 더럽혀지면 안 됩니다. 이런 거룩한 것은 만세 전부터 숨겨져 있다가 이제 예수 그리스도의 계시와 성령의 감동에 의해 우리에게 알려지게 되었습니다.

그리스도의 사절들은 많은 회중 앞에서 복음을 선포해야 합니다. 물론 그런 사람들이 회중 가운데 좀 섞여 있을 수도 있습니다. 하지만 그렇다고 해서 입을 다물고 있으면 안 됩니다. 그리스도의 사신들은 청중이 듣든 아니 듣든 상관하지 않고 복음을 외쳐야 합니다. 그러나 이런 책임을 맡지 않은 각 개인으로서 그리스도인의 경우는 다릅니다. 그들은 그런 대단한 성품을 갖고 있지 않습니다. 그들은 이 위대하고 영광스러운 진리에 뿌리 깊은 적대감을 갖고 그 진리를 대적하고 모독하는 사람들에게 그 진리를 강제로 전해야 하는 어떤 중책도 없습니다. 그 사람들은 그렇게 할 필요가 없고, 다만 그들의 힘에 알맞게 그들을 인도하면 됩니다. 그 사람들과 대화할 때 죄의 용서라든지 성령의 은사 같은 어려운 문제를 가지고 대화를 시작하지 마십시오. 그저 그들의 사고방식과 지식의 범위 안에서 그들과 이야기를 나누십시오. 이성적이고 체면을 따지고 정의롭지 못한 쾌락주의자들과는 "정의와 절제와 장차 올 심판"에 대하여 대화를 나누십시오. 이것이 벨릭스 총독을 떨게 만든 가장 적절한 방법입니다(행 24:25). 더 심오한 주제들은 더 수준이 높은 자들을 위해 남겨 두십시오.

17. "너희 진주를 돼지에게 던지지 말라." 아무에게나 함부로 이러한 판단을 내리지 마십시오. 그러나 그것이 확실하게 부인할 수 없을 정도로 사실이라면, 더 이상 논란의 여지가 없는 확실한 것이라면, 만일 그 돼지가 자기를 위장하여 감추려 하기보다는, 자기의 부끄러운 상태를 오히려 자랑스럽게 여기고, 자신의 마음이나 삶을 성결하게 하려는 흉내조차 내지 않고, 도리어 탐욕으로 온갖 더러운 짓을 하거든, 그대의 진주를 그런 사람에게 "던지지" 마십시오. 그들과 더불어 눈에 보

이지 않고 귀에 들리지 않는 하나님 나라의 신비에 대하여 이야기를 나누지 마십시오. 그렇게 해봤자 그들에게는 지식이 들어갈 구멍이 없고 영적 감각도 없기 때문에 그 비밀이 그들의 심장 속에 들어가 자리를 잡을 수 없습니다. 그들에게는 하나님께서 사랑하시는 아들을 통하여 우리에게 주신 위대하고 귀중한 약속들에 대하여 말하지 마십시오. 그들은 이 세상에서 탐욕으로 더럽혀진 타락을 벗어버릴 의욕조차 없는데, 신의 성품(divine nature)에 참여자가 되라고 권고한다면 그들이 어떻게 이를 받아들일 수 있겠습니까? 돼지가 진주에서 무슨 맛을 느꼈겠습니까? 그 사람들은 돼지가 진주에 대해 느끼는 정도로 하나님의 심오한 것들의 맛을 느낍니다. 이 세상의 진흙탕에, 이 세상의 쾌락과 탐욕과 근심걱정의 더러운 진창 속에 빠져 있는 사람들은 돼지가 진주에 대해 아는 만큼 하나님의 깊은 진리의 맛을 알고 있으며 복음의 신비에 대하여 맛보고 있습니다. 오! 이 진주들을 그들 앞에 던지지 마십시오. 그렇지 않으면 그것들이 자기 발로 그 진주를 짓밟을 것입니다. 그렇게 해야 자기들이 이해할 수 없는 것들을 대놓고 무시하거나 자기들이 알지도 못하는 것에 대해서 악담을 하지 않게 될 것입니다. 아니, 어쩌면 그렇게 한 결과로 생기는 피해가 이것뿐만이 아닐 것입니다. 그 사람들의 성품으로 미루어보건대 그들이 돌이켜 여러분들을 무는 것이 이상한 일이 아닐 것입니다. 그들은 선을 악으로, 축복을 저주로, 그대들의 선의를 증오로 갚는다고 해도 전혀 이상한 일이 아닙니다. 이것은 육에 속한 사람이 하나님과 모든 하나님의 것들에게 대적하는 증오입니다. 만일 여러분이 그들의 영혼을 죽음에서 건져 내기 위해 불길 속에서 나무 토막을 끄집어내듯이 했다면, 여러분은 그들에게서 당연히 이런 취급을 받게 될 것입니다.

18. 그렇다고 그들이 지금 "되돌아서 그대를 물어뜯을"지라도 아주 낙심할 필요는 없습니다. 설령 그대의 모든 설득과 권고가 허사로 돌아갈지라도 또 다른 치료법이 남아 있습니다. 이것은 다른 방법이 아무런 효과를 거두지 못할 때 종종 유효합니다. 그것은 곧 기도입니다. 그러므로 그대가 바라거나 원하는 것이 무엇이든 상관없이, 그것이 자신의 영혼을 위한 것이든 남을 위한 것이든 어떠한 소원이 있을 때에는 무엇이든 상관없이, "구하십시오, 그리하면 그대에게 주어질 것입니다. 찾으십시오, 그리하면 그대는 찾게 될 것입니다. 문을 두드리십시오, 그리하면 그대에게 열릴 것입니다." 기도를 무시하는 것이 거룩함에 이르는 길을 방해하는 세 번째 커다란 장애물입니다. 여전히 우리가 거룩함을 받지 못한 것은 구하지 않기 때문입니다. 그대가 만일 기도함으로 꾸준히 구했다면, 얼마나 온유하고 점잖은 사람이 되었겠습니까? 또한 얼마나 겸손하고 하나님과 사람들에 대한 사랑으로 가득 차 있었겠습니까? 그대가 끊임없이 기도했더라면 말입니다. 그러므로 당장이라도 구해 보십시오. 그러면 받을 것입니다. 구하십시오. 그러면 우리 주님이 친절히 가르쳐 주신 대로 기독교의 전체를 경험하고 완전히 실천할 수 있을 것입니다. 그리하면 하나님께서 거룩하신 것처럼 그대의 마음과 그대의 모든 대화가 거룩하게 될 것입니다. 그분께서 명하신 길 가운데서, 성서를 살펴보는 가운데, 그분의 말씀을 듣는 가운데, 그 말씀을 묵상하는 가운데, 금식하는 가운데, 주님의 성찬에 참여하는 가운데 "구하십시오." 그리하면 그대는 반드시 찾을 것입니다. 그대는 값진 진주를, 세상을 이길 믿음을, 세상이 줄 수 없는 마음의 평화를, 그대가 받을 유업의 보증인 사랑을 찾게 될 것입니다. "두드리십시오. 주님의 모든 다른 길 가운데 계속해서 기도하십시오. 지치거나 마음이 약

해지지 마십시오. 푯대를 향하여 전진하십시오. 이 가르침을 받아들이십시오. 그분께서 그대에게 복 주실 때까지 그분을 붙잡으십시오. 그러면 자비의 문, 거룩함의 문, 천국의 문이 그대에게 열릴 것입니다.

19. 우리 주님께서는 하나님의 선하심을 잘 믿으려 하지 않는 인간의 완고함을 불쌍히 여기시고, 말씀을 기꺼이 더 확대하여 자신의 가르치심을 반복하고 또한 확증해 주십니다. 그분께서는 "누구든지 구하면 받을 것이다"라고 말씀하셨습니다. 따라서 구하는 자는 누구나 하나님의 복을 받게 됩니다. 그리고 누구나 "찾는 자는" 하나님의 사랑과 형상을 "발견하게 될 것입니다." 또 "문을 두드리는 자에게" 의의 문이 "열릴 것입니다." 그러므로 누구든지 구하고, 찾고, 두드리면 헛되지 않을 것이기 때문에 낙심할 필요가 없습니다. 다만 명심해야 할 것은, 기도로 구하고, 찾고, 두드리되, 지쳐서 물러서지 말아야 합니다. 그러면 그 약속은 철석같이 보장될 것입니다. 그 약속은 하늘의 기둥처럼 굳건하게 서 있습니다. 천지는 없어지더라도 그의 말씀은 영원할 것이기 때문입니다.

20. 주님께서는 우리가 모든 불신앙의 그림자를 떨쳐버릴 수 있도록, 우리 마음속에 파고들어 호소하심으로써 당신께서 앞에서 말씀하셨던 것을 부연 설명하십니다. 그분께서는 "너희 중에 누가 아들이 빵을 달라는데 돌을 줄 사람이 있느냐?" 하셨습니다. 본능적으로 애정이 있는 인간이라면 사랑하는 자녀가 필요한 요구를 할 때 거절하겠습니까? "또한 만일 아들이 생선을 달라는데 뱀을 주겠느냐?" 그 사람에게 유익한 것 대신에 해로운 것을 주겠습니까? 여러분이 느끼는 것이

나 본인이 직접 행동하는 것을 통해서도 여러분은 확신을 가질 수 있을진대, 여러분이 구하는 것에 어떤 나쁜 결과를 초래하지 않을 것이며, 더 나아가 여러분이 원하는 모든 것이 흡족히 공급되라고 확신할 수 있습니다. 왜냐하면 "너희가 악할지라도 너희 자녀에게는 좋은 것을 줄 줄 알거든 하물며 하늘에 계신 너희 아버지께서", 즉 순결하시고 흠이 없으시며 본질적으로 선하신 천부께서 "구하는 자에게 좋은 것으로 주시지 않겠느냐?" 즉 그분께서 다른 곳에서 말씀하신 대로 "구하는 자에게 성령을 주시지 않겠느냐?" 그분 안에 모든 좋은 것이 있습니다. 그분께는 모든 지혜와 평화와 즐거움과 사랑이 있습니다. 그분 안에 거룩함과 행복의 모든 보고가 있습니다. 하나님께서는 이 모든 것들을 자기를 사랑하는 자들을 위해 준비해 두셨습니다.

21. 그러나 그대의 기도를 하나님께서 귀하게 들으시게 하려면 그대는 모든 사람을 사랑해야 합니다. 그렇지 않으면 그대의 머리 위에 복 대신에 저주가 임할지도 모릅니다. 그대의 이웃에게 사랑이 없다면 그대는 하나님께 복을 기대할 수 없을 것입니다. 그러므로 그대는 무엇보다 이러한 장애물을 지체없이 제거하십시오. 그대의 사랑이 서로를 사랑하며, 또한 모든 사람을 사랑하는지 확인하십시오. 그들을 사랑하십시오. 말로만이 아니라 행동과 진실함으로 사랑하십시오. "그러므로 무엇이든지 남에게 대접을 받고자 하는 대로 너희도 남을 대접하라. 이것이 율법이요 선지자니라(마 7:12)."

22. 이 말씀이야말로 인생의 대헌장이며 자비와 공의의 황금률입니다. 그래서 심지어 어떤 이방의 황제는 그의 궁전 입구에 새겨 걸게

했습니다. 이 황금률은 인간이 세상에 태어날 때부터 마음속에 새겨진 법이라고 많은 사람들이 믿습니다. 누구나 이 말씀을 한번 들으면 양심과 이성에 새겨져 그 명령을 확실히 내려줍니다. 그래서 이 도덕률을 거슬러 행동할 때에는 양심의 가책을 면할 수 없습니다.

23. "이것이 율법과 선지자다." 구약의 하나님께서 인류에게 계시하신 율법에 기록된 것은 그 무엇이든, 또 하나님께서 창세 이후에 그의 선지자들을 통해 주셨던 그 어떤 가르침이든 상관없이, 몇 마디 안 되는 이 말씀 중에 다 요약되어 있으며, 이 짤막한 가르침 안에 모두 포함되어 있습니다. 그리고 이 가르침을 올바로 이해하면 이 가르침 안에 우리 주님께서 이 땅 위에 실현하고자 하셨던 기독교의 모든 것들이 담겨 있다고 할 수 있습니다.

24. 이 말씀은 적극적 의미와 부정적 의미로 각각 이해할 수 있습니다. 먼저 부정적 의미로 본다면, 이 말씀은 "다른 사람이 네게 하기를 원치 않는 것은, 그것이 무엇이든지 너도 남에게 하지 말라"는 의미를 담고 있습니다. 이것은 가장 평범하고 우리가 언제든지 즉석에서 실행하기 쉬운 계명입니다. 여러분이 이웃과 관련하여 어떤 것을 행하든, 그 경우가 바로 여러분 자신의 경우가 되도록 하십시오. 입장을 바꿔서 여러분이 지금 바로 그 사람의 자리에 있다고 생각하십시오. 그리고 여러분이 입장을 바꿨을 때, 여러분이 정죄하려고 했던 바로 그 사람의 감정이나 생각에 여러분도 빠져들지 않도록, 그 사람의 어떤 말도 여러분의 입에서 흘러나오지 않도록, 그 사람의 그 어떤 것도 따라 하지 않도록 주의하십시오. 이 말씀을 직접적이고도 긍긍적인 의미로 본다면

이렇습니다. "다른 사람이 여러분에게 해주었으면 하고 합리적으로 바라는 것이 있다면, 그것이 어떤 것이든지 여러분이 그 사람의 입장에 있다고 생각하여 온 힘을 다해 모든 사람에게 그것을 행하십시오."

25. 이 계율을 한두 가지 실례를 들어 적용해 보겠습니다. 다른 사람들이 우리를 심판하는 것, 아무런 이유도 없이 혹은 경솔하게 우리를 나쁘게 생각하는 것을 원하지 않는 것은 누구의 도덕적 판단력으로 보더라도 아주 분명합니다. 우리는 다른 사람들이 우리에 대해 험담하는 것도 마찬가지로 허용하지 않습니다. 다른 사람들이 우리의 흠이나 약점을 공개하는 것도 가만히 두고 볼 수 없습니다. 이것을 여러분 자신에게 적용하십시오. 다른 사람들이 여러분에게 어떤 행동을 할 때에 그것이 마냥 하도록 방임할 수 없는 행동들이라면, 여러분도 마찬가지로 그런 일들을 그들에게 하지 마십시오. 그러면 여러분은 여러분의 이웃을 정죄하지 않으며, 어느 누구에 대해서도 아무런 이유 없이 경솔하게 나쁜 생각을 품지 않을 것입니다. 또한 그들에 대해서도 나쁘게 말하지 않고, 남들이 실제 잘못을 저질렀다 할지라도 그 사람이 없는 자리에서 말하지 않게 될 것입니다. 여러분이 생각하기에 다른 사람의 영혼에 반드시 도움이 될 것이라는 확신이 서기 전에는 절대로 그렇게 말하지 않게 될 것입니다.

26. 다시 말합니다. 우리는 다른 사람들이 우리를 사랑하고, 존경하고, 공평과 자비와 진실로 대해 주기를 바랍니다. 우리는 또한 그들이 자기 자신들에게 해를 입히지 않으면서 우리에게도 선대해 주기를 희망합니다. 그렇습니다. 우리는 그들이 우리의 편의를 위해서 여분

의 물질로 우리의 부족을 도와주기를 바랍니다. 우리는 그들이 자신의 편의를 위해 쓸 물질을 양보하여 우리의 필요를 채워주기를 바랍니다. 우리는 그들이 꼭 필요로 하는 물질을 양보하여 우리가 극한 상황에서 벗어날 수 있게 해주기를 바랍니다. 그렇다면 우리도 똑같은 법칙을 따라갑시다. 다른 사람이 우리에게 해주었으면 하고 바라는 대로 우리도 그들에게 해줍시다. 모든 사람들을 사랑하고 존중합시다. 정의와 자비와 진실이 우리의 마음과 행동을 다스리도록 합시다. 우리 이웃의 편의를 위하여 우리에게 넘치는 것들을 양보해 줍시다. 그리고 이웃의 필요를 위해서 우리의 편의를 위한 물질을, 이웃의 극한 상황을 위해서 우리가 필수물품을 공급합시다.

27. 이것이야말로 순전하고 진정한 도덕입니다. 이것을 행하십시오. 그러면 그대는 살 것입니다. 이 법칙을 따라 걸으면 걸을수록 평화와 자비가 여러분에게 임할 것입니다. 왜냐하면 그들은 하나님께 속한 참 이스라엘이기 때문입니다. 그러나 만일 누구든지 먼저 하나님을 사랑하지 않으면 어느 누구도 이 법칙을 준수하거나 따라 걸을 수 없고, 자기 이웃을 자기 자신처럼 사랑할 수 없습니다. 먼저 그리스도를 믿지 않으면 하나님을 사랑할 수 없습니다. 어느 누구도 그분의 피로써 구원을 받지 못한다면, 하나님의 영이 이 사람의 영과 더불어 이 사람이 하나님의 자녀임을 증거하지 않는다면, 하나님을 사랑할 수 없습니다. 그러므로 믿음은 이 모든 것의 뿌리, 미래뿐 아니라 현재적 구원의 뿌리입니다. 우리는 모든 죄인에게 "주 예수 그리스도를 믿으라. 그리하면 여러분은 구원을 받을 것입니다"라고 외쳐야 합니다. 그대는 지금 구원받을 것이고, 이로써 영원한 구원을 받을 것입니다. 그분을 믿

으십시오. 그러면 그대의 믿음은 사랑의 동력을 얻을 것입니다. 하나님께서 먼저 그대를 사랑하셨기 때문에 그대는 그대의 하나님을 사랑하게 될 것입니다. 그대의 이웃도 그대의 몸처럼 사랑하게 될 것입니다. 그러면 이 사랑을 행하고 더해가는 것이 그대의 영광과 기쁨이 될 것입니다. 사랑을 증대시킨다는 것은 그것에 반대되는 것을 안 하는 것, 즉 모든 불친절한 생각과 말과 행동을 하지 않는 것 이상으로, 더 나아가서 남들이 나에게 해주기를 바라는 만큼 그대도 그들에게 모든 친절을 베풀어 주는 것입니다.

26

산상설교 XI

Upon our Lord's Sermon on the Mount XI

〈John Wesley〉, John Jackson, 1827

좁은 문으로 들어가라 멸망으로 인도하는 문은 크고 그 길이 넓어 그리로 들어가는 자가 많고 생명으로 인도하는 문은 좁고 길이 협착하여 찾는 자가 적음이라 (마 7:13~14)

    1. 주님께서는 우리가 처음 참된 종교에 들어갔을 때 흔히 우리를 괴롭히는 여러 가지 위험들, 즉 우리 자신의 마음의 악에서 자연스럽게 일어나는 여러 가지 위험한 장애물에 대해 경고하신 후, 외부에서 들어오는 장애물, 특히 나쁜 사례와 나쁜 충고와 같은 장애물에 대해 계속해서 경고하십니다. 이러한 장애물 하나 혹은 몇 가지 때문에 한때 잘 나가던 수많은 사람들이 뒤로 미끄러져 타락하게 되었습니다. 그렇습니다. 이런 사람들은 대부분이 초심자도 아니요, 도리어 어느 정도 의에 대하여 진보를 이루었던 사람들이었습니다. 그러므로 그분께서는 행여 우리가 그 경고의 말씀을 놓치지 않도록 여러 가지 표현을 반복해서 장애물에 대한 경고의 말씀을 최선을 다해 주셨습니다. 나쁜 사례들에 대하여 효과적으로 우리를 경계하시기 위해서 그분께서는 "좁은 문으로 들어가라. 멸망으로 인도하는 문은 크고 그 길이 넓어 그 길로 가는 사람이 많으나 생명에 이르는 문은 작고 그 길이 좁아 그 길을 찾는 사람이 별로 없다"고 하셨습니다. 그다음에 우리가 나쁜 충고에 넘

어가지 않도록 "거짓 선지자들을 조심하라"고 하셨습니다. 우선 여기에서는 첫 번째에 대해서만 생각하려고 합니다.

2. 우리의 복되신 주님께서는 "좁은 문으로 들어가라. 멸망으로 인도하는 그 문은 크고 그 길은 넓어 그 길로 가는 사람이 많으나, 생명으로 인도하는 문은 좁고 그 길이 협착하여 그 길을 찾는 자가 적다"고 말씀하셨습니다.

3. 이 말씀에서 첫째, 지옥으로 인도하는 문의 본질적인 속성을 살펴볼 수 있습니다. "멸망으로 인도하는 문은 크고 그 길이 넓어 그리로 들어가는 자가 많다." 둘째, 천국으로 인도하는 문의 본질적인 속성을 살펴볼 수 있습니다. "생명으로 인도하는 문은 좁고 길이 협착하여 찾는 자가 적다." 셋째, 이 두 가지 사실을 기초로 하여 진지한 충고가 나옵니다. "좁은 문으로 들어가라."

I

1. 첫째, 지옥으로 들어가는 길의 본성에 대해 살펴보기로 합시다. "그 문은 크고 그 길은 넓어서 그리로 들어가는 사람이 많습니다."

2. 멸망으로 인도하는 그 문은 정말 크고 그 길이 정말 넓습니다! 죄는 지옥의 문이며, 악은 멸망으로 이끄는 길입니다! 죄의 문이 얼마나 큰지요! 악의 길은 기막히게 넓습니다. 하나님의 계명의 길은 얼

마나 넓은가요? 이것은 우리의 모든 행동과 우리 입에서 나오는 모든 말과 우리 마음에서 일어나는 모든 생각들, 이 모든 것들에까지 그 길이 뻗어 있습니다. 계명을 어기는 것은 모두 죄라는 사실을 미루어 보건대, 죄의 길 또한 그 계명의 길처럼 넓습니다. 그렇습니다. 그것은 몇천배 넓습니다. 그래서 우리가 그 계명대로 하지 않는다면, 또한 올바른 방식으로 올바른 상황에서 그 계명을 지키지 않는다면, 그 계명을 올바로 지킨 것이 아닙니다. 그러나 그 계명을 어기는 데는 다종다양한 수천 가지의 방법이 있기 때문에 그 문은 참으로 넓다고 하는 것입니다.

3. 이 문제를 좀 더 구체적으로 생각해 봅시다. 어미 노릇하는 이 죄는 넓게 뻗어 나가서 많은 새끼를 칩니다. 여기서 생겨난 새끼들은 하나님과의 적대 관계인 정욕, 자만심, 아집, 세상에 대한 사랑 등 온갖 것들입니다. 이것이 뻗어나가지 못하도록 묶어둘 수 있습니까? 이것들은 우리의 모든 생각으로 퍼져 나가서 우리의 모든 성품들과 뒤섞입니다! 그 한계는 끝이 없습니다. 이것들이 우리의 모든 감정들을 발효시키는 누룩이 아닙니까? 우리 자신을 세심하고도 꼼꼼하게 살펴보면 이 쓴 뿌리들이 계속적으로 돋아나 우리의 언행을 감염시키고 더럽히고 있음을 보게 됩니다. 이 죄의 뿌리가 모든 세대와 민족 가운데서 이루 말할 수 없이 번성하고 있어서, 온 땅을 암흑과 흉악한 죄악으로 뒤덮을 정도입니다.

4. 오! 누가 능히 저주받은 열매를 셀 수 있겠습니까? 하나님을 거스르는 것이든, 우리 이웃에 대한 것이든, 그 모든 죄악들은 우리의 상상력을 동원할 필요도 없이 우리의 일상생활에서 실제로 매일 우울

하게 보고 듣는 것들입니다. 그리고 이 죄의 결과를 찾기 위해 온 세상을 두루 다닐 필요도 없습니다. 한 나라나 한 도시나 한 동네만을 살펴보아도 넉넉합니다. 저 이슬람국이나 어느 이교국이 아니라도 좋습니다. 그리스도의 영광스러운 복음을 받았다고 공공연히 말하는 기독교국에서도 이런 죄악들을 쉽게 찾아볼 수 있습니다. 그리고 우리가 속한 이 나라나 도시 밖으로 나갈 필요도 없습니다. 우리는 그리스도인임을 자처합니다. 아주 순전한 기독교인들이라고 생각하지요. 우리는 개신교도들이요 개혁파 그리스도인들이라고 합니다. 그러나 슬프도다, 누가 그 개혁 정신을 우리의 마음과 삶 속에까지 불어넣어 줄 것입니까? 그렇게 할 사람이 한 사람도 없습니까? 우리의 죄악은 그 수를 헤아릴 길이 없으며 말할 수 없이 깊이 물들어 있습니까? 모든 종류의 가증스러운 범죄가 날마다 우리 가운데서 차고 넘치지 않습니까? 바다에 물이 넘치듯 죄악이 이 땅을 덮고 있지 않습니까? 누가 이 죄악의 수를 셀 수 있습니까? 차라리 나가서 빗방울을 세든지 바닷가의 모래를 세어 보는 것이 나을 것입니다. 그토록 멸망으로 인도하는 문은 크고 그 길은 넓습니다.

5. 그리하여 그 문으로 들어가는 자는 많습니다. 그 길로 걸어가는 많은 사람들, 무덤으로 내려가서 사망의 문으로 들어가는 사람 숫자만큼이나 많은 사람들이 그 길로 걸어갑니다. 소위 기독교 국가라고 부르는 이 나라에서조차 남녀노소 빈부귀천을 막론하고, 무슨 직업을 가지고 있는 사람이든지 멸망의 길로 달리고 있는 것을 봅니다. 이 도시에 살고 있는 사람의 대다수가 오늘도 죄 중에 살고 있습니다. 그들은 명백하게 율법을 어기고, 습관적으로 잘 알려진 범법행위를 드러내놓고 하고 있습니다. 그들은 겉으로 보이는 범죄행위, 불경건하거나 의

롭지 못한 종류의 죄악을 저지르고 있습니다. 그들은 하나님과 사람에 대한 책임을 이행하지 않으며 노골적으로 불경건과 부정의를 행하고 있습니다. 이 모든 것들은 결국 멸망으로 인도하는 길임을 누구도 부인할 수 없습니다. 뿐만 아니라 살았다는 이름은 있으나 하나님께 대하여 죽었고, 사람들이 겉으로 보기에는 아름다우나 속에는 모든 더러운 것이 가득 차 있습니다. 그들에게는 자만과 허영심과 분노와 복수심과 탐심과 자기 중심주의가 가득합니다. 그들은 이 세상을 사랑하며 쾌락을 탐닉하여 하나님 사랑을 잊어버린 자들입니다. 이들은 사람들에게는 높임을 받을지 모르나 하나님께는 가증스러운 존재들입니다. "이 세상의 성도(세상을 사랑하는 자들)"가 지옥의 자식들의 숫자를 얼마나 부풀려 놓고 있습니까? 그렇습니다. 그들은 경건의 모양은 있으나 하나님의 의를 모르기 때문에 도리어 자기의 의를 세우려고 하는 사람들입니다. 이들은 자신의 의를 통해서 하나님과 화해의 길을 터서 그에게 받으심이 될 줄로 믿고 있습니다. 그렇기 때문에 이들은 믿음으로 말미암아 하나님께로부터 오는 의에 복종시키지 않습니다. 요컨대 이 모든 것이 합쳐져서 우리 주님께서 하신 말씀, 즉 "멸망으로 인도하는 그 문은 크고 그 길은 넓어서 그 길로 가는 사람이 많다"가 얼마나 맞는 말씀인지 참으로 잘 보여줍니다.

6. 이러한 현상은 가난하고 비천하고 우둔한 무리에게만 해당되는 것이 아닙니다. 이 땅의 명문 거족들과 많은 전답과 가축을 가진 사람들도 마찬가지입니다. 오히려 인간적으로 볼 때 지혜 있는 사람, 권력 있는 사람, 용기 있는 사람, 부한 사람, 고귀한 사람들이 넓은 길, 세상의 길, 마귀의 길로 부름을 받아 거기로 들어갔습니다. 그들은 이 부름

을 거부하지 않았습니다. 그들은 지위가 높아질수록 더욱더 깊이 이 사악함에 빠져들어 갔으며, 하나님께 복을 더 많이 받을수록 더 큰 죄를 범하였습니다. 그들은 자기들의 명예와 부, 지식과 지혜를 그들의 구원을 이루는 수단으로 쓰지 않고 악을 더 많이 행하기 위해 씀으로써 멸망을 재촉하였습니다.

II

1. 그렇게도 많은 사람이 확신에 차 넓은 길로 걸어가는 이유는 바로 그 길이 넓어서 가기 쉽기 때문입니다. 그들은 이 길의 넓은 것이 멸망으로 인도하는 길의 본성인 것을 생각하지 못합니다. 그래서 우리 주님께서는 "이 길로 걸어가는 사람이 많다"고 하셨습니다. 길이 이렇게 넓고 쉬운데 그들이 그 길에서 왜 벗어나겠습니까? "생명으로 인도하는 문은 좁고 그 길이 협착하여 찾는 자는 별로 없는데", 왜 넓은 길을 두고 그런 곳으로 가겠습니까?

2. 이것이 바로 천국으로 인도하는 길에서 분리할 수 없는 본성입니다. 생명으로, 영원한 생명으로 인도하는 길은 좁습니다. 그리고 그 문은 아주 협착합니다. 그래서 모든 부정한 것과 거룩하지 못한 것들은 그리로 들어갈 수 없습니다. 죄인은 모든 죄에서 깨끗함을 받기 전에는 절대로 이 문을 통과해서 들어갈 수 없습니다. 단지 외적인 죄에서만 깨끗해질 것이 아니라 자기 조상들로부터 전해 받은 악한 언행에서도 깨끗해져야 합니다. 그저 악을 그치고 선을 행하는 것만으로

충분하지 않습니다. 그 문을 통과해서 들어가려면, 단지 모든 죄악된 행동에서 구원받는 것으로, 모든 악하고 무익한 담화를 버리는 것으로 충분하지 않습니다. 더 나아가 그 마음을 완전히 새롭게 함으로 변화를 받아 심정이 새로워져야 합니다. 그렇지 않으면 이 사람은 절대로 생명의 문을 통과해서 영광의 나라에 들어갈 수 없습니다.

3. "생명으로 인도하는 길이 좁은" 이유는 이 길이 우주적인 거룩함의 길을 뜻하기 때문입니다. 심령이 가난해지는 길은 정말로 좁습니다. 거룩한 애통의 길은 좁습니다. 온유의 길은 좁습니다. 의를 위하여 주리고 목마른 길은 좁습니다. 자비의 길은 좁습니다. 거짓 없는 진실한 사랑의 길은 좁습니다. 청결한 마음의 길은 좁습니다. 모든 사람에게 선을 행하는 길은 좁습니다. 의를 위하여 모든 비난과 모욕과 박해를 달갑게 받는 길은 과연 좁은 길입니다.

4. "그 길을 찾는 자는 적음이라." 아! 이교도의 정직한 길을 찾는 사람조차 얼마나 적은지요! 다른 사람들이 자기에게 하기를 원치 않는 것을 자기가 남에게 하지 않는 사람조차도 얼마나 적은지요! 남에게 불공평한 처사나 불친절한 행동을 하지 않음으로써 앙천부지(仰天俯地)에 부끄러움 없는 인간이 얼마나 적은지요! 말에 실수가 없어서 남의 귀를 거스르는 발언이나 거짓된 말을 하지 않는 사람이 얼마나 적은지요! 그 외적인 생활과 행동에서 무죄를 주장할 사람이 얼마나 적은지요! 그렇다면 하물며 하나님 앞에 깨끗하고 성스러워서 옳다고 나설 사람이 얼마나 적겠습니까! 만물을 샅샅이 감찰하시는 하나님 앞에 진실로 겸손한 사람으로 구별될 사람이 어디에 있습니까? 구주이신 하나

님 앞에서 자신의 악한 모습을 혐오하면서 먼지와 재를 뒤집어 쓰고 구세주 되신 하나님 앞에 있을 사람이 어디에 있습니까? 그분께서 보시기에 자신의 결핍을 깊이 느껴 나그네의 시절을 두려움으로 지내는 사람이 어디에 있습니까? 진정으로 온유하고 겸손하여 악에게 지지 않고 선으로 악을 이기는 사람이 어디에 있습니까? 항상 하나님을 타는 목마름으로 사모하며, 끊임없이 그의 형상대로 새로워지기를 갈구하는 자가 어디에 있습니까? 그 영혼이 모든 사람을 사랑하는 마음으로 켜져 있는 사람이 이 지구 곳곳에 얼마나 적은지요! 전심으로 하나님을 사랑하며 그분께 온 마음을 바치는 사람, 이 땅이나 천국에서 그밖에 다른 어떤 것도 구하지 않는 사람은 얼마나 적은지요! 하나님과 이웃을 사랑하는 사람, 자기의 온 힘을 다하여 모든 사람에게 선을 행하는 사람은 얼마나 적은지요! 한 사람의 영혼을 영원한 죽음에서 구하기 위하여 모든 고난을 기꺼이 견뎌 내려고 하는 사람, 심지어 죽음조차도 기꺼이 받아들이려 하는 사람이 어디에 있습니까?

5. 생명의 길로 나아가는 사람은 지극히 적고 멸망의 길로 가는 사람은 그렇게 많기 때문에 우리가 그 대세에 휩쓸려 따라가기 극히 쉽다는 데에 큰 위험이 있습니다. 만일 우리가 이 위험한 본보기들에 주의하지 않는다면, 급류에 휩쓸려가듯이 이러한 것들과 함께 한꺼번에 휩쓸려 갈 수 있기 때문입니다. 이런 위험한 본보기들 가운데 그저 단 하나에 불과하더라도 우리가 그 앞에 항상 노출된다면 우리는 그것에 큰 영향을 받아 끌려가기 쉽습니다. 더욱이 이것이 악한 본성이 있어서, 우리 자신의 성향에 맞아떨어질 경우에는 한층 더합니다. 하물며 바람직하지 않은 본보기들이 우리 눈앞에 계속 무수하게 펼쳐진다면

이 세상에 그 영향력이 얼마나 크겠습니까! 이것들이 우리 모두의 성향과 투합하여 얼마나 강력하게 우리를 범죄의 길로 빠져들게 하겠습니까! 그러므로 이 거센 탁류에 역행하여 우리 자신을 "이 세상에 물들지 않게" 순결을 지키는 것은 지극히 어려운 일입니다.

6. 문제를 더욱더 어렵게 하는 것은, 우리에게 좋지 못한 본보기를 보여주어 우리를 유혹하는 자들이 난폭하고 무지한 사람이 아니라는 것입니다. 도리어 예의 바르고 교양 있고 신사적이며, 지혜 있고 세상 물정을 잘 알고 학식도 있고 박학하며, 이성적이요 구변에도 능한 사람들입니다. 이런 사람들이 모두 우리를 공격해 옵니다. 그런 만큼 이런 사람들과의 대결은 매우 힘겨운 일입니다. 그들의 혀에서 달콤한 "만나"가 뚝뚝 떨어지지 않습니까? 그들의 부드럽고 능숙하게 설득하는 화술은 사람을 구워삶기에 충분합니다. 그뿐 아니라 그들의 이론 전개도 논리적이고 설득력이 강하여, 그들의 말을 꺾을 엄두도 낼 수 없습니다. 멸망의 길은 넓기 때문에 그 길이 옳음을 증명하는 것은 어려운 일이 아닙니다. 그들은 "대중을 따르는 것이 어떻게 악일까? 도리어 따르지 않는 것이 악이라"고 설득합니다. 그들은 악한 것을 선하다고, 선한 것을 악하다고 아주 깔끔하게 설명합니다. 그들은 거룩함에 이르는 길이 멸망의 길이며, 세상으로 이끄는 길이야말로 하늘로 가는 유일한 길이라고 아주 잘 설명할 것입니다.

7. 아, 학식도 없고 무식한 사람들이 어떻게 이런 강력한 반대자들의 논리와 대결하여 자신의 주장을 세울 수 있겠습니까? 이들에게는 비록 벅차겠지만 이들이 싸워야 하는 것들이 더 있습니다. 멸망으로 인

도하는 길에는 권력도 있고, 지위도 높고, 지략이 출중한 인물들도 많은데, 그들은 이지와 변론보다도 더 쉽게 사람을 굴복시키는 방법을 가지고 있습니다. 그것은 반대자의 이지력보다도 공포심에 호소하는 방법입니다. 이 방법은 변론이 별 효과가 없을 때에도 곧잘 성공을 거둘 수 있습니다. 사람은 누구에게나 논리적 사고능력과는 별개로 공포심이 있습니다. 논쟁을 통해 설득하지 못한다 해도 이 방법을 쓰면 거의 실패하지 않습니다. 모든 인간이 가진 능력의 가장 밑바닥 수준에서 접근하는 방법인데, 모든 사람은 논리적 사고능력의 유무와 관계없이 기본적으로 공포심을 가지고 있습니다. 그래서 하나님께 대한 흔들림 없는 신뢰심과 그분의 능력과 사랑에 꽉 매달려 의지하지 않는다면, 그 사람은 세상의 권력을 가진 사람에게 감히 맞설 수 없습니다. 그러므로 이와 같은 사례는 하나님을 모르는 사람들이 따르는 법이라는 점은 전혀 놀랄 만한 일이 아닙니다.

8. 많은 부자들도 역시 넓은 길을 가고 있습니다. 재물이라는 것은 사람들이 원하는 것, 그들의 어리석은 욕심을 이용합니다. 그리고 그 효과는 마치 권력을 쥐고 높은 지위에 있는 자들이 공포심에 호소하여 사람을 위협하고 넓은 길을 따르게 하는 것처럼 효과적입니다. 따라서 만일 여러분이 아래의 것에 대하여 죽지 않는다면, 이 세상에 대하여 십자가에 죽지 않는다면, 그리고 세상이 여러분에 대해 십자가에 못 박히지 않는다면, 여러분이 다른 어떤 것도 찾지 않고 오로지 하나님만을 찾지 않는다면, 여러분은 천국으로 가는 길에 꿋꿋이 서서 나아갈 수 없습니다.

9. 그러나 그 반대의 길, 즉 좁은 길을 간다는 것은 얼마나 어둡고 불편하며 소름끼치는 일입니까! 협착한 문, 좁은 길! 게다가 이 길을 찾는 사람, 이 길을 걷는 사람은 거의 없습니다. 그 길로 걸어가는 사람도 거의 없습니다. 뿐만 아니라 얼마 안 되는 그 사람들이 지혜롭거나 학식이 많거나 언변이 훌륭한 사람들도 아닙니다. 그들은 강력하고 분명하게 논리적 사고를 펼칠 수 있는 사람이 아니며, 유리하게 논쟁을 전개하지도 못합니다. 그리고 그들은 자기의 소신에 대한 설득력도 가지고 있지 못하며, 그것을 잘 증명하지도 못합니다. 그들은 자기들이 체험한 것을 남이 알아듣도록 설명할 줄도 모릅니다. 이들처럼 자기가 믿는 바를 말하는 사람들에 대해 사람들은 수긍해 주지 않으며 오히려 이들의 주장을 미덥지 않게 여기기 일쑤입니다.

10. 그뿐 아니라 그들은 사회적으로 품위가 있거나 존경할 만한 사람들도 아닙니다. 만일 이 사람들이 그런 위치에 있었다면 설령 이들이 어리석은 말을 하더라도 여러분은 용납했을 것입니다. 그들은 이 세상에서 세력도 없고 권세도 없는, 세상에서 보잘것없는 사람들입니다. 그들은 뒤떨어져 있고, 비천하고 생활수준도 낮은 사람들입니다. 그들은 아무런 지위도 가지고 있지 못해서 당신을 해치고자 하여도 그런 능력조차 가지고 있지 못합니다. 그렇기 때문에 그들은 두려워할 만한 대상이 아닙니다. 또한 그들은 뭔가 얻어낼 것이 없을까 무슨 희망을 걸 수 있는 사람들도 아닙니다. 그들의 대부분은 나에게 "은과 금은… 없습니다"라고 말할 사람들입니다. 오히려 그들 중에는 의식(衣食)마저 모자란 자들이 많습니다. 이런 이유 때문에, 또한 그들이 걷는 길이 다른 사람들의 길과 다르기 때문에, 모든 사람이 그들을 적대시하고 멸시하

며, 비방하고, 악한 자라고 내쫓으며 여러 모양으로 박해를 합니다. 그들은 세상 사람들에게 쓰레기 취급을 받습니다. 그렇기 때문에 여러분이 느끼는 공포, 여러분이 은근히 바라는 것들, 여러분의 모든 탐욕(하나님께 직접 받은 것은 제외하고), 여러분의 모든 육체적 욕망이 계속적으로 여러분을 돌이켜서 "넓은 길"로 가도록 합니다.

III

1. 그렇기 때문에 우리 주님께서 그렇게도 간곡히 "좁은 문으로 들어가라"고 권고하시는 것입니다. 누가복음에는 "좁은 문으로 들어가기를 힘쓰라(눅 13:24)"고 하였습니다. "힘쓰라"는 말씀은 "고민하면서 힘쓰라"는 뜻입니다. 우리 주님께서는 "많은 사람이 그리로 들어가기를 구하여도", 대충 노력하는 척만 하기 때문에 "들어갈 수 없을 것이다"라고 말씀하셨습니다.

2. 이 말씀은 사실입니다. 예수님께서는 "들어가려고 애를 써도 들어가지 못하는" 이유를 친숙한 예를 들어서 보여주십니다. "내가 너희에게 이르노니 많은 사람이 그리로 들어가기를 구하여도 들어갈 수 없을 것이다"라고 말씀하신 후에, "집 주인이 일어나 문을 닫아 버리면 너희가 밖에 서서 문을 두드리며 '주님, 주님, 우리에게 문을 열어 주십시오'라고 말할 것이다. 그때 주인이 너희에게 대답하여 말하기를 '나는 너희를 알지 못한다. 불의를 행하는 너희 모두는 내게서 떠나라'라고 말씀하실 것입니다(눅 13:25, 27)."

3. 언뜻 보기에 그들이 들어가지 못한 이유가 마치 그들이 간청하는 방식 때문이 아니라 그들이 더디 구했기 때문이 아니었나 생각하기 쉽습니다. 그러나 이 둘은 서로 별반 다름이 없습니다. 그들은 "불의를 행하는 자들"이었기 때문에 떠나라는 말을 들은 것입니다. 그들이 이런 말을 들은 것은 "넓은 길"을 걸었기 때문입니다. 다시 말하면 그들이 "좁은 문으로 들어가기를 힘쓰지" 않았기 때문입니다. 그들은 문이 닫히기 전에도 어느 정도 구했을지 모릅니다. 그러나 그것으로 충분하지 않습니다. 그들은 문이 닫힌 이후에 비로소 애써 구했던 것입니다. 하지만 때는 이미 늦었습니다.

4. 그러므로 지금, 당신의 날인 바로 오늘 "좁은 문으로 들어가십시오." 그렇게 하기 위해서 여러분의 마음속에 "만일 내가 넓은 길 가운데 있다면 나는 지금 멸망으로 가는 길 위에 있는 것"이라는 말씀을 새겨두고, 그 말씀이 여러분의 생각 가운데서 항상 가장 중요한 것이 되게 하십시오. 만일 여러분이 많은 사람과 함께 가고 있다면, 하나님의 진실함을 두고 말하거니와, 당신은 대중과 함께 지옥으로 가고 있다는 사실 또한 분명합니다. 만일 여러분이 대부분의 사람들이 가는 길로 걷는다면, 여러분은 지금 밑바닥이 없는 구덩이로 걸어가는 것입니다. 지혜 있고, 부유하고, 권력 있고, 고귀한 사람들이 지금 당신과 함께 같은 길을 걷고 있습니까? 더 볼 것도 없이 이것 하나만 보더라도, 여러분은 그 길이 생명으로 인도하는 길이 아니라는 사실을 알아야 합니다.

그러면 좁은 문으로 들어가는 방법과 길은 무엇입니까? 복잡하게 생각할 것 없이, 이것은 아주 간단하고도 틀림없는 법칙입니다. 무슨 일을 하든지 상관없이 여러분의 마음을 단순하게 하십시오. 그렇지 않으면 여러분은 멸망할 것입니다. 지옥으로 인도하는 길에는 그 안에 단순함이 없습니다. 그러나 하늘나라로 가는 길에는 모든 것이 전부 단순함(singularity)입니다. 만일 여러분이 하나님을 향하여 단 한 발자국이라도 옮겨 놓는다면, 여러분은 분명 다른 사람들과 다를 것입니다. 그러나 그것을 염려하지 마십시오. 멸망의 구렁에 떨어지는 것보다는 차라리 고립되는 것이 훨씬 낫습니다. 그러므로 여러분, 비록 여러분과 함께하는 사람이 거의 없다 하더라도 여러분 앞에 놓인 경주를 참음으로 달리십시오. 지금은 여러분의 동반자가 적을지라도 언제나 그런 것은 아닙니다. 머지않아 여러분은 "수많은 천사들과 하늘에 등록된 장자들의 집회, 곧 그들의 교회와 완전하게 된 의인의 영들(히 12:22~23)"에 합류하게 될 것입니다.

5. 그러므로 그대가 지금 넓은 길을 가고 있다면, 즉 여러분에게 "가난한 심령"이나 내적인 종교의 모든 것들-많은 사람들, 세상의 부자나 지식인들은 이런 것을 가리켜서 미쳤다고 생각합니다-이 없다면, 그대의 영혼은 지금 말로 형용할 수 없는 큰 위험에 처해 있다는 사실을 깊이 인식하고 좁은 문으로 들어가기를 힘쓰십시오. "들어가려고 힘쓴다"는 것은 여러분이 아무 생각도 없이 사는 대다수의 군중처럼 "거룩함이 없이는 어느 누구도 주님을 뵈올 수 없다"는 말씀을 멸시하는 것까지는 아닐 것입니다. 하지만 여러분이 완전히 그 말씀을 무시하며 사는 군중과 함께 지금까지 달려오고 있었다는 사실에 대해 통렬하게 가슴 아파하고 그것을 부끄럽게 여기는 것을 의미합니다. 여러분을 그분의 안식에 들어가게 해주신다는 약속, 하나님의 백성들을 위하여 떼어 두신 안식인데도 불구하고 정작 여러분은 그것을 받기에 부족하지 않도록

성스러운 두려움 속에서 힘쓰십시오. 여러분, 말로 다할 수 없는 탄식으로 열의에 찬 의욕을 가지고 애쓰십시오. 쉬지 말고 기도함으로써 애쓰십시오. 언제 어디서나 하나님의 형상으로 깨우쳐서 그 형상에 만족하게 될 때까지 끊임없이 여러분의 심장을 하나님께로 향하여 높이 들어 드리십시오.

6. 요컨대 그대는 "좁은 문으로 들어가기를 애쓰십시오." 그대 영혼의 고민과 확신, 슬픔과 부끄러움, 의욕과 두려움과 끊임없는 기도를 하면서 그렇게 애쓸 뿐 아니라 더 나아가서 행실을 바르게 하고, 온 힘을 다해 하나님의 모든 길, 그 흠 없고 경건하고 자비로운 길을 따르도록 하십시오. 모든 악은 모양이라도 버리십시오. 모든 사람에게 모든 선한 일을 하십시오. 모든 일에 있어서 그대 자신과 그대의 뜻을 버리고, 매일 그대의 십자가를 지십시오. 그리고 천국에 들어가기 위하여 그대의 오른손을 기꺼이 베어 버리고, 그대의 오른 눈을 빼버리십시오. 세상 재물과 친구와 건강과 그 밖에 이 세상의 모든 것을 기꺼이 잃어버릴 각오를 하십시오.

27
산상설교 XII
Upon our Lord's Sermon on the Mount XII

웨슬리가 살던 집
Wesley's House, City Road, London

거짓 선지자들을 삼가라 양의 옷을 입고 너희에게 나아오나 속에는 노략질하는 이리라 그들의 열매로 그들을 알지니 가시나무에서 포도를, 또는 엉겅퀴에서 무화과를 따겠느냐 이와 같이 좋은 나무마다 아름다운 열매를 맺고 못된 나무가 나쁜 열매를 맺나니 좋은 나무가 나쁜 열매를 맺을 수 없고 못된 나무가 아름다운 열매를 맺을 수 없느니라 아름다운 열매를 맺지 아니하는 나무마다 찍혀 불에 던져지느니라 이러므로 그들의 열매로 그들을 알리라 (마 7:15~20)

1. 우리는 이 세상의 수많은 사람들에게 좁은 길이 영원한 구원으로 인도하는 길이니 그 길로 걸어가라고 권합니다. 그러나 그들은 이를 듣지 않고, 얼마나 많은 사람들이 멸망의 길로만 달려가고 있는지 말로 다 표현할 수도, 헤아릴 수도 없습니다. 우리는 오늘도 그런 군상들을 매일 봅니다. 단지 그 길이 넓다는 이유 하나로 수도 없이 많은 사람들이 그 지옥의 길로 아직도 내달리고 있는데, 이것처럼 어리석고 미친 짓이 따로 없습니다. 그들은 다른 사람들도 그 길로 가고 있다는 이유로 그냥 자기들도 지옥의 길을 달리고 있는 것입니다. 결국 많은 사람들이 멸망할 때 그들 역시 멸망할 것입니다. 그런데 놀랍게도 연약하고 가련한 인간들이 그러한 나쁜 본보기에 영향을 받고 있습니다. 계속해서 수많은 사람들이 죽음의 땅으로 인도되며, 무수한 영혼들이 멸망의 구렁텅이로 빠져들고 있습니다.

2. 하나님께서는 이런 사람들에게 경고하기 위해서, 될 수 있는 대로 그들이 이 만연한 전염병에 걸리지 않게 하기 위해, 그의 파수꾼을 명하여 소리 높여 외치게 하시고, 그들이 당면한 위험을 깨닫게 하십니다. 이러한 계획 아래 하나님은 그의 종들, 예언자들을 모든 세대마다 계속 보내주셨고, 그들은 좁은 길을 가리키면서 사람들에게 이 세대를 본받지 말라고 권고하였습니다. 그러나 다른 사람에게 경고해야 할 파수꾼들이 도리어 자기부터 그 올무에 빠진다면 어떻게 되겠습니까? 예언자가 거짓을 예언하고, 그들이 사람들에게 정도에서 벗어나 잘못된 길로 가게 한다면 어떻게 할 것입니까? 그들이 영원한 죽음의 길을 영생의 길이라고 가르치고, 자신부터 좁은 길이 아닌 넓은 길로 가면서 가르침을 받는 자들에게도 그렇게 하라고 권면한다면 어찌할 것입니까?

3. 이것이 전혀 생소한 일입니까? 이것이 흔치 않은 일입니까? 아닙니다! 하나님은 잘 아시거니와, 이런 사례는 헤아릴 수 없을 정도로 얼마든지 있습니다. 어느 시대 어느 나라에서도 찾아볼 수 있습니다. 이것이 얼마나 끔찍한 일입니까? 하나님의 대사(大使)라고 하는 사람들이 대사가 아니라 마귀로 변한 것입니다. 하나님 나라로 가는 길을 가르치라는 명령을 받은 자들이 오히려 지옥으로 가는 길을 가르치고 있습니다. 이러한 거짓 예언자들이야말로 마치 우박 재앙이 쓸고 지나간 자리에서 살아 남은 곡식을 다 먹어 치우는 애굽의 메뚜기와 같다 할 것입니다. 그들은 해로운 본보기를 피하여 멸망하지 않고 살아남은 사람들까지 삼켜 버리고 맙니다. 그러므로 지혜롭고 은혜로우신 주님께서 그런 사람들을 향해 엄중하고 진지하게 경고의 말씀을 주신 것은 다

그럴 만한 이유가 있는 것입니다. "거짓 선지자들을 삼가라. 양의 옷을 입고 너희에게 나아오나 속에는 노략질하는 이리라"고 말씀하셨습니다.

4. 예수님의 이 경고 말씀은 지극히 중요합니다. 이 경고 말씀을 효과적으로 우리 마음속에 새겨 두기 위하여 첫째, 이 거짓 선지자들이 누구인가 살펴봅시다. 둘째, 그들이 어떤 모습을 하고 오는지 살펴보고, 셋째, 그럴듯한 멋진 모습에도 불구하고 어떻게 하면 그들의 참 모습을 알 수 있는지 살펴보도록 합시다.

I

1. 첫째, 우리는 거짓 선지자들이 누구인지 살펴보아야 합니다. 이 문제를 좀 더 세밀하게 살펴보는 것은 지극히 중요합니다. 왜냐하면 이 사람들은 "이 성경 말씀을 자기들 멋대로 곡해(벧후 3:16)"하여, 단지 자기들만 멸망하는 것이 아니라 다른 사람까지 멸망으로 인도하기 때문입니다. 그러므로 모든 쟁점을 미리 막기 위하여 나는 (어떤 사람이 하듯) 쓸데없이 무성한 먼지만 날리거나 또는 막연하게 화려한 수사적 표현으로 순진한 사람들의 마음을 현혹하려고 하지 않을 것입니다. 대신 나는 그냥 투박하게, 다소의 이해력과 정상적인 사고력을 가진 평범한 사람이라면 어느 누구도 부인할 수 없도록 꾸밈없는 평범한 진리를 말할 것입니다. 그 진리는 지금까지 말한 설교 전체의 흐름과도 밀접하게 관계되어 있습니다. 너무나 많은 사람들이 마치 오늘 설교 내용과 앞에 나왔던 말씀들이 아무 상관없다는 듯이 해석했습니다.

2. 여기서 선지자의 뜻은 (성서 전체 특히 신약성서의 본문들이 그러하다) 앞으로 벌어질 미래의 일들을 미리 말해 주는 사람이 아니라, 하나님의 이름으로 대언하여 말하는 사람을 뜻합니다. 이들은 하나님의 보내심을 받아 다른 사람들에게 하늘로 가는 길을 가르쳐 주는 사람들입니다.

이와 반대로 거짓 선지자들은 하늘 가는 길을 바로 가르쳐 주지 않는 자들로서 우리가 만일 그들을 따라가면 하늘로 가지 못합니다. 이 사람들은 진리를 가르치지 않는 사람들입니다.

3. 모든 넓은 길은 틀림없이 거짓된 길입니다. 그러므로 "사람들에게 넓은 길로 가라고, 많은 사람들이 가고 있는 넓은 길을 가도록 가르치는 사람들은 거짓 선지자들"입니다. 다시 말하거니와 천국으로 가는 참된 길은 좁은 길입니다. 그러므로 사람들에게 좁은 길로 가라고, 단순한 길로 가라고 가르치지 않는 사람들은 거짓 선지자들입니다.

4. 좀 더 구체적으로 말한다면 천국으로 가는 유일하고 참된 길은 앞의 설교에서 지적한 그 길입니다. 그러므로 사람들에게 그 길을 가도록 가르치지 않는 자는 거짓 선지자입니다.

앞의 설교에서 지적한 천국으로 가는 길이란 곧 겸손의 길, 애통의 길, 온유의 길, 거룩한 욕구의 길, 하나님 사랑과 이웃 사랑의 길, 선행의 길, 그리고 그리스도를 위하여 기꺼이 수난을 견뎌 내는 길입니다. 그러므로 이 밖의 다른 길을 천국에 가는 길이라고 가르치는 자는 거짓 선지자입니다.

5. 거짓 선지자들이 거짓 길을 무엇이라고 부르든지 그것은 문제가 되지 않습니다. 그들은 이 길을 믿음이다, 선행이다, 믿음과 선행이다, 회개다, 또는 회개, 믿음, 새로운 순종의 길이라는 등 모든 좋은 명사를 붙일 수 있을 것입니다. 이 모든 것들이 다 좋은 말이지요. 그러나 무슨 이름으로 부르든지, 다른 어떤 용어를 갖고 말을 하든 상관없이, 만일 그들이 이것과 다른 길을 가르친다면, 그들은 거짓 선지자들입니다.

6. 이 선한 길에 대해 악담하는 자들이 당할 심판이 얼마나 크겠습니까? 그러나 무엇보다도 완전히 정반대의 길을 가르치는 사람들, 즉 교만의 길, 경솔함의 길, 혈기의 길, 세상적 욕망의 길, 하나님보다 세상 쾌락을 더 즐기는 길, 이웃에 대한 몰인정한 길, 선행에 대해 무관심한 길, 악을 견뎌 내려고 하지 않는 길, 의를 위하여 박해를 받으려 하지 않는 길을 가르치는 사람들은 얼마나 큰 심판을 당하겠습니까!

7. 만일에 누가 "왜 이런 것들을 천국 가는 길이라고 가르쳤으며 또 가르치겠는가?"라고 묻는다면, 나는 유식하고 지도적인 지위에 있는 사람들 가운데 이러한 인물이 상당한 숫자가 된다고 대답할 것입니다. 심지어 그들은 현재 교단에 속해 있는 사람들인데, 교만한 사람들, 경솔한 사람들, 혈기 잘 부리는 사람들, 세상을 사랑하는 사람들, 향락주의자들, 편벽되고 매정한 사람들, 안일하고 조심성이 없고, 대충 사는 사람들, 의를 위하여 어떤 치욕도 견뎌 내려 하지 않는 사람들, 그리고 자신은 천국으로 가고 있다고 착각하는 사람들에게 지금 잘 하고 있다고 격려하고 있습니다. 이런 자들이야말로 최고의 거짓 선지자들

이며, 하나님과 사람을 거스르는 배신자들이며, 사탄의 맏아들입니다. 이들은 파괴자인 "아볼루온(계 9:11)"의 장자입니다. 이 사람들이야말로 인간의 영혼을 죽이는 교살자들입니다. 그들은 끊임없이 밤의 왕국에 사람들이 북적이도록 만듭니다. 이 사람들은 자기들이 파괴한 불쌍한 영혼들을 뒤따라가는데, 그것은 마치 저 아래 "지옥이 저 깊은 곳에서 올라와 그들이 오는 것을 환영하는 것"과 같습니다.

II

1. 그러나 우리는 그들이 그들의 본모습대로 우리에게 오는지 주의해야 합니다. 절대로 그렇지 않습니다. 만일 그들이 그렇게 다가오면 아무도 우리를 해칠 수 없을 것입니다. 왜냐하면 그들이 오는 것을 알아차리고 깜짝 놀라 우리 생명의 안전을 위하여 피할 것이기 때문입니다. 그렇기 때문에 그들은 정반대의 모양을 하고 우리에게 나타납니다. 이것이 우리가 두 번째로 생각해야 할 내용입니다. 즉 그들은 "겉으로는 양의 옷을 입고 너희에게 다가오지만 속으로는 노략질하는 늑대들이다."

2. "그들은 양의 옷을 입고 너희에게 다가오지만…" 왜 그렇게 할까요? 거짓 선지자들은 자기들이 무해한 사람들인 것을 보여주기 위해 다가옵니다. 그들은 가장 온순하고 아무런 적의도 없는 것처럼, 가장 부드럽고 친숙한 모양으로 다가옵니다. 그러니 이토록 온순한 사람들이 무슨 해를 끼치리라고 상상이나 할 수 있겠습니까? 그들이 우리

가 기대하는 만큼 선한 일을 열성적으로 하리라고는 생각하지 않지만, 적어도 그들이 남을 해치려는 생각을 가졌을 것이라고도 생각하지 않을 것입니다. 그러나 이런 표리부동한 것만이 그들의 특징은 아닙니다.

3. 둘째, 거짓 선지자들은 아주 유익한 사람의 모습을 보여주기 위해 다가옵니다. 그들은 스스로 선한 일을 위하여 부름을 받았고 선별되었다고 생각하는 자들입니다. 그들은 여러분의 영혼의 수호자요 여러분이 영생을 얻게 하기 위하여 잘 양육하는 사명을 받았다고 합니다. "나가서 두루 선한 일을 하고, 마귀에게 억눌린 자들을 치유하는 일"이 그들이 해야 할 모든 임무입니다. 그래서 여러분도 그들을 하나님의 사신이요, 여러분에게 복을 가져다주기 위하여 보냄을 받은 사람이라고 생각하는 것입니다.

4. 셋째, 거짓 선지자들은 독실한 종교의 모습으로 다가옵니다. 그들은 자기들의 모든 행동이 양심을 따른다고 합니다. 그들은 하나님을 향한 순전한 열정에서 그렇게 하는 것이라고 말하지만 사실은 하나님을 거짓말쟁이로 만들고 있습니다. 그들은 종교에 대하여 순수한 관심이 있어서 그렇게 하는 것이라고 여러분에게 말하지만 사실은 종교의 뿌리와 가지를 함께 파괴하는 자들입니다. 그들은 자기들이 진리의 수호자로서 진리가 손상을 입지 않게 하려는 걱정에서 말하는 것이라고 합니다. 그들은 진리에 대한 사랑이 교회에 대한 관심에서 비롯된 것이며, 모든 적들로부터 교회를 방어하려는 열정에서 비롯된 것이라고 여러분을 설득합니다.

5. 이것만이 아니라 거짓 선지자들은 사랑이 넘치는 모습을 하고 다가옵니다. 그들은 오직 여러분의 행복을 위해서 이 모든 고통을 감수한다고 말합니다. 그들은 여러분을 걱정하며 근심을 자초할 필요가 없는데도 여러분에게 친절합니다. 그들은 선행을 많이 하려고 하며 여러분이 처한 위험에 대해 걱정하며, 여러분이 새로운 교리나 교묘한 교리에 걸려들어서 잘못에 빠지지 않도록 지켜주겠다고 말합니다. 그들은 선의의 인사들이 극단으로 치우치며, 괴이하고 이해하기 어려운 이설에 곤혹을 느끼며, 열광주의에 말려들어 가는 것을 보면 심히 딱하게 여긴다고 합니다. 그래서 그들은 여러분에게 평범하고 적당한 위치에서 조용히 있으라고 권고할 것입니다. 그들은 "지나친 의로움"을 피하라고 하는데, 이것이 여러분을 멸망의 길로 인도하기 쉽기 때문이라고 충고합니다.

III

1. 그렇다면 거짓 선지자들의 위장술에도 불구하고 우리는 어떻게 그들의 진면목을 알아낼 수 있을까요? 이것이 우리가 세 번째로 살펴보고자 하는 과제입니다. 복되신 우리 주님께서는 그들이 그럴듯하게 변장하여 알아보기 어렵게 하더라도, 그들을 알아보는 것이 모든 사람에게 얼마나 필요한 것인지 잘 알고 계십니다. 그렇지만 일반 사람들은 오랫동안 그들의 행동의 결과를 지켜볼지라도, 그들의 정체를 간파하는 것이 매우 어려움을 잘 알고 계셨습니다. 그래서 그분께서는 아주 짧고 분명한 규칙, 보잘것없는 사고력을 가진 사람들조차도 쉽게 이해

하고, 모든 경우에 쉽게 응용할 수 있는 간단하고도 평이한 규칙을 가르쳐 주셨습니다. 그것은 곧 "너희는 그들의 열매로 그들을 알게 될 것이다"는 말씀입니다.

2. 우리는 이 규칙을 모든 경우에 적용할 수 있습니다. 하나님의 이름으로 말한다는 선지자의 진위를 분별하는 규칙은 첫째, 그들이 가르치는 도리가 그들 자신의 생활에 어떤 영향을 주고 있는지 관찰해보면 쉽게 알 수 있습니다. 그들이 모든 일에서 거룩하며 무흠합니까? 그 가르침이 그들 자신의 마음에 어떤 영향을 미치고 있습니까? 그들의 평상시 행실 가운데서 그들의 품성이 거룩하고 경건하며 신성하게 나타나고 있습니까? 예수 그리스도 안에 있는 마음이 그들의 마음속에도 있습니까? 그들은 온유하고 겸손하며 참을성 있고 하나님과 이웃을 사랑하며 선행에서 열성적입니까? 이런 점들이 그들의 일상생활 가운데 나타나는지 살펴보아야 합니다.

3. 선지자로서 그들의 진위를 분별하는 규칙은 둘째, 그들이 가르치는 도리를 듣는 사람들의 전부는 아닐지라도, 많은 숫자가 어떤 결과를 나타내는지를 살펴보면 쉽게 알 수 있습니다. 그들의 가르침을 들은 사람들이 결과적으로 그리스도 안에 있는 마음을 갖고, 그리스도의 발자취를 따르고 있습니까? 그들의 가르침을 받은 후에 그리스도와 같은 생활을 시작하고 있습니까? 그들의 가르침을 듣기 전까지 그들의 마음과 생활이 내적으로나 외적으로 모두 악한 사람들이었습니까? (즉 그들의 말을 들음으로써 죄악에서 나왔습니까?) 만일 이 모든 물음에 긍정적인 답변을 얻을 수 있다면, 그들은 하나님께로부터 보냄받은 참 선지자

들임이 분명하게 증명됩니다. 그러나 이와 반대로 그들 자신이나 다른 사람에게 하나님을 사랑하고 섬기도록 가르치지 못했다면, 그들은 분명히 하나님께서 보내신 선지자들이 아니라는 것이 분명하게 증명됩니다.

4. 참 어려운 말입니다! 이 말씀을 견뎌 낼 수 있는 사람이 얼마나 적습니까! 그래서 우리 주님께서는 이것을 다 아시고 대략 몇 가지 좀 더 분명하고 설득력 있는 사례를 들어 증명해 주십니다. 주님께서는 "사람이 가시나무에서 포도를, 엉겅퀴에서 무화과를 따겠느냐?(마 7:16)"라고 반문하십니다. 여러분들은 악한 사람들이 선한 열매를 맺을 것이라고 생각하십니까? 차라리 가시나무에서 포도열매를 맺고, 엉겅퀴에서 무화과가 자라기를 기대하십시오! "모든 좋은 나무가 좋은 열매를 맺고 나쁜 나무는 나쁜 열매를 맺는다(마 7:17)." 이 말씀은 내가 보낸 모든 참된 선지자, 즉 하나님이 보내신 교사는 거룩함의 좋은 열매를 맺는다는 말씀입니다. 좋은 나무가 나쁜 열매를 맺을 수 없고, 나쁜 나무가 좋은 열매를 맺을 수 없다는 이 말씀은 하나님께서 보내신 참 선지자와 교사는 가끔 좋은 열매를 맺는 것이 아니라 언제나 좋은 열매를 맺는다는 뜻입니다. 이들은 어쩌다가 우연히 한 번 좋은 열매를 맺는 것이 아니라 그런 사람이라면 필연적으로 좋은 열매를 맺는다는 것입니다. 이와 같은 방식으로 하나님께서 보내시지 않은 거짓 교사와 거짓 선지자는 어쩌다가 한 번 우연히 나쁜 열매를 맺는 것이 아니라 언제나 나쁜 열매를 맺고, 필연적으로 나쁜 열매를 맺게 되어 있습니다. "좋은 열매를 맺지 않는 나무는 모두 찍어서 불에 던진다(마 7:19)." 좋은 열매를 맺지 않는 선지자들, 죄에서 영혼을 구해내지 않는 선지

자들, 죄인들을 회개시키지 않는 선지자들의 피할 수 없는 운명입니다. "그러므로 너희는 그 열매로 그들을 알지니라(마 7:20)"는 주님의 말씀은 참 예언자와 거짓 예언자를 분별하는 영원 불변의 원칙입니다. 그리하여 한때 교만하고 혈기 부리고 무자비하며 세상을 사랑하던 사람을 감화시켜서 온유하고 겸손하며 하나님과 이웃을 사랑하는 사람으로 만드는 자는 하나님이 보내신 참 선지자로서 하나님께서 보내신 사람인데, 그들의 이런 행실들이 그들의 진정성을 입증한다고 볼 것입니다. 반면에 이전에 불의했던 사람들이 선지자의 말을 들었는데도 여전히 불의한 상태로 남아 있다면, 혹은 율법학자나 바리새파 사람의 의보다 조금도 나음이 없다면, 그 선지자들은 거짓 선지자들입니다. 그들은 하나님께서 보내신 자도 아니며, 따라서 그들이 하는 말은 그냥 땅에 떨어지고 말 것입니다. 그래서 은혜의 기적도 나타나지 않으며, 그들과 그들의 말을 들은 자들은 모두 밑 없는 구렁텅이에 빠지고 말 것입니다.

5. 그러므로 우리는 "거짓 선지자들을 조심"해야 합니다. 그들이 비록 "양의 탈을 쓰고" 우리에게 다가오지만, "속에는 노략질하는 늑대"이기 때문입니다. 그래서 그들은 양 떼를 죽이고 삼킵니다. 만일 양들을 돕는 자가 하나도 없다면 그들은 양들을 갈기갈기 찢어버릴 것입니다. 그들은 여러분을 하늘나라로 인도하려고 하지 않을 뿐더러, 인도할 수도 없습니다. 그들 자신도 이 길을 알지 못하는데 어떻게 우리를 인도하겠습니까? 오, 그들이 여러분을 유혹해서 길에서 벗어나게 할까, 여러분이 지금까지 애써 이루어 놓은 것을 잃어버리게 할까 지극히 삼가야 합니다.

6. "거짓 예언자들의 말을 듣는 것이 이렇듯 위험하다면, 그들의 말을 들을 필요가 없지 않겠느냐?"고 물을 자도 있을 것입니다. 이 물음은 상당히 중대한 만큼 심사숙고한 후에 결론을 내려야 할 것입니다. 그래서 나는 여러 해 동안 이 문제에 대해 말하는 것조차 두려웠습니다. 갈팡질팡하면서 결론을 내리지 못했습니다. 그러다가 나는 "거짓 선지자들의 말을 듣지 말라"고 결론지었습니다. 하지만 주님께서는 그 당시 거짓 선지자들에 대해 나의 생각과 반대되는 것 같은 말씀을 하셨습니다. "그때 예수께서 무리들과 제자들에게 이렇게 말씀하셨다. 율법학자들과 바리새파 사람들이 모세의 자리에 앉아 있다." 이 사람들은 오늘 우리 교회의 평범한 교사들이라고 생각하면 됩니다. "그러니 그들이 너희에게 말하는 것은 무엇이든지 다 실행하라. 그러나 너희는 그들의 행실은 본받지 말라. 왜냐하면 그들은 말만 하고 실행하지는 않기 때문이다"라고 하셨습니다. 우리 주님께서는 "그들은 말만 하고 실천하지 않는다"는 바로 그 말씀처럼 이 사람들이 엄밀한 의미에서 거짓 선지자들이었다는 것을 자신의 사역 기간에 증명해 보이셨습니다. 그러므로 그분의 제자들은 그 사람들이 모든 사람의 시선을 의식하는 것을 보고, 오직 그들의 열매를 통해서 그들을 알 수 있었습니다. 그래서 주님께서는 제자들에게 그 거짓 선지자들을 삼가라고 거듭 경고하셨습니다. "그러나 그들이 너희에게 지키라고 하는 것은 무엇이든지 다 지켜서 실행하라" 하셨는데, 말하자면 그들의 말을 듣지 말라는 것은 아닙니다. 왜냐하면 그들의 말을 듣지 않는다면 이것을 실행은커녕 그 사람들이 어떤 사람인지 알지도 못했을 것이기 때문입니다. 그래서 여기서 우리 주님께서는 친히 아주 명료한 지침을 그의 사도들과 일반 대중에게 주셔서, 비록 그들이 거짓 선지자라고 알려지고 그렇게 판명된 사

람이라 하더라도 그들이 하는 말은 들으라고 하셨습니다.

7. 예수님의 이 말씀에 대하여 "예수님은 거짓 예언자들의 성경 낭독만을 들을 것을 지시한 것이다"라고 생각할 수도 있습니다. 이에 대해 나는 이렇게 답변하겠습니다. 그들은 성경 낭독과 함께 일반적으로 성경 강해도 했습니다. 그러므로 이 강해 가운데서 이것은 듣고 저것은 듣지 말라는 어떤 암시는 없습니다. 그렇습니다. "그들이 너희에게 지키라고 시키는 것은 그 어떤 것이든 다 실행하라"고 하신 이 말씀에는 어떤 제한을 하신 것이 없습니다

8. 그뿐만 아니라 거짓 선지자들은 성례전을 집례하기도 합니다 (나는 이것을 말하는 것조차 원하지 않지만 그렇게 하고 있으니 가슴이 아픕니다). 그러므로 사람들에게 그들의 말을 듣지 말라고 하는 것은 결과적으로 그들을 하나님의 성무(특히 성만찬)에서 제외시키라는 말과 같습니다. 그러나 우리는 함부로 이렇게 할 수는 없습니다. 왜냐하면 성례의 효력이나 정당성이 집례자가 선한 사람인지의 여부에 달려 있는 것이 아니라, 그 성례를 제정하신 분의 신실하심에 달린 것이기 때문입니다. 그리스도께서는 그의 지정하신 방법을 통하여 우리를 만나시겠다고 하셨고, 또 그렇게 하여 우리를 만나시는 분입니다. 그렇기 때문에 이러한 이유에서 나는 "거짓 선지자들의 말에는 귀를 기울이지 말라"고 주저함 없이 말할 수 없습니다. 왜냐하면 하나님께서는 저주 아래 있는 사람들을 통해서도 우리에게 복 주실 수 있으시고, 실제로 복 주시기 때문입니다. 우리는 경험적으로 그들이 떼는 떡을 "그리스도의 성만찬 몸"이라고 알아왔습니다. 비록 그들의 성화되지 못한 입술을 통해서였지만,

하나님께서 복 주신 그 잔이 우리에게 그리스도의 성만찬 피였습니다.

    9. 그러므로 내가 말하려는 것은 이것입니다. 즉 "어떤 경우에든 겸손과 간절한 기도로써 하나님을 기다리십시오. 그리고 그대가 최선의 판단이라고 생각하는 것에 따라서 행동하십시오. 모든 일에 그대에게 최선의 영적 유익을 주는, 가장 좋은 것이라는 확신에 따라 행동하십시오. 너무 조급하게 판단하지 않도록 주의하십시오. 함부로 어떤 사람을 거짓 선지자로 경솔하게 규정 짓지 않도록 주의하십시오. 여러분이 확실한 증거가 있을 때라도 혹시 여러분 안에 그 사람에 대한 어떤 분노나 경멸하는 마음을 품고 있지는 않은지 살펴보십시오. 그렇게 한 후에 하나님 앞에서 하나님을 경외하는 마음으로 여러분 스스로 결정하십시오. 여러분의 경험상 그들의 말을 들어서 여러분의 영혼이 상했다면 그들에게 귀 기울이지 말라고 말할 수 있을 뿐입니다. 그냥 조용히 물러나 여러분에게 유익한 말을 주는 이들에게 귀를 기울이십시오. 하지만 그들의 말을 듣는다고 해도 여러분의 영혼이 별반 해를 입지 않는다면 들어도 무방하다"는 것입니다. 다만 여러분이 어떻게 들을까 주의하십시오. 그들과 그들의 가르침을 주의하십시오. 두려움과 떨림으로 들어서 여러분이 속아 넘어가거나 미혹되어 여러분 자신을 내주어 거기에 빠지지 않도록 극히 조심하십시오. 그들은 끊임없이 진리와 거짓을 능란하게 섞어 그럴 듯하게 말하기 때문에 여러분은 아주 쉽게 진리와 거짓을 둘 다 받아들일 수도 있습니다. 그러므로 여러분은 우리에게 지혜를 주시는 하나님께 열심히 늘 기도함으로써 오직 그분께서 홀로 여러분에게 지혜를 주시도록 간구하십시오. 그리고 여러분이 무엇을 듣든지 그것을 "율법과 증거의 말씀"에 비추어 살펴보십시오. 시도

해 보지 않은 것은 무엇이든지 받아들이지 마십시오. "성소의 저울"에 그것을 달아보기 전에는 받아들이지 마십시오. 그들이 말하는 것은 성서의 말씀에 비춰 분명하게 확증되기 전에는 절대로 믿지 마십시오. 무엇이든지 그 말씀에 어긋나는 것이면, 무엇이든지 그 말씀에 의하여 확증되지 않는 것이라면 전적으로 거부하십시오. 특히 구원의 길과 관련하여 그들의 가르침이 앞에서 내가 했던 설교에서도 지적했던 바, 우리 주님의 길과 다르거나 그 길에 미흡한 것은 무엇이든지 딱 질색하면서 완전히 거부하십시오.

10. 이제 결론을 내리기 전에 이 설교의 주제가 되어온 사람들에 대하여 몇 마디 분명하게 덧붙여야만 하겠습니다. 오, 너 거짓 선지자들이여! 마른 뼈와 같은 자들이여! 하나님의 말씀을 한 번만 들어보십시오! 도대체 언제까지 그대들은 하나님이 그대들을 통하여 말씀하시지 않은 것이 분명한데도 하나님의 이름을 빌려 "하나님이 말씀하신다" 하고 거짓말을 하려고 합니까? 대관절 언제까지 주님의 바른 길을 굽게 하렵니까? 도대체 어느 때까지 암흑을 빛이라 말하고, 빛을 암흑이라 말하렵니까? 도대체 언제까지 죽음의 길을 생명의 길이라 말하고, 그 길을 가르치겠습니까? 도대체 언제까지 여러분은 인간의 영혼을 하나님께로 인도한다고 참칭하면서 사탄에게 내어 주려고 합니까?

11. "너 소경을 인도하는 소경이여!" 너희에게 화가 있으리라! 너희는 사람들이 들어오지 못하도록 하늘나라의 문을 닫기 때문입니다. 너희는 자기도 들어가지 않고, 들어가려는 사람도 들어가지 못하게 하고 있습니다. 여러분은 좁은 문으로 들어가려고 애쓰는 자들을 불러

내어 다시금 넓은 길로 가게 합니다. 여러분은 하나님의 길로 가까스로 한 발자국 내디딘 사람들을 너무 멀리 나갔다고 하면서 호들갑을 떨며 경고합니다. 여러분은 이제 겨우 "의에 주리고 목말라" 하는 사람들에게 "너무 지나치게 의로워서는" 안 된다고 유혹하여, 구원의 문턱에 선 사람들도 넘어져 다시 일어나지 못하게 만듭니다. 도대체 여러분은 왜 그렇게 합니까? 그들의 피 흘림과 그들의 지옥행이 여러분에게 무슨 유익이 되는 것입니까? 여러분에게 참담한 유익이 있는 것입니까? "그들은 그들의 죄악 중에서 죽으려니와 하나님께서는 그들의 핏값을 여러분의 손에서 찾으실 것입니다!"

12. 여러분의 눈은 어디를 보고 있습니까? 여러분의 생각이 어디로 가고 있습니까? 여러분은 자기 자신도 속일 때까지 남을 속였습니까? 그대들이 잘 알지도 못하는 길을 남에게 가르치라고 누가 그대들에게 일을 맡겼습니까? 그대들은 지나친 망상에 사로잡혀 그대들 자신이 거짓을 믿을 뿐 아니라 남에게도 가르치고 있습니다. 그러고도 어떻게 그대들은 하나님께서 그대들을 보내셨다고 믿으며, 하나님의 사신으로 자처합니까? 만일 하나님께서 정말로 그대들을 보내셨다면, 주님의 역사가 그대들을 통하여 번창해 나갔을 것입니다. 만일 정말로 그대들이 하나님의 사신이라면, 주님은 살아 계시기에 그대들 발언의 참됨을 확증해 주셨을 것입니다. 그러나 하나님의 역사는 그대들의 손을 통해 번창하지 않았습니다. 그대들은 어떤 죄인이 회개하도록 인도하지 않았습니다. 그리고 하나님은 그대들의 말에 아무런 확증도 없으시니, 그대들의 말을 통해 한 영혼도 사망에서 구원받지 못하기 때문입니다.

13. 그대들은 어떻게 그처럼 알차고, 그처럼 강력하고, 그처럼 정확하게 우리 주님께서 주신 말씀의 능력에서 벗어날 수 있습니까? 그대들은 어떻게 그대들의 열매, 즉 나쁜 나무는 나쁜 열매를 맺는다는 그 진리를 모른다 할 수 있습니까? "가시나무에서 포도를 따며, 엉겅퀴에서 무화과를 딸 수 있습니까?" 그대들은 바로 이 말씀에 해당하는 사람이라는 사실을 받아들이십시오. 오, 그대 열매를 맺지 못하는 나무여! 그대들은 어찌하여 애꿎은 땅만 귀찮게 합니까? 모든 좋은 나무는 좋은 열매를 맺습니다. 여기에는 예외란 없다는 사실을 모르십니까? 그렇다면 그대들이 좋은 열매를 맺는 좋은 나무가 아니라는 것을 아십시오. 왜냐하면 그대들은 좋은 열매를 맺지 못하니까요. 나쁜 나무는 나쁜 열매를 맺습니다. 그대들은 처음부터 나쁜 열매만을 맺어 왔습니다. 그대들은 자기가 하나님께로부터 온 사람인 것처럼 말하지만, 사람들은 굳이 그대들의 행동까지는 아니고 말하는 것만 듣더라도 그대들이 악하다는 것을 확신할 수 있습니다. 그대들은 하나님의 이름을 빌려 말하거니와, 그분께서 선고를 내리시기 전에, 바로 그 이름의 주인이 주시는 다음 경고를 받아들이십시오. "좋은 열매를 맺지 않는 나무는 모두 찍혀 불에 던져질 것입니다."

14. 사랑하는 형제들이여, 마음을 강퍅하게 하지 마십시오. 그대들은 너무 오랫동안 빛에 대하여 눈을 감고 있습니다. 이제 너무 늦기 전에, 그대들이 바깥 어둠 가운데 내던짐을 당하기 전에, 눈을 뜨십시오. 현실에 대한 집착과 관심이 그대들의 마음을 압박하게 하지 마십시오. 그렇게 하면 영원한 것을 상실할 위험에 처하게 됩니다. 그대들은 보내심을 받기도 전에 자의적으로 달리고 있습니다. 오, 더 이상 멀

리 나가지 마십시오! 그대들 자신과 그대의 말을 듣는 사람들이 저주를 받도록 고집 피우지 마십시오! 그대들의 모든 노력이 다만 수포로 돌아갈 뿐입니다. 왜 그렇습니까? 그것은 주님께서 그대들과 함께하시지 않기 때문입니다. 그러면 이 싸움이 그대들의 헌신과 봉사로만 가능합니까? 불가능합니다. 그렇다면 그대들은 주님 앞에서 겸손히 낮추십시오. 먼지와 재 가운데서 하나님께 부르짖으십시오. 그리하면 그분께서 그대의 영혼을 속히 소생하게 하실 것입니다. 또한 그분께서 그대에게 사랑으로 역사하는 믿음을 주실 것입니다. 그대들이 온유하고 겸손하며, 순결하고 자비로우며, 선한 일에 열심을 내며, 의를 위한 환난과 모욕과 고민, 그리고 박해 가운데서도 기뻐하는 것입니다. 그리하여 영광의 영과 그리스도의 영께서 그대들 위에 임하도록 하십시오. 그리하면 하나님께서 그대들을 보내셨다는 증거가 나타나게 될 것입니다. 그리하면 그대들은 참으로 전도자의 사역을 하며, 직무를 온전히 완수하게 될 것입니다. 그리하면 그대의 입에서 나오는 하나님의 말씀은 "반석을 산산조각으로 쳐서 부스러뜨리는 망치가 될 것"입니다. 그때 그대의 열매를 통해서, 하나님께서 그대에게 주신 자녀를 통해서 그대가 주님의 선지자임이 드러나게 될 것입니다. 그대가 "많은 사람을 옳은 데로 돌아오게 한 연후에" 그대는 "별처럼 영원히 빛날 것입니다!"(단 12:3)"

28
산상설교 XIII
Upon our Lord's Sermon on the Mount XIII

런던 웨슬리 채플
Wesley's Chapel, originally known as City Road Chapel

나더러 주여 주여 하는 자마다 다 천국에 들어갈 것이 아니요 다만 하늘에 계신 내 아버지의 뜻대로 행하는 자라야 들어가리라 그 날에 많은 사람이 나더러 이르되 주여 주여 우리가 주의 이름으로 선지자 노릇 하며 주의 이름으로 귀신을 쫓아 내며 주의 이름으로 많은 권능을 행하지 아니하였나이까 하리니 그 때에 내가 그들에게 밝히 말하되 내가 너희를 도무지 알지 못하니 불법을 행하는 자들아 내게서 떠나가라 하리라 그러므로 누구든지 나의 이 말을 듣고 행하는 자는 그 집을 반석 위에 지은 지혜로운 사람 같으리니 비가 내리고 창수가 나고 바람이 불어 그 집에 부딪치되 무너지지 아니하나니 이는 주추를 반석 위에 놓은 까닭이요 나의 이 말을 듣고 행하지 아니하는 자는 그 집을 모래 위에 지은 어리석은 사람 같으리니 비가 내리고 창수가 나고 바람이 불어 그 집에 부딪치매 무너져 그 무너짐이 심하니라 (마 7:21~27)

1. 우리의 거룩한 스승이신 예수께서는 구원의 길에 대한 하나님의 모든 가르침을 선포하시고, 이어서 가르침을 실천하려는 자들의 앞을 가로막는 주된 장애물이 무엇인지 살펴보셨습니다. 그리고 오늘의 귀중한 말씀으로 산상설교 전체의 결론을 맺습니다. 이렇게 함으로써 당신께서 하신 예언의 말씀을 봉인하시고, 친히 전하신 말씀들 위에 당신의 모든 권위로 인을 치셔서 그 가르침이 모든 세대에 이르도록 굳건하게 서 있게 하셨습니다.

2. 주님께서는 어느 누구도 이 길 이외에 천국 가는 다른 길이 있다는 것을 생각하지 못하도록 다음과 같이 말씀하셨습니다. "나더러 '주여, 주여' 하는 자마다 다 천국에 들어갈 것이 아니요, 다만 하늘에 계신 내 아버지의 뜻대로 행하는 자라야 들어가니라. 그날에 많은 사람이 나더러 이르되 '주여, 주여, 우리가 주의 이름으로 선지자 노릇하며 주의 이름으로 귀신을 쫓아내며 또 주의 이름으로 많은 권능을 행하지 아니 했습니까?' 하고 말할 것이다. 그때 나는 그들에게 밝히 말하되, 내가 너희를 도무지 알지 못하니 불법을 행하는 자들아 내게서 떠나가라 하리라. 그러므로 누구든지 나의 이 말을 듣고 행하는 자는 그 집을 반석 위에 지은 지혜로운 사람 같으리니, 비가 내리고 창수가 나고 바람이 불어 그 집에 부딪치되 무너지지 아니하나니, 이는 주추를 반석 위에 놓은 까닭이요, 나의 이 말을 듣고 행하지 아니 하는 자는 그 집을 모래 위에 지은 어리석은 사람 같으리니 비가 내리고 창수가 나고 바람이 불어 그 집에 부딪치매 무너져 그 무너짐이 심하니라."

3. 나는 이번 설교에서 첫째는 모래 위에 집을 짓는 사람에 대하여 생각해 보고, 둘째로는 반석 위에 집을 짓는 사람의 지혜에 대하여 말한 후, 셋째로는 이를 실제 구체적인 적용의 문제와 관계지어 결론을 짓도록 하겠습니다.

I

1. 첫째, 모래 위에 집을 짓는 사람에 대해 살펴보고자 합니다.

이런 사람에 대하여 우리 주님께서 "나더러 '주여, 주여' 하는 자마다 천국에 들어가는 것이 아니다"라고 말씀하셨습니다. 이 말씀이야말로 절대로 없어지지 않을 말씀입니다. 따라서 이 말씀은 영원토록 굳게 서 있을 것입니다. 그러므로 우리는 이 말씀의 힘을 매우 깊고도 온전하게 이해해야 합니다. 그러면 "나더러 '주여, 주여' 하는 자"라는 말은 무슨 뜻입니까? 이 말씀은 "내(주님)가 여기에 지시한 길(방법) 이외의 다른 길로 천국에 들어갈 수 있다고 생각하는 자"라는 뜻입니다. 그러므로 이것은 (최하위의 지점에서부터 말한다면) 모든 훌륭한 말들이나 말뿐인 종교를 가리킵니다. 이것은 우리가 구송(口誦)하는 신앙고백이나, 우리가 표현하는 믿음의 고백이나, 우리가 드리는 수많은 기도나, 혹은 우리가 말과 글로 하나님께 올리는 감사의 말씀 등도 다 포함합니다. 우리는 하나님의 이름을 칭송하고, 모든 사람에게 미치는 그분의 인애를 선포할 수 있습니다. 우리는 그분께서 하신 모든 위대한 일들에 대해 말할 수 있고, 날마다 우리에게 베푸시는 그분의 구원에 대해서 말할 수 있습니다. 영적인 것으로 영적인 것을 빗대어 말함으로써 우리는 하나님의 뜻이 무엇인지를 보일 수 있습니다. 그리고 창세로부터 감추어져 있던 천국의 신비에 대해서 설명할 수 있습니다. 우리는 하나님의 깊은 진리를 사람의 말이 아니라 천사의 언어로 말할 수 있습니다. 우리는 죄인을 향하여 "보라, 세상 죄를 지고 가는 하나님의 어린양이로다!"라고 선포할 수 있습니다. 그렇습니다. 우리는 이 모든 것을 하나님의 놀라운 능력으로 행할 수 있고, 성령의 나타나심으로 많은 영혼들을 죽음에서 구해낼 수 있으며, 허다한 허물을 덮어줄 수 있습니다. 그러나 이러한 모든 일들이 그저 "주여, 주여"라고 말하는 것에 지나지 않을 수 있습니다. 내가 남들에게 성공적으로 복음을 전파한 후에 도리어 나 자신은 버림받을 수 있습니다. 많은 영혼을 지옥에서 건져 내어 하나님의 손에 넘겨 드리고 정작 나 자신은 그 지옥에 떨어질 수 있습니다. 많은 사람들을 하나님 나라로 인도해 들어가게 하고 정작 나 자신은 거기에 들어가지 못할 수 있습니다. 독자들이여! 하나님께서 나의 이 말로 그대들을 복되게 하셨다면, 부디 죄인인 내게 하나님께서 자비를 베푸시도록 기도해 주십시오.

2. 둘째, "주여, 주여"라는 말은 남에게 어떠한 해악도 끼치지 않는 것을 의미할 수 있습니다. 우리는 의도적인 죄, 외적으로 드러나는 모든 종류의 악독을 행하지 않으려고 합니다. 우리는 성서에 금지된 모든 언동을 삼가려고 합니다. 우리는 주위에 있는 사람들에게 "여러분 중에 누가 감히 나로 죄 짓게 하겠습니까?"라고 자신 있게 말할 수 있습니다. 우리는 하나님과 사람들에게 양심적으로 어떤 외적인 죄를 범한 일이 없다고 자부할 수 있습니다. 그뿐 아니라 외적인 행동과 관련하여 (사도 바울이 자신에 대하여 증거한 것처럼) 어떤 형태로든 부정이나 불경건, 불의의 일을 하지 않았다고 자랑할 수 있습니다. 혹은 율법의 의로는, 즉 외적으로 드러나는 의로는 흠이 없다고 말할 수 있습니다. 그렇지만 우리는 여전히 이로써 의롭다 할 수 없습니다. 이것은 그저 "주여, 주여"라고 말하는 것에 지나지 않습니다. 만일 우리가 이보다 더 나아가지 못한다면 우리는 결코 "하늘나라에 들어갈 수 없을 것"입니다.

3. 셋째, "주여, 주여"라는 말씀은 우리가 보통 선행이라고 말하는 많은 것들을 포함합니다. 우리는 주님의 성만찬에 참석하기도 하고, 매우 훌륭한 설교를 듣기도 합니다. 또한 하나님의 모든 계명을 잘 지키

기도 합니다. 우리는 내 이웃에게 좋은 일을 하여, 자신의 빵을 굶주린 자에게 나누어 주기도 하고, 헐벗은 자에게 옷을 줄 수도 있습니다. 그뿐 아니라 선행에 열의를 쏟은 나머지 모든 소유를 팔아 가난한 자에게 나누어 줄 수 있습니다. 이 모든 일들을 주님을 기쁘시게 하려는 열망으로 하며, 이렇게 하는 것이 실제로 하나님을 즐겁게 해드리는 것이라는 진실된 신념으로 그렇게 할 수 있습니다. 그렇게 하면서도 나에게 어떠한 영광도 돌아오지 않도록 할 수 있습니다. 그런데 이러한 것들도 우리 주님이 말씀하신 "나더러 '주여, 주여' 하는 자마다"라는 범주에 속할 수 있습니다.

4. 만일 누가 이러한 사실에 놀란다면, 그는 예수 그리스도의 종교의 모든 진면목에 대하여 아직 제대로 알지 못한 문외한이라는 사실을 깨달아야 할 것입니다. 특히 이 사람은 이 설교 말씀을 통해서 그분께서 우리에게 보여주신 완전한 그림을 제대로 알지 못하고 있다는 사실을 깨달아야 합니다. 그분께서 설명하신 모든 의와 참된 거룩함에 비해 이 얼마나 큰 거리가 있는 것들입니까! 이제 믿는 자들의 영혼 안에 처음으로 심겨진 겨자씨만 한 내적 하늘 나라와는 현격히 다른 것입니다. 이 겨자씨같이 뿌려진 내적 천국은 처음에는 비록 미미하지만 나중에는 큰 가지를 뻗어 모든 의의 열매와 선한 성품과 말과 행동의 온갖 열매를 맺습니다.

5. 그러나 주님께서 반복하여 말씀하신 대로 마음속에 하나님 나라를 소유하지 못한 사람은 결코 하늘나라에 들어가지 못합니다. 주님께서는 많은 사람들이 이 말씀을 잘 받아들이지 않을 것을 잘 알고

계셨습니다. 그래서 주님은 이 말씀을 강조하셨습니다. "그날에 많은 사람이 나더러 이르되 '주여, 주여,' 우리가 주의 이름으로 선지자 노릇 하며…"라고 말입니다. 실제로 "우리는 기도를 많이 하였고, 주님을 찬양하였고, 악을 멀리 하였고, 선한 일을 하였고, 무엇보다 주의 이름으로 예언하고, 당신의 이름으로 귀신을 내쫓고, 당신의 이름으로 많은 놀라운 일들을 행하지 않았습니까?" 하고 말할 것입니다. "우리가 주의 이름으로 예언을 하였다"는 것은 하나님의 뜻을 사람들에게 선포했다는 말이고, 죄인들에게 평화와 영광의 길을 가르쳐 주었다는 것입니다. 게다가 우리는 그것을 "주님의 이름으로" 했습니다. 복음의 진리를 따라서 그렇게 한 것입니다. 하늘에서 내려온 성령으로 말씀을 굳게 하신 당신의 권위를 가지고 그렇게 한 것입니다. 우리는 주님의 이름으로, 당신의 말씀과 당신의 성령의 권능으로 귀신들이 오랫동안 자기들의 것이라고 주장하던 그들의 영혼 속에서 그들을 완전히 사로잡고 있던 마귀를 내쫓아 주기도 했습니다. 그뿐 아니라 우리는 "당신의 이름으로", 우리의 능력이 아니라 당신의 권능으로 "많은 놀라운 일들을 행했습니다." 그 결과 우리가 하는 말을 통해서 심지어 "죽은 자들도 하나님의 아들의 음성을 듣고 다시 살아났습니다." 그러나 우리의 이러한 모든 호소에도 불구하고 주님은 "그때 나는 그들에게 분명히 이렇게 말할 것이다. '나는 너희를 도무지 알지 못한다.'" 여러분이 "내 이름으로 귀신을 쫓아냈을" 때에도 주님은 "너를 나의 것이라고 인정하지 않겠다"는 말씀입니다. 바로 그때에 여러분이 주님의 소유라는 것을 알지 못하신다는 것입니다. 왜냐하면 "너희 마음이 하나님을 향하여 의롭지 않았기 때문이라"는 것입니다. 즉 여러분이 온유하고 겸손하지 않았기 때문입니다. 여러분이 하나님과 이웃에 대한 사랑이 없었기 때문입니다. 여러분은 하나님의 형상대로 새로 지음을 받지 못했습니다. 여러분은 하나님의 거룩하심과 같이 거룩하지 못했습니다. 그리하여 우리가 이러한 모든 일들을 주님의 이름으로 행했음에도 불구하고 주님은 "불법을 행하는" 사람, 즉 아노미아(anomia)를 행하는 사람이라고 말씀하십니다. 이 사람은 그분의 율법, 거룩하고 완전한 사랑의 율법을 어긴 사람입니다.

6. 우리의 주님께서는 적절한 비유를 가지고 반론의 여지가 없도록 깔끔하게 이것을 확증하셨습니다. "그러므로 나의 이 말을 듣고 행하지 아니하는 자는 그 집을 모래 위에 지은 어리석은 사람 같으리니 비가 내리고 창수가 나고 바람이 불어 그 집에 부딪치매 무너져 그 무너짐이 심하니라"고 하셨습니다. 머지않아 이런 일들이 모든 사람에게 닥쳐올 것입니다. 외부로부터 고난의 홍수나 내적인 시험이 밀어닥칠 것입니다. 그 밖에 교만과 분노와 두려움과 욕망의 폭풍이 밀려올 것입니다. 이런 것들이 닥쳐올 때에는 "무너져 그 무너짐이 심하리라." 그리하여 우리는 영원히 멸망하고 말 것입니다. 주님께서 가르쳐 주신 이 종교의 가르침을 충족하지 못한 상태에 머물러 있는 사람들은 이러한 쓸쓸한 결과를 맞이하게 될 것입니다. 그들의 무너짐은 매우 혹심할 것입니다. 왜냐하면 그들이 이 말씀을 듣고도 여전히 행하지 않았기 때문입니다.

II

1. 둘째, 주님의 말씀을 실행하여 집을 반석 위에 세우는 지혜로운 사람에 대하여 말하렵니다. "하늘에 계신 내 아버지의 뜻을 행하는

자"는 참으로 슬기로운 자입니다. 율법학자와 바리새파 사람의 의보다 훨씬 뛰어난 의를 가진 사람들은 진실로 슬기로운 사람입니다. 그는 마음이 가난한 자로서 하나님의 눈에 비치는 자기 자신의 모습 그대로를 스스로 잘 아는 자입니다. 그는 자신의 죄와 그리스도의 속죄의 피에 의해 씻김을 받을 때까지 그것들을 직시하고 있으며 몸소 절절히 느끼고 있습니다. 그는 자기가 길을 잃고 방황하고 있다는 것을 잘 인식하고 있으며, 이로 인해 하나님의 진노를 면할 수 없는 것도 잘 알고 있습니다. 그는 자력으로는 도저히 자신을 구원할 수 없음을 잘 알고 있으며, 오직 성령 안에서 평화와 기쁨으로 가득 찰 때만 비로소 이러한 것들이 사라질 것도 잘 알고 있습니다. 그는 온유 겸손하며, 모든 사람을 향하여 오래 참으며, 악을 악으로 되갚지 않으며, 욕을 욕으로 갚지 않으며, 도리어 축복해 주어서 악을 선으로 이기는 사람입니다. 그의 영혼은 이 세상의 어떤 것에도 목말라 하지 않습니다. 오직 살아 계신 하나님 한 분만을 간절히 찾습니다. 그는 모든 사람을 사랑하며, 원수를 위하여 기꺼이 자신의 생명까지 바칠 각오가 된 사람입니다. 그는 주 하나님을 마음과 뜻과 정성과 힘을 다하여 사랑합니다. 그뿐 아니라 그는 모든 사람에게 선을 행하는 자입니다. 그러나 그는 도리어 이로 인하여 사람들에게 배척과 미움을 받고, 욕을 먹고, 박해를 당합니다. 그럼에도 불구하고 그는 기뻐하고 크게 즐거워합니다. 왜냐하면 믿음을 갖고 있으며, 이 빛에 확신을 가진 그는 현재 받는 일시적인 고난이 장차 지극히 크고 영원한 영광의 귀중한 것을 그에게 이루게 할 줄 잘 알고 있기 때문입니다.

2. 이 얼마나 슬기로운 사람입니까! 그는 자신의 참모습을 알고 있습니다. 그는 하나님께로부터 온 영원한 영혼을 지닌 사람입니다. 그

는 질그릇으로 된 집에 보내심을 받아 자기의 뜻이 아닌 자신을 보내신 하나님의 뜻을 행하는 사람입니다. 그는 또한 이 세상도 잘 알고 있습니다. 이 세상을 며칠 혹은 몇 해 동안, 영주자가 아니라 일시적인 나그네로 살다가 영원한 집으로 가는 것임을 잘 알고 있습니다. 그렇기 때문에 그는 이 세상을 헛되이 쓰지 않습니다. 이 세상 모든 것은 결국 지나가 버리는 것임을 알기 때문입니다.

그는 하나님을 압니다. 그는 그분께서 자신의 아버지이시며, 모든 육체의 중심이시며, 모든 지각 있는 존재들의 유일한 행복의 원천이 되시는 분임을 알고 있습니다. 그는 또한 그분을 영화롭게 하는 것이 인간의 최종 목적이라는 사실을 한낮의 햇빛을 보는 것보다 더 환하게 잘 알고 있습니니다. 그는 그분께서 당신 자신을 위하여 자기를 창조하셨고, 당신을 사랑하고 당신을 영원히 즐거워하도록 창조하셨다는 것을 잘 알고 있습니다. 그는 또한 이러한 목적을 이루기 위한 방법과 영광 가운데서 하나님을 즐거워하는 방법이 무엇인지 분명히 알고 있습니다. 그는 어떻게 하면 이 세상에서 하나님을 잘 알고 그분을 사랑하며, 어떻게 하면 그분을 본받을 수 있는지, 그리고 하나님께서 보내신 예수 그리스도를 믿을 수 있는지 잘 알고 있습니다.

3. 이 사람은 하나님께서도 친히 지혜롭다고 하신 자입니다. 그 이유는 자기 집을 반석 위에, 즉 만세반석이신 분, 영원한 반석이신 주님 예수 그리스도 위에 짓기 때문입니다. 그는 굳건한 분이십니다. 그는 어제나 오늘이나 영원토록 변함이 없는 분이시기 때문입니다.

그리하여 그에 대해서는 옛적 하나님의 사람들이나 신약 시대의 사도(히브리서 기자)들이 하나님의 말씀을 인용하여 증언한 바 있습니다. "주여, 주님은 태초에 땅의 기초를 두셨으며, 하늘도 주님의 손으로 지으신 바라, 그것들은 없어질지라도 주님은 언제나 살아 계십니다. 만물은 옷과 같이 다 낡아질 것이나 오직 주님은 영존할 것이요, 그것들은 다 옷과 같이 낡아지리니, 의복처럼 갈아입을 것이요, 그것들은 다 옷과 같이 변할 것이나 주님은 언제나 같으시고 주님의 세월은 다함이 없을 것입니다(히 1:10~12)"라는 말씀입니다. 그러므로 그분 위에 집을 짓는 사람은 지혜롭습니다. 오직 그분만을 유일한 기초로 삼는 사람은 지혜롭습니다. 그분의 보혈과 의 위에, 그분께서 우리를 위해 이룩하시고 고난을 받으심으로 성취하신 그 터 위에 집을 짓는 사람은 참으로 슬기로운 사람입니다. 이 모퉁잇돌 위에 그의 신앙의 초석을 삼고, 자신의 온 영혼의 안식처로 삼습니다. 그는 성령의 감동을 받아 이러한 고백을 합니다. "주님, 저는 죄를 지었습니다. 깊은 지옥만이 나의 분깃입니다. 그러나 저는 당신의 은혜로써, 예수 그리스도 안에 있는 구원을 통한 은혜에 의하여 값없이 의롭다 함을 받았습니다. 그러므로 이제 제가 사는 것은 나를 사랑하사 나를 위해 자신을 내어주신 분을 믿는 믿음으로 사는 것입니다. 이 사람의 삶은, 이제 내가 사는 삶은 신성한 하늘로부터 온 삶이며, 하나님 안에서 그리스도와 함께 감추인 삶입니다. 이제 나는 육체 가운데 살면서도 사랑의 삶, 하나님과 이웃을 사랑하는 삶을 삽니다. 나는 거룩하고 행복한 삶(a life of holiness and happiness)을 살며, 하나님의 영광을 위하여 모든 일을 행하면서 하나님을 찬양하는 삶을 삽니다.

4. 그러나 이러한 사람일지라도 다시 믿음의 싸움이 없거나 시험과 유혹이 없을 것이라고 생각해서는 안 됩니다. 하나님께서는 이런

사람에게 내리신 은혜를 증명하시며, 금처럼 불로 연단하실 것입니다. 그는 하나님을 모르는 사람 못지않게, 아니 더 많은 시험을 받을 수도 있습니다. 왜냐하면 사탄은 자기가 무너뜨리지 못하는 사람들조차 넘어뜨리기 위하여 반드시 시험하려 들 것이기 때문입니다. 따라서 "비"가 이런 사람에게 사정없이 줄기차게 퍼부을 것입니다. 그러나 그 비는 적당한 시기에 적당한 방법으로 내리되, 공중의 권세 잡은 자가 아니라 만물을 소유하신 왕국의 주권자이신 하나님께서 보시기에 적절하다고 생각되는 시간과 방식으로 내릴 것입니다. "큰 물", 즉 격랑(激浪)이 들이닥칠 것입니다. 그렇지만 그 물결 위에 가만히 앉으시어 왕권을 잡고 영원히 다스리시는 주님께서는 "너 사나운 격랑이여, 여기까지 오고 더 밀어닥치지 말지어다. 너 오만한 물결이여, 거기 멈출지어다"라고 명하실 것입니다. 따라서 바람이 불어 그 집을 기초부터 무너뜨릴 것처럼 들이치지만, 세찬 바람과 큰 물에도 이 집은 끄떡도 아니할 것입니다. 왜냐하면 그 집은 든든한 반석 위에 지었기 때문입니다. 그는 믿음과 사랑으로 그리스도 위에 집을 지었습니다. 때문에 그 사람은 절대로 무너지지 않을 것입니다. 그는 "땅이 흔들리고 산이 바다 한가운데 옮겨질지라도 두려워하지 않을 것(시 46:2)"입니다. "바닷물이 솟아나고 뛰놀던지, 그것이 넘침으로 산이 흔들릴지라도" 여전히 그는 "지존자의 보호 아래 거하며 전능자의 그늘 아래에 삽니다(시 91:1)."

III

1. 이 말씀은 우리 모두에게 적용되는 말씀입니다. 이 말씀을 따

라 우리 자신이 어떤 기초 위에 집을 짓고 있는지, 즉 반석 위에 짓고 있는지 모래 위에 짓고 있는지 부지런히 늘 검토해야 합니다. 여러분은 얼마나 심각하게 "내 소망의 기초는 어디 위에 세워져 있는가?"라고 자문하고 있습니까? 여러분은 얼마나 심각하게 "천국에 들어가기 위하여 나의 소망을 무엇 위에 세우고 있는가? 혹시 모래 위에 세워두고 있지는 않은가?" 자문하고 있습니까? "혹시 내가 말씀을 크게 잘못 생각하면서도 그것을 믿음이라고 부르면서, 이것에 바탕을 둔 나의 신념이나 올바르다고 생각되는 의견 위에 그 소망을 세워두고 있지는 않은가?" 자문하고 있습니까? 여러분은 얼마나 심각하게 "내가 다른 사람들보다 더 이성적이고 성서적이라고 생각하는 그러한 사고방식 위에 내 소망을 세워 두고 있지는 않은가?" 자문하고 있습니까? 아! 이 얼마나 어리석은 생각입니까? 이러한 생각들은 모래 위에 집을 짓는 것이나 바닷물의 거품과 같은 것입니다. 도리어 이렇게 말하십시오. "나는 이것을 확신한다. 나는 지탱해 줄 수 없는 것 위에 내 소망을 또다시 세우지 않는가? 혹시 내가 매우 뛰어난 교파라고 하는 어떤 종파에, 그것이 참된 성서적 모델을 따라 만들어진 개혁교회라고 생각하면서, 그리고 그것이 가장 순수한 교리와 가장 원조가 되는 예배 의식을 고수하고 있으며, 따라서 그 교회가 가장 사도적인 행정 기구를 가진 교회라고 생각하면서 거기에 내가 속해 있다는 것을 의지하고 있지는 않은가?" 물론 이러한 것들은 우리가 하나님께 감사 찬양을 드릴 만한 것들입니다. 왜냐하면 이러한 것들은 우리가 경건하게 되는 데 도움을 줄 수 있기 때문입니다. 그렇지만 이것들 자체가 거룩함은 아닙니다. 만일 이러한 것들이 우리로 하여금 거룩함에서 멀어지게 한다면, 그것들은 우리에게 아무런 유익을 주지 못할 뿐 아니라 도리어 이런 것들 때문에 우리가 핑계 댈 만한 것들이 없어지고, 더 큰 정죄를 당하게 될 것입니다. 그러므로 만일 내가 이런 것들에 내 소망의 기초를 세운다면 나는 모래 위에 집을 짓는 꼴이 되고 맙니다.

    2. 또 생각해야 할 것은, 죄 없고 흠 없는 생활을 하는 것으로 구원의 소망을 세우려고 해서는 안 된다는 것입니다. 우리가 남에게 해를 입히지 않는다든가, 다른 사람에게 잘못된 행동을 하지 않는다든가, 다른 사람에게 상처를 주지 않는다는 것 위에 세우려고 하십니까? 잘 하셨습니다. 제가 진심으로 부탁드립니다. 여러분이 하는 모든 거래에서 공정하게 했습니다. 여러분은 철저하게 정직한 사람입니다. 여러분은 모든 사람에게 정당한 값을 치러주었습니다. 여러분은 남을 속이지 않고 억지로 빼앗지도 않았습니다. 여러분은 모든 사람에게 차별 대우를 하지 않았습니다. 여러분은 하나님 앞에 항상 양심에 어긋나는 일을 하지 않았습니다. 여러분은 어떠한 두드러진 죄를 저지르지 않았습니다. 그렇게 하는 것은 참으로 잘 하는 것입니다. 그러나 그것으로 충분하지 않습니다. 여러분은 그것보다 더 잘하더라도 천국에 결코 들어갈 수 없습니다. 설령 남에게 손해를 끼치지 않는 이 모든 행동들이 올바른 원칙에서 나온 것이라도, 여전히 이것은 그리스도의 종교에 있어서 지극히 미미한 부분에 지나지 않습니다. 더구나 여러분이 하는 것들은 그러한 올바른 원칙에서 비롯된 것도 아니며, 따라서 그리스도 종교의 어떠한 일부분에도 해당되지 않습니다. 그러므로 여러분이 이런 것을 구원의 소망을 위한 기초로 삼는다면 여러분은 아직도 모래 위에 집을 짓는 사람들인 것입니다.

3. 여러분은 그래도 이것보다는 더 잘하고 있습니까? 단지 남에게 해를 끼치지 않는다든가, 하나님의 모든 의식을 지키는 것 이상으로 무엇인가를 하고 있습니까? 여러분은 기회 있는 대로 성찬에 참석하며, 개인적으로나 공적으로 기도에 힘쓰고 있습니까? 여러분은 자주 금식도 하며, 성서 강론을 들으며, 성서를 읽고, 명상도 하십니까? 물론 이런 것들은 여러분이 하늘에 마음을 두기 시작한 이후로 마땅히 해 왔어야 하는 당연한 의무입니다. 그렇지만 이러한 일들은 그 자체만으로는 아무것도 아닙니다. 이런 것들은 율법의 더 중한 것들 없이는 아무것도 아닙니다. 여러분은 이러한 것들을 망각했습니다. 적어도 여러분은 그것들을 경험하지 못했습니다. 즉 믿음과 자비, 그리고 하나님에 대한 사랑, 거룩한 마음, 그대의 영혼 안에 활짝 열린 천국 등을 말합니다. 따라서 만일 그러하다면 여러분은 아직 모래 위에 집을 짓고 있는 것입니다.

4. 더 나아가서 여러분은 열심히 모든 선행을 하고 있습니까? 여러분은 모든 사람에게 기회 있는 대로 좋은 일을 하고 있습니까? 여러분은 굶주린 자들을 먹이고, 헐벗은 자에게 옷을 입히고, 과부와 고통 중에 있는 고아를 찾아갑니까? 여러분은 병자를 방문하고, 옥에 갇힌 자를 위로해 주고 있습니까? 여러분은 어떠한 나그네라도 맞아들입니까? 친구들이여! 보다 높은 차원으로 올라오십시오. 여러분은 그리스도의 이름으로 예언을 하며, 예수 안에 있는 진리를 선포하십니까? 성령의 감화가 그대의 설교에 임하여 듣는 자로 구원에 이르는 하나님의 능력이 되게 하고 있습니까? 그분께서 여러분에게 능력을 주시어 죄인들을 어두움에서 빛으로 나오도록, 사탄의 권세에서 하나님께 나오도

록 하고 있습니까? 그렇다면 가서 여러분이 그토록 자주 배워왔던 것, 즉 "믿음으로 말미암아 은혜로 너희가 구원을 받았다(엡 2:8)"라는 말씀을 배우십시오. "우리가 행하는 의로운 업적을 통해서가 아니라 우리를 구원하시는 그분의 자비의 행위를 통해서(딛 3:5)" 이루어집니다. 여러분이 행한 모든 것들이 배설물과 같다는 생각을 하면서 그리스도의 십자가 위에 벗은 몸으로 매달리는 법을 배우십시오. 죽어가는 강도의 심령으로, 일곱 귀신 들렸던 매춘부의 심령으로 그분께 매달리십시오! 그렇지 않으면 여러분은 아직 모래 위에 집을 짓는 자입니다. 만일 그렇다면 여러분은 다른 사람은 구원하고 정작 그대 자신의 영혼은 잃어버리는 자가 될 것입니다.

5. "주님, 제가 이제 믿사오니 제 믿음을 크게 해주소서! 아니면 제게 겨자씨만 한 작은 믿음이라도 주소서! 그러나 만일 사람이 믿음이 있노라 하고 행함이 없다면 무슨 유익이 있겠습니까? 그 믿음이 그를 구원할 수 있겠습니까? 절대로 아닙니다." 행함이 없는 믿음은, 내적으로나 외적으로 어떠한 거룩함의 결실도 맺지 못하는 믿음은, 그 마음속에 하나님의 참된 형상을 각인시켜서 그분께서 순결하신 것처럼 우리를 순결하게 하지 못하는 믿음은, 지금까지 주님께서 설명하셨던 종교의 모든 전모를 나타내지 못하는 믿음은, 복음에서 말하는 믿음이거나 그리스도인의 믿음이 아닙니다. 그러한 믿음은 우리를 영광으로 인도해 주지 못하는 믿음입니다. 여러분! 모든 마귀의 올무보다도 이것을 조심하십시오. 여러분이 거룩하지 못하고 구원을 줄 수 없는 믿음 위에 안주하지 않도록 각별히 주의하십시오. 만일 여러분이 이러한 것이 전부인 줄 안다면 여러분은 영원히 잃어버린 자가 될 것입니다. 만일 그러

하다면 여러분은 여전히 모래 위에 집을 짓는 자입니다. "비가 오고 홍수가 들이닥칠 때에 그 집은 반드시 무너지되 그 무너짐이 매우 심할 것입니다."

6. 그러므로 여러분의 집을 반석 위에 세우십시오. 하나님의 은혜로 여러분 스스로가 자신의 존재됨을 직시하십시오. 여러분이 죄악 중에 형성되었으며, 여러분의 모친이 죄 중에 여러분을 잉태했다는 사실을 분명히 알고 느끼십시오. 또한 여러분이 선악을 분별할 수 있는 때부터 스스로 죄 위에 죄를 더 쌓아 올리고 있다는 사실도 직시하십시오. 여러분은 영원한 죽음의 죄책감을 갖고 있으십시오. 그리고 자신의 힘으로 스스로를 구원할 수 있다는 모든 희망을 버리십시오. 오직 그리스도의 피로 깨끗하게 된다는 것에 당신의 모든 소망을 거십시오. "십자가 위에서 친히 자신의 몸으로 여러분의 모든 죄를 짊어지신(벧전 2:24)" 그분의 성령을 통해서만 정결케 될 수 있다는 것에 여러분의 모든 소망을 거십시오. 그리고 그분께서 여러분의 모든 죄악을 도말하셨다는 것을 알았으면, 그만큼 그분 앞에서 여러분을 낮추십시오. 또한 모든 선한 생각과 말과 행동이 그의 도우심 아래에서만 이루어지며, 그가 매 순간 능력을 베풀어주시지 않으면 한 가지 선행도 할 수 없다는 것을 깊이 인식하십시오.

7. 이제 여러분은 하나님께서 여러분의 무거운 짐을 기쁨으로 바꿔 주실 때까지 여러분의 죄를 위해 울고, 하나님 앞에서 애통하십시오. 그리고 우는 자와 함께 울며, 자기 자신을 위하여 울지 않는 자들을 위해서도 우십시오. 뿐만 아니라 인류 전체의 죄와 고통을 위해서도

우십시오. 그리고 수많은 사람을 삼켜 버린 바로 그대의 눈앞에 펼쳐져 있는 밑도 없고 끝도 없는 거대한 영원의 바다를 보십시오. 또한 그 바다가 아직 삼켜지지 않은 남은 인간들마저 삼키려고 입을 벌리고 있는 모습을 보십시오. 이쪽 편에 있는 하늘의 영원한 하나님의 전당을 보십시오. 또한 저편 너머에 활짝 열려 있는 지옥과 멸망을 보십시오. 그러므로 잠시 있다가 곧 영원히 사라지고 마는 매 순간이 얼마나 소중한 것인지 배우십시오.

8. 여러분의 이러한 진지함에 지혜의 온유함을 더하십시오. 여러분의 모든 감정, 특히 분노와 슬픔과 두려움의 감정이 한쪽으로 치우치지 않도록 하십시오. 무엇이든지 하나님의 뜻이라면 잠잠히 복종하십시오. 여러분이 처한 모든 정황에서 자족하기를 배우십시오. 선량한 자에게 부드러운 태도를 취하십시오. 모든 사람에게 항상 온유한 태도로 임하되, 특히 약한 자와 감사할 줄 모르는 이들에게도 더욱 그리하십시오. 그리고 분노할 때에라도 여러분의 형제에게 미련한 자(라가)라는 말과 같이 겉으로 화가 드러나는 것을 삼가고, 마음속으로라도 사랑에 어긋나는 감정을 품지 않도록 주의하십시오. 죄에 대하여 분노하되, 그것이 마치 하나님께 모욕이 되는 것처럼 분노하십시오. 그러나 그런 순간에도 죄를 지은 그 죄인은 사랑하십시오. 바리새인들의 마음이 완악한 것을 보시고 탄식하시며 노하심으로 그들을 둘러보신 우리 주님처럼 되십시오. 그분께서는 죄인들을 보시고 슬퍼하셨고 죄에 대해서는 분노하셨습니다. 그러므로 죄에 대하여 분노하더라도 죄는 짓지 말아야 합니다.

9. 이제 여러분은 "썩을 양식"이 아닌 영생하도록 하는 양식을 배고파 하고 목말라 하십시오. 그리고 이 세상과 세상에 속한 것들, 즉 온갖 부귀와 명예와 쾌락과 같이 세상과 그 세상에 속한 것들을 발아래 짓밟으십시오. 도대체 세상이 여러분에게 무엇입니까? "죽은 자는 죽은 자로 장사하게 내버려 두고" 여러분은 하나님의 형상을 따르십시오. 그대 마음속에 이미 솟아나는 복된 갈증이 있다면 세상에서 말하는 종교라는 빈약하고 빛깔 없는 것으로 인하여 그 갈증이 사라지지 않도록 각별히 주의하십시오. 그것은 볼품없고 지루한 희극이며, 형식의 종교이자 겉으로 보이는 쇼에 지나지 않는 것으로서, 이 세상에 속한 감각적인 것들처럼 사람의 마음을 먼지처럼 잘게 부수어 놓습니다. 오직 경건의 능력만이, 영적이고 생명 있는 종교만이 여러분을 만족시키게 하십시오. 오직 하나님 안에 거하며, 하나님만을 여러분 안에 모셔야 합니다. 영원한 나라의 시민이 되십시오. 그분의 피흘림을 통하여 휘장 안으로 들어가서 그리스도 예수와 함께 하늘의 처소에 앉아 있도록 하십시오.

10. 이제 여러분은 그리스도께서 그대에게 능력을 주실 때에 못할 것이 없음을 알게 되었습니다. 그러므로 그대는 하늘에 계신 아버지가 자비로우신 것처럼 그대도 자비로운 자가 되며, 그대의 이웃을 그대의 몸과 같이 사랑하십시오! 그대의 친구와 원수를 그대 자신의 몸처럼 사랑하며, 모든 사람에게 오래 참음과 인내함으로 그대의 사랑을 꾸준히 베푸십시오. 그대의 사랑이 친절하고 부드러우며 자애로 충만하게 하십시오. 가장 상냥하고 감미로운 감정과 가장 열정적이고 부드러운 감정이 항상 그대 안에 일어나도록 하십시오. 무엇에든지 경건함을 따

른 진리 안에서 기뻐하십시오. 하나님께 영광 돌리는 것을 즐기고, 모든 사람 가운데서 항상 평화와 선한 뜻을 고취하십시오. 사랑으로 모든 허물을 덮되 쓸데없는 헛된 말을 버리고 선한 말만 하십시오. 그대의 이웃의 인격을 잘 드러내는 모든 것들을 믿으십시오. 그분의 은혜 안에서 모든 것을 바라십시오. 또한 모든 것들을 견디어서 모든 대적하는 자들을 이기십시오. 참된 사랑은 시간 속에서나 영원 속에서나 결코 쇠하지 않기 때문입니다.

11. 이제 여러분은 마음의 성결을 유지하도록 하십시오. 모든 불경건한 감정을 멀리하고 믿음으로써 여러분 자신을 성결하게 하십시오. 하나님을 두려워하는 가운데 거룩함을 완성하여 육과 영의 온갖 더러운 것에서 여러분 자신을 깨끗하게 하십시오. 하나님의 은혜의 능력을 통하여 심령이 지극히 가난하게 됨으로써 교만을 떨쳐버리고 성결케 되십시오. 온유와 긍휼로써 모든 불친절과 격한 감정과 분노로부터 자신을 지키십시오. 의에 주리고 목말라 함으로써 모든 욕망으로부터 벗어나 오직 하나님을 기쁘시게 하고 그분만을 기뻐하도록 하십시오. 이제 여러분의 모든 마음과 모든 힘을 다해서 주 여러분의 하나님을 사랑하십시오.

12. 결론적으로 말씀드리겠습니다. 그대의 종교가 "마음의 종교(religion of the heart)"가 되게 하십시오. 그 종교가 그대의 가장 깊은 심령 속에 뿌리내리게 하십시오. 그리고 여러분 스스로가 돌아보더라도 그대 자신이 보잘것없는 사람, 비천하고 저열한 사람, 말로 다할 수 없을 정도로 악한 사람임을 인정하십시오. 그리스도 예수 안에 있는

하나님의 사랑에 놀라서 그 사랑으로써 먼지처럼 겸손해지도록 하십시오. 진지한 태도를 지니십시오. 그래서 마치 내가 거대한 심연의 끝자락에 서 있다는 것을, 나 자신과 모든 인류가 이 불구덩이에 빠지거나 그렇지 않으면 영원한 영광의 나라로 옮겨질 기로에 놓여 있다는 것을 깊이 자각하면서 모든 생각과 말과 행동을 하도록 하십시오. 그대의 영혼이 모든 사람을 향해서 온유와 겸손과 인내와 오래 참음으로 충만해지도록 하십시오. 이와 동시에 그대 속에 있는 모든 것들이 살아 계신 하나님을 목말라하도록 하십시오. 아침에 잠에서 깨어날 때 그분을 본받는 모습으로 깨어나고 그것으로 만족하게 되기를 늘 사모하십시오. 이러한 심령으로 모든 것을 행하고 모든 것을 견뎌 내십시오. 그대의 행함으로 그대의 믿음을 보이십시오. 그리하여 하늘에 계신 아버지의 뜻을 행하십시오. 그리하면 그대가 이 땅 위에서 살아가는 동안 하나님과 늘 동행하며 영광 중에 그분과 함께 다스리게 될 것을 확신하십시오.

29
율법의 기원, 본성, 속성과 용법
The Original, Nature, Property and Use of the Law

John Wesley Statue, The New Room chapel, Bristol

이로 보건대 율법은 거룩하고 계명도 거룩하고 의로우며 선하도다 (롬 7:12)

    1. 아마 종교의 전 영역에서 사람들이 이것만큼 잘 이해하지 않은 채 지내는 문제도 별로 없을 것입니다. 로마서를 읽는 사람이면 누구나 사도 바울이 "'율법'이란 말을 쓸 때 그것은 유대교의 율법을 의미하는" 것이라고 말합니다. 그렇기 때문에 스스로 그 문제에 관심이 없다고 여기는 나머지, 율법에 관해 더 깊이 생각하지 않고 지나치게 됩니다. 그러나 이와 같은 설명에 만족하지 않을 사람들도 있습니다. 그들은 이 서간문(로마서)이 로마 사람들을 향하여 쓴 것이라는 점을 살펴보고는 사도 바울이 7장 첫머리에서 옛 로마의 법을 넌지시 말하고 있다고 추론합니다. 그러나 그들은 모세의 제의적 율법보다 로마법에 더 큰 관심을 갖는 것이 아니기 때문에 또 다른 것을 설명하기 위해 부차적으로 언급했다고 여겨 생각을 깊이 하지 않습니다.

    2. 그러나 사도 바울의 이야기를 신중히 살펴보면, 율법에 관해 이처럼 가볍게 설명하는 것에 만족하지 못할 것입니다. 그리고 그의 말에 더욱 큰 비중을 두고 생각하면 할수록 로마서 7장에서 바울이 '율법'이란 말을 쓸 때 그가 의미하는 것은 고대 로마의 율법도 아니고 모

세의 제의적 율법도 아니라는 확신을 더욱 갖게 될 것입니다. 바울이 말하는 이야기의 취지를 주의 깊게 숙고하는 모든 사람에게 이 점은 명백히 나타날 것입니다. 바울은 7장을 이렇게 시작합니다. "형제들아, 내가 율법을 아는 자들에게 (어려서부터 율법을 배운 자들에게) 말하노니, 너희는 율법이 사람이 살아 있는 동안에만 그 사람을 주관하는 줄 알지 못하느냐?"(무슨 율법을 말하였겠습니까? 로마의 율법만일까요, 아니면 제의상의 율법일까요? 둘 중의 어느 것도 분명히 아닙니다. 그것은 도덕법입니다.) 평범한 예를 들면서 바울은 이렇게 말합니다. "남편 있는 여인이 그 남편 생전에는 법으로 그에게 매인 바 되나 만일 그 남편이 죽으면 남편의 법에서 벗어나느니라. 그러므로 만일 그 남편 생전에 다른 남자에게 가면 음녀. 그러나 만일 남편이 죽으면 그 법에서 자유롭게 되나니 다른 남자에게 갈지라도 음녀가 되지 아니하느니라(롬 7:2~3)." 이와 같이 바울은 특수한 예의 출발점으로부터 유추하여 다음과 같은 일반적인 결론을 끌어냅니다. "그러므로 내 형제들아 너희도 그리스도의 몸으로 말미암아 율법(곧 모세의 모든 율법)에 대하여 죽임을 당하였으니" 이는 너희가 아무 비난도 받지 않고 "다른 이, 곧 죽은 자 가운데서 살아나신 이에게 가서" 이로써 변화를 일으키시는 그분 자신의 권위를 입증하셔서, "우리가 하나님을 위하여 열매를 맺게 하려 함이라(롬 7:4)." 그러므로 전에는 우리가 할 수 없었지만 이제는 우리가 할 수 있습니다. "전에 우리가 육신을 따라 살 때에는" 육신, 즉 썩은 본성인 육의 권세 아래 있을 때에는(이는 우리가 그리스도의 부활의 능력을 알기 전까지의 필연적인 경우입니다) "율법으로 말미암은 죄의 정욕이"(이 정욕들은 다만 모세의 율법에 의하여 나타났고 불붙여졌는데, 정복되지는 않았습니다.) "우리 지체들 가운데 작용하여"(즉 여러 가지 방식으로 나타나서) "우리로 사망에 이르는 열매를 맺게 하였도다.' '그러나 이제는 우리가 얽매였던 것에 대하여 죽었으므로 율법에서 벗어났으니'(말하자면 모든 도덕법은 물론 제의상 율법의 속박으로부터도 벗어나, 그전 제도는 이제 마치 죽은 것과 같이 되어 우리를 주관하지 못합니다.) '이러므로 우리가 영의 새로운 것으로(즉 새로운 영적 섭리를 따라서 우리를 위해 죽으시고 부활하신 분을) 섬길 것이요, 의문(문자)의 묵은 것으로(즉 모세가 제정한 율법조문에 따라 외면적인 섬김으로써) 아니할지니라(롬 7:1~6).'

3. 기독교가 유대교의 율법을 무효화하였다는 사실과 함께, 결코 없어질 수 없었으나 예전과는 다른 토대 위에 도덕법 자체가 세워지게 되었다는 사실을 입증하기 위하여 여기까지 이야기를 끌어온 사도 바울은, 이제 반대 의견을 제시하면서 거기에 답을 내립니다. "그런즉 우리가 무슨 말을 하리요? 율법이 죄입니까?" 물론 "율법에 의하여 일어나는 죄의 욕정"이라는 말을 오해한 나머지 그렇게 추론할 사람도 있을 수 있습니다. 그러나 "결코 그럴 수 없느니라." 즉 우리가 그렇게 말해서는 안 된다고 사도는 말합니다. 물론 그럴 수 없습니다. 율법은 죄에 대하여 화해할 수 없는 원수입니다. 그러므로 그것이 어디에 있든지 찾아내야 하겠습니다. "율법이 '탐내지 말라'고 말하지 않았다면, 나는 탐심을 알지 못하였으리라(롬 7:7)." 곧 그 악한 욕심이 죄라는 것을 알지 못했을 것입니다. 바울은 이 정도로 서론을 전개한 뒤, 그다음 네 절에서 도덕법에 관하여 일반적인 결론을 덧붙여 말합니다. "그러므로 율법은 거룩하고 계명도 거룩하고 의로우며 선하도다(롬 7:12)."

4. 사람들이 잘 이해하지 못했기 때문에 주목받지 않았던 이 깊

은 말씀을 설명하고 강화시키기 위해 나는 다음과 같이 탐구를 진행하고자 합니다.

첫째, 율법의 기원
둘째, 율법의 본성
셋째, 거룩하고 의롭고 선한 율법의 속성
넷째, 율법의 용법

I

1. 첫째, 나는 종종 고명한 지위에 있는 '율법'이라고 불리는 도덕법의 기원에 관해 설명하고자 합니다. 그러나 이것은 어떤 사람들이 모세 시대에 이루어졌다고 상상하듯이 그렇게 늦게 만들어진 법령이 아닙니다. 그보다 훨씬 전에 노아가 사람들에게 율법을 선포하였고, 에녹은 또 그보다 먼저 선포하였습니다. 그러나 우리는 그보다 훨씬 더 이전, 세계가 창조된 때를 넘어서까지 거슬러 올라가 볼 수도 있습니다. 다시 말하면 인간들에게는 알려지지도 않은 때, 곧 새로 탄생한 "새벽별이 함께 노래하던" 영원 속에서 그 기원을 찾아볼 수 있다는 말입니다. 위대하신 창조주께서는 지성 있는 존재들, 곧 그분 자신의 첫 아들들의 창조를 기뻐하셨고, 또한 그들이 자신들을 창조하신 하나님을 알게 되었음을 기뻐하셨습니다. 이러한 목적으로 하나님께서는 그들에게 지성을 주셔서 참과 거짓, 그리고 선과 악을 구별할 수 있게 하셨으며, 필연적인 결과로 자유를 허락해 주셔서 어떤 것은 선택하고 또 어떤 것

은 거부할 수 있는 능력을 갖게 하셨습니다. 이로써 그들은 하나님께 자유롭게 기꺼이 예배드릴 수 있게 되었으니, 그 예배는 은혜로우신 주 하나님께서 가장 받으실 만한 예배가 되었음은 물론이요, 예배 그 자체가 상을 받을 만한 것이었습니다.

2. 하나님이 인간들에게 주신 모든 기능들, 특히 지성과 자유를 활용하도록 유한한 존재가 알 수 있는 한도 안에서 모든 진리의 완전한 모범으로서 율법을 인간들에게 주셨습니다. 그뿐만 아니라 천사의 마음이 포용할 수 있는 한도 내에서 모든 선의 모범으로서 율법을 주셨습니다. 자비로우신 하나님의 계획은 저들의 행복이 계속해서 늘어나도록 하는 데 있었습니다. 그 율법을 순종할 때마다 저들의 본성이 완전해지며, 의로우신 재판장께서 때를 따라 주실 더 높은 상을 받을 수 있게 하셨습니다.

3. 이와 같이 하나님께서 스스로 정하신 때에 지성 있는 존재들의 새로운 질서를 창조하시고 인간을 흙에서 일으키시어 생명의 숨을 불어넣으시고 선악을 택할 수 있는 능력을 부여받은 살아 있는 영혼이 되게 하셨습니다. 그런 연후에 하나님께서는 첫 자녀들에게 주신 것과 똑같은 율법을 이와 같이 자유롭고 지성 있는 피조물인 인간에게 주셨습니다. 그런데 이 율법은 사실상 돌판이나 어떤 썩어질 물체 위에 쓴 것이 아니라 하나님의 손가락으로 인간의 심장에 새겨 놓으신 것입니다. 즉 인간과 천사의 가장 깊은 영의 중심에 쓰신 것입니다. 그 의도는 그것이 멀리 떨어져 있거나 결코 이해할 수 없는 어려운 것도 아니요, 늘 가까이 있어서, 하늘 한가운데서 태양이 빛나는 것과 같이 밝은 빛

으로 그 광채를 드러내게 하려는 것이었습니다.

  4. 바로 이것이 하나님의 율법의 기원입니다. 인간과 관계지어 볼 때, 율법의 기원은 인간의 본성과 그 시대를 같이 하고 있었습니다. 하나님의 장자들과 관계지어 생각한다면, 그것은 찬란한 빛을 다 드러내어 비추었으며 "산들이 생겨나고 땅과 세계가 창조되었던" 때에 나타났습니다. 그러나 오래지 않아 인간은 하나님을 배반하였고, 이 영광스러운 율법을 깨뜨려 버림으로써 거의 전부 그것을 마음에서 지워버렸습니다. 그래서 인간이 가진 지성의 눈은 그의 영혼이 "하나님의 생명으로부터 소외된 것"과 같은 정도로 어두워졌습니다. 그럼에도 불구하고 하나님께서는 손수 창조하신 것을 버리지 아니하시고, 그 사랑하는 아들을 통하여 인간과 화해하셨으며, 어둡고 죄 많은 피조물의 심장에 어느 정도 율법을 다시 새겨 넣으셨습니다. 비록 태초와 같지는 않을지라도 "하나님께서는" 다시 "사람아, 주께서 선한 것이 무엇임을 네게 보이셨나니 여호와께서 네게 구하시는 것이 오직 공의를 행하며 인자를 사랑하며 겸손히 네 하나님과 함께 행하는 것이 아니냐(미 6:8)" 하고 가르쳐 주셨습니다.

  5. 하나님은 이것을 우리의 첫 조상들에게만 보여주신 것이 아닙니다. 그와 똑같이 "세상에 들어온 모든 사람에게 비치는 저 참 빛"으로써 모든 그의 후손들에게도 보여주셨습니다. 그러나 이 참 빛에도 불구하고 모든 육체는 시간이 흘러감에 따라 "하나님 앞에서 그들의 길을 부패시켰습니다." 마침내 하나님께서는 온 인류 가운데서 특별히 한 민족을 택하시고 그들에게 하나님의 율법에 관한 보다 완전한 지식

을 주셨습니다. 그런데 그들이 율법을 더디 이해했기 때문에 그중에서 중요한 것을 두 개의 돌판에 적어 주신 다음, 부모들이 자녀들과 그 뒤를 잇는 모든 자손들에게 대대로 가르치도록 명하셨습니다.

6. 그렇게 해서 하나님의 율법이 이제 하나님을 모르는 사람들에게 알려지게 되었습니다. 그들은 우리의 교육을 위하여 예전에 기록된 것을 귀로 듣고 있습니다. 그러나 그것으로는 충분하지 않습니다. 그렇게 듣기만 해서 그 높이와 깊이, 길이와 폭을 알 수 없습니다. 하나님 한 분만이 홀로 성령을 통하여 이것을 계시하실 수 있을 따름입니다. 그리고 하나님께서는 이스라엘 온 백성에게 주신 은혜로운 약속을 따라 진정으로 믿는 모든 이들에게 그것을 계시하십니다. "나 여호와가 말하노라. 보라. 날이 이르리니 내가 이스라엘 집과 유다 집에 새 언약을 세우리라. 나 여호와가 말하노라. 내가 이스라엘 집에 세울 언약은 이러하니 곧 내가 나의 법을 그들의 속에 두며 그 마음에 기록하여 나는 그들의 하나님이 되고 그들은 내 백성이 될 것이다(렘 31:31~33)."

II

1. 원래 하늘에 있는 천사들과 낙원에 있는 인간에게 주어졌으며, 모든 참된 믿는 이들의 마음에 새롭게 써 주시기로 하나님께서 자비로 약속하신 율법의 본성에 관하여 이제 두 번째로 말씀드리겠습니다. 이를 위해 먼저 살피고자 하는 것은, '율법'과 '계명'이 때때로 다른 의미로 받아들여지는 것이 사실이지만(계명은 율법의 한 부분에 지나지 않

습니다), 그럼에도 불구하고 우리가 오늘 택한 본문에서는 '율법'과 '계명'이 똑같은 것을 암시하는 동의어로 사용되고 있다는 것입니다. 그러나 우리는 여기서 어느 것을 택하든지 간에 제의상의 율법으로 이해할 수 없습니다. 위에서 인용한 바와 같이 "율법이 아니었다면 나는 죄가 무엇인지 알지 못했을 것입니다"라는 말에서 바울이 이야기한 것은 제의상의 율법이 아닙니다. 이것은 너무나 분명하기 때문에 입증할 필요조차 없습니다. 그다음에 따라 나오는 말씀 "탐내지 말라(롬 7:7)" 하는 것도 제의상의 율법이 아닙니다. 그러므로 제의상의 율법은 이 자리에서 문제 삼을 것이 못 됩니다.

2. 본문에서 언급되는 '율법'을 모세의 율법으로 이해할 수도 없습니다. 이 말이 때로는 그렇게 이해되는 것이 사실입니다. 사도 바울이 갈라디아 신자들에게 편지를 쓰면서 한 말이 그와 같습니다(갈 3:17). 즉 "하나님께서 미리 확정하신 언약", 곧 믿음의 조상 아브라함에게 세우신 언약을 "430년 후에 생겨난 율법", 즉 모세의 율법이 무효화할 수 없다는 것입니다. 왜냐하면 사도 바울이 그와 같이 불완전하고 희미한 율법에 대하여 이처럼 높이 찬양하는 일이 결코 없기 때문입니다. 다른 곳 어디에서도 모세의 율법을 영적인 율법이라든가, 거룩하고 의롭고 선한 것이라고 주장하는 일이 없습니다. 하나님께서 더 이상 허물을 기억하시지 않을 사람들의 마음속에 그 모세의 율법을 기록하실 것이라는 말도 사실은 아닙니다. 결국 그렇게 저명한 '율법'이라고 한 것이 다름 아닌 도덕법이라는 점에는 변함이 없습니다.

3. 이제 이 율법은 영원을 사시는 높으시고 거룩하신 분에 대한

불멸의 그림입니다. 그분의 본질을 아무도 본 사람이 없고 볼 수도 없지만, 사람들과 천사들에게 보일 수 있게 되신 분은 바로 하나님이십니다. 그것은 베일을 벗은 하나님의 얼굴입니다. 하나님이 손수 창조하신 피조물들이 감당할 수 있을 만큼 자신을 드러내셨습니다. 하나님을 보고도 살 수 있도록 하시기 위하여, 생명을 멸망시키기 위해서가 아니라 생명을 주시기 위하여 자신을 드러내셨습니다. 그것은 인간에게 나타내신 하나님의 마음입니다. 그렇습니다. 어떤 의미에서 우리는 사도 바울이 하나님의 아들에 관하여 말한 것을 이 율법에 적용할 수 있습니다. 즉 그것은 "하나님의 영광의 광채시요 그의 본체의 드러난 형상"입니다.

4. 고대 이방인의 속담 가운데 이런 말이 있습니다. "만약 덕(virtue)이 우리의 눈으로 볼 수 있는 형체를 취한다면, 우리 마음속에 얼마나 놀라운 사랑을 불러일으킬 것인가! 만약 덕이 이렇게 할 수 있다면! 그러나 이것은 이미 이루어졌습니다. 하나님의 율법은 모든 덕이 하나로 되어 하나님께서 눈을 밝게 해주신 모든 사람들에게는 얼굴을 마주 대하듯이 바라볼 수 있게 형체를 갖추었습니다. 율법이라는 것이 신적인 덕과 지혜가 눈에 보이는 형체를 취한 것이 아니면 무엇입니까? 그것이 곧 영원부터 창조되지 않은 마음속에 자리를 잡고 있다가 이제는 인간의 지성으로도 알 수 있는 형태로 옷을 입고 출현한 진리와 선에 대한 본래의 관념들이 아니면 무엇이겠습니까?

5. 만일 하나님의 율법을 또 다른 관점에서 살펴본다면, 그것은 최고의 불변하는 이성(reason)이며, 변할 수 없는 정직(rectitude)이

며, 과거와 현재에 창조된 모든 사물의 영원한 적합성(fitness)입니다. 그러나 이와 같은 표현뿐만 아니라 그 밖의 다른 모든 인간적인 표현들이 특히 하나님의 깊은 내면을 이와 같은 희미한 그림으로 설명하면서 흐려지게 만들 때, 나는 그것이 얼마나 부족하고 심지어 부적당한지를 느낄 수 있습니다. 그렇지만 우리가 이렇게 어린 상태에 있는 한, 이 이상 더 좋은 길도 또 다른 길도 없습니다. 우리가 지금 "부분적으로 아는 것"처럼 우리의 "예언", 즉 하나님의 일에 관해 말하는 것도 부분적일 수밖에 없습니다. "우리가 흙으로 만든 이 장막(육신) 집에 거하는 동안 어두움 때문에 우리는 말을 잘 할 수 없습니다." 내가 "어렸을 때에는 어린아이와 같이 말해야" 합니다. 그러나 나는 곧 "어린아이의 일을 버리게" 됩니다. 왜냐하면 "온전한 것이 올 때 부분적인 것이 사라질 것이기" 때문입니다(고전 13:10~11).

6. 이제 우리의 문제로 돌아가 봅시다. 하나님의 율법은 (사람의 방식에 따라 말해서) 영원한 마음을 베껴 놓은 것이고, 신적인 본성을 옮겨 적은 것입니다. 그렇습니다. 하나님의 율법은 영원하신 아버지의 가장 귀한 선물이고, 하나님의 근원적인 지혜의 가장 찬란한 발현이며, 가장 높으신 분의 현저한 아름다움입니다. 그것은 그룹(cherubim) 천사와 스랍(seraphim) 천사와 하늘에 있는 모든 천군천사의 기쁨과 놀라움이며, 땅 위에 사는 모든 지혜로운 신자들과 훌륭하게 교육받은 모든 하나님의 자녀들의 영광이요 기쁨입니다.

III

1. 이것이 영원한 복을 받은 하나님의 율법의 본성입니다. 이제 세 번째로, 율법의 속성을 설명하고자 합니다. 그렇다고 해서 그 속성들 전체를 말할 수는 없습니다. 왜냐하면 그것은 천사의 지혜를 뛰어넘는 일이기 때문입니다. 그러므로 나는 오늘 택한 본문에서 언급되는 것만을 설명하려고 합니다. 그 속성은 세 가지입니다. 거룩하고 의롭고 선한 것입니다. 첫째, 율법은 거룩합니다.

2. 이 표현을 통해 사도 바울은 율법의 효력이 아니라 그 본성을 말하는 것같이 보입니다. 마치 야고보 사도가 똑같은 것을 다른 이름으로 말하면서 설명한 것과 같습니다. (우리의 마음에 기록된, 다름 아닌 이 율법인) "위에서부터 오는 지혜는 첫째로 순결하고 흠없는(약 3:17)", 곧 내적으로, 본질적으로 거룩한 것입니다. 결과적으로 율법을 영혼만이 아니라 삶 속에 옮겨서 기록해 놓을 때 율법이야말로 (사도 야고보가 1장 27절에서 말한 것처럼) 순결하고 흠이 없는 종교, 곧 하나님께 드리는 깨끗하고 순결하며 더럽혀지지 않은 예배가 되는 것입니다.

3. 사실상 율법은 가장 높은 정도로 순결하고 정숙하며, 깨끗하고 거룩합니다. 그렇지 않다면 율법이 본질적으로 거룩하신 하나님의 직접적인 소산이라고 할 수 없을 뿐 아니라 하나님을 꼭 닮은 것이라고 말할 수 없습니다. 그것은 모든 죄로부터 순결하며, 어떤 악도 근접할 수 없이 깨끗하고 흠이 없습니다. 그것은 순결한 동정녀로서 더럽혀

질 수도 없을 뿐더러 깨끗하지 않은 것과 거룩하지 않은 것하고는 섞일 수 없습니다. 그것은 어떤 종류의 죄와도 사귐을 갖지 않습니다. "어떻게 빛이 어두움과 사귀겠습니까?(고후 6:14)" 죄가 그 본성에서 하나님께 원수가 되는 것같이 하나님의 율법도 죄에 대하여 원수가 됩니다.

4. 그러므로 하나님의 율법이 죄 자체라든가 죄의 원인이 된다고 하는 불경스러운 가정을 사도 바울은 몹시 혐오하면서 거부한 것입니다. 결코 그럴 수 없습니다. 율법이 죄의 원인이 된다는 가정은 실로 가당치 않습니다. 왜냐하면 율법은 죄를 발견하며, 어두움 속에 감춰진 것들을 찾아내어 밝은 대낮 한가운데로 끌어내는 것이기 때문입니다. 바로 이와 같이 "죄는 죄로 드러나는 것"이 사실입니다(롬 7:13). 변장한 모든 죄의 모습은 산산조각이 나고, 그 추한 본성을 드러내게 됩니다. 이와 같이 "계명 때문에 죄가 더욱 악한 것이 되는 것"도 사실입니다. 이제 율법으로 인해 죄가 분명하게 드러나고 하나님의 뜻을 몰랐다고 주장할 수 없게 됨으로 죄를 숨길 수 없고 핑계댈 수도 없게 됩니다. 하나님과 사람 앞에 똑같이 그 추악한 모습을 더욱더 드러내게 됩니다. 그렇습니다. "죄가 그 선한 것을 방편으로 하여 죽음을 가져온 것"이라는 말이 사실입니다. 죄는 그 자체가 순결하고 거룩한 것을 방편으로 하여 죽음을 가져옵니다. 죄는 빛 가운데로 끌어낼 때 더욱 극성을 부립니다. 죄는 억누를 때에 커다란 힘을 가지고 튀어나옵니다. 그렇기 때문에 (죄를 깊이 자각하면서도 아직 죄의 속박에서 벗어나지 못한 사람의 경우를 들면서) 사도 바울은 이렇게 말합니다. "죄는 이 계명을 통하여 기회를 얻어" 죄를 억제할 길을 찾아 노력하는 율법의 억제를 무시할 뿐더러 더욱이 "내 속에서 온갖 탐욕을 일으켰습니다(롬 7:8)." 즉 계명이 억누

르려고 하는 온갖 어리석고 해로운 욕망을 일으켰다는 말입니다. 이처럼 "계명이 들어오자 죄는 살아났습니다(롬 7:9)." 죄는 더욱더 애를 태우며 극성을 부립니다. 그렇다고 해서 계명에 어떤 흠이 되는 것은 아닙니다. 비록 계명이 악용된다 할지라도 그것이 더럽혀질 수는 없습니다. 이는 다만 "인간의 마음이 몹시 악하다(렘 17:9)"는 것을 증명할 따름입니다. "하나님의 율법"은 그래도 여전히 "거룩합니다."

5. 율법의 둘째 속성은 의로움입니다. 그것은 모두에게 의당 돌아가야 할 것을 돌려주는 것입니다. 그것은 우리 자신뿐 아니라 우리의 창조주이신 하나님과 관련하여, 그리고 하나님이 만드신 모든 피조물과 관련하여 무엇이 옳으며, 무엇을 마땅히 행하고 말하고 생각해야 되는가를 정확하게 규정해 줍니다. 그것은 모든 점에서 사물들, 즉 온 우주와 모든 개인의 본성에 적합한 것입니다. 그것은 각자의 모든 환경과 그들 상호간의 관계에 적합하게 되는데, 그런 것이 태초부터 존재하였든지 아니면 그 후에 생겨났든지 상관없이 적용되는 것입니다. 그것은 필연이든 우연이든 관계 없이 모든 사물의 적합성에 정확하게 일치됩니다. 그것은 이들 중의 어느 것과도 충돌하지 않으며, 그것들과 항상 연관되어 있습니다. 만약 이 말이 의미 그대로 받아들여진다면, 하나님의 율법에 자의적인 것이라고는 조금도 없습니다. 비록 그 전체와 모든 부분이 아직도 전적으로 하나님의 뜻에 좌우되고 있지만, 그렇기 때문에 "아버지의 뜻이 이루어지이다" 하는 것은 땅과 하늘에서 똑같이 최고의 우주적인 율법입니다.

6. "그러나 하나님의 뜻이 율법의 원인입니까?" 하나님의 뜻이

옳고 그른 것의 기원입니까? 하나님이 뜻하시기 때문에 그것이 옳은 것입니까? 아니면 그것이 옳기 때문에 하나님이 그것을 원하십니까?

나는 이 유명한 물음이 쓸모 있기보다는 호기심을 끄는 것이 될까 봐 두렵습니다. 그리고 우리가 흔히 그것을 다루는 방식으로 보면 만물의 창조자이시며 통치자이신 하나님께 피조물이 돌려드려야 할 것과 관련시켜도 이것이 일관성이 있는 것 같지 않습니다. 인간이 지존하신 하나님을 시켜서 무엇을 설명해 달라고 하는 것도 별로 온당한 일이 못됩니다. 그럼에도 불구하고 경외심과 두려움을 가지고 우리가 조금은 말할 수 있습니다. 우리가 만약 실언을 하면, 그래도 주님께서는 우리를 용서해 주시기 바랍니다!

7. 그러므로 우리가 하나님의 뜻을 하나님과 별개의 것으로 생각하는 데서 전적으로 어려움이 생겨납니다. 그렇지 않다면 그것은 사라져버리고 맙니다. 왜냐하면 누구도 하나님이 율법의 원인이라고 생각하지 않을 수 없기 때문입니다. 그러나 하나님의 뜻은 하나님 그분 자신입니다. 하나님이 그렇게 뜻하시는 것으로 생각되는 것입니다. 결과적으로 하나님의 뜻이 율법의 원인이라고 말하는 것이나 하나님 자신이 율법의 원인이라고 말하는 것은 동일합니다.

8. 다시 말해서 만일 율법 곧 옳고 그른 것에 대한 불변의 법칙이 사물들의 본성과 적합성, 그리고 그들 상호간의 근본적 관계에 의존한다면(물론 내가 말하는 것이 그들의 영원한 관계를 의미하는 것은 아닙니다. 왜냐하면 시간 속에 존재하는 사물들의 관계가 영원하다는 것은 모순이기 때문입니다), 말하자면 율법이 사물의 본성과 관계성에 의존하는 것이라면, 그

것은 하나님 또는 하나님의 뜻에 의존해야 합니다. 왜냐하면 그와 같은 모든 사물들 자체가 그들 상호간의 관계와 함께 하나님의 손으로 만들어졌기 때문입니다. 하나님의 뜻에 의해서, "하나님의 기뻐하심만을 위해서" 그들 모두가 "창조되며 또 창조되었습니다."

9. 그러나 다음의 사실은 인정할 수 있을 것입니다(이것은 아마 생각이 깊은 사람이라면 십중팔구 주장하는 바일 것입니다). 즉 모든 특수한 경우에 하나님께서 뜻하시는 무언가가 있다는 것입니다(예를 들어 사람들은 모두 그들의 부모를 공경해야 한다는 것과 같이). 왜냐하면 그렇게 하는 것이 옳을 뿐만 아니라 사물의 적합성과 그들이 유지하고 있는 관계에도 맞는 일이기 때문입니다.

10. 그렇다면 율법은 모든 사물에 관하여 올바르고 의로운 것입니다. 그리고 의로울 뿐만 아니라 선한 것입니다. 우리는 율법이 솟아나오는 샘물과 같은 근원에서 이것을 쉽게 추론할 수 있습니다. 왜냐하면 하나님의 선하심이 아니면 그것은 무엇이겠습니까? 오직 선하심을 빼놓으면 무엇을 통해서 하나님이 그분 자신의 거룩한 모습 그대로를 거룩한 천사들에게 전달해 주시려고 하셨겠습니까? 하나님께서 그분 자신의 거룩한 성품을 똑같이 인간에게 옮겨 새겨놓으신 것을 이것 외의 어디에서 그 동기를 찾을 수 있겠습니까? 그리고 아담이나 그의 후손들, 즉 "하나님의 영광에 이르지 못한" 타락한 인간들에게 하나님의 뜻을 새롭게 드러내시게 된 동기를 찾아보더라도, 하나님의 따뜻한 사랑 말고 무엇이 있겠습니까? 인간들의 지성이 어두워진 뒤에 하나님의 율법을 선포하시도록 하나님을 움직인 것이 있다면 그것이 곧 단순

한 사랑(mere love)이 아니었겠습니까? 그리고 하나님이 예언자들을 보내셔서 눈이 멀고 생각이 없는 인간의 자손들에게 그 율법을 선포하게 하신 것도 곧 사랑이 아니었겠습니까? 의심할 여지없이 에녹과 노아를 세우시고 의의 전도자로 만드신 것도 하나님의 선하심이요, 하나님의 친구인 아브라함 그리고 이삭과 야곱으로 하여금 하나님의 진리를 증거하게 만드신 것도 하나님의 선하심입니다. "어두움이 땅을 덮고 캄캄함이 만민을 가리웠을 때에" 모세에게 기록된 율법을 주셨고, 그를 통하여 하나님이 택하신 백성에게 그 율법을 주신 것은 홀로 하나님의 선하심뿐입니다. 다윗과 그 뒤에 나온 모든 예언자들이 받은 살아 있는 하나님의 예언들을 설명한 것도 사랑이었습니다. 마침내 "율법을 폐하기 위함이 아니요 성취시키기 위하여(마 5:17)" 때가 찼을 때 하나님께서는 그분의 독생자를 보내주셨습니다. 결국 하나님이 자녀들의 마음속에 율법을 기록해 주셨고, 그의 모든 원수들을 발아래 정복하심으로써 "그는 자신이 중보하는 나라를 하나님께 넘겨드려 하나님께서 만유의 주가 되시도록(고전 15:28)" 하실 것입니다.

11. 하나님의 선하심이 처음에 주셨고 또 모든 시대를 거쳐서 보존하여 주신 이 율법은 마치 샘물의 근원과 같아서 선과 자비로 가득 차 있고 부드럽고 온유합니다. 시편 기자가 표현한 바와 같이, 하나님의 율법은 "꿀송이보다도 더 답니다(시 19:10)." 율법은 사람의 마음을 끌고 사랑스럽습니다. 거기에는 "무엇이나 사랑할 만한 것이나 기릴 만한 것"이 다 포함되어 있습니다. 하나님과 그분의 거룩한 천사들 앞에서 "어떤 덕이나 어떤 찬양이 있다면" 그 모든 것이 다 율법 안에 있습니다. 하나님의 지혜와 지식과 사랑의 모든 보화가 다 이 율법 속에 숨겨 있습니다.

12. 율법은 본성은 물론 그 효력도 선합니다. 나무가 좋으면 그 열매가 좋은 것과도 같습니다. 마음에 기록된 하나님의 율법의 열매는 "의와 평화와 영원한 확신"입니다. 그보다는 율법 그 자체가 의로서 모든 지각을 뛰어넘는 평화로 영혼을 가득히 채워 주며, 우리로 하여금 하나님을 향한 선한 양심을 증거하는 가운데 더욱더 기뻐하도록 우리를 이끌어 줍니다. 율법은 담보물이라기보다는 돈을 주고 산 재산의 일부로서 오히려 "우리가 물려받을 유산의 보증금(엡 1:14)"에 해당한다고 보겠습니다. 그것은 우리의 육신 속에 명백히 나타나신 하나님으로서 그와 함께 우리에게 영생을 가져다주시며, 그 순결하고 완전한 사랑으로 우리를 이같이 확신시켜 주십니다. "구원의 날에 우리를 인쳐 주시고(엡 4:30)", "하나님께서 그분의 보석을 만드신 날에", "사람이 자신을 섬기는 아들을 아끼듯이 하나님께서는 우리를 아껴주실 것입니다." 그리고 "없어지지 않는 영광의 면류관"이 우리를 위해 예비되어 있을 것입니다.

IV

1. 끝으로, 율법의 용법(the uses of the law)에 관하여 말씀드리겠습니다. 율법의 첫째 용법은 두말할 것 없이 세상의 죄를 확신하는 일입니다. 이것은 사실상 성령의 고유한 일입니다. 성령은 그 어떤 수단 없이도 그 일을 행하실 수 있습니다. 성령은 그러한 결과를 낳는 것이 아무리 불충분하거나 심지어 부적합한 수단일지라도 하나님이 기뻐하시는 것이라면 그 어떤 수단을 통해서도 그와 같은 일을 하실 수 있

기 때문입니다. 따라서 어떤 사람은 건강하든지 병중에 있든지 상관없이 눈에 보이는 뚜렷한 원인이나 그 밖의 다른 외적인 수단 없이도 순간적으로 그 마음이 천 갈래 만 갈래로 갈라져 버린 경우가 있습니다. 또 어떤 사람들은(물론 이런 사람은 한 시대에 한 명 있을 정도입니다만) "하나님이 그리스도 안에 계셔서 세상을 하나님 자신과 화해시키신다(고후 5:19)"는 말을 듣고는 각성되어 "그들 위에 머무르는 하나님의 진노"를 깨닫는 경우도 있습니다. 그러나 하나님의 성령이 율법을 통하여 죄인들을 깨우치게 하시는 것이 통상적인 방법입니다. 양심에 자리를 잡기만 하면 바위라도 산산조각으로 부수는 것이 바로 이 율법입니다. 보다 분명히 말하자면, 살아 있는 능력의 하나님 말씀, 곧 "양쪽에 날선 검보다 더 예리한" 하나님의 말씀 가운데서 이 부분이 곧 율법입니다. 하나님이 보내신 것 가운데 하나님의 손 안에 있는 이 율법은 속임수로 가득한 마음을 꿰뚫어 볼 뿐 아니라 "영혼과 심령까지도 갈라놓는 능력"을 가지고 있습니다. 그렇습니다. 이를테면 "심령과 골수"까지도 쪼갭니다(히 4:12). 이렇게 되어 죄인은 자신을 발견하게 됩니다. 그의 모든 무화과 잎사귀는 떨어져 버리고 그는 자신이 "비참하고 가난하고 불쌍하고 눈멀고 벌거벗은" 것을 보게 됩니다. 율법은 사방을 비추어 죄를 깨닫게 합니다. 그는 자신이 죄인에 불과함을 느낍니다. 그에게는 아무것도 갚을 길이 없습니다. 그의 "입은 다물어지고", 그는 "하나님 앞에 죄인으로 섭니다."

2. 그러고 보면 율법의 첫째 용법은 죄인을 죽이는 것입니다. 그것은 그가 의지하는 생명과 힘을 파괴하는 것이요, 그가 사는 동안 그 자신이 죽었다는 것을 깨닫게 하는 일입니다. 그것은 사형 선고를 받았

기 때문만이 아니라 하나님께 대하여 실제로 죽은 것으로서 "모든 잘못과 죄 안에서 죽어" 모든 영적인 생명을 잃게 된 것입니다. 율법의 둘째 용법은 그가 살 수 있도록 그리스도에게로, 생명으로 이끄는 것입니다. 이 두 가지 일을 함으로써 율법은 엄격한 교사의 책임을 지는 것입니다. 율법은 우리를 사랑으로 이끌기보다는 힘으로 우리를 몰고 갑니다. 그럼에도 불구하고 사랑은 모든 것의 샘입니다. 이와 같은 고통스러운 수단을 통하여 육신에 대한 신뢰를 깨뜨려 버리고, 우리가 의지하는 상한 갈대조차도 남기지 않은 채 모든 것을 벗어 버린 죄인이 영혼의 쓰디쓴 고뇌 속에서 외치며 그 마음의 깊은 곳에서 신음하게 만드는 것이 바로 사랑의 영입니다.

> 내 모든 탄원을 그쳤습니다.
> 주여, 저는 저주를 받았지만
> 당신이 돌아가셨습니다.

3. 율법의 셋째 용법은 우리를 살아 있게 만드는 것입니다. 이것은 복되신 성령이 믿는 이로 하여금 하나님의 생명과 더 크게 교통할 수 있도록 준비시켜 주는 위대한 수단입니다.

이와 같이 위대하고 중요한 진리를 세상 사람들뿐만 아니라 하나님이 세상에서 택하신 수많은 사람들, 곧 믿음으로 하나님의 진정한 자녀가 된 사람들조차 제대로 이해하지 못하는 것은 정말 유감스러운 일입니다. 많은 이들이 우리가 그리스도에게 오면 율법과의 관계가 끝나고, 이런 의미에서 "그리스도는 모든 믿는 사람들에게 율법의 마지막이 된다"는 사실을 내세우면서 그것을 의심할 여지가 없는 진리로 규정합니다. "율법의 마지막(롬 10:4)", 그렇습니다. 그리스도께서 "의를 위하여", 즉 의롭다 하심을 위해서 "모든 믿는 사람들에게" 율법의 마지막이 되십니다. 이런 의미에서 율법은 끝이 되는 것입니다. 율법은 아무도 의롭게 만들지 못하고, 다만 사람들을 그리스도에게로 인도할 따름입니다. 다른 면에서 보면 그리스도께서는 율법의 마지막이요 동시에 또한 율법의 목표입니다. 곧 율법이 계속 목표로 삼고 있는 바로 그것입니다. 그러나 율법이 우리를 그리스도에게로 인도하였을 때, 그것이 해야 할 더 큰 직분이 있습니다. 그것은 우리가 그리스도와 함께 있도록 하는 일입니다. 왜냐하면 율법은 계속적으로 모든 믿는 이들을 자극하여, 그들이 율법의 높이와 깊이와 길이와 넓이를 알면 알수록 더욱더 서로 권면하게 되기 때문입니다.

> 더욱더 가까이
> 주님의 사랑의 품으로 나아가자.
> 주님의 충만하심과
> 더 큰 은총을 받기를 기대하자.

4. 모든 믿는 사람들이 율법, 이른바 유대의 종교 제의상의 율법, 곧 모세 율법 전체와의 관계가 끝났다는 것을 인정합시다(물론 그리스도께서는 이러한 율법들을 거두셨습니다). 그렇습니다. 의롭다 하심을 얻기 위하여 우리가 도덕법과의 관계를 끝냈다고 합시다. 왜냐하면 우리는 (예수 안에 있는 구속의 은총을 통하여) "그리스도의 은혜로 값없이 의롭다 함(롬 3:24)"을 얻기 때문입니다. 그럼에도 불구하고 또 다른 의미에서 우리는 이 도덕법에서 자유로워진 게 아닙니다. 그 이유는 율법은

아직도 말로 다할 수 없는 용도가 있기 때문입니다. 첫째, 아직도 우리의 마음과 생활 속에 남아 있는 우리의 죄를 깨닫게 하여, 우리로 하여금 그리스도에게 가까이 살게 하며, 그리스도의 피가 매 순간 우리를 깨끗이 씻어 주시도록 돕는 일입니다. 둘째, 우리의 머리가 되시는 주님에게서 나오는 능력이 살아 있는 그리스도의 각 지체들에게 들어가 그들로 하여금 주님의 율법이 명하시는 것을 행하게 합니다. 셋째, 우리가 아직 이루지는 못하였다 할지라도 주님의 율법이 명하신 것이면 무엇이든지, 그리고 우리가 주께서 약속하신 것을 충만하게 소유하기까지, 은혜 위에 은혜를 더 받으리라는 희망을 우리에게 확인시켜 주는 일입니다.

5. 모든 진실한 신자의 체험에 이러한 사실이 얼마나 명백히 체인(體認)되어 있습니까! "내가 주의 법을 어찌 그리 사랑하는지요! 내가 그것을 종일 작은 소리로 읊조리나이다(시 119:97)" 하고 외치는 동안 신자는 날마다 그 거룩한 거울 속에서 점점 더 자신의 죄 많음을 보게 됩니다. 그는 점점 더 명백하게 자신이 모든 일에서 아직도 죄인임을 알고, 그의 마음이나 모든 방식이 하나도 하나님 앞에서는 옳지 못하다는 것을 알게 됩니다. 또한 그는 매 순간 그리스도에게로 가까이 나아가게 된다는 사실을 알게 됩니다. 이것은 다음과 같이 기록된 말씀의 의미를 우리에게 깨닫게 해줍니다. 즉 "너는 또 정금으로 패를 만들어 인을 새기는 법으로 그 위에 새기되 '여호와께 성결'이라 하고… 이 패가 아론의 이마에(우리의 대제사장의 예표인) 있어서 그로 이스라엘 자손의 거룩하게 드리는 성물의 죄건을 담당하게 하라. 그 패가 아론의 이마에 늘 있으므로 그 성물을 여호와께서 받으시게 되리라(출 28:36, 38)"

하였습니다(우리의 기도와 성물도 그만큼 우리의 남은 죄를 대속하는 것으로 드립니다).

6. 이제 이 이야기를 간단한 예를 들어 설명해 봅시다. 율법은 "살인하지 말라"고 합니다. 이렇게 함으로써 이 율법은 (우리 주님께서 가르치시는 대로) 겉으로 나타나는 행위만을 금지하는 것이 아니라, 모든 불손한 말과 생각도 금지합니다. 이제 이 완전한 법을 들여다보면 볼수록 나는 자신이 아직도 얼마나 부족한가를 느끼게 됩니다. 뿐만 아니라 이것을 더 느끼면 느낄수록 나는 주님의 피가 내 죄를 대속하시고 주님의 성령이 내 마음을 정결케 하셔서 "온전하고 구비하여 조금도 부족함이 없는(약 1:4)" 사람으로 나를 만들어 주실 필요를 더욱더 느끼게 됩니다.

7. 그러므로 나는 그리스도에게서 한순간도 떨어질 수 없듯이 율법을 잠시도 떼어 놓을 수 없습니다. 그것은 나로 하여금 그리스도께 가까이 이끌어 주기 위하여 율법을 원했던 것만큼 이제는 그리스도에게 계속 가까이 있도록 해주기 위해 율법을 바라고 있기 때문입니다. 그렇지 않으면 이 "믿음이 없는 악한 마음" 때문에 곧장 "살아 계신 하나님에게서 떠나게" 될 것입니다. 사실상 이 둘은 우리를 끊임없이 서로에게로 보냅니다. 다시 말하면 율법은 그리스도에게로, 그리스도는 율법에게로 우리를 보냅니다. 한편으로는 율법의 높이와 깊이가 우리로 하여금 그리스도 안에 계신 하나님의 사랑으로 날아가게 만들며, 다른 한편으로 그리스도 안에 계신 하나님의 사랑이 나에게 율법이 "금이나 보석"보다 더 귀한 것이 되게 하십니다. 왜냐하면 율법 하나하나가 때

가 되면 우리 주님께서 성취하실 은혜로운 약속이 된다는 것을 알고 있기 때문입니다.

8. "율법을 판단하고 비방"하며, 율법을 죄와 사탄과 사망과 같이 취급하여 그 모두를 함께 지옥으로 보내는 사람이여, 그대는 누구입니까? 사도 야고보는 "율법을 판단하는 일"이나 비방하는 것을 너무나 큰 악으로 여겼기 때문에, 그는 형제를 심판하는 죄를 율법을 심판하는 일과 똑같이 볼 정도였습니다. 그는 이제 말합니다. "그러므로 네가 만일 율법을 판단하면 율법의 준행자가 아니요 재판관이로다(약 4:11)." 당신을 심판하시기 위하여 하나님이 제정하신 율법을 심판하는 자가 되는 것입니다. 그렇게 되면 당신 자신이 그리스도의 심판 자리에 올라앉아, 그리스도께서 세상을 심판하실 그 능력을 내려뜨리는 것이 되고 맙니다. 사탄이 당신을 이용하여 어떤 이득을 얻는지 아십시오. 그러므로 앞으로는 허수아비같이 나서서 하나님이 주시는 이 은혜의 도구를 결단코 가볍게 생각하거나 말하지 마십시오. 그렇습니다. 참으로 율법이 주님께로부터 왔으며 그에게로 인도되는 바인 주님을 위하여, 율법을 사랑하고 귀중하게 여기십시오. 율법을 그리스도의 십자가 다음 가는 것으로 여겨, 여러분의 영광과 기쁨이 되게 하십시오. 율법을 찬양하고, 만민 앞에 영예롭게 만드십시오,

9. 만약 율법이 하나님에게서 나왔다는 사실과, 그것이 우리가 닮을 수 있는 하나님의 모든 완전한 것의 복사판이라는 사실과, 특히 믿는 이들이 율법은 "거룩하고 의롭고 선한 것(롬 7:12)"이라는 사실을 완전히 확신한다면, 율법을 더러운 것을 버리듯이 던져 버리지 말고,

더욱더 율법에 애착을 느끼고 거기서 떨어지지 마십시오. 결단코 자비와 진리의 법, 하나님과 인간에 대한 사랑의 법 그리고 낮아짐과 온유와 순결의 법이 당신을 버리지 않도록 하십시오. "율법을 너의 목에 메고 그것을 너의 마음판에 새기라(잠 3:3)"는 말씀이 있습니다. 그리스도를 가까이 하려거든 율법을 가까이 하십시오. 율법을 굳게 잡고, 절대로 놓치지 마십시오. "율법의 모든 의가 여러분 안에서 성취될" 때까지, 그리고 그대가 "하나님의 모든 충만하심으로 가득 찰" 때까지, 율법이 그대를 계속 구속의 보혈로 인도하게 하며, 계속 그대의 희망을 확실하게 하도록 하십시오.

10. 만약 주님께서 그의 말씀을 이미 이루셨고, "주님의 율법을 여러분의 마음에 이미 기록하셨다면", "그리스도께서 그대를 해방하신 그 자유에 굳게 서십시오." 그대는 유대의 규례와 죄와 지옥의 공포로부터만 해방된 것이 아닙니다(물론 이런 것들은 전체에서는 거리가 멀고 다만 그리스도인의 자유 중에는 가장 작고 낮은 것들입니다). 사실상 무한히 더 큰 것은 죄의 권세와 마귀를 섬기는 일과 하나님을 거역하는 일에서부터 해방된 일입니다. 이 자유에 굳게 서십시오. 이것과 비교한다면 그 밖의 모든 것은 이름조차 들먹일 가치가 없습니다! 온 마음을 다하여 하나님을 사랑하는 일과 온 힘을 다하여 하나님을 섬기는 일에 굳게 서십시오! 이것이 완전한 자유입니다. 주님의 율법을 지키고 주님의 계명을 따라 흠잡힐 데 없이 행하십시오. "노예의 멍에를 다시는 메지 마십시오(갈 5:1)." 내가 의미하는 것은 결코 유대적인 노예의 멍에가 아니며 또한 지옥에 대한 공포의 멍에도 아닙니다. 이런 것들은 그대와 거리가 멀다는 것을 나는 믿습니다. 그러나 죄의 멍에, 즉 겉으로나 속으로 율

법을 범하는 죄의 멍에를 다시는 메지 않도록 경계하십시오. 죽음이나 지옥보다 죄를 훨씬 더 미워하십시오. 교만과 정욕과 분노의 멍에를 조심하십시오. 모든 악한 성질과 악한 말과 악한 일의 멍에를 조심하십시오. "예수님을 바라보십시오." 그러기 위해서는 더욱더 완전한 율법, "자유의 율법"을 깊이 살피고 "그 속에서 계속 행하십시오." 그러면 여러분은 날마다 "우리 주 예수 그리스도의 은혜와 그를 아는 지식 안에서 자라게 될 것입니다(벧후 3:18)."

30
믿음으로 세워지는 율법 I
The Law Established through Faith I

John Wesley Horse Statue, Wesley Theological Seminary, Washington D.C.

그런즉 우리가 믿음으로 말미암아 율법을 파기하느냐 그럴 수 없느니라 도리어 율법을 굳게 세우느니라 (롬 3:31)

1. 사도 바울은 로마서를 시작하면서 다음과 같은 전제를 제시하였습니다. "그리스도의 복음은 모든 믿는 자에게 구원을 주시는 하나님의 능력입니다(롬 1:16)." 능력이 있다는 말은 하나님께서 그 능력을 통하여 모든 믿는 사람이 현재의 구원과 동시에 영원한 구원을 받도록 만드신다는 것을 의미합니다. 바울은 계속해서 설명하기를, 사람이 구원을 받을 수 있는 길이 이것 외에는 하늘 아래에 달리 없다고 말합니다. 바울은 특히 죄로부터의 구원에 관하여 말하는데, 일반적으로 그것을 칭의(稱義)라고 부릅니다. 뿐만 아니라 바울은 유대인은 물론 이방인들을 향하여 여러 가지로 논의하면서 대체로 이런 것을 증거합니다. 즉 모든 사람은 이 구원을 필요로 할 뿐만 아니라 아무도 자기 자신의 무죄를 호소할 수 없다는 것입니다(롬 3:19). 바울은 이렇게 추론합니다. 유대인이나 이방인이나 누구를 막론하고 '모든 인간의' 핑계를 대거나 변명하는 '모든 입을 막고 온 세상이 하나님의 심판 아래 있게' 된다는 것입니다. 그는 또 말합니다. "그러므로" 자신의 순종을 통하여, 즉 "율법을 행함으로 하나님 앞에서 의롭게 되는 사람은 하나도 없다."

"그러나 지금은 율법 외에", 율법에 대한 우리의 이전의 순종 밖에 "하나님의 의"가 나타났습니다. 이것은 예수 그리스도를 믿는 믿음으로 말미암은 하나님의 의입니다. 사람들이 의롭다 하심을 얻을 필요성이나 그것을 얻는 방식에서도 "거기에는 아무 차별이 없습니다. 모든 사람이 죄를 범했기 때문에 하나님의 영광에 이르지 못했습니다(곧 그 모습을 따라 창조된 하나님의 영광스러운 형상에 이르지 못했습니다)." 그러나 "그리스도 예수 안에서 이루어진 구속을 통하여" 오직 하나님의 은혜로 값없이 의롭다 함을 얻게 되었습니다. 하나님께서 그의 의를 나타내 보이시려고 그리스도를 세워 그의 피로 속죄의 제물을 삼으시고, 그리스도를 믿는 믿음의 길을 통하여 죄사함을 얻게 하셨습니다. 하나님께서 의로우실 뿐 아니라 예수를 믿는 사람들까지 의롭다 함을 얻게 하기 위한 것입니다. 또한 하나님의 공의에 대한 그 어떤 의혹 밖에 화목제물(propitiation)을 위하여 하나님이 인간에게 자비를 보이시기 위한 것입니다. 그러므로 "사람이 의롭다 함을 얻는 길이 율법적 행위에 있는 것이 아니라 믿음에 있다는 것을 우리는 확신합니다(롬 3:20~28)." (이 확신은 바울의 대 전제입니다.)

    2. 이에 대한 반대 이론을 미리 내다보기란 쉬운 일이었습니다. 사실상 이와 같은 반대는 모든 시대를 통해서 있었습니다. 그것은 곧 율법적 행위 없이도 우리가 의롭다 함을 얻는다고 하는 것은 율법을 폐기하는 것이라고 주장하는 견해입니다. 여기에 대해서 바울은 정식으로 논쟁하지 않고 그와 같은 주장을 간단히 부정합니다. 바울은 이렇게 말합니다. "그러면 우리가 믿음으로 말미암아 율법을 파기하느냐? 그럴 수 없느니라. 도리어 율법을 굳게 세우느니라(롬 3:31)."

3. "사람이 의롭다 함을 얻는 길이 율법적 행위에 있는 것이 아니라"고 바울이 말할 때 어떤 사람들은 그것이 오직 종교 제의상의 율법(ceremonial law)을 의미한다고 이상하게 상상합니다. 그러나 바울의 주장은 그런 뜻이 아닙니다. 사도 바울이 종교 제의상의 율법을 굳게 세웠습니까? 그가 그런 율법을 세우지 않은 것은 명백합니다. 바울은 믿음으로 그 (종교 의식상의) 율법을 폐하였고, 또 그 사실을 공개적으로 언급하였습니다. 바울이 "우리가 율법을 폐한 것이 아니라 도리어 굳게 세우는 것입니다"라고 말한 율법은 바로 도덕법(the moral law)입니다.

4. 그러나 모든 사람이 그의 생각과 같지는 않습니다. 이런 생각에 동의하지 않는 사람이 많이 있습니다. 교회사의 어느 시대에서나 수많은 사람들, 곧 그리스도인이란 이름을 붙이고 산 사람들 중에 "성도들에게 일단 주신 믿음"이 율법 전체를 무용하게 만들었다고 주장하는 사람들이 있었습니다. 그들은 도덕법이나 종교 제의상의 율법을 모두 헌신짝같이 버릴 뿐 아니라, 이를테면 그 두 가지를 '주 앞에서 산산이' 마구 잘랐습니다. 뿐만 아니라 그들은 이렇게 열렬히 주장합니다. "여러분이 어떤 율법을 세우면 그리스도가 여러분에게 아무 유익도 되지 못할 것입니다. 그리스도는 아무 효력도 없게 되며 또한 여러분은 은혜에서 떨어질 것입니다."

5. 이런 사람들의 열정이 지식에 의한 것입니까? 그들이 율법과 믿음의 관계를 살펴본 것일까요? 뿐만 아니라 그 둘 사이의 긴밀한 관계를 고려하고 어느 하나를 파괴하는 것이 결국 그 둘을 동시에 파괴한다는 사실을 알아차렸을까요? 또한 도덕법을 폐기하는 것이 믿음과 율

법을 함께 폐기하는 것임을 관찰한 것일까요? 그들은 율법이 우리를 믿음으로 인도하며 우리의 영혼 안에서 하나님의 선물을 불러일으키는 어떤 일도 하지 못한다는 사실을 알았을까요?

6. 그러므로 그리스도에게 나오기를 원하거나 그리스도를 구세주로 모신, 그리스도 안에서 살아가기를 원하는 우리 모두는, 우리가 어떻게 "믿음으로 율법을 무용하게 만드는가?"에 대하여 경계하며, 그것을 효과적으로 이겨 나가기 위해 다음과 같이 우리 스스로에게 물어야 하겠습니다. 첫째, "믿음으로 율법을 무용하게" 만드는 가장 일반적인 방법은 무엇인가? 둘째, 우리가 어떻게 하면 사도 바울을 따라 믿음으로 말미암아 율법을 굳게 세울 수 있는가?

I

1. 첫째, "믿음으로 율법을 무용하게 만드는 가장 일반적인 방법은 무엇인가?"를 생각해 봅시다. 우선 설교자의 경우 단번에 율법을 무용하게 만드는 방법이란 율법에 관하여 전혀 설교하지 않는 것입니다. 이는 마치 하나님의 예언에서 율법을 지워버리는 것과 똑같은 일입니다. 보다 구체적으로 말하자면 계획적으로 그렇게 했을 때, 즉 율법에 관하여는 설교하지 않는 것으로 해 놓았을 때, 율법에 관하여 설교를 하는 소위 '율법의 설교자'라는 말은 비록 복음의 원수라는 말보다는 덜할지 몰라도 욕을 하기 위하여 쓰는 말이 됩니다.

2. 이런 모든 일들은 율법의 본성과 속성, 그리고 그 용법에 관한 전적인 무지에서 발생합니다. 이렇게 행동하는 사람은 그리스도를 모르든가, 아니면 산 믿음에 대해 전혀 모르는 사람이라고 할 수 있습니다. 그리고 이들은 최소한 그리스도 안에서의 젖먹이들로서 마치 '의의 말씀에 미숙한' 사람들과 같다는 사실을 입증할 뿐입니다.

3. 그들이 당당하게 내세우는 구실은 이런 것입니다. 그들의 판단에 의하면 복음을 전하는 것, 이를테면 오로지 그리스도의 고난과 공로에 관해서만 말하는 것이 율법의 모든 목적을 충족시킨다는 것입니다. 그러나 우리는 이를 전적으로 부정합니다. 그들의 주장은 율법의 첫째 목적, 다시 말하면 사람들로 하여금 죄를 깨닫게 하며, 지옥의 문턱에서 잠자고 있는 사람들을 깨우치는 것조차도 부정하는 것입니다. 물론 예외적인 경우가 여기저기 있을 수 있습니다. 천 명 가운데 한 사람 정도가 복음에 의하여 깨우칠 수도 있습니다. 그러나 이것은 일반적인 법칙이 될 수 없습니다. 하나님의 보편적인 방법은 율법으로, 오직 율법을 통해서만 사람들이 스스로 죄인임을 깨닫게 하십니다. 복음은 죄를 깨닫게 하기 위한 목적으로 하나님이 내신 방편도 아닐 뿐 아니라 우리 주님께서도 이런 목적으로 복음을 사용하지 않으셨습니다. 우리는 성서의 어디를 보아도 복음을 이런 목적에 적용할 수 있는 권위를 찾을 수 없으며, 또한 그것이 효율적이라고 생각할 근거도 없습니다. 뿐만 아니라 율법의 본성을 고려할 때 이와 같은 것을 기대할 수 있는 어떤 근거도 없습니다. 우리 주님이 친히 말씀하신 바와 같이 "건강한 사람에게는 의사가 필요하지 않으나 병자에게는 필요하다(마 9:12)"는 말입니다. 그러므로 건강한 사람이나 최소한도 스스로 건강하다고

생각하는 사람들에게 의사를 보내주는 것같이 어이없는 일도 없을 것입니다. 우선은 그들이 병자라는 사실을 깨닫게 해주어야 합니다. 그렇지 않으면 여러분의 수고를 조금도 고맙게 생각하지 않을 것입니다. 이와 마찬가지로 한 번도 마음 아픈 적이 없고 마음이 건강한 사람이 있다면, 그런 사람에게 그리스도를 소개하는 것도 어이없는 일입니다. 그야말로 "돼지에게 진주를 던지는 일"입니다. 의심할 여지없이 "돼지들이 진주를 짓밟을 것"이고, 그다음에는 "되돌아서 물어뜯을" 것입니다.

4. "그러나 비록 방심한 상태의 죄인에게 그리스도를 전하라고 하는 명령이 성서에는 없다고 할지라도 그렇게 한 예가 성서에 있지 않습니까?"라고 말할 사람도 있습니다. 나는 그렇게 생각하지 않습니다. 또 그런 것은 하나도 모릅니다. 뿐만 아니라 그런 예를 사복음서나 사도행전에서 만들어 낼 수도 없습니다. 사도들의 어떤 글을 통해서도 사도들이 그런 일을 했다는 사실을 증명할 수 없습니다.

5. 어떤 사람은 다음과 같이 반문합니다. "아닙니다. 사도 바울이 고린도전서에서 '우리는 십자가에 달리신 그리스도를 전합니다(고전 1:23)'라고 말하지 않습니까?" 그리고 고린도후서에서는 '우리는 우리 자신을 전하는 것이 아닙니다. 우리는 주가 되시는 그리스도를 전하는 것입니다(고후 4:5)'라고 말하지 않습니까?"

우리는 이 말씀에서 다음과 같은 뜻을 찾는 것으로 만족합니다. 그들은 바울의 발자취를 밟으며 그분의 모범을 따르는 것입니다. 오로지 사도 바울이 전한 대로만 전한다면 논쟁은 끝나는 것입니다.

왜냐하면 우리가 분명히 아는 대로 사도 바울이 모든 사도들 중에서 가장 완벽하게 그리스도를 전하였지만, 또 누구보다 율법을 더 많이 전했기 때문입니다. 그러므로 바울은 복음을 전하는 것으로 율법의 책임을 다했다고 생각하지 않았습니다.

6. 기록으로 남아 있는 사도 바울의 첫 번째 설교는 이런 말씀으로 결론을 맺습니다. "또 모세의 율법으로 너희가 의롭다 하심을 얻지 못하던 모든 일에도 이 사람을 힘입어 믿는 자마다 의롭다 하심을 얻는 이것이라. 그런즉 너희는 선지자들을 통하여 말씀하신 것이 너희에게 미칠까 삼가라. 일렀으되 보라 멸시하는 사람들아. 너희는 놀라고 멸망하라. 내가 너희 때를 당하여 한 일을 행할 것이니 사람이 너희에게 일러줄지라도 도무지 믿지 못할 일이라 하였느니라 하니라(행 13:39~41)." 여기서 사도 바울은 여러분이 율법이라고 이해하는 바로 그 율법을 설교한 것입니다. 그의 설교를 듣는 사람들은 대부분 유대인이거나 유대교에 입교한 사람들이었습니다. 그러므로 그들의 대다수는 최소한 어느 정도 죄를 이미 깨달은 사람들이었습니다. 바울은 먼저 모세의 율법을 통해서가 아니라 그리스도를 믿음으로써 오직 의롭다 함을 얻을 수 있다는 사실을 그들에게 상기시키고, 그다음에는 가장 강력한 의미로 율법을 전하면서 하나님의 심판을 내용으로 하여 그들을 심하게 위협합니다.

7. 바울의 그다음 이야기, 곧 루스드라의 이방인들에게 한 이야기에서(행 14:15 이하) 그리스도의 이름 같은 것은 그렇게 찾아볼 수 없지만, 그 이야기의 중심 목적은 그들이 "헛된 일을 버리고 살아 계신 하나님께 돌아오게 하려는 것"이었습니다. 이제 진실을 고백합시다. 만약 여

러분이 그 자리에 있었다면 여러분이 바울보다도 설교를 더 잘할 수 있었을 것이라고 생각하십니까? 바울이 설교를 잘하지 못했기 때문에 그런 대접을 받았고, 또 그리스도를 전하지 않았기 때문에 그에 대한 심판으로 그가 돌을 맞았다고 여러분이 생각하리라고는 보지 않습니다.

8. "뛰어 들어가 떨면서 바울과 실라 앞에 엎드려 '선생들이여, 내가 어떻게 하여야 구원을 얻겠습니까?' 하고 묻는(행 16:29~30)" 간수에게 바울은 즉시 이렇게 말했습니다. "주 예수를 믿으라(행 16:31)." 이와 같이 죄를 깊이 뉘우친 사람 중에 그와 똑같은 말을 하지 않을 사람이 어디 있습니까? 그러나 아덴 사람들을 향해 바울이 전혀 다르게 말하는 것을 발견할 수 있습니다. 그들의 미신과 무지와 우상 숭배를 꾸짖었을 뿐 아니라 앞으로 다가올 심판과 죽은 자들 가운데서의 부활을 생각해서 그들이 회개하도록 감동을 시켰습니다(행 17:24~31).

이와 같이 그리스도를 믿는 믿음의 도리를 들으려고 벨릭스 총독이 바울을 부르러 사람을 보냈을 때에도, 여러분이 생각하는 의미에서 그리스도를 전하는 설교 대신에(사실 그렇게 했더라면 벨릭스 총독이 필경은 놀려댔거나 딴소리를 했거나 불경한 말을 했을 테지만) 바울은 그렇게도 마음이 굳은 벨릭스가 두려운 생각이 들 때까지 정의와 절제와 장차 올 심판에 관한 문제를 이야기했습니다(행 24:24~25). 여러분도 가서 그의 발자취를 따르십시오. 정의와 절제와 장차 올 심판에 관한 문제를 이야기하면서 그것을 통하여 방심한 상태에 있는 죄인에게 그리스도를 전하십시오.

9. "그렇지만 바울은 그의 서신을 통해서 다른 방법으로 그리스도를 전하며 설교하였습니다"라고 여러분이 말한다면, 나는 이렇게 대

답하겠습니다. 첫째, 바울은 거기에서 우리가 말하는 의미의 설교는 전혀 하지 않았습니다. 왜냐하면 우리가 현재 문제 삼고 있는 설교란 회중 앞에서 말하는 것을 의미하기 때문입니다. 그러나 이런 주장을 고집하지 않더라도 또 이렇게 말할 수 있습니다. 둘째, 바울 서신들은 우리가 현재 말하고 있는 믿지 않는 사람들을 향하여 기록한 것이 아니라, 로마와 고린도와 빌립보와 그 밖의 여러 곳에 있는 '하나님의 성도들'을 향하여 쓴 것입니다. 물론 의심할 여지없이 하나님을 모르고 세상에 사는 사람들보다는 이들을 향하여 더욱 그리스도에 관해 이야기한 것은 당연합니다. 그럼에도 불구하고 세 번째로 할 수 있는 대답은 이렇습니다. 로마서와 갈라디아서를 보아도 그렇고 그의 모든 서신들은 모두 율법으로 가득 차 있습니다. 특히 로마서와 갈라디아서에서 바울은 여러분이 말하는 바와 같이 율법을 전하여 설교하는데, 믿을 사람들과 믿지 않을 사람들에게 똑같이 율법에 관한 설교를 합니다.

10. 이런 점에서 보면 여러분은 사도 바울이 말하고자 하는 의미에서 그리스도를 전하며 설교하는 것이 무엇인지를 모르고 있음이 명백합니다. 왜냐하면 바울은 그 자신이 벨릭스에게뿐만 아니라 안디옥과 루스드라와 아덴에서 의심할 여지 없이 그리스도를 전하며 설교했다고 생각하기 때문입니다. 생각을 깊이 하는 사람이라면 누구나 이와 같은 바울의 사례에서 다음의 사실을 추론할 수 있습니다. 즉 그리스도의 사랑을 죄인에게 선포하는 일뿐만 아니라 그리스도께서 불꽃을 타고 하늘로부터 오실 것을 선포하는 것이 바울의 생각으로는 그리스도를 전하며 설교하는 것입니다. 그렇습니다. 성서에서 말하는 완전한 의미의 설교입니다. 그리스도를 전하며 설교하는 일은 신구약 성서 전체를 통

하여 하나님이 계시하신 것을 전하며 설교하는 것인 만큼, 여러분이 "악한 자들과 하나님을 잊어버린 자들은 모두 지옥에 빠질 것입니다"라고 말하든가, "세상 죄를 지고 가는 하나님의 어린양을 보라!" 하고 말할 때에 그것은 참으로 그리스도를 전하며 설교하는 것입니다.

11. 이 점을 잘 생각하십시오. 그리스도를 전하며 설교하는 일은 그리스도가 말씀하신 모든 것, 즉 그분의 모든 약속과 경고와 명령을 전하며 설교하는 것이요, 그분의 책인 성서에 기록된 모든 것을 전하며 설교하는 것입니다. 그렇기 때문에 여러분은 이제 율법을 무용하게 만들지 않고도 그리스도를 전하며 설교한다는 것이 무엇인가를 알 것입니다.

12. 어떤 사람들은 "그렇지만 우리가 특별히 그리스도의 공로와 고난에 관해 설교할 때 그런 이야기에 가장 큰 복이 임하지 않습니까?"라고 반문할지 모릅니다.

아마 애통하는 사람들이나 믿는 사람들이 회중을 향해 설교할 때는 그런 설교가 가장 큰 복을 가져다 줄 것입니다. 왜냐하면 그런 이야기가 특별히 그들의 상태에 적중하기 때문입니다. 최소한도 이런 이야기가 그들에게는 가장 위안이 될 것이기 때문입니다. 그러나 이것이 언제나 가장 큰 복이 되는 것은 아닙니다. 때로는 내 마음을 예리하게 찌르는 이야기나 나를 가장 낮추게 만드는 이야기를 통해 훨씬 더 큰 복을 받을 수도 있습니다. 그러나 내가 만약 그리스도의 고난 외에는 아무 이야기도 설교하지 않거나 듣지 않는다면 그런 위안을 받지 못할 것입니다. 끊임없이 되풀이하다 보면 이런 이야기는 힘을 잃고, 점점 평범해지다 못해 무기력한 이야기가 되고 말기 때문에 결국 영도 생명도 덕도 없는 그저 맥 빠진 말의 되풀이로 끝나고 말 것입니다. 그러므로 그런 식으로 그리스도를 전하며 설교하는 것은 시간이 흘러감에 따라 복음은 물론 율법도 무용하게 만드는 것이 됩니다.

II

1. 믿음으로 율법을 무용하게 만드는 두 번째 길은 믿음이 성결의 필요성을 대신한다는 가르침입니다. 이와 같은 가르침은 그 자체가 천 갈래 만 갈래 크고 작은 길로 갈라지기 때문에 그리로 가는 사람들이 많이 있습니다만, 사실상 거기서 전적으로 헤어나는 사람은 별로 없습니다. 다시 말하면 믿음으로 구원을 얻었다고 확신하는 사람들까지도 조만간 정도의 차이는 있으나 이 샛길로 빠져듭니다.

2. 그리스도를 믿는 믿음이 그의 율법을 지킬 필요성을 전적으로 배제한다고 판단하지 않을지라도 이와 같은 샛길로 빠져드는 모든 사람들은 이렇게 상상합니다. (1) 그리스도가 오시기 전보다 이제는 성결이 덜 필요하다든가, (2) 성결의 필요성은 그 정도가 낮다든가, (3) 믿지 않는 사람들보다 믿는 사람들에게 그것이 덜 필요하다고 하는 생각입니다. 그렇습니다. 이들뿐만 아니라 이 샛길로 빠져드는 사람들이 또 있습니다. 일반적으로는 그들의 판단이 옳을지라도 그들이 믿기 전보다 여러 가지 특수한 경우에 더 많은 자유를 누릴 수 있다고 생각하는 사람들이 곧 그들입니다. 사실상 그와 같은 태도로 '자유'라는 말을 사

용하게 될 경우, 곧 순종과 성결로부터의 자유라는 그들의 판단은 단번에 잘못된 것임이 드러납니다. 그들은 그리스도인의 자유라는 말을 잘못 사용함으로써, 믿음이 성결을 대치한다고 생각하여 믿음으로 율법을 무용하게 만드는 죄를 짓고 있는 것입니다.

3. 이런 것을 명확하게 주장하는 사람들의 항변은 첫째, 우리가 이제는 행위가 아니라 은혜의 언약 아래 있기 때문에 율법의 행위를 해야 할 필요성에 더는 묶일 필요가 없다는 것입니다.

그렇다면 일찍이 행위의 언약 아래 있었던 사람은 누구입니까? 타락하기 전의 아담밖에는 아무도 없습니다. 그야말로 용납될 수 있는 단 한 가지 조건으로서 완전하고 보편적인 순종을 요구하는 그 언약 아래에 아담은 충분하고 적합하게 살았습니다. 그렇기에 가장 작은 잘못이라도 용서받을 수 있는 여지는 그에게 조금도 없었습니다. 그러나 아담 외에는 그리스도가 오시기 이전이나 이후로도, 유대인이나 이방인들 할 것 없이 아무도 이 언약 아래에 있었던 사람은 없습니다. 이제 과거는 물론 현재에도 아담의 모든 자손들은 은혜의 언약 아래에 있습니다. 그들이 이 언약을 받는 방법은 이것입니다. 즉 그리스도의 공로를 통하여 하나님의 값없이 주시는 은혜가 모든 믿는 사람들을 용서해 주시는 것입니다. 그러한 믿음은 순종과 성결을 낳는 사랑으로 역사하는 믿음입니다.

4. 그러므로 이것은 여러분이 생각하는 대로 '현재'에 사는 사람들보다는 '과거'의 사람들이 더 하나님의 율법을 순종하고 행해야 하는 의무가 있었다는 이야기가 아닙니다. 그러한 생각은 성립될 수 없습

니다. 그러나 우리가 행위의 언약 아래 있었다면, 우리가 용납되기에 앞서 그런 모든 행위를 다 하지 않으면 안 되었을 것입니다. 그러나 모든 선한 행위가 필요한 것일지라도, 그것은 하나님께 용납되기 전이 아니라 용납된 후에 따라오는 것입니다. 그러므로 은혜의 언약의 본성은 율법의 부분이나 전체를 무시하거나 순종과 성결을 폐기하라고 주장할 수 있는 그 어떤 근거도 제시하지 않습니다.

5. "그러나 우리가 율법의 행위와는 별도로, 믿음으로 의롭다 함을 얻는 것이 아닙니까?"라고 묻는 사람이 있을 것입니다. 그렇습니다. 종교 제의상의 율법이나 도덕법의 행위와는 별도로 의롭다 함을 얻는 것은 의심의 여지가 없습니다. 그리고 모든 사람들이 이와 같은 사실을 정말 확신한다면 얼마나 좋겠습니까! 이것이 헤아릴 수 없는 많은 악을 예방합니다. 특히 반율법주의(Antinomianism)를 방지합니다. 일반적으로 말하면 반율법주의자를 만드는 것은 바리새인들입니다. 그들은 성서와는 뚜렷하게 반대되는 한쪽 극단으로 치달으면서 다른 사람들에게는 정반대의 극단으로 치닫게 만듭니다. 행위로 외롭다 함을 얻을 길을 찾는 바리새인들은 그들에게 다른 여지가 나타날까 봐 두려워합니다.

6. 그러나 진리는 그 둘 사이에 있습니다. 의심할 것 없이 우리는 믿음으로 말미암아 의롭다 함을 얻습니다. 이것은 전체 기독교적 구조물의 머릿돌입니다. 우리는 칭의를 얻는 조건으로서 율법의 행위 없이 의롭다 함을 얻습니다. 다만 그와 같은 율법의 행위는 의롭다 함을 얻게 하는 믿음에 즉각적으로 따라오는 열매입니다. 그렇기 때문에 선

한 행위가 우리의 믿음, 그리고 심지어는 모든 내적이거나 외적인 성결의 결과에 따라서 나타나지 않는다면, 우리의 믿음은 가치가 없는 것일 뿐만 아니라 우리가 아직도 죄 가운데 있다는 것이 명백합니다. 그러므로 우리가 믿음으로 의롭다 함을 얻는 사실, 심지어 행위 없이도 의롭다 함을 얻는 사실은, 믿음으로 율법을 무용하게 만들 수 있는 그 어떤 근거도 되지 않습니다. 뿐만 아니라 믿음으로 다 되었으니 어떤 종류의 성결도 필요 없다고 상상할 수 있는 근거가 되지 않습니다.

7. 어떤 사람은 "아닙니다. 그러나 '행한 것이 없더라도 경건치 않은 자를 의롭다 하시는 이를 오직 믿는 자에게는 바로 그의 이 믿음을 의로 여기십니다(롬 4:5)'라고 바울이 명백히 말하지 않습니까? 그리고 거기에서부터 얻을 수 있는 결론은, 믿는 사람에게는 믿음이 의의 자리에 있다는 것이 아닙니까? 그러나 만약 믿음이 의나 성결의 자리에 있는 것이라면 믿음 외에 무엇이 더 필요합니까?"라고 반문하기도 합니다.

여기서 우리가 인정해야 할 것은, 이 말이 핵심을 찌르고 있으며 사실상 반율법주의의 가장 중요한 기둥이라는 사실입니다. 그럼에도 불구하고 거기에는 애써서 길게 대답해야 할 필요가 없습니다. 물론 우리는 다음과 같은 사실들을 인정합니다. (1) 하나님이 받아 주시는 그 시간까지는 모든 악으로 가득 차 있고 선은 하나도 없는, 전적으로 불경건한 사람을 하나님이 의로운 사람처럼 받아 주신다는 사실과, (2) 악한 나무가 선한 열매를 맺을 수 없기 때문에 그 시간까지는 선한 행위를 하지도 않고 선하게 살 수도 없는, 그래서 행함이 없는 불경건한 사람을 하나님이 의로운 사람처럼 받아 주신다는 사실과, (3) 어떤 선이나 의를 앞서서 행하지 않았어도, 믿음으로만 그를 의로운 사람처럼 받아 주신다는 사실과, (4) 그렇다면 믿음이 그에게 의로 인정되는 것, 즉 '선행적 의(preceding righteousness)'로서 그리스도를 믿는 사람이면 마치 그가 모든 의를 이미 다 완성한 것처럼 하나님이 그리스도의 공로를 통하여 인정하시고 받아 주신다는 사실이 그것입니다. 그러나 필요한 것은 오직 믿음뿐이라는 여러분의 주장에서 이 모든 것들은 어떤 뜻으로 받아들여집니까? 여기에서나 그 밖의 어디에서도 사도 바울은 믿음을 '결과적인 의(subsequent righteousness)'로 여기지 않았습니다. 믿음 '이전에' 의가 없다고 바울이 가르치기는 했습니다만, 믿음 '후에' 의가 없다고 사도 바울이 어디에서 가르치고 있습니까? 그는 성결이 칭의에 선행할 수는 없다고 주장하되 칭의 후에 따르지 않는다고는 말하지 않습니다. 그러므로 사도 바울은 믿음이 성결의 필요성을 대신한다고 가르침으로써 율법을 무용하게 만드는 구실을 결코 만들어 주지 않습니다.

III

1. 그러나 아직도 믿음으로 율법을 무용하게 만드는 또 다른 길이 남아 있습니다. 그것은 앞에서 지적한 것보다도 더 보편적인 것으로서 실질적으로 율법을 무용하게 만드는 것입니다. 마치 믿음이 있으면 성결하게 살지 않아도 되는 것처럼 "원리적"인 면에서가 아니라 "사실상" 율법을 무용하게 만드는 것입니다.

다음과 같이 잘 알려진 말씀에서 사도 바울은 이와 같이 율법을 무용하게 만드는 것에 대하여 우리에게 얼마나 진지한 경계를 주고 있습니까? "그러면 어떻게 할 것입니까? 우리가 율법 아래 있지 않고 은혜 아래 있다는 것은 우리가 죄를 지어도 좋다는 말이겠습니까? 결코 그럴 수 없습니다(롬 6:15)." 결국 가장 중요한 것이기 때문에 우리는 이 경계를 아주 철저하게 고려해야 할 필요성을 느낍니다.

    2. "율법 아래 있다"는 말은 여기서 다음과 같은 것들을 의미할 것입니다. (1) 종교 제의상의 율법을 지키지 않으면 안 되는 것과, (2) 모든 모세의 율법을 지키지 않으면 안 되는 것과, (3) 하나님이 우리를 받아 주시는 조건으로서 모든 도덕법을 지키지 않으면 안 되는 것과, (4) 하나님의 진노와 저주 아래 있으며, 영원히 죽을 사형 선고 아래 있으며, 무서움과 노예 같은 공포에 사로잡혀 죄 의식과 정죄 아래 있다는 것 등을 의미할 것입니다.

    3. 이제 믿는 사람이 비록 "하나님께는 율법 없는 자가 아니요 도리어 그리스도의 율법 아래에 있는 자(고전 9:21)"라고 할지라도, 그는 바로 믿는 순간부터 앞에서 서술한 의미에서의 '율법 아래' 있는 것이 아닙니다. 오히려 그와 반대로, 그는 "은혜 아래"에 있으며, 보다 더 자비롭고 은혜스러운 섭리 아래 있습니다. 믿는 사람은 종교 제의상의 율법이나 모세 율법 아래 있는 것이 아니고, 용납의 조건으로서 도덕법을 지킬 필요가 없는 만큼 하나님의 진노와 저주로부터 벗어났으며 모든 죄의식과 정죄에서 벗어났습니다. 이로써 전에는 그의 삶 전체가 노예와 같이 속박되었던 사망과 지옥의 공포와 모든 무서움으로부터 구원을 받은 것입니다("율법 아래" 있는 동안은 할 수 없었지만). 이제는 기꺼이

모든 일에 순종합니다. 그는 노예 같은 공포에서 비롯되는 순종을 하는 것이 아니라 보다 고상한 원리, 곧 하나님의 은혜가 그의 마음을 지배하고 그의 모든 행위가 사랑으로 세공되어 나타나게 하는 것 때문에 순종하는 것입니다.

4. 그러면 어떻게 할 것입니까? 행동에 대한 이와 같은 복음적 원리가 율법적인 원리보다 힘이 더 없습니까? 자녀의 사랑(filial love)으로 하는 순종이 노예의 공포로 하는 순종보다 덜하겠습니까?
    은총의 자유가 율법을 등한히 여기는 원인이 되지 않기를 바랍니다. 이와 같은 실천적인 반율법주의, 곧 믿음으로 율법을 무용하게 만드는 일들이 수많은 신자들에게 악영향을 끼치지 않았다면 다행입니다.
    이런 것이 여러분에게 악영향을 끼치지 않았습니까? 여러분 자신을 솔직하게 그리고 자세히 살펴보십시오. 여러분이 '율법 아래' 있을 때, 다시 말하면 (우리가 흔히 이야기하는 것같이) 죄를 깨닫고 있었을 때에 감히 하지도 않던 일을 여러분이 현재 하고 있지는 않습니까? 예를 들면 여러분은 감히 음식을 탐닉하지는 않았습니다. 꼭 필요한 만큼만 취했고, 그것도 가장 검소하게 먹었습니다. 그러나 이제는 여러분 스스로에게 더 넓은 범위의 자유를 허용하고 있지 않습니까? 전보다 조금은 더 스스로 탐닉하며 만족하지 않습니까? "율법 아래 있지 않고 은혜 아래 있다는 것 때문에 죄를 짓지 않도록" 조심하십시오.

5. 여러분이 죄를 깨닫고 있었을 때에 여러분은 감히 어느 모양으로도 안목의 정욕에 탐닉하지는 않았습니다. 크건 작건 간에 여러분은 단순히 자신의 호기심을 만족시키기 위하여 무엇을 하려고 하

지는 않았습니다. 여러분은 의복에도 깨끗하고 필요한 것만을 생각했고, 그렇지 않으면 고작해야 조금 편리한 것으로 소박한 물건을 생각했을 뿐입니다. 무엇이든지 간에 너무 넘치거나 너무 곱고 멋을 부리는 물건들은 모두 여러분에게 겁나는 물건이거나 혐오를 일으키는 것들이었습니다.

아직도 그렇습니까? 전과 같이 당신의 양심이 아직도 이런 것들에 대해서 예민합니까? 여러분이 아직도 가구나 의복에 있어서 똑같은 법칙을 따르며, 모든 고운 것과 모든 넘치는 것과 모든 무용한 것, 그리고 아무리 모양이 좋고 멋이 있더라도 단순히 장식을 위한 것이라면 그 모두를 발아래 밟아 버립니까? 그렇지 않으면 오히려 예전에 이미 다 버린 일들을 다시 하고 있지는 않습니까? 여러분의 양심을 상하지 않고는 하지 못하던 일들을 다시 하고 있지는 않습니까? "아, 나는 이제 그렇게 양심적이지 않구나!"라는 말을 할 줄 모릅니까? 나는 여러분이 정말 그런 말을 하기를 바랍니다. 그렇게 되면 여러분이 "율법 아래 있지 않고 은혜 아래 있다는 것" 때문에 이와 같은 죄를 짓게 되지는 않습니다.

6. 여러분이 전에는 다른 사람들의 면전에서 칭찬을 하는 일에도 성실하였고, 더욱이 누가 여러분을 칭찬할 때 그것을 견디는 데도 성실하였습니다. 그것은 여러분의 마음을 찌르는 비수입니다. 여러분은 그것을 견딜 수가 없습니다. 여러분은 오로지 하나님께 돌아갈 영광만을 구했습니다. 여러분은 그와 같은 행동을 견딜 수가 없었으며, 그뿐만 아니라 덕을 기르는 데 아무 소용이 없는 그런 행동을 견디지 못했습니다. 모든 한가한 이야기나 시시한 잡담을 여러분은 몹시도 싫어

했습니다. 여러분은 시간, 곧 화살과 같이 날아가는 귀중한 순간순간의 가치를 깊이 알고 있었기에 그와 같은 잡담을 미워하다 못해 두려워하기까지 했습니다. 마찬가지로 여러분은 시간 못지 않게 돈의 가치를 인정하였기에 되는 대로 돈을 헤프게 쓰는 것도 몹시 싫어했습니다. 비록 불의의 재물(mammon)을 다룰 경우에도 재산에 대한 불성실한 청지기가 될까 봐 떨었습니다.

당신의 영혼이 그로 인해서 멸망할 각오를 하기 전에는 할 수도 받을 수도 없는 그 칭찬을 이제는 목숨을 앗아갈 무서운 독약으로 봅니까? 덕을 쌓는 데 도움이 되지 않을 모든 행동을 아직도 몸서리치며 싫어합니까? 그리고 여러분을 더 향상시키기 위해 매 순간을 보다 선용하기 위하여 애를 씁니까? 아니면 돈이나 시간을 쓰는 일에 있어서 덜 신중하지는 않습니까? 돈이나 시간 중 어느 것이라도 전에는 할 수 없었던 그런 방향으로 이제는 쓸 수 없습니까? 애석합니다! "여러분의 건강을 위하여 있어야 할 것이" 어떻게 해서 "여러분을 타락시키는 것으로 되고 맙니까?" 여러분이 어떻게 해서 "율법 아래 있지 않고 은혜 아래 있기 때문에 죄를" 짓는다는 말입니까!

7. 그렇게 "하나님의 은혜를 정욕으로 바꾸는" 일을 더 이상 계속할 수는 없습니다. 결코 그럴 수 없습니다! 여러분이 이 모든 일에 대하여 가졌던 확신이 얼마나 명백하고 강한 것이었던가를 기억해 보십시오! 그리고 동시에 그와 같은 확신이 어디에서 왔는가를 안 만큼 여러분이 진정으로 만족했던 사실을 기억하십시오. 세상은 여러분이 망상에 사로잡혔다고 말했지만, 여러분은 그것이 하나님의 음성이라는 것을 알았습니다. 그때는 여러분이 지나치지 않을 만큼 성실하고 양심

적이었습니다. 그런데 이제는 여러분이 충분히 성실하지 못합니다. 하나님께서 여러분을 그 고통스러운 수련 속에 더 오래 두신 것은 여러분이 그와 같은 위대한 교훈을 더 완벽하게 배우도록 만들려고 하신 것이었습니다. 그런데 이 모든 사실을 벌써 다 잊어버렸단 말입니까? 너무 늦기 전에 그 모든 교훈을 상기하십시오! 여러분이 그렇게도 많은 고생을 한 것이 헛수고였단 말입니까? 나는 그것이 아직도 헛되지 않다고 믿습니다. 이제 고통 없이 그 확신을 사용하십시오! 징벌에 대한 두려움 없이 그 교훈을 실행하십시오! 전에 하나님의 무서운 분노에서 느꼈던 것보다 이제 느끼는 하나님의 자비를 가볍게 생각하지 마십시오. 사랑이 두려움보다 약한 동기를 줍니까? 그렇지 않다면 이제 불변의 법칙을 잡으십시오. "내가 '율법 아래' 있을 때에 감히 하지 않았던 일들을 이제 내가 '은혜 아래'에서 절대로 하지 않겠다"고 말입니다.

8. 이제 태만의 죄에 대하여 언급함으로써 여러분이 스스로를 살피도록 권면하면서 이 설교의 결론을 맺겠습니다. 여러분이 "율법 아래" 있을 때만큼 "은혜 아래" 있는 현재에도 이런 태만의 죄에 대하여 분명히 알고 있습니까? 그전에는 여러분이 하나님의 말씀을 듣는 일에 얼마나 열심이었습니까? 여러분에게 주어진 기회를 소홀히 하지는 않았습니까? 밤낮으로 하나님의 말씀에 귀를 기울이지 않았습니까? 조그만 방해 때문에 여러분이 그렇게 하지 못했습니까? 아니면 작은 사업 때문에? 찾아온 손님 때문에? 기분이 조금만 언짢아도? 푹신한 침대를 떠나기가 싫어서? 아침에 날씨가 컴컴하게 흐리고 추워서? 그래서 못했습니까? 자주 금식하며 있는 힘을 다하여 절제하며 정진하지 않았습니까? 여러분이 지옥 문전에서 오락가락할 때에(춥고 고생스럽더라도)

기도를 많이 안 한 것이 아닙니까? 알지 못하는 신에게라도 가리지 않고 말을 하지는 않았습니까? 여러분이 대담하게 하나님의 뜻에 호소하고, 죄인을 꾸짖고, 음란한 세대 앞에서 진리를 외치지 않았습니까? 여러분은 이제 그리스도를 믿는 사람입니까? 여러분은 세상을 이기는 믿음을 가졌습니까? 무슨 말입니까! 여러분이 그리스도를 알지 못하던 때보다도 지금 여러분의 주님을 위한 열정이 식었다는 말입니까? 금식하는 일과 기도와 하나님의 말씀을 듣는 일과 죄인들을 하나님께로 부르는 일에 열심을 덜 냅니까? 아, 회개하십시오! 여러분의 믿음 없음을 슬퍼하십시오! 여러분이 계속해서 "믿음으로 율법을 무용하게 만든다면", 하나님께서 여러분을 끊어버리시고 여러분의 몫을 믿지 않는 사람들에게 돌리실까 염려하면서, 이제 열정을 다하여 처음 일들을 다시 찾아 행하십시오.

31
믿음으로 세워지는 율법 II
The Law Established through Faith II

주일학교에서 가르치는 존 웨슬리
〈John Wesley Teaching His Sunday School〉, Alice Barber Stephens, 1897

그런즉 우리가 믿음으로 말미암아 율법을 파기하느냐 그럴 수 없느니라 도리어 율법을 굳게 세우느니라 (롬 3:31)

1. 믿음으로 율법을 무용하게 만드는 가장 통상적인 방법은 앞의 설교에서 밝혔습니다. 첫째, 율법에 대하여 설교하지 않는 것입니다. 이것은 단번에 율법을 무용하게 만드는 방법으로는 매우 효과적입니다. 비록 여기에는 그리스도에 대해 설교하고 복음을 확장한다는 명분이 있지만, 실제로는 그리스도와 복음을 모두 파괴시키게 됩니다. 둘째, (직접적이든지 간접적이든지 간에) 믿음이 성결의 필요성을 대신할 수 있다고 가르치는 것입니다. 즉 지금은 그리스도가 오시기 전보다 성결의 필요성이 거의 없거나 또는 그 필요성의 정도가 줄어들었다는 것입니다. 우리가 믿지 않는다면 성결의 필요성이 요청되겠지만, 믿기 때문에 성결이 우리에게 거의 필요 없게 되었다는 것입니다. 또한 기독교인의 자유란 어떤 종류나 어떤 정도의 성결로부터도 자유롭다는 것입니다(그리하여 우리는 지금 선행이 아니라 은혜의 계약 아래 있다는 것, 사람은 율법의 행위로써가 아니라 믿음으로 의로워진다는 것, 그리고 "행하는 자가 아니라 믿는 자가 그의 믿음으로 말미암아 의롭다 함을 얻게 된다"는 진리를 왜곡하게 됩니다). 셋째, 이러한 사실들을 실제로 행동에 옮기는 것입니다. 비록 원칙에서는 아니지만, 행동으로 율법을 무용하게 만드는 것입니다. 마치 믿음 때

문에 성결이 우리에게 불필요한 것처럼 생활하거나 행동하는 것입니다. "우리가 율법 아래 있지 않고 은혜 아래 있다"는 이유로 스스로 죄를 지어도 무방하다고 생각하는 것입니다. 그러나 우리에게는 어떻게 보다 나은 방식을 따르면서, 사도 바울과 같이 "우리가 믿음으로 율법을 무용하게 하는 것이 아니라 도리어 율법을 세우는 것입니다"라고 말할 수 있는 방법이 무엇인가를 논의하는 문제만이 남게 됩니다.

2. 실제로 우리는 낡은 의식적 율법을 세울 수는 없습니다. 우리는 그러한 율법이 영원히 폐지되었다는 사실을 알고 있습니다. 모세의 율법 전체를 수립할 수는 더욱 없습니다. 우리는 주님께서 모세의 율법을 십자가에 못 박으셨다는 사실을 알고 있습니다. 그렇다고 우리가 율법을 완성하고 모든 계명을 지키는 것이 마치 우리가 의롭게 되는 조건인 것처럼 생각하여 도덕법(너무 많은 사람이 그렇게 하기 때문에 걱정이 됩니다만)을 다시 세우자는 것도 아닙니다. 만일 그렇게 된다면, 분명히 "하나님 앞에서 살아생전 의롭게 된 자는 아무도 없습니다." 그러나 이 모든 사실을 인정한다 해도, 우리는 아직도 사도 바울이 의미한 바와 같이 '율법', 즉 도덕법을 '세우고 있습니다.'

I

1. 첫째, 우리는 우리의 교리를 따라 율법을 세웁니다. 우리는 위대한 사도 바울이 지상에 사는 동안 그랬던 것처럼 똑같은 방법으로 전면적으로 율법을 가르치고, 그 모든 부분을 상세히 설명하며 애써 강

조합으로써 율법을 세우는 것입니다. 우리는 베드로 사도가 훈계한 바와 같이 "어떤 사람이라도 말을 하려거든 하나님의 말씀을 하는 것처럼 말하게 하시오" 하는 말씀을 따름으로써 율법을 세우는 것입니다. 성령의 감동을 받아 우리를 교훈하기 위해 가르치고 이것을 기록했던 그 옛날 경건한 성도들처럼 율법을 세우는 것입니다. 동일한 성령의 지시에 따라 자비하신 주님의 사도들이 그랬던 것처럼 율법을 세우는 것입니다. 우리가 이 말씀을 들은 사람들에게 아무것도 숨김 없이 말하게 될 때 언제든지 율법을 세우는 것입니다. 하나님의 온전하신 가르침을 어떤 제한이나 유보 없이 사람들에게 선포함으로써 율법을 세우는 것입니다. 그리고 보다 효과적으로 율법을 수립하기 위하여 매우 분명한 말을 사용합니다. "우리는 하나님의 말씀을 더럽혀온 많은 사람들과 같지 않습니다." 즉 나쁜 포도주를 가공하는 사람들과 같지 않습니다. 우리는 청중의 구미에 맞게 하기 위하여 율법을 불순하게 하거나, 뒤섞거나, 질을 떨어뜨리지도 않았습니다. 다만 하나님 앞에서 진실한 말씀으로, 즉 하나님의 말씀으로 그리스도 안에서만 말합니다. 다시 말하면 "하나님 앞에서 모든 사람이 스스로 양심을 따르도록 진리를 표명하는 것" 이외에는 다른 목적을 가지고 있지 않습니다.

2. 우리가 이와 같이 모든 사람에게 공개적으로 율법을 선포하게 될 때 교리에 따라 율법을 세우게 됩니다. 우리의 자비하신 주님과 사도들에 의해서 율법이 전해진 그 충만함 가운데서, 그리고 우리가 그 율법을 고도로, 깊게, 길게, 그리고 넓게 공포하게 될 때 율법을 세우게 됩니다. 우리가 율법을 충분하게, 그리고 문자적인 의미뿐만 아니라 그

만큼 영적인 의미로서 그 모든 부분과 그중에 포함된 모든 계명을 선포할 때, 그리고 율법이 금지하고 있거나 명하고 있는 외적인 행위뿐만 아니라 내적 원리와 마음속의 생각, 욕구, 의도에 유의하여 선포할 때 비로소 율법을 세우게 됩니다.

3. 그리고 참으로 우리는 율법이 가장 심오한 중요성이 있기 때문만이 아니라(즉 나무가 악하다면, 그리고 마음의 성향과 기질이 하나님 앞에서 옳지 않다면, 모든 열매, 즉 모든 언행은 계속적으로 악할 수밖에 없기 때문에), 이것들이 중요한 것만큼 사람들이 생각을 하지도 않고 이해를 하지도 못하기 때문에 보다 열심히 율법을 전하게 됩니다. 즉 영적인 의미에서 철저하게 율법을 고찰한다면 거의 이해하지 못하기 때문에 "율법은 창조 때부터 대대로 숨겨져온 신비"라고 진정으로 말할 수 있습니다. 율법은 이방인들의 세계에서는 완전히 감추어졌습니다. 그들은 그들의 모든 자랑스러운 지혜를 가지고서도 하나님을 발견하지 못하고, 하나님의 율법을 발견하지 못했습니다. 기록된 글로써는 율법의 정신을 더욱더 알지 못했습니다. "그들의 어리석은 마음은 더욱더 어두워졌습니다." "스스로 현명하다고 주장하지만 그들은 우매하게 되었습니다." 그리고 율법의 영적인 의미에 대해서는 대부분의 유대 민족에게 있어서도 거의 동일하게 감추어져 있었습니다. 다른 사람들에게 "율법을 알지 못하는 백성들은 저주를 받는다"고 그렇게 즐겨 선포했던 사람들조차 자신에게도 선고를 내리게 되는 것은 그들도 다른 사람들과 똑같이 저주와 지독한 무지 속에 있기 때문입니다. 율법을 크게 곡해하고 있는 사실에 대해서는 그들 가운데 가장 현명한 자들일지라도 주님께서 끊임없이 질책하신다는 사실을 증거하십시오. 이것은 그들이 율법을 너

무나 엄청나게 곡해하고 있기 때문입니다. 그들은 단지 그릇의 겉만 깨끗하게 하면 된다고 주장하고, 박하와 회향과 근채의 십일조만 드리면, 즉 외적인 정확성만 기하면, 공정과 자비, 그리고 하나님의 사랑을 전적으로 등한히 해도 내적인 불결함을 사할 수 있다고 주장합니다. 그뿐만 아니라 그들 중 가장 현명한 자들에게도 율법의 영적인 의미가 절대적으로 감추어져 있었기 때문에 그들 중 가장 유능한 랍비도 시편 말씀에 대해 다음과 같이 해석하고 있습니다. 즉 그는 "만일 내 마음이 불의를 즐거워한다면 주님은 내 기도를 듣지 않으실 것이다." "그러나 오직 내 마음속에서만 그렇다면, 그래서 내가 외적인 죄악만 범하지 않는다면, 주님은 여기에 대해 개의치 않으시며", "내가 외적인 행동으로 죄를 짓지 않는 한, 주님은 나를 벌하시지 않을 것이다"라고 말하였던 것입니다.

4. 아! 그러나 내적이고 영적인 의미에서 하나님의 율법은 단지 유대인이나 이방인들에게만 감추어져 있는 것이 아니고, 소위 기독교 세계에도 감추어져 있으며, 적어도 그들 대다수에게 감추어져 있습니다. 하나님의 계명의 영적인 의미는 아직까지 이들에게도 신비로 남아 있습니다. 암흑과 무지로 가득 찬 가톨릭 국가들에서만 이런 사실을 볼 수 있는 것이 아니라, 소위 개신교라고 불리는 대다수도, 그 율법의 순수함과 영적인 면에 대해 전혀 알지 못하고 있는 것입니다.

5. 그러므로 오늘에 이르기까지 율법은 종교의 능력이 아니라 형식만 소유하고, 자신의 눈에서만 일반적으로 현명하다고 생각하며, 자신의 의견으로만 의롭다고 생각해 온 "서기관들과 바리새인들에게"

속해 있었습니다. "그들이 이런 말을 듣고 마음속에 분노를 느끼는 것이 사실입니다." 그리고 우리가 마음의 종교에 대해 말할 때 그들은 매우 불쾌하게 생각합니다. 특별히 이러한 마음의 종교가 없이는 "우리가 가진 모든 재산을 가난한 자들에게 먹이기 위해 나누어 준다" 할지라도 우리에게 아무런 유익이 없다는 사실을 밝힐 때 그들은 더욱더 화를 냅니다. 그들이 화를 내는 것은 어쩔 수 없는 일입니다. 왜냐하면 우리는 나타난 그대로의 진리를 말할 수밖에 없기 때문입니다. 그들이 듣든지 그렇지 않으면 마음에 있는 말을 참든지 간에 우리의 생각을 전하는 것이 우리의 책임입니다. 성서 가운데 있는 모든 말씀은 사람을 기쁘게 하기 위해서가 아니라, 주님을 기쁘시게 하기 위해 선포되어야 합니다. 우리는 성서 안에서 발견된 모든 약속뿐만 아니라 모든 경고들도 다 같이 전해야 합니다. 우리는 하나님께서 하나님의 자녀들을 위해 예비하신 모든 복과 특권을 선포함과 동시에 "하나님께서 명령하신 것은 무엇이든지 다 가르쳐야 합니다." 그리고 우리는 이 모든 것이 유용하다는 것을 알고 있습니다. 즉 잠자는 자들을 일깨우고, 무지한 자들을 가르치고, 빈약한 마음을 가진 자들을 위로하고, 또한 성도들을 일으켜 세우고 완전하게 하기 위하여 유용하다는 것을 알고 있습니다. 우리는 "모든 성경은 하나님의 영감으로 된 것이요, 참된 교훈을 가르쳐 주고 잘못을 책망하고 허물을 고쳐 주고 의로 교육하는 일에 유익한 책"이라는 사실을 알고 있습니다. 그리고 "하나님의 사람"은 하나님께서 역사하시는 과정에서 마침내 완전해지고 결국 "모든 선한 일을 하기에 합당하도록" 되기 위해 성서의 모든 부분이 필요하다는 것을 알고 있습니다.

6. 하나님께서 계시하셨던 것은 무엇이든지 상관하지 않고 모두 다 선포하여, 그리스도를 전파하는 것이 우리의 임무입니다. 그때에 참으로 아무런 비난도 없이 하나님의 특별한 축복 속에서 우리 주 예수 그리스도의 사랑을 전파할 수 있습니다. 우리는 보다 특별한 방법으로 우리의 의이신 주님을 증거해야 합니다. 우리는 "스스로 이 세상과 화해하신" 그리스도 안에 있는 하나님의 은혜를 상세히 설명해야 합니다. 우리는 기회 있을 때마다, 그가 우리의 모든 죄를 짊어지시고, "그가 상하심은 우리의 죄악을 인함이요 그가 찔림은 우리의 허물을 인함이라. 그가 채찍에 맞음으로 우리가 나음을 입었도다." 하신 주님을 높이 찬양해야 합니다. 그러나 만일 우리가 여기에만 집착한다면, 우리는 하나님의 말씀을 따라 그리스도를 전할 수 없을 것입니다. 우리가 주님의 모든 직분을 선포하지 않는 한, 하나님 앞에서 깨끗할 수 없습니다. "부끄러울 것이 없는 일꾼으로서" 그리스도를 전하는 것은 "하나님께 속한 길을 위해 사람 가운데서 택함을 받고 사람을 위해 성별된" 우리의 위대한 대제사장(High Priest)으로서, 즉 "주님의 보혈로써 하나님과 우리를 화해시키고 지금까지 살아 계셔서 우리를 위해 중재하시는 제사장으로서 그리스도를 전해야 합니다. 그뿐만 아니라 우리의 지혜가 되시는 하나님의 예언자(Prophet)로서, 즉 그분의 말씀과 영으로써 "우리를 모든 진리로 인도하시며" 우리와 항상 함께하시는 하나님의 예언자로서 그리스도를 전해야 합니다. 또한 영원히 살아 계시는 왕(King)으로서, 즉 그의 피로 사신 모든 사람들에게 율법을 주시고, 그의 은혜를 처음 회복한 사람들에게 하나님의 형상을 회복하시는 왕으로서, 그리고 "모든 만물이 그의 발아래 복종할 때까지", 즉 모든 죄를 완전히 물리치시고 영원한 의를 가져올 때까지 모든 믿는 자들의 마음을 통치하시는 왕으로서 그리스도를 전해야 합니다.

II

　　1. 둘째, 우리가 그리스도 안에서 믿음이 성결을 대신하는 것이 아니라 성결을 가져온다고 선포하게 될 때, 즉 소극적이건 적극적이건 상관없이 마음과 생활에 모든 종류의 성결을 가져온다고 선포하게 될 때 율법을 세우게 됩니다. 이렇게 하기 위하여 믿음 자체, 기독교적인 믿음까지도, 하나님의 선택에 대한 믿음, 하나님의 역사에 대한 믿음까지도 단지 사랑의 시녀에 불과하다는 사실을 계속 선포해야 됩니다(이 사실은 "믿음으로 율법을 무용하게 하지 않으려는" 모든 사람들이 자주 그리고 심각하게 생각해야만 하는 것입니다). 믿음은 영광스럽고 명예로운 것이지만 계명의 목적은 아닙니다. 하나님은 단지 사랑에만 이런 명예를 주셨습니다. 사랑이 바로 하나님의 모든 계명의 목적입니다. 그리고 하늘과 땅이 사라질지라도 "사랑"은 계속될 것이고, 사랑만이 "영원히 남을" 것입니다. 믿음은 완전히 사라질 것입니다. 그것은 하나님 앞에 하나님의 영원한 비전 속에서 삼켜져 버릴 것입니다. 그러나 그때에도 사랑은 남게 될 것입니다.

　　사랑의 본질과 직분은 여전히 같은 것이네.
　　그 불빛은 영원히 불타오르고,
　　그 불꽃은 소멸되지 않네.
　　죽음이 없는 승리 속에 영원히 살게 될 것이며,
　　끊임없이 선함은 넘쳐흐르고
　　영원히 찬양을 받게 된다네.

2. 매우 훌륭한 것들이 믿음에 관해 말합니다. 그리고 믿음의 동참자는 누구나 사도 바울과 같이 "주님의 말할 수 없는 은사에 대해 하나님께 감사한다"고 말할 수 있습니다. 그러나 믿음도 사랑과 비교하면 그 모든 우수성을 상실하게 됩니다. 사도 바울이, 복음의 영광이 율법의 영광보다 훨씬 우월하다는 사실을 아주 적절하게 피력한 것은, 사랑의 영광이 믿음의 영광보다 훨씬 우월하다는 사실을 언급한 것입니다. 이러한 관점에서 "영광스러운 것이라고 할지라도 그보다 우월한 영광 때문에 영광을 상실하게 됩니다." 왜냐하면 사라지는 것이 영광스럽다면 남아 있는 것은 더욱 영광스럽기 때문입니다. 사실이 그렇습니다. 그러므로 믿음이 사라지기 전에 있었던 믿음의 모든 영광은 여기서부터 시작해서 사랑을 위해 봉사하는 것입니다. 믿음은 하나님께서 영원한 목적을 증진시키기 위하여 제정하셨던 아주 일시적인 수단입니다.

3. 모든 일을 삼켜버릴 정도로, 정도에 지나치게 믿음을 찬양하는 사람들과 믿음이 사랑을 대신할 수 있다고 생각할 정도로 믿음의 본질을 전적으로 잘못 이해하고 있는 사람들은 사랑이 믿음 후에 존재하게 되는 것처럼 믿음이 존재하기 훨씬 이전에 이미 사랑이 존재하고 있었다는 사실을 더욱 생각하십시오. 창조된 순간부터 하늘에 계신 아버지의 얼굴을 바라보게 된 천사들은 일반적인 개념으로 보이지 않는 것들의 증거라고 평가되는 믿음을 소유한 적이 없습니다. 그들은 보다 특별한 의미에서 믿음, 즉 예수의 보혈을 믿는 믿음을 소유할 필요가 없었습니다. 왜냐하면 주님께서는 천사들의 본성을 취하신 것이 아니라 아브라함의 자손들의 본성을 취하셨기 때문입니다. 그러므로 일반적인 의미에서나 특수한 의미에서 이 세상의 기초가 놓이기 전에는 믿

음이 설 자리가 없었습니다. 그러나 사랑은 설 자리가 있었습니다. 사랑은 하나님 안에, 즉 위대한 사랑의 바다 안에, 영원 전부터 존재하고 있었습니다. 사랑은 창조의 순간부터 하나님의 모든 자녀들에게 필요하였습니다. 하나님의 자녀들은 은혜로운 창조주로부터 즉시 이를 받아들여 존재하고 사랑하게 되었습니다.

4. (많은 사람들이 교묘하고 그럴 듯하게 이에 대해 말하는 것처럼) 믿음이, 일반적인 의미에서까지도, 낙원에서 설 자리가 있다는 사실은 확실하지가 않습니다. 성서에 기록된 단편적이고 상세하지 못한 설명에 따르면, 하나님께 반항하기 전에 아담은 하나님을 바라보며 동행했던 것이지 믿음으로 동행한 것은 아니라고 말할 수도 있을 것입니다.

> 그때에 이성의 눈은 강하고 맑았기 때문에
> (태양을 바라볼 수 있는 독수리처럼)
> 그리고 총명한 천사들이 그랬던 것처럼
> 아주 가까이서 창조자의 얼굴을 바라볼 수 있었다네.

그때 아담은 하나님과 얼굴을 맞대고 이야기할 수 있었습니다. 지금은 우리가 그분의 얼굴을 볼 수 없고, 그 얼굴을 보게 된다면 우리는 살 수 없습니다. 그래서 결론적으로 말하면, 아담은 믿음을 가질 필요가 없었습니다. 시력의 결핍을 충족시키는 것이 믿음의 직분이기 때문입니다.

5. 다른 한편 특수한 의미에서의 믿음이 그 당시 불필요했음은

참으로 분명한 사실입니다. 왜냐하면 그런 의미에서는 죄와 죄인들에 대해 선포하시는 하나님의 진노가 필연적으로 전제되기 때문입니다. 이런 일이 없다면 죄인들을 하나님과 화해시키기 위하여 속죄의 행위가 필요 없기 때문입니다. 결론적으로 타락 이전에는 속죄가 필요 없었기 때문에 그러한 속죄에 대한 믿음도 필요가 없었던 것입니다. 즉 사람이 당시에는 모든 죄의 허물로부터 깨끗해졌고, 하나님이 거룩하신 것처럼 거룩했기 때문에 사랑이 사람의 마음속을 채웠고, 어떤 경쟁자도 없이 인간을 지배했었습니다. 단지 사랑이 상실되었을 때에만 믿음이 요청되었습니다. 그리고 믿음은 인간이 타락시킨 그 사랑을 인간에게 회복시키기 위한 목적에 응답한 후에는 더 이상 존재할 필요가 없도록 계획되어 있었습니다. 그러므로 타락 시에 보이지 않는 것들의 증거인 믿음이 첨가되었는데, 이것은 그전에는 전혀 불필요한 것이었습니다. 구속적인 사랑에 대한 이 확신은 "여자의 자손들이 뱀의 머리를 상하게 할 것이다"라는 약속이 맺어질 때까지는 그 설 자리가 없었던 것입니다.

6. 믿음은 사랑의 율법을 다시 세우기 위하여 하나님께서 본래적으로 계획하신 것이었습니다. 그러므로 우리가 이와 같이 말한다고 해서 믿음의 가치를 낮게 평가하거나 그것의 당연한 칭송을 빼앗는 것은 아닙니다. 오히려 그 반대로, 그것의 진가를 드러내고, 믿음을 적합한 위치로 끌어올리고, 태초부터 하나님의 지혜가 부여한 바로 그 자리에 믿음을 놓는 것입니다. 믿음은 인간이 본래적으로 창조되었을 때, 그 속에 있었던 거룩한 사랑을 회복시키는 위대한 수단입니다. 비록 믿음 자체는 어떠한 가치가 없을지라도 (어떤 다른 수단이 있는 것은 아니지만)

믿음은 그러한 목적, 우리의 마음속에 사랑의 율법을 새롭게 세우는 목적으로 인도합니다. 그리고 현재의 상태에서 믿음이 이 세상에서 그 효과를 나타나게 하는 유일한 수단입니다. 이런 이유로 믿음은 사람에게 말할 수 없는 복이며, 하나님 앞에서 말할 수 없는 가치를 지니게 됩니다.

III

1. 그리하여 셋째, 이것은 자연적으로 율법을 세우는 가장 중요한 방법에 대하여 생각하게 합니다. 즉 율법을 우리 자신의 마음과 생활 속에서 세우는 일입니다. 참으로 이것 없이 다른 모든 일들이 무슨 소용이 있겠습니까? 우리는 우리의 교리로써 율법을 세워야 합니다. 우리는 율법을 전체적으로 전해야 합니다. 율법의 모든 부분을 설명하고 강조해야 합니다. 우리는 가장 영적인 의미에서 율법을 드러내야 하고, 하나님 나라의 신비를 선포해야 합니다. 우리는 그리스도의 모든 직분(offices)을 전해야 합니다. 그리고 주님의 사랑의 모든 보화를 더하게 하여 주는 그리스도에 대한 믿음을 전해야 합니다. 그러나 이러한 동안에도 만약 우리의 마음속에 우리가 전한 율법이 세워지지 않는다면, "울리는 징과 요란한 꽹과리"보다도 하나님 앞에 쓸데없는 존재가 됩니다. 우리의 모든 선포는 우리 자신에게 아무런 유익이 없고 오직 우리의 파멸만을 증가시킬 뿐입니다.

2. 그러므로 "어떻게 우리의 마음속에 율법을 세울 수 있을 것인

가? 어떻게 우리의 생애에 율법이 충분한 영향력을 미칠 수 있을 것인가?"를 고찰하는 것이 중요한 요건입니다. 그리고 이것은 오직 믿음을 통해서만 이루어질 수 있습니다.

우리가 일상적인 경험을 통해 배운 바와 같이, 이러한 목적에 답변할 수 있는 것은 오직 믿음뿐입니다. 그러므로 우리가 바라보기만 할 것이 아니라 믿음으로 살아가는 한, 우리는 민첩하게 성결의 길로 나아가게 됩니다. 우리가 보이는 것들이 아니라 보이지 않는 것들을 꾸준히 바라보는 동안 우리는 더욱더 세상에 대해 못 박히고 세상은 우리에게 못 박힌 바 됩니다. 우리의 영혼의 눈을 일시적인 것들이 아니라 영원한 것들을 향해 끊임없이 붙박이 하고, 우리의 애정을 세상으로부터 점점 멀어지게 하여 위의 것에 고정시킵시다. 일반적으로 믿음은 모든 의와 진정한 성결을 증진시키며, 믿는 사람들의 마음속에 가장 직접적이고 효과적으로 거룩하고 영적인 율법을 세우는 수단인 것입니다.

3. 그리고 믿음을 보다 특수한 의미에서 말한다면, 믿음은 용서하시는 하나님께 대한 신뢰인데, 이 믿음으로 말미암아 우리는 더욱 효과적인 방법으로 우리 자신의 마음속에 주님의 율법을 세우게 됩니다. 왜냐하면 그리스도 안에 나타난 하나님의 사랑이라는 의미에서 하나님을 사랑하도록 우리를 그렇게 강하게 이끄는 동기란 없기 때문입니다. 이러한 강력한 확신보다 우리를 이끌어 우리에게 주신 그리스도께 우리의 마음을 바치도록 할 수 있는 것은 없습니다. 이러한 하나님께 대한 감사로 넘친 사랑의 원리로부터 이웃을 사랑하는 마음 또한 생기게 됩니다. 만일 우리가 우리를 사랑해 주신 하나님과 함께하는 사랑을 진실하게 믿는다면, 우리의 이웃에 대한 사랑을 피할 수 없습니

다. 이것이 믿음에 근거한 사람에 대한 사랑이고 하나님께 대한 사랑이며, '이웃에게 악을 행하지 못하도록 하는' 사랑입니다. 결론적으로 사도 바울이 관찰했던 바와 같이 사랑은 부정적인 모든 '율법'을 '완성하는' 것입니다. 이 때문에 "간음하지 말라, 살인하지 말라, 도둑질하지 말라, 거짓 증거하지 말라, 탐내지 말라" 하는 계명이 있는 것입니다. 그리고 만약 어떤 다른 계명이 있다면, "네 이웃을 네 몸과 같이 사랑하라"는 말씀으로 간단하게 이해될 수 있습니다. 사랑은 우리 이웃에게 어떤 악행도 하지 않는다는 것만으로 만족할 수 없습니다. 사랑은 시간과 기회가 있는 대로 선을 행하도록 우리를 다그칩니다. 가능한 한 있는 대로 높낮이를 따지지 말고 모든 사람들에게 선행을 하라고 재촉합니다. 그리고 사랑은 하나님의 율법을 이와 같이 소극적으로 완성시킬 뿐만 아니라 적극적으로 완성시키는 것입니다.

4. 믿음은 단지 외적인 면으로만 소극적이거나 적극적으로 율법을 성취시키는 것이 아니라, 모든 비열한 감정으로부터 마음을 정화하고 깨끗하게 하기 위해 사랑으로 말미암아 내적으로 역사하는 것입니다. 이러한 믿음을 가진 모든 사람들은 "주님께서 깨끗하신 것같이 자신을 깨끗하게" 하는 것입니다. 즉 세속적이고 관능적인 모든 욕구로부터 자신을 깨끗하게 하는 것입니다. 그리고 모든 악하고 과격한 감정으로부터, 뿐만 아니라 하나님께 대적하는 육욕적인 마음 전체로부터 우리를 깨끗하게 하는 것입니다. 동시에 믿음이 완전하게 역사하게 된다면, 모든 선과 의와 진리로 인간을 가득 채웁니다. 믿음은 사람의 영혼에 천국을 가져옵니다. 그리고 믿음은 하나님께서 빛 속에 계신 것처럼 사람을 인도하여 빛 속에서 걸어가게 합니다.

5. "우리가 은혜 아래 있다"고 해서 죄를 짓는 것이 아니라, 오히려 "모든 의를 완성하기 위해" 우리가 받은 모든 능력을 사용함으로써 우리 자신 속에 율법을 세우도록 노력합시다. 주님의 사랑이 우리의 죄를 깨닫게 할 때 하나님께로부터 우리가 받은 빛을 마음속에 회상하면서 그 빛을 꺼뜨리지 않도록 조심합시다. 그때 우리가 성취한 것을 단단히 붙들도록 합시다. 어떤 것이라도 우리가 파괴한 것을 다시 세우지 않도록 합시다. 크건 작건 간에 우리가 분명하게 깨달았던 하나님의 영광을 위한 것이 아닌 것, 또한 우리 자신의 영혼에 유익하지 않은 것은 어떤 것이라도 다시 계속하지 않도록 합시다. 그리고 크건 작건 양심의 가책이 없이는 등한히 할 수 없는 것을 우리가 무시하지 않도록 하여 어떤 것에도 유혹을 받지 맙시다. 이전에 받았던 빛을 더 증가시키고 완전케 하기 위하여 이제 믿음의 빛을 첨가합시다. 주님께서 전에 우리에게 보여주신 것은 무엇이든지 보다 깊은 의미로, 더욱 온유한 양심으로, 죄에 대해 한층 예민한 감수성을 가짐으로써 하나님께서 전에 주신 은사를 확신하도록 합시다. 지금 우리가 기쁨을 가지고 영원한 두려움 없이 이것들을 분명히 확고하게 바라보며 살아간다면, 우리는 쾌락과 부귀와 칭찬 그리고 이 세상의 모든 것들을 물 위에 뜬 거품처럼 생각하게 될 것입니다. 즉 아무것도 중요하게 여기지 않고, 아무것도 바랄 만한 것으로 여기지 않으며, 아무것도 깊이 생각할 가치가 있는 것으로 여기지 않고, 단지 "예수님이 하나님 우편에 앉아 계신" "장막 속에" 있는 것만을 중요하게 여겨야 하는 것입니다.

6. "당신은 나의 불의에 대해 자비로우신 분이시니 내 죄를 더 이상 기억하지 마십시오" 하고 말할 수 있겠습니까? 그렇다면 장차 도

래하는 그때를 위해 뱀의 얼굴을 보고 피하듯이 죄를 보고 피하도록 하십시오. 죄가 당신에게 지금 섬뜩할 정도로 악하게 보입니까? 이 죄는 표현할 수 없을 만큼 얼마나 흉악한 것입니까? 다른 한편 하나님의 거룩하시고 완전하신 뜻을 지금 당신은 얼마나 자랑스러운 빛 속에서 바라봅니까? 그러므로 지금 그 뜻이 당신 안에서 성취되도록 하고, 당신에 의해 성취되도록 하며, 당신에게 성취되도록 노력하십시오. 더 이상 죄를 짓지 않도록 조심하고 기도하십시오. 또한 주님의 율법의 가장 작은 부분이라도 범하지 않도록 조심하고 피하십시오. 태양이 어두운 곳을 비출 때 당신은 전에 볼 수 없었던 티끌까지도 볼 수 있습니다. 이와 마찬가지로 의의 태양이 당신의 마음속에 비칠 때 전에는 볼 수 없었던 죄를 보게 됩니다. 이제부터 모든 면에서 당신이 받아들였던 빛을 따라 살기 위해 부지런히 행하십시오! 매일매일 빛을 받으며, 하나님께 대한 지식과 사랑, 그리스도의 영, 그분의 생명, 그분의 부활의 능력을 더욱더 받도록 열심을 내십시오! 이제 여러분이 이미 얻은 모든 지식, 사랑, 생명, 능력을 사용하십시오. 그리고 당신이 하나님의 사랑을 눈으로 바라봄으로 믿음이 삼켜진 바 되고, 사랑의 법이 영원히 성취될 때까지 믿음에서 믿음으로 계속해서 전진하여 거룩한 사랑 안에서 매일매일 성장합시다!

32

광신의 본성
The Nature of Enthusiasm

런던 시티로드 채플에서 설교하는 웨슬리
⟨John Wesley preaching in the City Chapel⟩. Engraving by T. Blood, 1822

베스도가 크게 소리 내어 이르되 바울아 네가 미쳤도다 (행 26:24)

1. 하나님을 알지 못하는 온 세상 사람들은 바울의 종교에 속한 모든 사람들을 보고 그들이 그리스도의 추종자였듯이 바울의 추종자라고 말합니다. 사실 그런 종류의 종교가 있습니다. 그렇지만 기독교는 그와 같은 비난을 받지 않고 일반적으로 상식에 맞는 것들을 일관되게 실천하는 종교입니다. 이를테면 겉으로 나타나는 의무들을 반복하며 온당하고 규칙적으로 믿는 형식을 갖춘 종교를 말합니다. 여기에다 조직화된 올바른 견해들, 즉 정통 교리를 덧붙일 수도 있고, 어느 만큼의 이교적인 도덕성을 덧붙일 수도 있습니다. 하지만 "종교가 너를 미치게 했다"라는 말을 그렇게 터놓고 하는 사람이 많지는 않습니다. 그러나 여러분이 마음의 종교에 목표를 두고 "의와 평화와 성령 안에서의 기쁨"에 관하여 이야기한다면 오래지 않아 "네가 미쳤다"라는 여러분의 판단은 사라지게 될 것입니다.

2. 이런 면에서 세상 사람들이 여러분을 보고 하는 말이 결코 찬사는 아닙니다. 일단 그들이 말을 하면 그 나름대로 뜻을 지니고 있습니다. "성령을 받은 사람의 마음속에 하나님의 사랑이 풍성하게 부어

진다"고 말하든가 "말할 수 없는 기쁨과 충만한 영광으로" 그리스도 안에서 기뻐하도록 하나님이 도우셨다고 말하는 사람을 보기만 하면 그들은 한결같이 그런 사람을 보고 미쳤다고 말하거나 진심으로 그렇게 믿습니다. 만약 어떤 사람이 정말 하나님께 대해서는 살며 이 땅 위에 있는 모든 것에 대해서는 죽고, 보이지 않는 하나님을 계속 보면서 눈에 보이는 것을 따르지 않고 믿음을 따라 행한다면, 그 사람들은 여기서 분명한 예를 찾습니다. 모든 논쟁을 제쳐놓고 "그 사람이 종교를 열심히 믿다가 미쳤다"고 하는 것입니다.

3. 이 세상이 미친 것으로 간주하는 결정적인 요소를 살피기란 쉬운 일입니다. 모든 현세적인 것을 경멸하는 것과 모든 영원한 것을 꾸준히 구하는 것을 두고 그렇게들 생각합니다. 다시 말하자면 보이지 않는 것들에 대한 거룩한 확신과 하나님을 사랑하는 일을 기뻐하고, 하나님의 거룩하고 행복한 사랑과 우리가 하나님의 자녀임을 성령이 우리의 영과 더불어 증거하는 일 같은 것입니다. 이를테면 진리 안에 있는 것과 모든 영, 그리고 생명과 예수 그리스도의 종교적인 능력 같은 것을 두고 하는 말입니다.

4. 그러나 이들도 예수 믿는 사람이 다른 면에서는 제정신으로 말하고 행동하는 것을 인정합니다. 다른 일들을 할 때에는 이성(理性)이 있는 사람이 되는 것입니다. 그래서 이런 때에는 머리가 온전하다고 말합니다. 그러므로 그가 미쳐서 하는 일은 좀 별난 것으로 인정되며, 세상 사람들은 보통 그런 현상을 광신(狂信)이란 특별한 이름을 붙여서 구별합니다.

5. 이 말은 언제 누구의 입에서 새어나왔는지도 모를 만큼 지나칠 정도로 자주 쓰지만, 그것을 가장 많이 쓰는 사람들조차도 그 뜻을 잘 모르고 마구 씁니다. 그러므로 이 말의 의미, 곧 광신이 무엇을 두고 하는 말인지를 내가 설명한다면, 자신들이 말하고 또 듣는 것이 무엇인가를 진지하게 알고자 하는 사람들에게는 결코 받아들일 수 없는 말은 되지 않을 것입니다. 그렇게 되면 이 말을 억울하게 듣는 사람에게는 격려가 되고, 그런 말을 꼭 들어야 마땅할 사람에게는 도움이 될 것입니다. 뿐만 아니라 그런 현상에 대해서 조심하지 않는 사람들이 있다면 앞으로 그렇게 될 가능성 때문에도 도움이 될 것입니다.

6. 일반적으로 이 말은 헬라어에서 나온 것으로 생각합니다. 그러나 헬라어의 "엔두시아스모스(ενθουσιασμός)"라는 말이 어디에서 파생되었는가를 설명할 수 있는 사람은 이제까지 아무도 없었던 것 같습니다. 모든 광신이 하나님과 관계가 있기 때문에 이 말을 "하나님 안에서(εν θεῶ)"라는 말에서 파생된 것으로 보려고 노력한 사람도 있습니다. 그러나 이것이 강요될 수는 없습니다. 왜냐하면 파생된 말과 그들이 파생어의 어원으로 보려는 말 사이에는 닮은 점이 적기 때문입니다. 어떤 이들은 또 이 말을 "희생 안에서(ενθνῖα)"라는 말에서 파생된 것으로 보려고 했습니다. 그 이유는 옛날에 수많은 광신적인 사람들이 희생 제사를 드리는 중에 가장 맹렬하게 그런 모습을 드러냈기 때문입니다. 아마 이 말은 그렇게 광신적으로 날뛴 사람들이 내는 소리에서 사람들이 만들어 낸 말인지도 모르겠습니다.

7. 사실 같지 않은 말이 될지는 몰라도, 이와 같이 괴상한 말이

여러 나라 말에 계속 남아 있는 이유는, 이 말의 의미 못지 않게 그 말의 파생에 대해서 사람들이 보다 나은 일치된 견해를 갖지 못했기 때문인 것 같습니다. 그래서 저들은 이 말을 잘 알지도 못할 뿐만 아니라 각기 자기네들의 말로 번역할 수도 없기 때문에 이 헬라어를 외래어로서 그대로 사용했습니다. 왜냐하면 이 말이 항상 의미가 불확실하고 희미해서 어떤 결정적인 의미를 부여할 수가 없었기 때문입니다.

8. 그러므로 오늘날에도 각기 다른 사람들이 그들 나름대로 이 말을 달리 쓰면서 그 뜻이 일치되지 않게 여러 가지로 쓰고 있다는 것은 조금도 놀라운 일이 아닙니다. 선한 뜻으로 받아들이는 사람들 가운데는 이것을 이성과 외적인 감각을 전체 또는 부분적으로 잠시나마 정지시키는 것으로서 모든 자연스러운 감각 기능보다 우월한 거룩한 충동이나 느낌으로 생각하는 사람들이 있습니다. 이런 의미에서 보면 옛날의 선지자들과 사도들은 적합한 광신자들이었습니다. 왜냐하면 각기 다른 시대에 살았지만 그들은 똑같이 성령으로 충만하여 그들의 마음속에 거하시는 성령을 힘입어 그들의 이성과 감각과 모든 자연스러운 기능이 정지된 채로 전적으로 하나님의 능력으로 활동하고 오로지 "성령의 감동을 따라서 말하였기" 때문입니다.

9. 다른 사람들은 이 말을 담담하게 생각합니다. 도덕적으로 선한 것도 악한 것도 아닌 것으로 받아들이는 이들은 특히 호머(Homer)나 버질(Virgil) 같은 시인들의 광신적인 열심을 이야기합니다. 이런 점에서 어느 작가는 최근에 이르기를, 무슨 일을 하든지 간에 그 기질에 있어서 강한 열정을 가지고 있지 않은 사람이 자신의 전문 분야에서 뛰

어난 경우는 없다고 하였습니다. 결국 광신적인 '열심'을 이들은 보통 사람에게서는 찾아볼 수 없는 비범한 사고력과 특별히 열정적인 정신, 그리고 생기와 힘으로 이해한 것 같습니다. 이것은 냉정한 이성으로 얻을 수 있는 것보다 훨씬 더 크고 강한 것들을 영혼이 얻을 수 있도록 고양시키는 것이라고 본 것 같습니다.

10. 그러나 이들 중의 어느 것도 광신적인 '열심'이 일반적으로 이해되는 의미라고 볼 수는 없습니다. 그 이상 더 일치된 이야기를 찾아볼 수는 없더라도 일반적으로 사람들은 그것이 악하다는 것과 마음의 종교를 광신적인 '열심'이라고 부르는 모든 사람들의 감정이라고 쉽게 부를 수 있을 만큼은 최소한 일치된 견해로 생각합니다. 따라서 나는 다음 이야기에서 이것을 하나의 잘못이라고 하지는 않더라도 악과 불행으로 여기겠습니다.

11. 광신의 본성에 관하여 이야기할 것 같으면, 그것은 의심할 여지 없이 정신의 무질서를 의미합니다. 이성의 작용을 크게 저해하는 그런 무질서 말입니다. 아니 때로는 정신의 무질서가 이성을 완전히 배제합니다. 그것은 인식의 눈을 흐리게 할 뿐 아니라 완전히 눈을 감게 만들어 버립니다. 그러므로 그것은 일종의 미친 상태로 간주될 수도 있습니다. 어리석음이라기보다는 미친 상태입니다. 왜냐하면 어리석은 사람은 올바른 전제에서 그릇된 결론을 얻는 반면에 미친 사람은 그릇된 전제에서 올바른 결론을 얻기 때문입니다. 광신주의자도 이와 똑같습니다. 광신자의 전제가 옳다고 가정합시다. 그러면 반드시 그의 결론이 따라오게 마련입니다. 그러나 그의 실수는 이런 데 있습니다. 즉 그의

전제는 거짓된 것입니다. 그는 실제로 자기가 아닌 것을 자기 자신이라고 상상합니다. 그러므로 일단 잘못된 출발을 하면 앞으로 나가면 나갈수록 그는 점점 길을 잃고 방황하게 됩니다.

12. 그렇다면 모든 광신자는 당연히 미친 사람입니다. 그러나 그가 미쳤다는 것은 일반적인 의미가 아니라 종교적으로 미쳤다는 것입니다. '종교적'이란 말을 쓸 때 내가 의미하는 것은 그것이 종교의 어느 부분이라는 것이 아니라 오히려 그 정반대입니다. 종교는 건전한 정신과 영에 속한 것입니다. 따라서 종교는 모든 종류의 미친 상태와는 정반대의 입장에 서 있는 것입니다. 그러나 내가 말하려는 것은, 광신자는 종교를 가져도 그 자체의 목적을 위해서 갖는다는 말입니다. 그는 종교에는 익숙합니다. 그래서 모든 합리적인 생각을 하는 온당한 그리스도인이라면 광신자의 정신적 무질서를 분별할 수 있을 정도로 그는 일반적으로 종교와 하나님과 또 하나님에 관한 이야기를 주로 합니다. 광신은 일반적으로 이렇게 설명될 수 있겠습니다. 종교적으로 미친 상태는 잘못 상상된 하나님의 힘과 감화에서 나오는 것이라고 말입니다. 다시 말하면 어떤 원인을 놓고 하나님께 돌려서는 안 될 것을 돌리고, 또 하나님께로부터 기대해서는 안 될 것을 기대하는 것입니다.

13. 광신에는 헤아릴 수 없는 종류들이 있습니다. 아주 흔하기 때문에 아주 위험한 것들이 있습니다. 나는 이것들을 여기에 몇 가지로 간추려 놓음으로써 사람들이 그것을 쉽게 알아보고 피할 수 있게 하려고 합니다.

제일 먼저 언급하고자 하는 종류는, 가지고 있지도 않은 은혜를 가지고 있는 것으로 상상하는 사람들의 광신입니다. 사실은 그렇지 않은데, 자신들이 그리스도를 통하여 구속을 받았고 '죄의 용서까지도' 받았다고 상상하는 사람들이 있습니다. 이들은 보통 그들 '자신 속에 뿌리가 없는' 사람들이며, 깊은 회개나 철저한 확신도 없는 사람들입니다. '그러므로 그들은 기쁨으로 말씀을 받습니다.' 그런데 '흙이 깊지 않아서', 그들의 마음속에 깊은 노력이 없어도 그 씨가 떨어져 '싹은 곧 났습니다.' 그들의 마음이 상하지 않았다는 데 대한 자부심이 생기고, 그 가벼운 기쁨과 함께 즉시 피상적인 변화가 일어납니다. 뿐만 아니라 엉뚱하게 자신을 사랑하는 마음까지도 생깁니다. 그래서 그들이 이미 '하나님의 선한 말씀과 다가올 세상의 여러 가지 능력들을 맛보았다'고 스스로 자부합니다.

14. 이것은 물론 첫째 종류의 광신을 예로 든 것입니다. 이것은 그들이 사실상 갖지도 않은 은혜를 가지고 있다고 하는 상상에서 나오는 미친 마음입니다. 그래서 그들은 오직 자신의 영혼을 속일 뿐입니다. 미쳤다고 하는 말이 적절한 것이라고 할지라도 그들의 전제가 선하다면 이 가련한 사람들의 논리는 옳습니다. 그러나 그들의 논리가 단순히 그들의 상상에서 나온 것이기 때문에 그 위에 세운 것은 모두가 땅에 떨어지고 맙니다. 그들의 모든 공상의 기초는 이것입니다. 그들은 스스로 그리스도를 믿는 믿음이 있다고 상상하는 것입니다. 그들이 믿음을 가지고 있다면 그들은 '왕과 제사장들이 되어 하나님을 섬기고' 또 '없어지지 않을 왕국을' 차지하게 됩니다. 그러나 그들은 믿음이 없습니다. 그래서 결과적으로 그들의 다음 행동은 보통 미친 사람과 다를 바가 없어서 진실이나 맑은 정신과는 먼 행동이 됩니다. 그들은 자신을

이 세상의 왕으로 착각하며 말하고 행동합니다.

15. 이런 종류의 광신자들은 이 밖에도 많이 있습니다. 예를 들면 종교에 대하여 맹렬한 열심당입니다. 보다 적절하게 표현하자면, 종교라는 이름으로 고상하게 만드는 예배에 관한 견해와 형식에 대하여 맹렬한 열심당입니다. 이런 사람 역시 자신이 예수를 믿는 사람이라고 강하게 상상합니다. 그렇습니다. 그는 예전에 성도들이 물려받은 신앙에서 자기가 최고라고 상상합니다. 따라서 그의 모든 행동은 그와 같은 공상을 바탕으로 해서 이루어집니다. 그래서 자신의 상상을 정당한 것으로 여기는 나머지 자신의 행동을 정당화시키는 상당한 구실을 늘 갖게 마련입니다. 그러나 그 결과는 뻔합니다. 병든 머리와 병든 마음이 있을 뿐입니다.

16. 그러나 이런 종류의 모든 광신자들 가운데서도 가장 흔한 것은 자신을 스스로 그리스도인이라고 상상은 하지만 실제로는 아닌 사람들입니다. 이런 사람들은 우리나라 방방곡곡에만 많이 있는 것이 아니라, 이 지구상의 사람이 사는 곳이면 어디를 가나 다 있습니다. 우리가 하나님의 예언을 믿는다면, 그들이 그리스도인이 아니라는 것은 명백하고 부정할 수 없는 사실입니다. 왜냐하면 그리스도인들은 성결하고 저들은 성결하지 않기 때문입니다. 그리스도인들은 하나님을 사랑하고 저들은 세상을 사랑합니다. 그리스도인들은 겸손하고 저들은 교만합니다. 그리스도인들은 친절하고 저들은 격정적입니다. 그리스도인들은 그리스도 안에 있는 마음을 가지고 있고 저들은 그런 마음에서는 정말 거리가 멉니다. 저들은 결과적으로 그리스도인도 아니며, 천

사장은 더더욱 아닙니다. 그럼에도 불구하고 저들은 자신이 그런 것이라고 상상합니다. 물론 거기에 대한 여러 가지 이유가 있습니다. 왜냐하면 그들의 기억으로는 계속해서 '그렇게 불렸기 때문입니다.' 저들은 여러 해 전에 '세례를 받았고', 쉽게 말해서 기독교 신앙이라고 할 수 있는 '기독교적 견해'를 안고 살아왔으며, 저들은 조상들이 한 대로 '기독교적 예배 형식'을 사용하고, 주위의 모든 이웃들이 그러하듯이 이른바 선한 기독교적 삶을 살고 있기 때문입니다. 그러니 누가 감히 저들이 그리스도인이 아니라고 생각하거나 말하려고 하겠습니까? 비록 그리스도를 믿는 신앙의 알맹이가 하나도 없고 참된 내적인 성결이 없다고 할지라도, 그리고 한 번도 하나님의 사랑을 맛보지 못했고 '성령과 함께한 사람들이 되어' 보지 못했다고 할지라도, 누가 그렇게 생각하려고 하겠습니까!

17. 아, 자신을 속이는 불쌍한 사람들이여! 그대들은 그리스도인이 아닙니다. 다만 그대들은 고도의 광신자들입니다. 의원들이여, 그대 자신의 병을 고치십시오! 그러나 먼저 여러분의 병을 알아야 합니다. 여러분의 모든 삶은 광신 그것입니다. 여러분은 모든 것을 상상에만 내맡기고 살면서, 받지도 못한 하나님의 은혜를 받은 것으로 착각하고 있습니다. 이 커다란 잘못의 결과로 나날이 여러분은 자신이 아닌 다른 인물로서 말하고 행동하며 실수를 거듭합니다. 그로 인해서 여러분의 모든 행동에는 뚜렷한 모순과 불합리한 것이 나타나는데 그것은 진짜로 이교와 공상적인 기독교와의 모양 사나운 혼합입니다. 그럼에도 불구하고 대다수가 여러분 편에 함께 서 있기 때문에 여러분은 단지 수의 힘으로 항상 끌고 나가는 것이 있습니다. '여러분만이 온전한 정신으

로 사는 사람들이고, 누구나 여러분과 같지 않은 사람들은 모두 '정신병자'라는 것입니다. 그렇다고 해서 이것이 사물의 본성을 바꾸지는 못합니다. 하나님과 그분의 거룩한 천사들 앞에서 그렇습니다. 또 이 땅 위에 사는 하나님의 모든 자녀들이 보는 앞에서 여러분은 단순히 미친 사람들이고 광신자일 뿐입니다! 안 그렇습니까? 여러분은 '헛된 그림자, 종교의 그림자와 행복의 그림자 속에서 거닐고' 있지는 않습니까? 여러분은 아직도 여러분의 행복과 종교와 마찬가지로 상상에 의한 불행으로 '헛되이 자신을 불안하게 만들고' 있지는 않습니까? 여러분 자신이 가장 잘 알고 가장 현명한 것처럼 스스로 위대하고 선하다고 공상에 사로잡혀 있지는 않습니까? 언제까지 그렇게 하겠습니까? 아마도 죽음에 이르러서야 제정신을 차리고 여러분의 어리석음을 영원히 슬퍼하게 될 것입니다!

18. 광신의 두 번째 종류는 자신들이 갖고 있지 않은데도 하나님이 주신 은사를 가지고 있는 것으로 상상하는 사람들의 광신입니다. 그래서 어떤 사람들은 자신이 이적을 행하는 능력과 말 한마디나 손을 한번 대기만 해도 병을 고치는 능력과 눈먼 사람들의 시력을 회복시키는 능력, 심지어는 죽은 사람까지도 살리는 능력을 받았다고 스스로 상상하는 것입니다. 우리 자신의 역사 속에서 이와 같이 악명 높은 일들의 예는 아직도 우리의 기억에 생생합니다. 또 어떤 사람들은 다가올 일들을 예언하는데 그것도 확실하고 정확하게 예언할 수 있다고 하는 것입니다. 그러나 시간이 조금만 지나가도 이들이 광신주의자들이라는 사실을 깨닫는 것이 보통입니다. 단순한 일이라도 그들의 예언과 어긋나게 될 때 이성이 못하는 것을 경험이 수행합니다. 그래서 이들은 차

분해져 제정신으로 되돌아오는 것입니다.

  19. 이와 똑같은 부류의 사람들이 있는데 이들은 설교나 기도에서 자신들이 성령의 특별한 힘을 받았다고 상상하고 있습니다. 그러나 사실은 그렇지 않습니다. 나는 실로 성령이 아니면 아무것도 할 수 없다는 것을 잘 압니다. 특히 우리의 목회 활동에 있어서는 더욱 그렇습니다. 우리가 하는 모든 설교도 하나님의 능력이 아니면 전혀 헛된 것이 되고, 우리의 모든 기도 역시 우리의 연약함을 성령이 도우시지 아니하면 헛된 것이 되고 맙니다. 우리가 설교를 하든가 기도를 할 때 성령에 의지하지 않으면 우리는 헛수고를 할 수밖에 없다는 사실을 압니다. 만유 가운데서 역사하시는 하나님이 스스로 하실 때만 이 땅 위에서는 어떤 도움도 가능한 것을 보기 때문입니다. 그러나 이것이 우리 앞에 가로놓인 문제를 움직이지는 못합니다. 진정한 성령의 힘이 있는 것은 사실이지만 동시에 상상에 의한 것도 있습니다. 그래서 이를 혼동하여 잘못 생각하는 사람들이 많이 있습니다. 수많은 사람들이 자신은 그 힘을 받았다고 상상하지만 사실은 그것이 아니고 오히려 그와는 거리가 있습니다. 그리고 또 자신들이 받은 힘보다도 더 큰 힘을 받았다고 상상하는 사람들도 많이 있습니다. 정말 유감스러운 일입니다만 이들 가운데 자신들이 하는 말을 그대로 하나님이 지시하신 것이라고 상상하는 사람들이 거의 전부입니다. 결과적으로 그들이 무엇을 어떻게 말하는 것까지도 틀리게 하는 것은 불가능한 일이라는 것입니다. 이런 종류의 광신자들이 우리가 사는 시대에만 해도 참으로 많이 나타났다는 사실은 잘 알려져 있습니다. 이들 중의 어떤 이들은 사도 바울이나 그 밖의 다른 어떤 사도들보다도 훨씬 더 권위있는 태도로 말합니다.

20. 정도는 좀 낮지만 이와 같은 종류의 광신은 그렇게 밖으로 드러나지 않는 성격의 사람들에게서 자주 발견됩니다. 이들 역시 사실은 그렇지 않은데도 자신들이 성령의 힘을 받았거나 지시를 받는다고 상상하는 것입니다. 물론 "누구든지 그리스도의 영을 가지고 있지 않으면 그리스도의 사람이 아니라는 것"과 그 축복의 성령이 주시는 도움이 아니고서는 우리가 생각하는 것이나 말하는 것이나 행동하는 것이 불가능하다는 사실도 나는 인정합니다. 그러나 모든 일의 구실을 하나님께로 돌리고, 합리적인 근거나 성서적인 근거 없이 모든 것을 하나님으로부터 기대하는 사람들이 얼마나 많습니까! 이들이야말로 중요한 일에서뿐만 아니라 중요하지 않은 일들, 생활의 가장 사소한 일들까지도 하나님으로부터 '특별한 지시'를 받고 있거나 받을 것으로 상상하는 사람들입니다. 그러나 사실은 하나님의 성령이 우리를 은밀하게 도우시는 것을 결코 배제하지는 않더라도 하나님께서는 이런 모든 경우에 우리에게 길잡이가 되는 이성을 이미 주셨습니다.

21. 이런 종류의 광신에 묘하게 잘 빠지는 사람들이 있습니다. 이들은 영적인 일에 있어서나 일상적인 일에 있어서 정확히 말하자면 하나님으로부터 '특별한' 지시를 받을 것으로 기대합니다. 이 말은 환상이나 꿈, 그리고 강한 느낌이나 갑작스러운 충동을 마음에 느끼는 것을 통해서 지시 받는다고 하는 것입니다. 나는 물론 옛날부터 자신의 뜻을 하나님이 이런 식으로 드러내셨다고 하는 것을 부정하지 않고, 현재에도 그렇게 하실 수 있다는 것을 부정하지 않습니다. 아니, 극히 드물게 나타나는 일이지만, 지금도 하나님께서 그렇게 하신다고 나는 믿습니다. 그러나 얼마나 자주 사람들이 이 점에서 실수를 합니까! 얼마

나 사람들이 이런 충동이나 느낌, 그리고 환상이나 꿈을 하나님께로부터 온 것이라고 하면서 교만이나 달콤한 공상에 빠져 잘못 이끌려 갑니까! 이런 것은 정말 하나님께 합당하지 않습니다! 그리고 보면 이것이 진짜 광신입니다. 종교에 있어서는 물론 진실과 사실에도 전혀 얽매이지 않는 것입니다.

22. 아마 어떤 사람은 이렇게 물을 수도 있을 것입니다. "그렇다면 모든 일에 있어서 하나님의 뜻이 무엇이냐고 물어서는 안 됩니까? 그리고 하나님의 뜻이 우리의 실천의 법칙이 되면 안 됩니까?" 두말할 것 없이 그래야 되겠지요. 그러나 이런 질문을 하고 또 하나님의 뜻이 무엇인지를 아는 그리스도인이 있다면 그는 얼마나 정신이 맑고 온당한 생각을 하는 사람인가요? 초현실적인 꿈을 기다리지도 않고, 환상 속에서 하나님이 계시해 주시기를 기대하지도 않고, 마음에 떠오르는 '특별한 느낌'이나 갑작스러운 충동을 찾지도 않고, 다만 하나님의 예언을 찾아 거기서 뜻을 찾는 것입니다. '율법과 증거의 말씀으로만!' 하는 것입니다. 이것이 바로 무엇이 '하나님께서 받으실 만하고 거룩한 뜻인가'를 아는 일반적인 방법입니다.

23. '그러나 내가 그러저러한 특별한 경우에 무엇이 하나님의 뜻인지 어떻게 알겠습니까? 현재 그 문제는 어느 쪽으로도 치우치지 않는 문제일 뿐만 아니라 성서에서도 그 해답이 드러나지 않은 채로 남아 있습니다.' 그렇다면 나는 이렇게 대답하겠습니다. 성서는 모든 특별한 경우에 적용될 수 있는 일반적인 법칙을 가르쳐 줍니다. '하나님의 뜻은 우리의 성결입니다.' 우리가 내적으로나 외적으로 성결하게 되어야

하는 것과, 모든 일에 있어서 우리가 할 수 있는 만큼은 최고로 선해지고 또 선하게 행동해야 한다는 것이 하나님의 뜻입니다. 이런 만큼 우리는 확고한 근거 위에 서 있습니다. 이것은 불을 보듯 명백한 일이요, 해가 비치는 것같이 명백합니다. 그러므로 구체적으로 하나님의 뜻이 무엇인가를 알기 위하여 우리는 오로지 이 일반적인 법칙을 적용해야 합니다.

24. 예를 들어서 이성을 가진 한 사람이 결혼을 한다든가 새로운 사업을 시작하게 되는 경우를 가정해 봅시다. 나에 관한 한, 내가 할 수 있는 최선을 다해 성결해지고 선을 해야 하는 것이 '하나님의 뜻'이라는 것을 확신하는 범위 내에서 그는 이것이 하나님의 뜻인가 아닌가를 알기 위하여 다만 이렇게 물어야 할 것입니다. '이 중의 어느 상태에서 내가 가장 성결해지고 또 가장 선을 행할 수 있을까?' 그리고 이 문제는 부분적으로는 이성에 의해서, 그리고 부분적으로는 경험에 의해서 결정되어야 할 것입니다. 선해지는 일이나 선을 행하는 일을 위해서 현재 상태에서 그가 가지고 있는 이점이 무엇인지를 경험은 말해 주고, 문제가 되고 있는 상태에서 확실히 또는 십중팔구 무엇을 얻게 될 것인가를 이성은 보여줄 것입니다. 이들을 비교함으로써 둘 중의 어느 것이 그가 선해지고 또 선을 행하는 데 도움이 될까를 판단하게 될 것이며, 이를 아는 만큼은 그가 하나님의 뜻이 무엇인가를 확신하게 되는 것입니다.

25. 한편으로 이런 물음을 묻는 모든 과정에서 성령의 도움이 추정됩니다. 실상 얼마나 많은 길로 이 도움이 전달되어 오는가를 말하

기란 쉬운 일이 아닙니다. 성령께서는 우선 수많은 사정을 우리의 기억에 되살아나게 하십니다. 그중에서 어떤 것은 보다 강력하고 뚜렷하게 밝혀 주시는 것이 있을 수 있고, 경우에 따라서는 우리가 알지 못하는 사이에 우리의 마음 문을 열어 확신을 얻게 하시며, 그 확신을 우리 마음에 고정시켜 주실 수도 있습니다. 그리고 이와 같은 여러 가지 사정이 우리의 마음속에 되살아나게 하신 것 중에 어느 것이 하나님 보시기에 용납할 만한 것인가에 따라서 하나님은 말로 표현할 수 없는 마음의 평화와 특별히 큰 하나님의 사랑을 그 위에 더해 주셔서, 이것이 우리에 관한 하나님의 뜻이라는 것을 의심할 여지도 없이 믿게 만드시는 것입니다.

26. 이것이 구체적인 경우에 하나님의 뜻이 무엇인가를 알 수 있는 솔직한, 성서적이며 합리적인 방법입니다. 그러나 이런 방법은 별로 자주 이용되는 것이 아니며, 오히려 비성서적이며 비합리적인 방법으로 하나님의 뜻을 알려고 하는 사람들에게는 엄청나게 광신이 물밀듯이 밀려드는 것을 생각한다면, 이런 표현 자체는 훨씬 더 아껴서 쓰는 것이 바람직한 일이라고 하겠습니다. 어떤 사람들이 그렇게 하듯이 극히 사소한 경우에도 이 표현을 쓰는 것은 제3계명을 명백히 어기는 것입니다. 이것은 하나님의 이름을 망령되이 일컫는 터무니없는 일이며, 하나님께 대한 엄청난 불경죄를 드러내는 것입니다. 그렇다면 이와 같은 반대에 부딪치지 않은, 차라리 다른 표현들을 쓰는 것이 훨씬 더 좋지 않을까요? 예를 들자면 어떤 구체적인 경우에 '나는 하나님의 뜻을 알고 싶다'라는 말 대신에 '나 자신의 향상을 위해서 어느 것이 가장 좋고, 무엇이 나를 가장 유용하게 만들어 줄 것인가를 알고 싶다'라고 말하는 편이 더

좋지 않겠습니까? 이렇게 말하는 것이 명백하고 누구도 반대할 도리가 없는 더할 나위 없이 좋은 방법입니다. 이렇게 하는 것이 문제를 명료하게 성서적인 문제로 보게 하며, 광신의 위험성도 없애 줍니다.

27. (앞에 나온 것과 우연히 일치가 되지 않는다면) 아주 흔한 세 번째 종류의 광신은 어떤 수단도 거치지 않고 하나님의 직접적인 능력으로 목적에 도달할 수 있다고 생각하는 사람들의 광신입니다. 사실상 하나님의 섭리에 의해서 그와 같은 수단들이 사용되지 않고 보류되는 것이라면, 그들이 물론 이런 말을 듣지 않아도 될 것입니다. 하나님이 여기서 말하는 것과 같은 성질의 경우에서 하나님께서 즉각적이며 직접적인 능력을 행하실 수 있고 또 때로는 행하시기도 합니다. 그러나 그런 수단을 갖추고 있는데도 사용하지 않으면서 이와 같은 하나님의 직접적인 능력만을 기대하는 사람들은 그야말로 광신자들입니다. 이런 사람들이야말로 성서를 읽지도 명상하지도 않고 그것을 이해할 수 있기를 기대하는 사람들입니다. 그렇습니다. 이들은 자신의 능력으로 할 수 있는 어떤 수단도 사용하지 않으면서 그저 하나님의 능력으로만 그들의 목적에 도달하기를 기대하는 것입니다. 이 사람들이야말로 '고의적으로' 조금도 사전에 생각하지 않은 채 회중 앞에서 말하는 사람들입니다. 내가 '고의적으로'라고 말하는 이유는, 때로는 그럴 수밖에 없는 경우도 있기 때문입니다. 그러나 누구를 막론하고 유익하게 말할 수 있는 중대한 수단을 무시하는 사람이면 그는 그만큼 광신자입니다.

28. 어떤 사람들이 생각하는 것과 같이 내가 네 번째 종류의 광신에 대해서 언급하리라고 기대하는 분들도 있을 것입니다. 이것은 하

나님의 섭리에 의한 것이 아닌데도 하나님의 섭리에 의한 것이라고 상상하는 것입니다. 그러나 여기에는 의심할 여지가 있습니다. 하나님의 섭리에 의하지 않는 것이 사실 어떤 것인가를 모르겠습니다. 그와 같은 일들의 질서를 세우는 일이나 최소한도 관리를 하는 일에 있어서 이것은 직접으로나 간접으로 해당되는 관계사항이 없습니다. 죄밖에는 빼놓을 것이 아무것도 없습니다. 다른 사람들의 죄에 있어서도 나에 대한 하나님의 섭리는 볼 수 있습니다. 나는 하나님의 '일반적인' 섭리를 말하지 않습니다. 왜냐하면 나는 이것이 아무 의미도 없는, 그냥 울리는 소리라고 생각하기 때문입니다. 만약 '특수한' 섭리가 있다면, 그것은 마땅히 모든 사람들과 모든 일에 해당되어야 하는 것입니다. 우리 주님도 그렇게 이해하셨습니다. 그렇지 않으면 주님께서도 이런 말씀은 하시지 않았을 것입니다. "너희의 머리카락까지도 세고 계시다" 하는 말씀과 하늘에 계신 '너희 아버지의' 뜻이 아니면 참새 한 마리라도 땅에 떨어지지 않을 것이라고 말씀하셨습니다. 이것이 사실이라면, 하나님께서 '온 우주를 단 한 사람 같이, 그리고 단 한 사람이라도 온 우주 같이 (universis tanquam singulis, et singulis tanquam universis)" 다스리신다면, (우리의 죄 이외에) 사실상 하나님의 섭리로 돌리지 않을 것이 무엇이 있습니까? 그러므로 나는 여기서 광신을 공격할 가능성을 조금도 포착하지 못하겠습니다.

29. 이런 말을 한다면 이렇게 공격하는 사람이 있습니다. '당신이 이것을 하나님의 섭리로 돌린다면, 그것은 당신이 하늘의 독특한 사랑을 받는 사람이라고 상상하는 것입니다.' 그러면 나는 이렇게 대답합니다. 내가 나중에 한 말을 잊어버리셨군요. "하나님은 단

한 사람이나 마찬가지로 우주 안에 있는 모든 사람을 섭리하십니다 (Praesidet uni ver sis tanquam singulis)." 이런 사실을 믿기 때문에 자기 앞에 떨어지는 모든 일을 하나님의 섭리로 돌리는 그런 사람은 하늘 아래 사는 모든 사람보다 자신이 하늘의 사랑을 더 많이 받아야 한다고 생각하지 않는다는 사실을 모릅니까? 그러므로 이런 것을 근거로 해서 그와 같은 사람을 광신자라고 공격할 구실은 찾지 못합니다.

30. 물론 광신이라면 그것이 어떤 종류이든 간에 우리는 있는 힘을 다해 부지런히 경계해야 마땅합니다. 특히 그것이 낳은 무서운 결과를 생각하든가 사실상 거기서 나오는 자연적인 결과를 생각하면 더욱 그렇습니다. 제일 먼저 나오는 것은 교만입니다. 이 교만은 그것이 흘러나온 근원인 광신을 계속해서 더욱더 강하게 만듭니다. 그래서 점점 더 하나님의 사랑과 생명으로부터 우리를 소외시킵니다. 이 교만은 바로 믿음과 사랑의 샘물, 그리고 의와 참된 성결의 샘물을 말려 버립니다. 사실 이 모든 것은 은혜로부터 흘러나옵니다. 그러나 '하나님께서는 교만한 자를 물리치시고' 오로지 '겸손한 자에게 은혜를 주십니다.'

31. 교만과 함께 자연히 생기는 것은 누구에게 권할 수도 없고 납득할 수도 없는 정신입니다. 그래서 일단 광신자가 무슨 실수나 과오를 범하기만 하면 다시 회복할 가능성이 적습니다. 왜냐하면 그는 보다 높은 길잡이, 곧 하나님의 직접적인 지혜에 의해 인도된다고 상상하기 때문에 (전에는 빈번히 정당하게 인정했다고 할지라도) 그에게 이제는 별로 이성이 비중을 갖지 못하기 때문입니다. 그래서 그의 교만이 커질수록 그를 권면할 수 없는 상태와 고집도 역시 커집니다. 그는 납득이 되도록

이야기가 통할 가능성과 설득당할 가능성이 점점 줄어들어서 오히려 자기 자신의 판단과 자기 자신의 의지에만 더욱더 집착하기 때문에 드디어 그는 완전히 고착되어 요지부동이 됩니다.

32. 이렇게 해서 하나님의 은혜와 사람의 모든 충고와 도움에 대해서는 두꺼운 성벽을 쌓고 살기 때문에 그는 전적으로 자기 자신의 마음과, 교만의 자녀들을 지배하는 왕의 지시에만 의존하게 됩니다. 그렇기 때문에 나날이 격노하면서 모든 인류를 경멸하는 곳으로 깊이 뿌리를 내리며 굳어간다고 해서 조금도 놀랄 것이 없습니다. 거기다가 모든 불친절한 성격과 세상적이고 악마적인 성질을 다 드러내기도 합니다. 어느 시대에나 그와 같은 성격 때문에 생기는 무서운 외적인 결과가 있다고 해서 의아하게 볼 것이 하나도 없습니다. 심지어는 모든 악한 태도와 모든 암흑의 일들까지도 서슴지 않는데, 이교도라고 이름이 붙은 사람들까지도 하기 어려운 탐욕에 가득 찬 일들을 소위 그리스도인이라고 하는 사람들이 버젓이 행하는 경우를 두고 하는 말입니다.

이런 것이 정말 머리가 여럿 달린 괴물인 '광신'의 본성이며 무서운 결과입니다! 이런 것을 생각하면서 이제 우리 자신의 현실과 관련하여 몇 가지 결론을 얻을 수 있을 것 같습니다.

33. 첫째, 광신이란 말을 일단 쓴다면, 그렇게 자주 쓰면서도 그 뜻은 잘 모르기 때문에 여러분은 무엇인지도 잘 모르는 것은 이야기하지 않도록 조심하십시오. 다시 말하면 그 뜻을 이해하기 전에는 이 말을 쓰지도 마십시오. 다른 모든 문제에 있어서도 마찬가지지만, 이 문제에 있어서도 말하기 전에 생각하는 것을 배우십시오. 그러므로 첫째,

이 어려운 말의 의미를 알고 나서 그때 필요하다면 쓰도록 하십시오.

34. 어둡고 애매모호한 이 말을 이해하거나 그것이 무엇을 의미하는지 거기에 대하여 어떤 고정 관념을 가진 사람들이 교육을 받거나 학식이 많은 사람들 가운데조차도 별로 없고, 더욱이 일반인들 가운데서는 더욱 그렇다면, 둘째로, 흔히 전해 듣는 이야기를 바탕으로 해서 어떤 사람을 광신자로 부르거나 판단하지 않도록 조심하십시오. 전해 듣는 이야기가 누구를 욕하고 비난하는 데 충분한 근거는 결코 될 수 없을 뿐더러 이와 같이 누구를 비난하는 지독한 말의 근거가 되기에는 어림도 없는 일입니다. 그 말이 더 많은 악을 지니고 있으면 있을수록, 그 말을 누구에게 적용하는 일에 더욱 조심해야 하는 것입니다. 왜냐하면 완전한 증거도 없이 그렇게 심하게 비난하는 것은 정의나 자비 그 어느 것을 생각해도 맞지 않는 일이기 때문입니다.

35. 그러니 광신이 그렇게도 큰 악이라면 여러분 자신이 거기에 얽혀들지 않도록 조심하십시오. 여러분이 유혹에 빠지지 않도록 깨어서 기도하십시오. 유혹은 하나님을 두려워하거나 사랑하는 사람들을 쉽사리 얽어맵니다. 필요 이상으로 여러분 자신을 더 높게 생각하지 않도록 조심하십시오. 여러분이 얻지도 못한 하나님의 은혜를 얻은 것처럼 상상하지도 마십시오. 여러분은 많은 기쁨과 사랑을 가지고 있으면서도 산 믿음을 가지고 있지 못할 수 있습니다. 여러분이 앞을 보지 못한다 할지라도 하나님이 여러분을 내버려 두시지 않도록 하나님께 부르짖으십시오. 여러분 속에 그리스도가 계시되기까지, 그리고 여러분이 하나님의 자녀라는 것을 성령이 여러분의 영과 더불어 증거하시기까지

여러분은 스스로 그리스도를 믿는 사람이라는 환상이나 공상을 하지 마십시오. 이것을 위해 여러분은 하나님께 부르짖으십시오.

36. 여러분은 남을 박해하는 맹렬한 광신자가 되지 않도록 조심하십시오. 하나님께서 여러분을 부르실 때(여러분이 주님으로 모시는 그리스도의 영과 정반대로) 다른 사람들의 생명을 멸하고 그들을 구원하지 않도록 하시기 위해 여러분을 부르신 것으로 상상하지 마십시오. 결코 사람들을 하나님의 길로 몰아넣을 것은 꿈도 꾸지 마십시오. 여러분 스스로 생각하고, 또 다른 사람들도 생각하게 하십시오. 종교에 관한 일에 있어서는 조금도 강제를 쓰지 마십시오. 심지어 멀리 떨어져 나가 있는 사람일지라도 이성과 진리와 사랑을 통하지 않고는 누구도 돌아오도록 강요하지 마십시오.

37. 여러분은 그리스도인이 아닌데도 스스로 그리스도인이라고 공상하면서 저 흔한 광신자들과 어울려 다니지 않도록 조심하십시오. 여러분이 명백한 영적인 자격이 있거나 그리스도의 마음을 품고 그분이 행하신 대로 행하지 않는다면 감히 그 신성한 이름을 취할 생각도 마십시오.

38. 여러분이 가지고 있지도 않은 하나님의 은사를 가지고 있는 것같이 착각하면서 두 번째 종류의 광신으로 빠져들지 않도록 조심하십시오. 환상이나 꿈, 그리고 어떤 종류이든지 간에 갑작스러운 느낌이나 강한 충동 같은 것을 믿지 마십시오. 기억하십시오. 어떤 특수한 경우에도 여러분이 하나님의 뜻을 알게 되는 길은 이런 것이 아닙니다.

오히려 경험과 이성, 그리고 성령의 평범한 도우심을 힘입고 명백한 성서적 법칙을 적용하는 것을 통해서 하나님의 뜻을 알게 되는 것입니다. 여러분은 입으로 하나님의 이름을 가볍게 부르지도 말고, 모든 사소한 일에 하나님의 뜻을 이야기하지 마십시오. 다만 여러분의 말뿐 아니라 행동도 경건과 하나님을 두려워하는 경외심으로 조화를 이루게 하십시오.

39. 끝으로, 수단이나 과정을 거치지 않고 목적을 달성할 수 있을 것이라는 상상을 하지 않도록 조심하십시오. 하나님께서는 수단을 거치지 않고도 목적을 이루시는 일이 전적으로 가능합니다. 그러나 하나님께서 그렇게 하시리라고 생각할 이유가 여러분에게는 없습니다. 그러므로 하나님의 은혜를 받을 수 있는 평범한 길로 하나님이 정해 주신 모든 수단을 끊임없이 신중하게 사용하십시오. (그리스도 안에 있는 하나님의 사랑을 통하여) 하나님의 은사를 받는 일이나 증진시키는 일에 도움이 되는 것으로 이성이나 성서가 권장하는 모든 수단을 이용하십시오. 그렇게 함으로써 세상이 과거에도 '광신'이라고 불렀고 앞으로도 그렇게 부를 저 순결하고 성결한 종교 안에서 날마다 자랄 것을 기대하십시오. 이것이 진짜 광신과 단지 명목상의 기독교로부터 구원받은 모든 사람들에게는 '하나님의 지혜요 하나님의 능력'이며, 지존하신 분의 영광스러운 형상이며, '의와 평화'이며, '영생에 이르도록 솟아나는 생명수의 샘'입니다.

33
편협한 믿음에 대한 경고
A Caution against Bigotry

옥스퍼드 크라이스트 처치

Christ Church, cathedral of the Diocese of Oxford,
Wesley's college chapel and place of ordination.

요한이 예수께 여짜오되 선생님 우리를 따르지 않는 어떤 자가 주의 이름으로 귀신을 내쫓는 것을 우리가 보고 우리를 따르지 아니하므로 금하였나이다 예수께서 이르시되 금하지 말라 내 이름을 의탁하여 능한 일을 행하고 즉시로 나를 비방할 자가 없느니라 (막 9:38~39)

1. 우리가 읽은 본문 이전의 절들에서 열두 제자가 "누가 더 높으냐 하는 것으로" 다투고 난 뒤에 예수께서는 어린이 하나를 데려다가 그들 앞에 세우시고 그를 안으시면서 제자들에게 말씀하셨습니다. "누구든지 이런 어린이 하나를 내 이름으로 영접하는 것이 나를 영접하는 것이다. 그리고 누구든지 나를 영접하는 것은 나를 영접하는 것이 아니라 나를 보내신 이를 영접하는 것이다." 그러자 주님께서 방금 말씀하신 것과 관련해서 요한이 말했습니다. "선생님, 어떤 사람이 우리를 따르지는 않으면서 선생님의 이름으로 귀신을 쫓아내는 것을 보았습니다. 그런데 그가 우리를 따르지 않기 때문에 그런 일을 못하게 금하였습니다." 그러나 만약 요한이 이렇게 말했다고 가정합시다. "우리가 그를 영접해야 했을까요? 그를 영접했어야 그것이 주님을 영접하는 것이 되었을까요? 오히려 우리가 그를 금하지 말아야 했을까요? 그렇게 한 것이 잘한 게 아닙니까?" 그러나 예수께서는 이렇게 말씀하셨습니다. "그를 금하지 말라."

2. 누가도 똑같은 이야기를 기록했습니다. 그분도 거의 똑같은 말을 합니다. 그러나 이런 질문도 가능할 것입니다. "오늘날에는 '귀신을 쫓아내는' 사람은 하나도 보지 못하는데 이것이 우리와 무슨 관계가 있습니까? 지난 1200년 혹은 1400년 동안 이런 일을 하는 능력이 교회에서 사라지지 않았습니까? 그렇다면 여기서 이야기하는 이 사건이나 또 그것에 관한 우리 주님의 결정이 '우리'와 무슨 상관이 있습니까?"

3. 아마 흔히 상상하는 것보다는 더 사실에 가까울지도 모릅니다. 왜냐하면 여기에 제시된 사건이 전혀 보기 드문 일만은 아니기 때문입니다. 이제 이 이야기에서 충분한 배움을 얻기 위하여 다음 몇 가지를 설명하고자 합니다. 첫째, 어떤 의미에서 오늘날에도 귀신을 쫓아낼 수 있으며 또 쫓아내는가? 둘째, "그가 우리를 따르지 않았습니다"라는 말을 우리가 어떻게 이해할 수 있을까? 셋째, "말리지 말라"고 하신 우리 주님의 결정을 설명하고, 끝으로 이야기 전체에서 결론을 얻고자 합니다.

I

1. 첫째, 사람들이 어떤 의미에서 오늘날에도 귀신을 쫓아낼 수 있으며 또 쫓아내는가를 설명하고자 합니다.

이것을 가장 명백하게 보기 위해서 우리가 기억해야 할 것은 (성서의 이야기에 의거해서) 하나님께서 빛의 자녀들 속에서 거하시고 일하시는 것처럼 귀신도 어두움의 자녀들 속에서 거하며 일하고 있다는 사실입니다. 성령이 선한 사람들의 영혼을 쥐고 있는 것같이 악령은 악한 자들의 영혼을 쥐고 있습니다. 그렇기 때문에 복음서의 기사는 악령이 이 세상적인 사람들에게 제어할 수 없는 능력을 행사하는 것 때문에 악령을 "이 세상의 신"이라고 부릅니다. 그렇기 때문에 우리 주님께서는 악령을 이 세상의 권세 잡은 통치자로 보셨습니다. 악령은 이 세상을 절대적으로 지배합니다. 그래서 요한은 말합니다. "우리는 우리가 하나님께 속한 것을 압니다." 하나님께 속하지 않은 사람은 누구나, '온 세상'이 "악에 잠겨 있는 것이 아니라" "악한 것 속에 잠겨 있으며, 이 세상에 속하지 않은 사람들이 하나님 안에서 살고 움직이는 것같이 '온 세상'은 악령 안에서 살며 움직이고 있습니다."

    2. 마귀는 "삼킬 것을 두루 찾아다니며 우는 사자와 같은 것"으로만 생각해서도 안 되고, 단순히 불쌍한 영혼에게 부지중에 덮쳐서 "그들을 포로로 삼아 제멋대로 끌어가는" 방심 못할 적으로만 생각해서도 안 됩니다. 마귀는 그들 속에 동시에 거하고 행하면서 그들의 마음을 쥐고 그 속에 마귀가 사신의 왕좌(보좌)를 만들어 놓고 모든 생각을 그에게 복종하도록 굴복시킴으로써 (세상적인 사람들과 그들의 어두운 계획과 행동은 물론) 이 세상의 어두운 악독을 지배하는 자로서도 생각해야만 합니다. 이렇게 해서 "강하게 무장한 사람만이 제 집을 지킬 수 있을 것"이며, 만약 이 '더러운 귀신'이 때때로 "어느 사람에게서 나온다"고 할지라도 "자기보다 더 악한 귀신 일곱을 모아 그와 함께 들어가서 자리 잡고 살게 됩니다." 거기에 들어가서도 마귀는 한가하게 있지 않습니다. 마귀는 계속해서 이 "불순종의 자녀들 속에서 일합니다." 마귀는 그들 속에서 능력과 강한 힘을 가지고 일하며, 그들에게 남아 있는 하나님의 형상을 모두 없애 버리고, 또 그들이 모든 악한 말과 행동

을 하도록 준비시키면서 그들로 하여금 전부 마귀 자신의 모습을 닮도록 변화시켜 갑니다.

    3. 그러므로 이 세상의 신이며 이 세상의 권세 잡은 통치자인 마귀가 하나님을 모르는 모든 사람을 아직도 쥐고 있다는 사실은 의심할 여지가 없는 진리입니다. 다만 그가 사람들을 쥐는 방식이 과거와 현재가 다를 뿐입니다. '과거'에는 마귀가 사람들의 영혼은 물론 육체까지도 심한 고통을 주며 괴롭혔을 뿐더러 조금도 숨김없이 드러내 놓고 그런 짓을 했습니다. '현재'에는 (극히 드문 경우 외에는) 사람들의 영혼만을 괴롭히는데, 그것도 할 수 있는 대로 눈에 띄지 않게 합니다. 이런 차이의 이유는 간단합니다. 과거에는 인류를 미신 속으로 몰아넣는 것이 마귀의 목표였습니다. 그렇기 때문에 할 수 있는 대로 드러내놓고 역사했습니다. 그러나 오늘날에는 우리를 불신앙 속으로 몰아넣는 것이 마귀의 목표입니다. 그렇기 때문에 할 수 있는 대로 숨어서 몰래 역사합니다. 그래서 숨어서 역사할 수 있도록 마귀는 더욱더 기승을 부립니다.

    4. 그러나 역사가들의 말을 믿는다면, 현재에도 마귀가 전과 같이 드러내 놓고 역사하는 나라들이 있습니다. "그렇지만 왜 하필이면 미개한 야만인들의 나라에서만 그렇습니까? 이탈리아나 프랑스나 영국 같은 곳에서는 왜 그렇지 않습니까?" 그 이유는 간단합니다. 마귀는 자기 사람들을 알기 때문에 각자를 어떻게 다루어야 할지를 알고 있습니다. 마귀가 라플랜드 사람들(Laplanders)에게 나타날 때는 얼굴을 드러내 놓습니다. 왜냐하면 그들을 미신과 강한 우상 숭배에 묶어 놓으려고 하기 때문입니다. 그러나 여러분에게서는 다른 것을 찾습니다. 마

귀는 여러분이 자신을 우상화하도록 모색합니다. 여러분 자신의 눈으로 볼 때 여러분이 하나님보다도 더 지혜로운 자가 되게 만들려고 할 뿐 아니라 하나님의 예언의 말씀보다도 더 지혜로운 자가 되게 하려고 합니다. 그렇기 때문에 이를 위해서 마귀는 제 자신의 계획을 망칠까 봐 제 모습으로 나타나서는 안 되는 것입니다. 아니, 그보다도 여러분을 제 영역에다 안전하게 꼭 잡아둘 때까지는 온갖 재주를 다 부려서 제 자신의 존재를 부정하고 숨깁니다.

5. 그러므로 마귀는 비록 방법을 달리할지라도 어느 나라에서나 마찬가지로 절대적으로 지배합니다. 마귀는 저 난폭한 타타르인(Tarter) 못지않게 쾌활한 이탈리아인 불신자도 그의 이빨로 물고 있습니다. 그러나 그는 사자의 입 속에서도 빨리 잠들어 버리는데, 이 사자(마귀)는 너무 지혜로워서 그를 잠에서 깨우지 않습니다. 그래서 마귀가 당장에는 그를 가지고 놀기만 하다가, 언젠가 기분이 내키면 그를 삼켜 버립니다!

이 세상의 신은 저를 숭배하는 라플랜드 사람이나 영국인들을 똑같이 굳게 잡고 있습니다. 그러나 그들이 하늘에 계신 하나님께로 날아갈까 봐 그들을 겁먹게 하는 짓은 결코 하지 않습니다. 그러므로 어둠의 통치자는 그를 따르는 자기의 백성을 다스리면서도 겉으로 나타나지 않습니다. 정복자는 제 포로들을 아주 안전하게 붙잡고 있습니다. 왜냐하면 그 속에서도 그들은 자유로운 것으로 상상하고 있기 때문입니다. 그래서 "강하게 무장한 사람만이 제 집을 지키며 그의 세간은 안전하다"는 말이 있습니다만, 이신론자나 명목상의 그리스도인들은 마귀가 있다는 사실을 의심하기 때문에, 그들과 마귀는 서로 완전한 평화를 유지하며 사이좋게 지냅니다.

6. 그러는 동안에 마귀는 그들 속에서 힘있게 역사합니다. 마귀는 그들의 인식의 눈을 멀게 만들어 그 결과로 그리스도의 영광스러운 복음이 비치지 못하게 됩니다. 마귀는 그들 자신의 악한 집착의 사슬로 그들을 땅과 지옥에다 묶어 놓습니다. 마귀는 세상에 대한 사랑과 더불어 돈에 대한 사랑과 쾌락과 칭찬을 사랑하는 것을 끈으로 하여 그들을 땅에다 묶어 놓습니다. 그리고 교만과 시기와 분노와 미움과 복수심을 부추겨 그들의 영혼이 지옥에 가까이 이르게 만듭니다. 더욱이 그들은 마귀가 그렇게 행동하는 것을 전혀 모르기 때문에 마귀는 더한층 안전하게 제멋대로 활동합니다.

7. 그러나 우리야 그 결과를 보아서 그 원인을 얼마나 쉽게 알 수 있습니까! 그런 결과들이란 종종 두드러지게 나타날 뿐 아니라 손으로 만져볼 수 있을 만큼 뚜렷합니다. 이런 일들이 이교도의 나라에서는 더욱 명백합니다. 다른 곳에서 찾아보려고 할 것 없이 칭송을 받을 만한 도덕적인 로마인들만 보아도 그렇습니다. 그들의 학문과 영광이 최고봉에 이르렀던 그 시기에 바로 로마인들은 모든 불의와 악행과 탐욕과 악의로 가득 차 있었으며, 시기와 살기와 분쟁과 사기와 악한 생각으로 가득 차 있었습니다. 그들은 뒤에서 수군거리는 자요, 남을 중상하는 자요, 하나님을 미워하는 자요, 불손한 자요, 오만한 자요, 스스로 자랑하는 자요, 악을 꾸미는 모략꾼이요, 부모를 거역하는 자들이었습니다. 그들은 우매한 자요, 신의가 없는 자요, 무정한 자요, 무자비한 자들이었습니다.

8. 이와 같은 설명을 강력하게 뒷받침해 주며 확인해 주는 정말 나무랄 데 없는 증인이 하나 있습니다. 그들의 이교도 형제인 디온 캐시우스(Dion Cassius)는 이렇게 보고 느낀 것을 말합니다. 카이사르가 골(Gaul) 지방에서 돌아오기 전에는 음식만을 즐기는 과식(혹은 대식)과 음란한 생활이 판을 쳤으며, 공공장소에서뿐만 아니라 개인 가정에서도 거짓과 불의와 무자비가 성행하였으며, 아주 지독한 강도와 약탈과 살인이 로마 전역에서 너무 빈번했기 때문에, 누구든지 집 밖에 나갈 때에는 살아서 돌아올지를 몰라서 유서를 써놓고 외출했다는 것입니다.

9. (전적으로 그런 것은 아니라고 할지라도) 오늘날 수많은 현대 이교도들 사이에서도 마귀가 역사하는 것은 두드러지게 나타날 뿐 아니라 손으로 만져볼 수 있을 만큼 뚜렷합니다. 크리크 족(Creeks)과 체로키 족(Cherokees)과 치카소 족(Chickasaws)뿐만 아니라 우리의 남부 정착지(현재 미국의 앨라배마 주와 조지아 주 일대의 지역으로서 당시 영국의 식민지-역자 주) 변두리에 사는 그 밖의 모든 인디언들(한두 사람이 아니라 모든 부족들)이 믿는 자연 종교는 거기에 사로잡힌 사람들을 아침부터 밤늦게까지 심한 고통을 주며 괴롭히는데, 심지어 분신 자살을 하기도 합니다. 또 어떤 자들은 갑자기 무슨 생각이 떠오르면 뒤로 슬그머니 가서 제 동족을 아무나 쏘아 죽입니다! 그렇습니다. 아버지가 너무 오래 산다고 생각하면 아들이 제 아버지의 머리를 쳐서 죽이는가 하면, 제 자식들이 지겹게 느껴진 어머니가 자식들의 목에 돌을 달아서 서너 명을 강물에 빠뜨려 죽이는 일까지도 있습니다!

10. 물론 이교도들 말고는 아무도 그렇게 두드러지게 나타나는,

손으로 만져볼 수 있을 만큼 뚜렷한 마귀의 일들을 실행하지 않았으면 하고 바랍니다만, 우리는 단순히 그렇게만 말할 수 없습니다. 심지어는 잔인한 행동이나 피 흘리는 일에서도 그리스도인들이 얼마나 바싹 그들의 뒤를 좇고 있습니까! 남아메리카에서 수많은 사람을 살육한 것은, 비단 스페인 사람들과 포르투갈 사람들뿐만이 아닙니다. 동인도에서 네덜란드 사람들이 그랬고, 북아메리카에서 프랑스 사람들이 그런 것뿐이 아닙니다. 한 발자국씩 네덜란드 사람들을 쫓아가면서 이제는 영국 사람들까지도 피를 흘리는 일과 모든 토착민들을 멸종시키는 일을 자행하기에 이르렀습니다. 이로써 불순종의 자녀들 속에 거하며 역사하는 영이 어떤 것인지를 간단하게 입증한 것입니다.

11. 이런 괴물들이 우리나라에서 자행되고 있는 마귀의 역사를 거의 지나쳐 보게 만들었는지도 모릅니다. 그러나 영국 안에서조차 차마 눈 뜨고는 볼 수 없는 그런 일들이 불행하게도 도처에서 일어나고 있습니다. 이 땅의 도처에서 거짓 맹세를 하는 자들과 술주정뱅이들과 뚜쟁이들과 간음하는 자들과 도적들과 강도들과 남색자들과 살인자들이 아직도 창궐하고 있다는 사실이, 그래, 마귀의 능력을 입증하는 조그만 증거에 지나지 않습니까? 이 세상의 권세를 잡은 통치자가 이 모든 불순종의 자녀들 속에서 얼마나 승리하며 지배하고 있는 것입니까!

12. 그렇게 드러내 놓고 하는 것은 아니지만, 마귀는 위선자들과 밀고자들과 거짓말쟁이들과 중상모략하는 자들과 압박자들과 착취자들과 위증자들, 그리고 제 친구와 명예와 양심과 조국까지도 팔아

먹는 자들 속에서 아주 효율적으로 역사하고 있습니다. 그럼에도 불구하고 이들은 종교와 양심까지도, 그리고 명예와 덕과 공공심까지도 이야기를 할 정도입니다. 그러나 그들이 하나님을 속이지 못하는 것같이 사탄도 속이지 못합니다. 이와 같이 사탄도 그들이 자기의 백성이라는 것을 알고 있으며, 모든 나라와 민족으로부터 큰 무리를 이루는 이들을 오늘날 사탄이 완전히 장악하고 있습니다.

13. 여러분이 이 점을 고려한다면, 오늘날에도 역시 어떤 의미에서 사람들이 귀신을 쫓아낼 가능성이 있는가를 볼 수밖에 없습니다. 그렇습니다. 그리스도의 모든 사역자들은 만약 그들의 손에 주님의 역사가 더 강해지면 그들이 능히 귀신을 쫓아냅니다.

그러나 하나님의 능력이 그의 말을 뒷받침해 주실 때 비로소 그는 이 죄인들을 회개시킬 수 있을 뿐 아니라 내적으로는 물론 외적으로도 모든 악에서 모든 선으로 완전히 변화하도록 인도할 수 있습니다. 이것이 바로 건전한 의미에서 귀신들을 그들이 이제까지 들어 있던 영혼으로부터 쫓아내는 것입니다. 이제는 힘센 자가 그의 집을 더 이상 지키지 못합니다. 저보다 더 힘센 분이 그에게 오셔서 그를 찾아내고 그를 붙잡으시고 성령을 통하여 그를 하나님이 거하시는 곳으로 만드십니다. 그러면 여기서 사탄의 힘은 끝나고 하나님의 아들이 "마귀의 모든 역사를 멸하십니다." 죄인에 대한 인식은 밝혀지고 그의 마음은 아름답게 하나님께로 가까워집니다. 그의 욕망은 순화되고, 그의 애정은 순결해지며, 성령을 충만히 받아 마음에서뿐만 아니라 그의 모든 태도에서도 성결해지도록 은혜 안에서 자랍니다.

14. 이 모든 것이야말로 하나님의 역사입니다. 오로지 하나님만이 사탄을 쫓아낼 수 있습니다. 그러나 하나님은 일반적으로 그분의 손에 있는 도구로서의 사람을 통하여 이 일을 하시기를 기뻐하시며, 그렇게 되면 그 사람은 그리스도의 이름으로, 하나님의 능력과 권위로 귀신을 쫓아낸다고 우리는 말합니다. 하나님은 이 큰일을 할 사람을 보내시되 흔히 본인 자신은 그런 일을 생각하지도 못했던 사람을 보내십니다. 이것은 "주의 길은 우리의 길과 같지 않고 주의 생각은 우리의 생각과 같지 않다" 하는 말씀과 같습니다. 따라서 하나님은 강한 자들을 부끄럽게 하시려고 약한 자들을 택하셨고, 지혜 있는 자들을 부끄럽게 하시려고 어리석은 자들을 택하셨습니다. 바로 이 간단한 이유 때문에 하나님께서는 그분 자신의 영광을 갖추시며, "하나님 앞에서 모든 육체가 영광을 차지하지 못하는 것"입니다.

II

1. 그러나 "그가 우리를 따르지 않는다면", "귀신을 쫓아내는" 그 사람을 우리가 말리지 말아야 할까요? 그의 "선생님"에게 말씀을 드리기 전에는 사도 요한이 판단하고 실행했던 것이 바로 이런 것이었다고 보입니다. 그는 말합니다. "그가 우리를 따르지 않기 때문에 그런 일을 못하게 했습니다." 그것이 충분한 이유가 되고도 남는다고 생각했던 것입니다. "그가 우리를 따르지 않는다"고 한 이 표현을 우리가 어떻게 이해할 수 있는가 하는 문제를 다음으로 생각해야 할 것입니다.

이 문제를 두고 가장 기본적으로 우리가 이해할 수 있는 환경은, 그가 우리와 외부적인 관계가 없다는 것입니다. 우리는 상호 협동 속에서 일하지 않습니다. 그는 복음을 전하는 일에서 우리와 같은 동역자가 아닙니다. 사실상 누구를 막론하고 우리 주님께서 추수할 일꾼들을 보내기를 원하실 때 그들 모두가 서로에게 반드시 복종해야 한다든가, 상호 관계를 맺고 행동해야 한다는 법은 없습니다. 추수할지라도 각기 맡은 일들이 다르기 때문에, 필경은 마치 다른 시대에 사는 사람들같이 상호 교섭을 갖는 것과는 아주 동떨어져 있어서 서로 전혀 모르는 사람들이 될 수밖에 없습니다. 그래서 이와 같이 우리가 알지 못하는 사람들에 관해서 우리는 의심할 여지없이 "그가 우리를 따르지 않습니다"라고 말할 가능성이 있습니다.

2. 둘째, 이 표현의 의미는 "그가 우리와 같은 패가 아닙니다"라는 것이 될 수도 있습니다. 그리스도인이라고 하는 사람들 사이에도 그렇게 많은 파가 있었다는 사실은 예루살렘의 평화를 위하여 기도하는 모든 이들에게 오랫동안 우울한 문제가 되어 왔습니다. 이것은 특히 우리 영국 사람들 사이에서도 찾아볼 수 있는데, 그것도 종교와는 별로 관계가 없는 극히 사소한 문제를 놓고 서로 계속해서 분열을 거듭해 온 것입니다. 가장 시시한 일들이 각 파에게 생기면 그것은 여러 세대를 두고 계속되어 왔습니다. 이들은 서로 상대방을 물리칠 태세를 늘 갖추고 살면서 "그가 우리를 따르지 않습니다"라는 말을 되풀이합니다.

3. 셋째, 이 표현은 이런 의미가 될 수도 있습니다. 즉 그의 종교적 견해가 우리와 다르다는 것입니다. 물론 한때는 모든 그리스도인들이 한마음 한뜻이었던 시절이 있었습니다. 그들이 처음으로 성령이 충

만하였을 때에는 아주 큰 은혜가 그들에게 내려졌습니다. 그러나 이와 같은 축복이 계속된 시간의 폭은 얼마나 좁았습니까! 그와 같은 일치를 얼마나 빨리 잃어버렸습니까! 그렇게 되자 교회 안에서도, 명목상의 그리스도인이 아니라 진정한 그리스도인들, 아니 그들의 지도자들인 사도들 사이에서조차 각기 다른 견해들이 튀어나오기 시작했습니다. 뿐만 아니라 그때 시작된 이런 차이가 그 뒤로 한 번도 사라진 적이 없었던 것 같습니다. 알고 보면 하나님의 성전에 있던 기둥 같은 사람들도 이 세상에 남아 있는 동안, 특히 종교 제의상의 율법에 관하여 한 번도 한마음이 되어 똑같이 생각한 일이 없었습니다. 그러므로 기독교 교회 안에서 무한히 다양한 견해들이 오늘날에도 존재한다고 해서 그것이 그리 놀랄 일은 아닙니다. 바로 여기서 나올 만한 결과는 우리가 어느 때를 막론하고 누가 "귀신을 쫓아내는 것"을 보면, 그가 이런 의미에서 "우리를 따르지 않는", 즉 우리의 견해를 따르지 않는 사람이 될 것이라는 사실입니다. 그가 모든 면에서, 심지어는 종교에 있어서 우리와 같은 마음이 된다는 것을 생각하기란 드물게 있는 일입니다. 그는 아주 중요한 일에 있어서도 필경 우리와 아주 다른 생각을 할 수 있을 것입니다. 예를 들면 도덕상의 율법의 본성과 용법이라든가, 하나님의 영원한 섭리라든가, 넉넉한 하나님의 은혜의 효험이라든가, 하나님의 자녀들의 궁극적 구원 같은 문제에 대해서 다른 생각을 가질 수 있다는 것입니다.

4. 넷째, 그는 우리와 견해뿐만 아니라 실천에 있어서도 우리와 다를 수 있습니다. 그는 우리 교회에서 행하는 예배 방식을 인정하지 않을 수 있으며, 예배 방식을 칼뱅이나 루터에게서 따오는 것이 그의 영혼에는 더 유익하다고 판단할 수도 있을 것입니다. 다른 모든 것을 넘

어서서 우리가 인정하는 성례전을 그는 여러 가지로 반대할 수도 있고, 우리가 사도적이며 성서적이라고 존중하는 교회 정치의 형태에 대해서 여러 가지 의심을 가질 수 있을 것입니다. 아마 이보다 더 거리가 먼 생각을 할 수도 있을 것입니다. 그는 양심의 도리를 따라 우리가 그리스도의 성례라고 믿는 것을 행하지 않으려 하기도 합니다. 아니면 설혹 그것이 하나님께서 정해 주신 성례로 합의한다 해도 우리 사이에는 그대로 차이가 남아 있을 수 있습니다. 이를테면 성례를 집례하는 방식이라든가, 누구에게 성례를 행할 것이냐 하는 문제에서도 차이가 있을 수 있다는 말입니다. 이와 같은 여러 가지 차이 때문에 생기는 피할 수 없는 결과가 있습니다. 우리와 그렇게 다른 그는 앞서 말한 여러 가지와 관련해서 우리의 사회로부터 그 자신을 분리시켜야 하는 것입니다. 그러므로 어떤 점에서 볼 때 "그는 우리를 따르지 않는" 것이며, (우리의 표현대로 하자면) 그는 "우리 교회에 속하지 않은" 사람입니다.

5. 그러나 보다 강한 의미에서 "그가 우리를 따르지 않는다"는 것은 그가 우리와 다른 교회에 속하였다는 것뿐만 아니라 여러 가지 면에서 우리가 반성서적이거나 반기독교적인 것으로 간주하는 교회에 속하였다는 것입니다. 즉 교리적으로 철저하게 잘못되어 있거나, 허위적인 것으로 우리가 믿는 교회이거나, 그 실행에 있어서도 매우 위험하게 잘못된 교회를 말하며, 엄청난 미신이나 우상 숭배의 죄를 짓는 교회를 두고 말하는 것입니다. 뿐만 아니라 일찍이 성도들에게 전승된 믿음이나 수많은 조항은 덧붙이면서 한 가지 온전한 하나님의 계명을 빠뜨리며 그 교회의 전통을 따라 나머지 다른 계명들을 무용하게 만드는 교회를 말하며, 초대 교회를 가장 존중하고 또 거기에 가장 엄격하게

부합되는 것처럼 주장하면서도 옛날 전통이나 성서에서 하등의 정당한 근거도 찾아볼 수 없는 개혁을 수없이 끌어들이는 그런 교회를 두고 하는 말입니다. 이제 무엇보다 확실한 것은, 우리와 너무 큰 거리에 떨어져 있기 때문에 "그가 우리를 따르지 않는다"는 것입니다.

     6. 그렇지만 아직도 이보다 더 폭넓은 차이가 있을 수 있습니다. 판단이나 실천에 있어서 우리와 다른 그는 아마 판단보다도 감정에 있어서 우리와 더 큰 거리를 두고 있을 것입니다. 그래서 사실상 이것이 극히 자연스럽고 보편적인 결과로서 다른 데까지 영향을 미치는 것입니다. 여러 가지 관점에서 시작되는 차이점들이 단순히 거기서 끝나는 경우는 드뭅니다. 대개는 감정으로 발전해서 가장 가까운 친구들까지도 갈라놓습니다. 어떤 원한이나 적개심도 종교에 대한 불일치에서 생긴 것보다 더 깊고 화해가 불가능한 것은 없습니다. 이것을 위해서는 가장 지독한 원수가 제 집안에 있는 사람들이며, 이것 때문에 아버지가 자기 자녀들을, 그리고 자녀들이 자기들의 아버지를 대적하며, 심지어는 자신들이 하나님을 섬긴다는 생각을 늘 하면서 서로 상대방을 박해하며 죽게 하는 경우까지 생길 수 있습니다. 그러므로 그 사람들이 종교적인 주장이나 실천에 있어서 일단 우리와 다르기만 하면 곧장 매우 날카롭게 그리고 지독하게 우리를 공격하며 적대시하는 것 외에는 더 이상 기대할 것이 없어집니다. 뿐만 아니라 우리에게 점점 더 편견을 갖게 되면 급기야 그들은 우리의 인격과 우리의 규범까지도 나쁘게 생각하기에 이릅니다. 여기서 나타나는 거의 필연적인 결과는 그들이 우리를 생각하는 것과 똑같이 말할 것이라는 사실입니다. 그들은 우리와 반대 입장에 서서, 그들이 할 수 있는 범위 내에서는 우리의 일을 방해합니다.

왜냐하면 그들에게는 우리가 하는 일이 하나님의 일로 보이는 것이 아니라, 사람의 일이나 마귀의 일로 보이기 때문입니다. 이와 같은 자세로 생각하고 말하고 행동하는 그 사람은 가장 강한 의미에서 "우리를 따르지 않는" 것입니다.

7. (비록 본문의 상황에서나 성서 어디에서도 구체적인 이야기는 찾아볼 수 없으나) 나는 사실상 우리가 읽은 본문에서 사도 요한이 말하고 있는 사람이 이 정도까지 나아갔다고 생각하지 않습니다. 그 사람과 사도들 사이에 무언가 구체적으로 달랐다고 상상할 만한 근거가 없습니다. 그보다도 그는 사도들이나 그들의 '선생님'께 어떤 편견을 가지고 있었다고 말하기도 어려울 것 같습니다. 그래서 우리는 오히려 우리 주님이 친히 하신 말씀에서 더 많은 것을 얻을 수 있을 것같이 보입니다. 우리가 읽은 본문에 바로 이어 나오는 말씀이 그것입니다. "내 이름으로 기적을 행하는 사람이 쉽게 나를 나쁘게 말하지는 못할 것이다." 그러나 그런 유혹에 대해서 가장 강력하게 미리 경고를 받은 우리로서는 결단코 그런 짓을 할 수도 없거니와, 하나님을 대항해서 싸울 수는 더더욱 없다는 사실을 가장 뚜렷하게 부각시키면서, 우리가 생각할 수 있는 여건들을 다 합쳐서 나는 의도적으로 이 사건을 생각하는 것입니다.

III

1. 그렇다면 어떤 사람이 우리가 아무 교제도 없고, 우리와 한 파도 아니고, 우리 교회와는 갈라져 있고, 뿐만 아니라 판단과 실천과

감정에 있어서도 우리와 아주 다르다고 가정합시다. 그런데 심지어 이 사람이 "귀신을 쫓아내는" 것을 우리가 보는데 예수님께서 "말리지 말라"고 말씀하신다고 하는 것을 가정해 봅시다. 나는 이제 세 번째 문제로 우리 주님의 이 중요한 지시에 관하여 설명하려고 합니다.

    2. 이 사람이 귀신을 쫓아내는 것을 우리가 본다고 합시다. 그런데 우리 자신의 감각을 속이지 않고, 우리의 눈으로 본 것을 그대로 믿으려고 한다면 좋습니다. 이 사람은 틀림없이 우리 인간의 본성을 잘 모르고 있을 것입니다. 즉 인간의 본성이란 앞에서 설명한 여러 가지 의미에서 '우리를 따르지 않는' 사람이 귀신을 쫓아낸다는 사실을 믿기에는 우리 인간들은 극단적으로 더디다는 것입니다. 앞에서 이미 내가 거의 말했지만, 우리의 가슴속을 스쳐 지나가는 것에서도 쉽게 배울 수 있는 점이 있습니다. 즉 사람들은 자신과 모든 일에서 동의하지 않는 다른 사람들의 장점을 인정하기 지극히 꺼려한다는 것입니다.

    3. "그러나 (위에서 말한 의미에서) 어떤 사람이 귀신을 쫓아내는 것에 대한 충분한 합리적인 증거가 무엇입니까?" 대답은 쉽습니다. (1) 우리 앞에 있는 사람이 전에 죄인이었다고 스스로 뚜렷하게 인정하는가, (2) 이제는 죄인이 아니라 죄를 끊어버리고 그리스도인으로서 삶을 살고 있는가, (3) 이 사람의 설교를 듣고 그 마음에 변화가 생겼는가에 대하여 충분한 증거가 있습니까? 만약 이 세 가지를 명백하게 부인할 수 없다면, 그것은 충분한 합리적인 증거가 됩니다. 고집 때문에 죄를 짓지 않는다면 이 사람이 귀신을 쫓아내는 사실을 반대할 수가 없습니다.

4. 그러면 "말리지 마십시오." 여러분의 권위나 논쟁이나 설득으로 그를 어쨌든 방해할 생각을 하지 않도록 조심하십시오. 어떤 모양으로든지 하나님이 그에게 주신 능력을 사용하지 못하게 막는 일을 하지 않도록 노력하십시오. 여러분이 나에게 행사할 '권위'가 있다면 하나님의 일을 막는 그런 권위는 쓰지 마십시오. 그가 예수의 이름으로 더 이상 말을 해서는 안 되겠다고 생각할 '이유'를 갖지 않도록 하십시오. 이런 것은 여러분이 끼어들어서 하지 않더라도 사탄이 어김없이 하는 일입니다. 그 일에서 떠나지 않도록 그를 '설득'하십시오. 만약 그가 마귀와 당신에게 자리를 내주고 만다면 수많은 영혼들이 그들의 죄악으로 멸망할 것이며 그들의 피는 하나님께서 '여러분의' 손에서 찾으실 것입니다.

5. "그러나 만약 귀신을 쫓아내는 그가 다만 평신도라면 어떻게 합니까? 그렇다면 그를 말리지 말아야 합니까?" 그런 사실을 인정할 수 있습니까? 그 사람이 귀신을 쫓아낸 데 대한 합리적인 증거가 있습니까? 있다면 그를 말리지 마십시오. 아니, 여러분의 영혼을 걸고 말리지 마십시오. 하나님이 원하시는 사람을 통해서 일을 하시지 말아야 합니까? 하나님이 그와 함께 계시지 않거나, 바로 이 일을 위해서 하나님이 그를 보내시지 않았다면, 이런 일들을 할 수 있는 사람은 없습니다. 그러나 하나님이 그를 보내셨다면, 그래도 여러분이 그를 불러들이겠습니까? 여러분이 그를 가지 못하도록 말리겠습니까?

6. "그러나 나는 그가 하나님이 보내신 사람인지를 모르겠습니다." 그런데 여기에 놀라운 일이 한 가지 있습니다(그가 어떤 사람을 사탄에

게서 하나님께로 인도하였다는 사실에 의해서 그의 사명은 입증될 수도 있습니다). "여러분은 그가 어디에서 온 사람인가를 모릅니다. 그러나 보십시오. 그분은 내 눈을 뜨게 해주셨습니다! 이 사람이 하나님께 속한 사람이 아니라면, 아무것도 할 수 없을 것입니다." 만약 여러분이 실제 있었던 사실을 의심한다면 그 사람의 부모나 형제나 친구나 친지를 불러오십시오. 그러나 여러분이 이 사실을 의심할 수 없다면, 여러분이 '뚜렷한 기적이 일어났었다는 사실'을 어쩔 수 없이 인정해야 한다면, 그렇다면 여러분이 무슨 양심으로, 무슨 얼굴을 들고 하나님이 보내신 그를 보고 "그리스도의 이름으로 더 이상 말을 못하도록" 말릴 수 있겠습니까?

7. 나는 누구든지 그리스도의 이름으로 복음을 전하거나 설교를 하는 사람이라면 외부적으로나 내적으로 소명을 가져야 한다는 말이 아주 마땅하다는 것을 인정합니다. 그러나 그것이 '절대적으로 필요한' 사실이라는 것은 부인합니다.

"아니, 성서가 명백하지 않습니까?" "누구든지 이 존귀는 아무도 스스로 취하지 못하고 오직 아론과 같이 하나님의 부르심을 받은 자라야 할 것이니라(히 5:4)."

이 본문이 이런 문제에 대해서는 아주 강한 의미를 가지고 있기 때문에 이런 경우에는 수없이 인용되어 왔습니다. 그러나 정말 이 본문이 한 번도 불행하게 인용되어 본 일은 없습니다. 왜냐하면 첫째, 아론은 설교를 하도록 부르심을 받은 것이 아니라 "예물과 속죄의 희생 제물을 바치기 위하여" 부르심을 받았기 때문입니다. 그것이 그의 고유한 일이었습니다. 둘째, 이 사람들은 희생제물을 바치는 것이 아니라, 아론이 하지 않았던 설교를 하는 것입니다. 그러므로 성서 전체를 통해서 이보다 더 관점이 넓은 한 개의 본문을 찾는 것은 불가능합니다.

8. "그러나 사도 시대에는 어떻게 실행하였습니까?" 사도행전에서 쉽게 찾아볼 수 있습니다. 8장에 이런 말씀이 있습니다. "그날에 예루살렘 교회가 크게 박해받기 시작하여 사도들 이외에는 모두 유대와 사마리아 지방으로 흩어졌습니다(행 8:1)." "그러나 흩어진 사람들은 말씀을 전하면서 전국으로 두루 다녔습니다(행 8:4)." 그러면 이 모두가 설교를 하도록 외부적으로 소명을 받은 것입니까? 아무도 제정신이라면 그렇게 말할 사람은 없을 것입니다. 그렇다면 사도 시대에 실행하였던 것이 무엇인지를 보여주는 명백한 증거가 여기에 있습니다. 여러분은 여기서 한 사람뿐만 아니라 수많은 평신도 설교자들, 즉 오로지 하나님의 보내심을 받은 사람들을 보는 것입니다.

9. 사실상 이와 같이 사도 시대에 실행되었던 예를 보면, 어떤 사람이 안수를 받고 서품을 받기 전에 설교하는 것이 '불법'이라고 생각할 수는 없으며, 다만 그렇게 하는 것이 당시로서는 '필요한' 것으로 간주되었다고 생각할 수 있습니다. 사도 바울의 실행과 지시는 명백하게 안수받기 전의 사람을 전적으로 '시험(prove)'하라는 것이었습니다. 바울은 이렇게 말합니다. "이런 사람(집사)일지라도 먼저 시험해 보고 비난받을 일이 없을 때에 집사 일을 하게 하시오(딤전 3:10)." '시험'한다면 어떻게 하겠습니까? 그들에게 헬라어 문장을 한번 해석하도록 하든가, 상식 문제를 몇 가지 물어보는 식으로 합니까? 그렇다면 그리스도의 사역자를 시험하는 방법치고는 얼마나 놀랍습니까? 그러나 그런 것이 아닙니다(아직도 유럽에 있는 장로교회들이 대부분 그렇게 하고 있습니다만).

명백하고 공개적인 시험을 통해서 그들의 생활이 성결하고 비난 받을 데가 없는가를 볼 뿐만 아니라, 그리스도의 교회에 덕을 쌓는 데 절대적으로 필요 불가결한 그런 은사들을 받았는가를 확인하는 것입니다.

10. 그러나 어떤 사람이 이런 은사를 받았을 뿐 아니라 죄인들을 회개시켰다는데도 감독이 그에게 안수하여 서품을 허락하지 않는다면 어떻게 합니까? 그렇다면 감독이 그에게 귀신을 쫓아내지 말라고 하는 것이 됩니다. 그러나 나는 감히 그를 말리지 않습니다. 나는 내가 가지고 있는 모든 이유를 온 세상에 이미 공포하였습니다. 그럼에도 불구하고 나는 아직도 그렇게 해야 할 필요를 강하게 느낍니다. 여러분 가운데 그렇게 할 필요를 느끼는 분이 계시다면 해답을 찾을 것입니다. 그런데 사실 아직까지 그런 사람을 보지 못했고, 내가 아는 바로는 그런 생각을 하는 사람조차 없습니다. 다만 그런 이야기를 하는 사람이 있기는 했지만, 그것은 극히 약하게 했을 뿐입니다. 이것은 너무 약삭빠른 것입니다. 왜냐하면 어떤 문제를 놓고 해답을 내놓기보다는 논쟁을 무시하든가 최소한도 무시하는 척하는 것은 훨씬 더 쉬운 일이기 때문입니다. 그렇지만 이 문제에 대한 다른 분명한 해답이 나오기 전에는 이렇게 말해야 될 것 같습니다. 어떤 사람이 귀신을 분명히 쫓아내는 합리적인 증거를 내가 가지고 있다면, 다른 사람이 어떻게 하든 간에, 나는 내가 하나님을 대적하여 싸우는 것이 될까 봐 감히 그를 말리지는 않겠습니다.

11. 그리고 누구든지 하나님을 경외하는 사람이면 직접 간접으로 "그를 말리지 마십시오." 사실 우리가 이렇게 할 가능성은 많이 있

습니다. 만약 하나님께서 그런 사람의 손을 통해서 이루신 일을 여러분이 전적으로 부인하든가, 경시하든가, 아니면 대수롭지 않게 이야기한다면, 여러분은 간접적으로 그를 말리는 것입니다. 여러분이 그가 하는 일에 반대 이유를 끌어대면서 그와 논쟁을 벌인다든가, 아니면 결코 일어날 가능성이 거의 없을 결과를 이야기하면서 그에게 겁을 주어 그가 하는 일에 낙심이 되게 한다면, 여러분은 간접적으로 그를 말리는 것입니다. 여러분이 말이나 행동에 있어서 그에게 불친절을 보인다면 여러분은 그를 말리는 것이고, 여러분이 다른 사람에게 그에 관해서 이야기할 때에 불친절하거나 경멸하는 태도로 한다면 더욱 그렇습니다. 뿐만 아니라 여러분이 누구에게라도 그를 형편없다는 식으로, 아니면 무시하는 빛으로 설명한다면, 여러분은 그를 말리는 것입니다. 여러분이 그를 나쁘게 이야기하거나 그의 수고와 일을 일고의 가치가 없는 것으로 만드는 한, 여러분은 언제나 그를 말리고 있는 것입니다. 다른 사람들이 그의 말을 듣지 못하도록 말린다든가, 영혼을 능히 구할 수 있는 말을 듣지 못하게 죄인들을 막는다든가 하는 일을 통해서, 결코 그를 이런 식으로 말리지 마십시오!

12. 그렇습니다. 만약 여러분이 우리 주님께서 지시하신 것을 정말 충실하게 따르려고 한다면, 그분의 말씀을 기억하십시오. "나를 지지하지 않는 사람은 나를 반대하는 사람이요, 나와 함께 모으지 않는 사람은 흐트러트리는 사람이다." 사람들을 하나님의 나라 안으로 모으지 않는 사람들은 분명히 하나님의 나라로부터 사람들을 흐트러트리는 것입니다. 왜냐하면 이 싸움에 중립은 있을 수 없기 때문입니다. 모든 사람은 하나님 편이 되든가 사탄의 편이 됩니다. 여러분은 하나님의

편입니까? 그렇다면 여러분은 누구든지 귀신을 쫓아내는 사람이 있으면 그를 말리지 말아야 할 것은 물론이려니와 있는 힘을 다하여 그가 하는 일을 더 잘하도록 도와주어야 할 것입니다. 여러분은 하나님의 역사를 쉽사리 알아보게 될 것이며 그 위대함을 고백하게 될 것입니다. 그렇게 되면 여러분은 그가 하는 일에서 모든 어려움뿐 아니라 반대하는 것까지 다 제거해 줄 것입니다. 모든 사람들 앞에서 그를 장하게 여기며 말하고, 여러분이 보고 들은 것들을 솔직히 인정함으로써 그의 일손을 힘차게 해줄 것입니다. 여러분은 다른 사람들이 그의 말을 주목하고, 하나님이 보내신 그에게 경청하도록 다른 사람들을 권면할 것입니다. 뿐만 아니라 그에게 베풀라고 하나님이 여러분에게 주신 기회를 잃지 않고, 따뜻한 사랑을 분명히 행할 것입니다.

IV

1. 이와 같은 여러 가지 일 가운데서 우리가 만약 어느 한 가지라도 의도적으로 하지 않는다면, '그가 우리를 따르지 않기 때문에' 직접으로나 간접으로 우리가 그를 말린다면, 우리는 편협한 믿음의 소유자(bigots)입니다. 이것은 앞에서 이미 한 말에서 끌어내는 결론입니다. 그러나 '편협한 믿음'은 유감스럽게도 아주 빈번히 쓰이는 말이기는 하지만, '광신주의'라는 말만큼이나 별로 그 뜻이 잘 알려지지 않은 용어입니다. 이 말의 뜻은 우리 파, 우리 주장, 우리 교회, 우리 종교만을 너무 강하게 좋아하는 것이든가, 아니면 너무 강하게 집착하는 것입니다. 그러므로 이 중에서 어느 한 가지라도 너무 좋아하든가, 아니면 너무

강하게 집착한 나머지 이런 구체적인 조건 가운데서 일부 또는 전부가 그와 다르다고 해서 귀신을 쫓아내는데도 불구하고 그를 말리는 사람이 있다면, 그는 편협한 신앙의 소유자입니다.

2. 여러분은 이 점을 조심하십시오. (1) 여러분과 차이가 있는 다른 사람이 귀신을 쫓아내는 것을 믿을 준비나 태세가 되어 있지 않은데도 여러분이 편협한 신앙인이 아니라고 확신하지 않도록 조심하십시오. 그리고 여러분이 아직도 그 사실을 명백하게 인정한다면 자기 자신을 점검해 보십시오. (2) 그 사람을 직접이나 간접으로 막음으로써 내가 편협한 신앙을 확신하고 있지 않습니까? 그 사람이 내 파가 아닐 뿐 아니라 내가 조상으로부터 물려받은 종교의 틀에 맞추어 그가 하나님을 예배하지 않는다고 해서 이를 근거로 하여 내가 그를 직접적으로 금하고 있지는 않습니까?

3. 여러분 자신을 살피십시오. 이 가운데 어느 것을 근거로 하여 내가 최소한 간접적으로라도 그를 금하고 있는 것은 아닐까? 그와 같은 그릇된 견해를 가지고 있는 사람을 하나님께서 붙잡아 주시고 또 복을 주신다는 데 대해서 내가 섭섭한 마음을 갖지는 않습니까? 그가 우리 교회에 속해 있지 않다고 해서 그가 하는 일에 관하여 논쟁을 벌이며 반대하고, 생길 가능성이 극히 희박한 결과를 가지고 왈가왈부하면서 괴롭히는 등 그를 낙심시키고 있지는 않습니까? 내가 말로나 행동으로 분노나 모욕이나 불친절을 그에게 나타내지는 않습니까? (실제로 있는 것이든 아니면 꾸며대서든) 그의 결점, 즉 잘못이나 약점을 뒤에서 떠들어대지는 않습니까? 죄인들이 그의 말을 듣지 못하게 내가 방해하고

있지는 않습니까? 이런 것 중의 어떤 것이라도 여러분이 하고 있다면 오늘까지 여러분은 편협한 믿음을 가지고 있는 사람이었습니다.

4. "하나님이시여, 나를 살피사 내 마음을 아시며 나를 시험하사 내 뜻을 아옵소서. 내게 무슨 편협한 믿음이 있나 보시고 나를 영원한 길로 인도하소서(시 26:2)." 우리 자신을 철저히 살피기 위하여 이 문제를 가장 뚜렷하게 부각하여 놓고 봅시다. 내가 만약 가톨릭교도(Papist)나 아리우스파의 사람(Arian)이나 소시누스파의 사람(Socinian)이 귀신을 쫓아내는 것을 본다면 어떻게 해야겠습니까? 그런 사람을 본다면 내가 편협한 믿음을 갖지 않고는 그런 사람일지라도 내가 말릴 수는 없습니다. 그렇습니다. 설령 내가 유대인이나 이신론자나 (난폭한) 터키 사람이 똑같이 귀신을 쫓아내는 것을 보았다고 가정합시다. 그래도 내가 직접으로나 간접으로 그를 말린다면 나도 역시 편협한 믿음을 가진 것과 다를 바가 없는 것이며, 조금도 나을 것이 하나도 없습니다.

5. 이 점을 분명히 합시다! 그러나 누구라도 귀신을 쫓아내는 사람을 말리지 않는 것으로만 만족하지는 마십시오. 그 정도로 하는 것도 좋은 일입니다만, 그렇다고 거기서 머물지 마십시오. 여러분이 모든 편협한 믿음을 피하려면, 거기서 계속해 더 나아가십시오. 이와 같은 일이 행해지는 모든 경우에 있어서 구체적인 도구가 어떤 것이든, 하나님의 손가락을 인식하고 인정하십시오. 그리고 인정할 뿐만 아니라 하나님의 역사 안에서 기뻐하며 감사함으로 그분의 이름을 찬양하십시오. 하나님께서 누구를 쓰시더라도 그분이 기뻐하시는 사람이면 그가 전적으로 하나님께 몸 바쳐 살 수 있도록 그를 격려하십시오. 어느 곳

에 있든지 그를 좋게 말하고 칭찬하십시오. 그리고 그의 개성과 성격뿐만 아니라 그가 사명으로 하는 일을 변호하십시오. 할 수 있는 대로 그의 활동 범위를 확장시켜 주십시오. 말이나 행동으로 그에게 보일 수 있는 모든 친절을 나타내십시오. 그가 자신을 구할 뿐 아니라 그의 말을 듣는 모든 사람을 능히 구할 수 있도록 끊임없이 그를 위하여 하나님께 부르짖으십시오.

6. 이제 한 가지 경고만 덧붙여 말할 필요를 느낍니다. 다른 사람이 편협한 믿음을 가졌다고 해서 그것이 여러분 자신의 편협한 믿음의 구실이 된다고 생각해서는 안 됩니다. 또 귀신을 쫓아내는 다른 사람이 당신에게 그런 일을 못하게 말린다는 것도 결코 불가능한 일이거나 있을 수 없는 일은 아닙니다. 바로 이런 일이 우리가 읽은 본문에서 벌어졌다는 사실을 살필 수 있을 것입니다. 사도들은 그들 자신은 하면서도 다른 사람이 하는 것은 말렸습니다. 그렇다고 해서 똑같은 짓을 하면서 (보복으로) 응수하지 않도록 조심하십시오. 악을 악으로 갚는 것은 여러분이 할 일이 아닙니다. 다른 사람이 우리 주님의 지시를 따르지 않는다고 해서 그것이 여러분도 주님의 지시를 소홀히 할 하등의 이유가 되지 못하는 것입니다. 아니, 그보다는 편협한 믿음을 가질 사람이면 그 사람이나 다 갖도록 하십시오. 그가 '여러분'을 말리더라도 여러분은 '그를' 말리지 마십시오. 그보다는 오히려 애쓰며 깨어서 기도를 더욱 열심히 함으로써 그를 향한 여러분의 사랑을 확증하십시오. 그 사람이 '여러분'에 관하여 온갖 악한 말을 할지라도 여러분은 '그 사람'에 관해서 (물론 있는 대로) 온갖 좋은 말을 다해 주십시오. 어느 위인의 유명한 이 말을 본받으십시오(정말 그분이야말로 일평생 똑같은 정신으로

호흡을 했습니다!). "루터가 나를 보고 수백의 악마 덩어리라고 말하도록 놔두십시오. 그렇더라도 나는 여전히 그를 하나님의 사자로 존경하겠습니다."

34

보편적 정신
Catholic Spirit

찰스 웨슬리, 존 웨슬리, 애즈베리 얼굴이 새겨진 스테인드글라스
Stained glass window honouring the Wesleys and Asbury,
at Lake Junaluska, North Carolina

예후가 거기에서 떠나가다가 자기를 맞이하러 오는 레갑의 아들 여호나답을 만난지라 그의 안부를 묻고 그에게 이르되 내 마음이 네 마음을 향하여 진실함과 같이 네 마음도 진실하냐 하니 여호나답이 대답하되 그러하니이다 이르되 그러면 나와 손을 잡자 (왕하 10:15)

    1. 사랑은 모든 인류에게 적용된다는 사실, 심지어 위대한 사랑의 빚을 갚지 않는 사람들에게도 적용됩니다. "네 이웃을 네 몸과 같이 사랑하라"고 하신 왕이신 예수님의 계명은 이 계명을 듣는 모든 사람들에게 그 자체로 충분한 근거를 가지고 있습니다. 그런데 그것은 옛날 열심당원들의 끔찍한 말, "네 이웃이나 친척, 친지, 친구를 사랑하고, 네 원수를 미워하라"는 말씀이 아닙니다. 우리 주님께서는 "내가 너희에게 이르노니 네 원수를 사랑하고 너를 저주하는 자들을 축복하고 너를 미워하는 자들과 너를 박해하고 핍박하는 자들을 위해서 기도하라. 이같이 한즉 너희가 하늘에 계신 너희 아버지의 자녀임을 아느니라. 하나님께서는 그 해를 악인과 선인에게 골고루 비추시며 비를 의로운 자와 불의한 자 모두에게 내려주심이라"고 하셨습니다.

    2. 그러나 또 한편 확실한 것은 우리가 하나님을 사랑하는 사람들에게 특별한 사랑의 빚을 지고 있다는 것입니다. 그래서 다윗은 "땅에 있는 성도는 존귀한 자니 나의 모든 즐거움이 저희에게 있도다"라고

말한 것입니다. 또한 이 모든 즐거움은 덕행을 능가하는 데까지 이를 것이다"라고 말했습니다. 그런데 다윗보다 더 위대하신 예수님은 말씀하십니다. "새 계명을 너희에게 주노니 서로 사랑하라. 내가 너희를 사랑한 것 같이 너희도 서로 사랑하라. 너희가 서로 사랑하면 이로써 모든 사람이 내 제자인 줄 알리라(요 13:34~35)." 이것이 사도 요한이 그렇게 자주 강력하게 반복했던 말씀입니다. "우리가 서로 사랑해야 할지니 이는 너희가 처음부터 들은 소식이라(요일 3:11)." "그가 우리를 위하여 목숨을 버리셨으니 우리가 이로써 사랑을 알고 우리도 형제들을 위하여 목숨을 버리는 것이 마땅하니라(요일 3:16)"고 하였습니다. 만일 사랑이 우리에게 '형제들을 위하여 목숨을 버릴 것을' 요구한다면 마땅히 그렇게 해야 합니다. 그리고 다시 말씀하시기를 "사랑하는 자들아 우리가 서로 사랑하자 사랑은 하나님께 속한 것이니 사랑하는 자마다 하나님으로부터 나서 하나님을 알고 사랑하지 아니하는 자는 하나님을 알지 못하나니 이는 하나님은 사랑이심이라(요일4:7~8)." "사랑은 여기 있으니 우리가 하나님을 사랑한 것이 아니요 하나님이 우리를 사랑하사 우리 죄를 속하기 위하여 화목 제물로 그 아들을 보내셨음이라. 사랑하는 자들아 하나님이 이같이 우리를 사랑하셨은즉 우리도 서로 사랑하는 것이 마땅하도다(요일 4:10~11)."

3. 모든 사람들이 이 진리의 옳음을 시인하고는 있지만, 그러나 우리가 얼마나 이 진리를 실천하고 있습니까? 우리의 일상적인 경험은 이 사실과 반대로 나타납니다. 기독교인들조차도 "주님께서 주신 계명에 따라 서로 사랑하는" 사람들이 어디에 있습니까! 얼마나 많은 장애물들이 그 길을 가로막고 있습니까! 여기에는 거대하고 보편적인 장애

물 두 가지가 있습니다. 첫째, 사람들이 동일한 생각을 하지 않고 있다는 점입니다. 그 결과로 생기는 둘째 장애물은 우리가 다 함께 같은 길을 걸어갈 수 없다는 것입니다. 사랑을 실천하는 몇 가지 사소한 점에 있어서 각자의 감정의 차이만큼이나 그들의 행동 역시 차이가 날 수밖에 없다는 것입니다.

4. 예배에 대한 의견이나 형식의 차이가 외적으로 완전한 결합에 방해가 되는 것은 사실이지만, 심정(affection)에서 하나가 되는 것까지 막을 필요가 있겠습니까? 우리의 생각이 똑같지 않다고 해서 서로 사랑할 수 없다는 말입니까? 우리가 서로 의견이 다르다고 해서 한마음이 될 수 없다는 말입니까? 의심할 필요도 없이 우리는 그렇게 할 수 있습니다. 비록 사소한 차이에도 불구하고 하나님의 자녀들은 연합할 수 있습니다. 서로의 차이들은 그대로 놓아두고 하나님의 사람들은 선행과 사랑을 통하여 서로에게 가까이 다가갈 수 있습니다.

5. 이런 점에서 예후의 예는 모든 그리스도인들이 주의하여 따라야 할 좋은 본이 됩니다. "예후가 거기서 떠나가다가 레갑의 아들 여호나답이 맞으러 오는 것을 만난지라 그 안부를 묻고 가로되 내 마음이 네 마음을 향하여 진실함과 같이 네 마음도 진실하냐. 여호나답이 대답하되 그러하니이다. 가로되 그러면 나와 손을 잡자! 손을 잡으니 예후가 끌어 병거에 올리며(왕하 10:15)." 본문의 말씀은 두 부분으로 나누어집니다. 첫째, 예후가 여호나답에게 묻습니다. "내 마음이 네 마음을 향하여 진실함과 같이 네 마음도 진실하냐?" 둘째, 여호나답의 대답에 대하여 예후가 한 제안입니다. "그러면 나와 손을 잡자."

I

　　1. 그러면 첫째, 예후가 여호나답을 향해 던졌던 질문에 대해 생각해 봅시다. "내 마음이 네 마음을 향하여 진실함과 같이 네 마음도 진실하냐?"

　　이 말씀에서 우리가 먼저 고찰해볼 수 있는 것은, 예후가 여호나답의 의견에 대해서는 아무것도 묻고 있지 않다는 점입니다. 만일 그렇다면 예후는 자신만의 특별한 입장을 가지고 있었던 것입니다. 그는 그의 자녀들과 후손들에게 남을 수 있도록 자신의 입장을 강하게 나타내고 있습니다. 이 사실은 예후가 죽고 오랜 세월이 흐른 뒤에 예레미야가 보여준 증거에도 분명하게 드러나고 있습니다. "이에 내가 하바시냐의 손자요 예레미야의 아들인 야아사냐와 그 형제와 그 모든 아들들과 모든 레갑 사람들을 데리고 여호와의 집에 이르러 익다랴의 아들 하나님의 사람 하난의 아들들의 방에 들였는데 그 방은 고관들의 방 곁이요 문을 지키는 살룸의 아들 마아세야의 방 위더라. 내가 레갑 사람들의 후손들 앞에 포도주가 가득한 종지와 술잔을 놓고 마시라 권하매 그들이 이르되 우리는 포도주를 마시지 아니하겠노라. 레갑의 아들 우리 선조 요나답이 우리에게 명령하여 이르기를 너희와 너희 자손은 영원히 포도주를 마시지 말며 너희가 집도 짓지 말며 파종도 하지 말며 포도원을 소유하지도 말고 너희는 평생 동안 장막에 살아라. 그리하면 너희가 머물러 사는 땅에서 너희 생명이 길리라 하였으므로 우리가 레갑의 아들 우리 선조 요나답이 우리에게 명령한 모든 말을 순종하여 우리와 우리 아내와 자녀가 평생 동안 포도주를 마시지 아니하며 살 집도 짓지 아니하며 포도원이나 밭이나 종자도 가지지 아니하고 장막에 살면서 우리 선조 요나답이 우리에게 명령한 대로 다 지켜 행하였노라(렘 35:3~10)."

2. 그리고 예후는(비록 그가 종교적인 일이든 사적인 일이든 가리지 않고 맹렬히 추진하는 성격임에도 불구하고) 이러한 사실에 전혀 개의치 않았고, 여호나답 자신의 판단에 따라 행하도록 내버려 두었습니다. 그리고 그들 중 누구도 상대방이 주장했던 의견에 대해 조금도 논쟁하지 않았던 것으로 보입니다.

3. 오늘날에도 역시 많은 훌륭한 사람들이 자신만의 독특한 의견을 가질 수 있으며, 그들 중 어떤 사람은 여호나답이 그랬던 것처럼 독특한 의견을 내세울 수 있습니다. 우리가 알고 있는 한, 모든 사람은 부분적으로 알 수밖에 없고, 마찬가지로 모든 사람은 모든 것을 알 수 없습니다. 우리 인간의 연약함과 부족함으로 인해 우리는 매일매일의 삶에서 종교에 대해 서로 다른 의견을 가질 수밖에 없습니다. 이는 세상의 시작부터 그러했고, "만물이 회복될 때까지도" 그럴 것입니다.

4. 더 나아가 모든 사람들이 자신의 의견이 절대 옳다고 믿는다 하더라도(그 의견이 진실이라고 믿지 않는 것은 아무런 의견이 없다는 것과 마찬가지입니다) 어떤 사람도 자기 자신의 의견이 모두 옳다고 확신할 수 없습니다. 그런고로 사려 깊은 사람들은 "인간은 많은 것들에 대해 무지하며 과오를 범하는 것이 인간의 필연적인 상태라는 사실(humanum est er rare et nescire)"을 미루어 볼 때 그들이 전적으로 옳

지만 않다는 것을 알 수 있습니다. 그러므로 만일 어떤 사람이 사려 깊게 생각할 수 있다면 자신이 잘못되어 있을 수 있고, 어떤 부분에 있어서는 자신이 과오를 범했으나 과오를 범했는지도 알지 못하고, 심지어 알 수도 없다는 사실을 알고 있습니다.

5. 내가 말하는 것은, 인간은 "알 수가 없다"는 사실입니다. 그 누가 인간의 이 극도의 무지가 얼마나 퍼져 있는지 알 수 있겠습니까? 그 누가 우리 인간의 마음에 고착되어 있는 이 어쩔 수 없는 편견에서 자유로울 수 있겠습니까? 이 편견은 우리 본성 깊은 곳에 뿌리박혀 있어 뽑아버리기 불가능할 것입니다. 그가 만일 관련된 제반 상황을 다 알지 못한다면 어떻게 남의 잘못에 대해 감히 비난할 수 있겠습니까? 모든 허물을 안다는 것은 어떤 의지의 일치를 전제해야만 하기 때문에 인간의 마음을 감찰하시는 주님만이 사람을 판단하실 수 있습니다.

6. 그러므로 지혜가 있는 사람이라면 다른 사람이 그에게 허용해 주기를 원하는 것과 동일한 생각의 자유를 다른 사람에게도 허용해야 할 것입니다. 다른 사람들이 그들 자신의 의견을 따르도록 강요하기를 원치 않는 것처럼, 그 자신도 더 이상 다른 사람들이 자신의 의견만을 받아들여 줄 것을 강요하지 않을 것입니다. 그는 자신과 전혀 다른 사람들도 용인할 수 있게 될 것입니다. 그리고 사랑의 마음으로 자신과 연합하기를 바라는 사람들에게 이 질문을 할 것입니다. "내 마음이 네 마음을 향하여 진실함과 같이 네 마음도 나를 향해 진실합니까?"

7. 둘째, 우리는 이 말씀에서 예후가 여호나답의 예배 형식에 관해서는 아무런 질문도 하지 않는다는 사실을 알 수 있습니다. 추측하건대 그들 사이에는 아주 상당한 차이가 있었을 것으로 짐작됩니다. 여호나답은 그의 모든 자손들과 마찬가지로 예루살렘에서 하나님을 예배하였습니다. 반면에 예후는 종교보다는 오히려 국가 시책에 더 많은 관심을 가지고 있었습니다. 그러므로 예후가 비록 바알 숭배자들을 처형하고, "이스라엘 중에서 바알을 멸하였다"고 할지라도 "여로보암의 죄, 곧 벧엘과 단에 있는 금송아지를 섬기는 죄에서는 떠나지 않았던 것입니다(왕하 10:29)."

8. 그러나 "남을 해치려는 마음이 전혀 없는 바른 마음"을 가진 사람들이라 해도 다양한 의견을 가지고 있는 한, 하나님을 예배하는 방법은 여러 가지일 수 있습니다. 모든 시대에 걸쳐 초월적인 존재에 대한 견해 이상으로 큰 차이를 보인 것은 없습니다. 마찬가지로 초월적인 존재를 예배하는 방식에 있어서도 많은 차이를 보여 왔습니다. 만일 이런 차이가 이교도들 세계에서만 생겨난 것이라면 그것은 그렇게 놀랄 만한 일이 아닙니다. 왜냐하면 우리가 아는 것처럼 "그들의 지혜로는 하나님을 알지 못했고" 따라서 하나님을 예배하는 방법도 알지 못하기 때문입니다. 그러나 그리스도인들 사이에서도 "하나님은 영이시니 그에게 예배하는 자는 신령과 진정으로 예배하여야 한다"는 일반적인 사실 외에는 거의 이교도들만큼이나 많은 견해 차이를 보이고 있다는 것은 참으로 놀랄 만한 일이 아니겠습니까?

9. 그렇게 많은 다양성 중에서 어떻게 우리가 바른 선택을 할 수

있겠습니까? 어떤 사람도 다른 사람을 위해 선택하거나 다른 사람에게 선택을 지정해줄 수 없습니다. 모든 사람은 자신의 양심의 법을 따라 단순하고 순전하게 선택해야 합니다. 각 사람은 자신의 판단에 따라 스스로 결정해야 하며, 결정한 다음에는 그 자신이 선택한 빛에 따라 행동해야 합니다. 어떤 사람도 다른 사람에게 자신의 규범을 강요할 만큼 능력을 가지고 있지 못합니다. 하나님은 그 어떤 사람에게도 형제의 양심을 지배하라는 권리를 주시지 않았습니다. 따라서 모든 사람들은 자신을 위하여 판단해야 하며, 하나님 앞에서 자신을 책임져야 합니다.

10. 그리스도를 따르는 모든 사람들은 자연스럽게 한 특정한 교단의 구성원이 되어야 합니다(이것은 특정한 방법에 따라 하나님을 예배하는 것을 뜻합니다. 왜냐하면 두 사람이 서로 동의하지 않는다면 함께 행동할 수 없기 때문입니다). 그러나 어느 누구도 자신의 양심을 제외한 지상의 어떤 권력으로도 한 회중을 택하거나 특정한 예배 방식을 택하도록 강요받을 수 없습니다. 내가 알고 있는 바에 따르면, 우리는 태어날 때 어느 회중에 속해 있는가에 따라서 속하게 될 교회가 정해집니다. 예를 든다면 영국에서 태어난 사람은 영국 국교회라고 명명된 회중의 구성원이 되어야 합니다. 그리고 그 교회가 규정한 방법으로 하나님을 예배하여야만 합니다. 나는 한때 이 교단의 법을 열렬히 준수했던 사람입니다. 그러나 나는 다시 이 결정을 취소해야 할 여러 가지 이유들을 발견하였습니다. 내가 두려워하는 것은 이 교단이 사려 깊은 사람이라면 누구나 묵과할 수 없는 어려운 문제를 가지고 있다는 것입니다. 만일 이 교단의 통치가 이루어졌다면, 개인의 판단을 완전히 불가능하게 했던 교황 제도로부터 어떤 개혁도 일어날 수 없었을 것입니다. 이것은 개혁신앙

전체가 서 있는 개인 판단의 권리를 완전히 파괴할 것입니다.

11. 그러므로 나는 감히 자신의 예배 형식을 다른 사람들에게 강요할 생각은 없습니다. 나는 나의 믿음이 초대 교회와 사도신앙에 가장 적합하다고 믿습니다. 그러나 내 믿음이 다른 사람의 믿음을 위한 규범이 될 수는 없습니다. 그러므로 나는 내가 사랑으로 연합해야 될 사람들에 대해서 다음과 같은 질문을 하지 않습니다. "당신은 우리 교회에 소속되어 있습니까? 당신이 우리 교회의 회중입니까? 당신은 나와 똑같은 교회 행정 형태를 받아들이며, 똑같은 교회 직제를 인정합니까? 내가 하나님께 예배드릴 때 쓰는 것과 똑같은 형식의 기도문을 사용하십니까? 당신은 내가 받는 것과 똑같은 자세와 방식으로 주님의 만찬을 받습니까? 또는 세례 예식에서 내가 세례받는 이들에게 받는 다짐과 같은 다짐을 받으십니까? 세례를 받는 사람들의 연령 문제에 대해 나와 동의하십니까?"와 같은 질문을 하지 않습니다. 그뿐만 아니라 (내 마음속에 분명한 것처럼) 당신이 세례나 성만찬 자체를 인정하느냐 전혀 인정하지 않느냐조차 묻지 않습니다. 일단 이 모든 문제들은 제쳐놓고, 보다 적당한 때에 서로 토론할 기회를 가질 수 있을 것입니다. 현재 내가 묻고 싶은 유일한 질문은 이것입니다. "내 마음이 네 마음을 향하여 진실함과 같이 네 마음도 나를 향하여 진실합니까?"

12. 그러나 이 질문은 정확히 무엇을 함축하고 있습니까? 나는 예후가 무엇을 의미했는가를 묻는 것이 아닙니다. 그리스도를 따르는 사람들이 그들의 형제들에게 이런 제안을 했을 때 무엇을 의미하느냐 하는 것입니다.

그 질문 속에 함축된 첫째 뜻은, 당신의 마음이 하나님을 향하여 진실합니까? 하는 것입니다. 그분의 존재와 완전하심을 믿습니까? 그분의 영원성, 무한성, 지혜와 권능을 믿습니까? 그분의 정의와 자비와 진실하심을 믿습니까? 그분이 지금도 "능력의 말씀으로 만물을 주관하신다"는 사실을 믿습니까? 그리고 주님께서 하나님 자신의 영광과 하나님을 사랑하는 자녀들의 복지를 위해서 가장 미세하고 가장 해로운 것들까지 다스린다는 사실을 믿습니까? 당신은 하나님께 속한 모든 일들에 대해 신성한 증거와 초자연적인 확신을 가지고 있습니까? 당신은 "눈으로 봄으로써가 아니라 믿음으로 살아가고" 있습니까? 당신은 일시적인 것이 아니라 영원한 것을 보고 있습니까?

13. 당신은 "영원히 찬양받으실 만유의 하나님이신" 주 예수 그리스도를 믿습니까? 그분이 당신의 영혼 속에 계시되셨습니까? 예수 그리스도와 십자가에 달리신 그분을 알고 계십니까? 주님이 당신 안에 거하시며 당신이 주님 안에 거합니까? 주님이 믿음으로 당신의 마음속에 자리 잡고 계십니까? 자신의 모든 행위와 모든 의를 포기하고, 하나님의 의에 당신 자신을 온전히 맡기셨습니까? 자신의 의가 아니라 믿음으로 말미암은 의를 소유함으로써 그리스도 안에서 당신이 발견되었습니까? 당신은 주님을 통해 믿음의 선한 싸움을 싸우며 영원한 생명을 붙들고 있습니까?

14. 당신의 믿음은 사랑의 열정으로 채워졌습니까? "네 마음을 다하고, 목숨을 다하고, 생각을 다하고, 힘을 다하여" (나는 "무엇보다도"라는 말은 하지 않겠습니다. 그것은 비성서적이며 모호한 표현이기 때문입니다)

하나님을 사랑합니까? 단지 주님 안에서만 모든 행복을 구합니까? 그래서 당신이 애써 구하는 바를 발견합니까? 당신의 영혼은 끊임없이 "주를 찬양하며 당신의 심령이 구세주 하나님을 기뻐하고" 있습니까? "범사에 감사하라"는 말씀을 배웠다면 "감사하는 것이 즐겁고 유쾌한 일이라는 것을" 깨달았습니까? 하나님께서 당신의 영혼의 중심과 모든 열망의 총체가 되십니까? 따라서 당신은 천국에 보물을 쌓고 세상의 모든 일은 배설물이나 티끌처럼 여깁니까? 하나님의 사랑이 당신의 영혼에서 세상으로 비춰지고 있습니까? 당신은 "세상에 대해 십자가에 못 박혔고" 땅 아래 속한 모든 것에 대해 죽었습니까? 당신의 생명이 그리스도와 함께 하나님 안에 감추어져 있습니까?

15. 당신은 "자신의 뜻이 아니라 당신을 보내신 하나님의 뜻을 따라" 행하고 있습니까? 다시 말해 당신은 당신에게 맡기신 역사를 끝내고 아버지의 집에 올라갈 때까지 잠시 동안 이곳에서 머무르며 낯선 고장에서 몇 날 동안을 보내도록 하신 하나님의 뜻을 따라 행하고 있습니까? "하늘에 계신 하나님의 뜻을 행하는 것이" 당신의 먹고 마시는 것이 되고 있습니까? 당신의 눈길은 모든 일에서 단순합니까? 항상 예수님만 바라보고 있습니까? 당신이 무엇을 행하든지, 즉 노동, 사업, 언행에 있어서 주님을 향하고 있습니까? 말이나 행실에 있어서 당신이 행하는 것이 무엇이든지 주 예수의 이름으로 행하고 하나님께 감사드리며 하나님의 영광만을 나타내려고 합니까?

16. 하나님의 사랑이 두려움으로 그분을 섬기며 "경외함으로 여호와를 즐거워하도록" 당신을 강요합니까? 당신은 지옥이나 죽음보다

도 하나님을 노하게 한 것을 더 두려워합니까? 당신은 하나님의 영광의 눈을 거역하려는 생각보다도 진정 공포스러운 것이 아무것도 없습니까? 당신은 땅 위에 사는 동안 하나님의 거룩하심과 완전한 율법을 위반하는 모든 악행을 미워하고 있습니까? 당신은 "하나님과 인간을 대하여 양심에 거리낌이 없도록 자신에게 실천"하였습니까?

17. 당신의 마음이 이웃을 향하여 진실합니까? 당신은 자기 자신과 같이 모든 인류를 예외 없이 사랑합니까? "만약 당신이 당신을 사랑하는 사람만을 사랑한다면 무엇을 감사하고 있다는 말입니까?" "당신은 당신의 원수"를 사랑합니까? 당신의 영혼은 원수들에 대한 선의와 부드러운 애정으로 충만합니까? 감사할 줄 모르는 불경한 하나님의 대적들까지도 사랑합니까? 마음속 깊이 그들을 불쌍히 여깁니까? 그들을 위해 잠시 동안 "저주 받기"를 "스스로 원합니까?"
"너희를 저주하는 사람을 축복하고, 악의적으로 너희를 이용하는 사람들과 너희를 박해하는 사람들을 위하여 기도하라" 하신 말씀에 따라 사랑을 보여줍니까?

18. 당신은 행동으로 사랑을 나타냅니까? 시간이 있는 대로 모든 기회를 선용함으로써 참으로 이웃이나 낯선 사람이나 악한 사람이나 "모든 사람들에게 선을 베풀고" 있습니까? 당신은 가능한 한 그들에게 모든 선을 행합니까? 그들이 원하는 것을 공급해 주려고 애쓰며 당신의 능력이 다하기까지 물심양면으로 그들을 도와주었습니까? 만일 당신이 이런 마음을 갖는다면 모든 기독교인들은 이렇게 말할 것입니다. 만일 당신이 오직 열심으로 그것을 바라며 그 사랑을 이루기까지

계속한다면 그때에는 "내 마음이 네 마음을 향하여 진실함과 같이 네 마음도 진실하다"고 말할 수 있을 것입니다.

II

1. "그러면 나와 손을 잡자." 이 말은 "내 의견에 동의하라"는 뜻이 아닙니다. 그럴 필요는 없습니다. 나는 그것을 기대하거나 원하지도 않습니다. 그렇다고 "내가 여러분의 의견에 동의하겠다"는 뜻도 아닙니다. 나는 결코 그렇게 할 수가 없습니다. 그것은 나 자신의 선택에 딸린 문제가 아닙니다. 나는 내가 원하는 것을 보고 듣는 것처럼 내 마음대로 생각할 수가 없습니다. 변함없이 당신은 당신의 의견을 따르고 나는 내 의견을 따를 수밖에 없습니다. 당신이 내 의견에 가까워지려고 애쓸 필요도 없고, 내가 당신의 의견에 가까워지려고 애쓸 필요도 없습니다. 나는 그 문제에 대해서 논쟁하고 싶지도 않고 그것에 대해서 어떤 말을 듣거나 말하고 싶지도 않습니다. 모든 의견은 그대로 옆에 두고 단지 "나와 손을 잡자"는 것입니다.

2. 여기에서 나는 "내 예배 형식을 채택하라"든지 내가 "여러분의 예배 형식을 받아들이겠다"든지 하는 식으로 말하지 않습니다. 이것 역시 나 자신의 선택이나 여러분 자신의 선택에 딸린 문제가 아닙니다. 우리는 모두 각자가 자기의 마음에 충분히 수긍이 가는 대로 행동하지 않으면 안 됩니다. 당신은 하나님께 가장 인정받을 수 있다고 생각되는 바를 고수하십시오. 나도 또한 그렇게 할 것입니다. 나는 감독교

회식의 교회 정치가 가장 성서적이며 사도적이라고 믿고 있습니다. 만일 당신이 장로교회나 독립교회의 제도가 더 훌륭하다고 생각한다면 그렇게 생각하고 거기에 맞게 행동하십시오. 나는 유아 세례를 받아야 마땅하다고 믿고 있으며 이 세례는 침례로 하든지 머리에 물을 뿌리는 방식이든지 행할 수 있다고 생각합니다. 당신의 의견과 생각이 다르다면 여전히 그 생각을 따르십시오. 나는 특히 공중 예배 때에는 기도문을 사용하는 것이 대단히 좋다고 생각하고 있습니다. 만일 당신이 즉석 기도가 보다 유익하다고 생각한다면 당신의 판단대로 행동하십시오. 나는 세례 받는 사람에게는 물의 사용을 금지하지 말아야 한다고 생각하며, 사람들에게는 죽으신 주님을 기념하면서 빵을 먹으며 포도주를 마시게 해야 한다고 생각합니다. 그러나 당신이 이런 사실을 납득하지 못한다면 당신의 소신대로 행하십시오. 나는 위에서 언급한 어떤 문제에 대해서도 당신과 잠시나마 논쟁하고 싶은 생각이 추호도 없습니다. 이와 같은 모든 사소한 문제들을 일단 옆으로 제쳐 놓도록 합시다. 더 이상 그것들을 끄집어내지도 맙시다. "만일 당신의 마음이 내 마음과 같다면", 당신이 하나님과 온 인류를 사랑한다면, 나는 더 이상 아무것도 묻지 않겠습니다. 다만 "나와 손을 잡읍시다."

3. 내가 의미하는 것은 첫째, "나를 사랑하라"는 것입니다. 그런데 그것은 당신이 온 인류를 사랑하기 때문이라든가, 자신의 원수가 하나님을 대적하는 자들, 즉 당신을 미워하는 자들을 사랑해야 하기 때문에 그렇게 하라는 것이 아닙니다. "당신을 악의적으로 이용하고 박해하는 자들"을 사랑해야 하기 때문에서만이 아니라, 악한지 선한지도 모르는 이방인을 사랑해 달라고 하는 말이 아닙니다. 그렇다고 그것만으

로는 결코 만족할 수가 없습니다. "내 마음이 네 마음을 향하여 진실함과 같이 네 마음이 진실하다면 그때에는 당신의 형제보다 더 가까운 친구처럼 아주 부드러운 애정을 가지고, 즉 그리스도 안에서의 형제로서, 새 예루살렘의 동료 시민으로서, 우리 구원의 대장이신 주님의 휘하에서 같이 싸우는 동료 병사로서, 주의 나라와 주의 인내에 동참하는 동료로서, 그리고 주의 영광의 같은 상속자로서 나를 사랑해 달라"는 것입니다.

4. 오래 참음과 친절한 사랑으로 나를 사랑해 주십시오(그러나 모든 무리의 인간을 사랑하는 것보다 더 높은 차원에서 사랑해 주십시오). 내가 무지하거나, 곁길로 가거나, 짐을 더 많이 지지 않으려고 할지라도, 인내와 온유와 부드러움과 자비로운 마음으로 고요히, 그리고 어느 때 내가 당신보다 주님의 역사를 번창시켜 하나님을 기쁘시게 하였을지라도, 시기하지 않는 마음으로 사랑해 주십시오. 나의 우매함이나 결함이나 심지어 주의 뜻에 어긋나게 행동할지라도 (당신에게 때때로 그렇게 보인다 할지라도) 성내지 않는 사랑으로 나를 사랑해 주십시오. 나의 악행을 기억하지 않도록 나를 사랑해 주십시오. 그리고 모든 질투와 악의를 버릴 수 있을 만큼 나를 사랑해 주십시오. 모든 것을 덮어 주는 사랑으로 나를 사랑해 주십시오. 즉 어떤 허물이나 결점을 결코 들춰내지 않는 사랑으로 말입니다. 모든 것을 믿는 사랑으로 말입니다. 그것은 항상 가장 좋은 점만을 기꺼이 생각하려 하고, 내 모든 언행에 대하여 가장 공정한 해석을 내리는 그런 사랑입니다. 그것은 모든 것을 바라는 사랑입니다. 즉 어떤 일이 언급된 대로 되지 않거나, 그런 경우에 말한 대로 성취하지 못했을지라도, 또는 그 일을 좋은 뜻으로 했거나 갑작스

러운 유혹의 압력 때문에 했거나 상관없이, 모든 것을 바라는 것이 사랑입니다. 그리하여 모든 잘못은 하나님의 은총으로 고쳐질 것이며, 예수 그리스도 안에 있는 풍성하신 자비를 통하여 결핍된 것은 무엇이든지 채워질 것이라는 희망을 끝까지 견지하십시오.

5. 둘째, 내가 말하려고 하는 것은 언제나 당신이 하나님께 기도할 때 나를 기억해 달라는 것입니다. 주님이 알고 계신 내 과오를 신속하게 시정하며, 나에게 결핍된 것을 보충해 주실 수 있도록 나를 위해 하나님과 씨름해 주십시오. 당신이 은총의 보좌에 가까이 있다면, 내 마음도 하나님과 인간에 대해 당신의 마음과 같이 한층 진실할 수 있도록 당신 곁에 계신 주님께 간구하십시오. 또한 내가 보이지 않는 것들에 대해서 보다 만족한 확신을 가질 수 있고 예수 그리스도 안에 있는 하나님의 사랑에 대해 보다 강한 소신을 가질 수 있도록 간구해 주십시오. 눈으로 보면서가 아니라 믿음으로 더욱더 확고하게 살아가며, 영생을 더욱 열심으로 붙잡을 수 있도록 간구하십시오. 하나님께 대한 사랑과 온 인류에 대한 사랑이 내 마음속에 더 풍성히 부어질 수 있도록 기도해 주십시오. 내가 하늘에 계신 내 아버지의 뜻을 더욱 열심히, 그리고 적극적으로 행할 수 있도록 기도해 주십시오. 내가 더욱더 열심히 선행하며, 주의 깊게 모든 악의 모양을 물리칠 수 있도록 기도해 주십시오.

6. 셋째, 내가 말하려고 하는 바는 사랑과 선행을 하도록 일깨워 달라는 것입니다. 내 영혼의 건강을 위해서 유익하다고 믿는 것은 무엇이든지 사랑으로 충고하면서 기회가 있을 때마다 다시 한번 기도해 주

십시오. 하나님께서 나에게 주셨던 일거리로 나를 일깨워 주십시오. 그리고 그것을 보다 완전하게 행할 수 있는 방법을 나에게 가르쳐 주십시오. 뿐만 아니라 친절하게 나를 책망하고 꾸짖어 주십시오. 무슨 일에 있어서나 나를 보내신 하나님의 뜻보다는 나 자신의 뜻을 따르고 있다고 생각된다면 친절하게 나를 견책하고 꾸짖어 주십시오. 당신이 내 결점을 시정하고 내 약함을 강하게 하며 나를 사랑 안에서 일으킬 수 있다고 믿는다면, 또한 어떤 점에 있어서나 주님의 도구로서 나를 적절하게 만들 수 있다고 믿는다면, 무엇이나 전부 말해 주시고 주저하지 마십시오.

7. 마지막으로, 내가 말하려고 하는 것은 말로만이 아니라 행동과 진실로써 나를 사랑해 달라는 것입니다. 당신의 양심이 허락하는 한 (당신 자신의 견해와, 하나님을 예배하는 데 대한 자신의 방법을 여전히 고수하면서) 하나님의 역사하심 속에서 나와 협력합시다. 손에 손을 맞잡고 함께 나아갑시다. 분명히 당신도 여기까지는 행할 수 있을 것입니다. 당신이 어디 있든지, 그가 누구이든지 하나님의 역사하심에 대하여 존경하는 마음으로 말하고, 하나님의 사자들에게 친절을 다해 말하십시오. 그리고 만일 당신의 능력으로 할 수 있다면, 고통과 번민에 빠져 있는 사람들을 동정해야 될 뿐만 아니라, 당신을 대신하여 하나님께 영광을 돌릴 수 있도록 그들에게 즐겁고 효과적인 도움을 주십시오.

8. 위에서 논의한 마지막 문제에 대해 두 가지 사실을 생각해야 합니다. 하나는, 어떤 사람이든지 어떤 사랑의 직분이든지 간에, 그가 영적이거나 세상적인 어떤 도움이라도 요청한다면, 나는 내 마음이 그에

게 진실함같이 그의 마음도 진실한 것인지, 나는 하나님의 은혜로 나의 역량에 따라 준비된 것과 꼭같은 것을 그에게 주장할 것입니다. 다른 하나는, 내가 나 자신만을 위하여 이런 요구를 하는 것이 아니라, 그리스도가 우리를 사랑하신 것처럼 우리가 서로 사랑할 수 있도록 하나님과 인간에게 진실한 마음을 소유한 모든 사람에게 요구하는 것입니다.

III

1. 지금까지 우리가 논의해온 사실에서 한 가지를 추론해낼 수 있습니다. 즉 무엇이 보편적 정신인가를 배울 수 있습니다.

보편적 정신이라는 말보다 더욱 심하게 오해되고 위험스럽게 오용된 표현은 거의 없을 것입니다. 그러나 위에서 언급한 내용들을 냉정하게 관찰해본 사람은 이에 대한 오해를 쉽게 교정할 수 있고, 또한 그런 오용을 쉽게 방지할 수 있습니다.

그 이유는 첫째, 그 사실로부터 보편적 정신이 사변적인 광교회파[latitudinarianism, 광교회파(廣敎會派)는 17세기 영국 케임브리지 대학교에서 나온 온건한 국교회주의자들이 가진 철학적 학파-역자 주]가 아니라는 사실입니다. 이러한 정신이 모든 견해에 대해서 무관심한 것은 아닙니다. 무관심은 지옥의 소산이지 천국의 산물이 아닙니다. 무정견한 사고, 즉 "이리저리 끌려다니고, 교리에 대해 바람 부는 대로 동요되는" 태도는 극심한 저주이지 축복은 아닙니다. 그것은 진정한 보편주의에 대해 화해할 수 없는 적이지 동지는 아닙니다. 진정한 보편적 정신을 가진 사람은 자신의 종교를 세우려고 하지 않습니다. 그는 기독교 교리의 중요한 골자에 대한 자신의 판단에 있어서 태양처럼 확고한 생각을 가지고 있습니다. 이런 사람은 어떤 것이 그의 원칙에 반대되어 제시된다 할지라도 이것을 언제나 즐겨 듣고 평가할 수 있는 것이 사실입니다. 그러나 이러한 태도가 자신의 마음속에 어떤 동요도 일으키지 않는 것처럼 그것이 어떤 일을 야기시키지는 않습니다. 그는 두 가지 견해 사이에서 망설이거나 공연히 두 의견을 하나로 얼버무리려고 애쓰지도 않습니다. 당신이 어떤 정신을 가졌는지 알지 못한다고 생각해 봅시다. 즉 단지 불명료한 이해를 하며, 모든 생각이 안개 속에 갇혀 있고, 확정되어 있으며 일관성 있는 원칙을 갖지도 못하고, 모든 견해를 한데 얼버무리기 때문에 스스로 보편적 정신을 가진 자라고 자처하는 당신을 생각해 보자는 말입니다. 그렇다면 당신은 전혀 길을 잘못 들었으며, 자신이 어디에 있는지 알지 못하고 있다는 사실을 시인해야 합니다. 당신은 그리스도의 정신에 들어가 있다고 생각하겠지만, 사실 적그리스도의 정신에 보다 가까이 있는 것입니다. 우선 당신은 그리스도의 복음의 제일가는 윤리를 가서 배우십시오. 그런 다음에야 비로소 당신은 보편적 정신이 있다는 것을 알게 될 것입니다.

2. 둘째, 우리가 논의해온 사실로부터 배울 수 있는 것은 보편적 정신이 일종의 실천적 광교회파가 아니라는 사실입니다. 이 정신은 공중 예배나 이 예배를 진행하는 외적인 방법에 대해 무관심하라는 것이 아닙니다. 이렇게 된다면 그것은 축복이 아니고 저주일 것입니다. 그런 식으로 된다면 아무런 도움도 주지 못할 것이며, 이런 상태가 지속하는 한, 신령과 진정으로 하나님을 예배하는 데 말할 수 없는 장애가 될 것입니다. 그러나 진정한 보편적 정신을 가진 사람은 지성소에 조화되게

모든 일을 평가해 보면서 자신이 참여하고 있는 특별한 예배 형식에 대해서 전혀 의심하거나 주저하지 않습니다. 그는 이와 같은 형식으로 하나님을 예배하는 것이 성서적이며 동시에 합리적이라는 사실을 분명하게 확신하고 있습니다. 그는 이 세상에서는 이것보다 더 성서적이며 합리적인 것이 없다고 알고 있습니다. 그러므로 그는 부화뇌동함이 없이 그것을 더욱더 견지하며, 그러한 예배를 드릴 기회를 주신 하나님께 찬양을 드리는 것입니다.

3. 셋째, 우리는 여기에서 보편적 정신이란 모든 회원들에게 무관심한 것이 아니라는 사실을 배울 수 있습니다. 이와 같이 된다면 이것은 또 다른 부류의 광교회파이며. 위에서 언급한 것 못지않게 어리석고 비성서적인 것입니다. 그뿐 아니라 그러한 태도는 진정한 보편적 정신을 가진 사람과는 거리가 먼 것입니다. 보편적 정신의 사람은 그의 원칙뿐만 아니라 그의 회중에게도 확고한 입장을 가지고 있습니다. 그는 정신뿐만 아니라 기독교적인 교제의 외적인 연결에 있어서도 하나로 결속되어 있습니다. 거기에서 그는 하나님의 모든 의식에 참여합니다. 거기에서 그는 성만찬을 받습니다. 거기에서 그는 온 마음을 공중 기도에 쏟고, 회중의 찬양과 감사에 참여합니다. 거기에서 그는 화해의 말씀과 하나님의 은혜로운 복음을 듣고 기뻐합니다. 가장 가까운 친지들과 가장 사랑하는 형제들과 더불어 때때로 금식을 하면서 하나님을 찾습니다. 그는 형제들이 그의 영혼을 지켜 주는 것처럼 특별히 사랑으로 그들을 지켜 줍니다. 즉 충고하고 권면하고 위로하고 타이르면서, 믿음 안에서 서로서로를 일으켜 세웁니다. 그는 형제들을 자기 가족처럼 생각합니다. 그러므로 하나님께서 각자에게 주신 능력에 따라 그들을 마

땅히 돌보며, 생명과 경건에 필요한 모든 것을 소유할 수 있도록 마련해 줍니다.

4. 그러나 보편적 정신의 소유자는 자신의 종교적인 원칙과 예수 안에서 진리라고 믿는 바를 꾸준히 확신합니다. 그는 하나님 앞에서 가장 잘 받아들여질 수 있다고 판단되는 예배를 확고하게 고수합니다. 그는 어떤 특별한 회중과도 가장 친절하고 밀접하게 연결되어 있다고 생각하며, 아는 사람이거나 모르는 사람이거나 간에 자신의 마음을 온 인류를 향해 넓히는 사람입니다. 그렇다면 그는 이웃과 낯선 사람, 친구나 원수를 강렬하고 간곡한 애정으로 포용하게 되는 것입니다. 이것이 바로 보편적이며 우주적인 사랑(catholic or universal love)입니다. 이런 마음을 가진 사람이야말로 보편적인 정신의 소유자입니다. 사랑만이 '보편성'의 특징에 권리를 줍니다. 보편적 사랑은 바로 보편적 정신입니다.

5. 엄격한 의미에서 이 말을 생각해 본다면, 보편적 정신을 가진 사람은 위에서 언급한 바와 같이 그의 마음속에 진실한 모든 사람들과 손을 잡는 자입니다. 그는 가치 있는 방법이 무엇인가를 아는 사람이며, 하나님의 일들에 관한 지식에 대하여, 또한 하나님 예배에 대한 참된 성서적 방법에 대하여 자신이 즐기는 모든 유익을 바르게 판단할 줄 아는 자입니다. 그는 하나님께 찬양할 줄 아는 자이며, 무엇보다도 하나님을 두려워하며 의를 행하는 회중과 연합하는 일을 아는 자입니다. 보편적 정신을 가진 사람은 가장 세심한 주의를 가지고 이와 같은 복을 보존하며 이 복을 눈동자처럼 사랑하고 동시에 주 예수 그리스도를 믿는 사람과, 하나님과 인간을 사랑하고 어떤 의견이나 어떤 예배나 어떤

회중이든지 간에 하나님을 기뻐하기를 즐거워하는 자입니다. 그는 하나님께 범죄하는 것을 두려워하면서 조심성 있게 악을 멀리하며 열심히 선행을 하는 모든 사람들을(친구로서, 주 안에 있는 형제로서, 그리스도의 제자와 하나님의 자녀로서, 현재의 하나님 나라의 동참자로서, 그분의 영원한 나라의 동료 상속자로서) 사랑하는 자입니다. 이 모든 것을 끊임없이 마음속에 간직하고, 그들을 위해서 말할 수 없는 온유함을 가지고, 그리고 그들의 복지를 열망함으로 그들의 편을 들어줄 뿐만 아니라, 하나님께 쉼 없이 기도드리며, 그들을 위로해 주고, 모든 말로 하나님 안에서 그들의 손이 강하게 되도록 애쓰는 사람은 참으로 보편적인 정신을 가진 자입니다. 그는 영육 간에 모든 일에 있어서 전력을 다하여 그들을 도와줍니다. 그는 그들을 위하여 "자기를 내어주고 희생적으로 내어줄 준비가" 되어 있습니다. 즉 그는 그들을 위하여 자신의 생명까지도 버릴 수 있습니다.

6. 하나님의 사람인 그대여! 그대는 이 모든 일을 생각해 보아야 합니다. 당신이 이미 이 길을 가고 있다면 계속해서 앞을 향해 나아가십시오. 만일 당신이 잘못된 길을 가고 있었다면 지금 여러분을 돌이키신 하나님께 감사하십시오. 그리고 지금은 당신 앞에 놓인 보편적 사랑의 왕도에서 경주를 계속하십시오. 당신의 판단을 흐리게 하거나 완고한 마음을 가지지 않도록 주의하고, 한때 성인들에게 주신 믿음에 뿌리를 내려 사랑, 즉 진정한 보편적 사랑에 근거하여 당신이 영원한 사랑에 삼켜진 바 될 때까지 한결같은 발걸음으로 나아가십시오!

35
그리스도인의 완전
Christian Perfection

85세의 존 웨슬리
⟨John Wesley⟩, William Nelson Gardiner, 1788

내가 이미 얻었다 함도 아니요 온전히 이루었다 함도 아니라 (빌 3:12)

1. 성서에 나오는 말 중에 완전하다는 말처럼 마음에 걸리는 표현을 찾아보기 어렵습니다. 완전하다는 말은 실로 많은 사람들이 감당하기 어려운 말입니다. 완전이라는 말을 발설하기조차 싫어합니다. 문자 그대로 "완전을 설교하는" 사람, 즉 이 생애에서 완전을 이룰 수 있다고 주장하는 사람들은 세리나 이방인보다도 더 나쁘게 평가될 위험마저 있습니다.

2. 이 표현이 너무나 많은 반대를 초래하고 있다는 이유로 아예 사용하지도 말라고 충고하는 사람들도 있습니다. 그러나 이 완전이라는 말은 하나님의 말씀 가운데 있는 것이 아닙니까? 그렇다면 설혹 많은 사람의 마음에 걸린다고 하여도 어느 설교자가 무슨 권위로 이 말씀을 삭제하여 버린단 말입니까? 그리스도는 그렇게 가르치시지 않았습니다. 또한 그렇게 함으로써 마귀에게 양보할 수 없는 것입니다. 하나님께서 말씀하신 것은 무엇이든지 우리가 말할 것이며, 사람들이 듣거나 말거나, 받아들이거나 거부하거나 우리는 외치고야 말 것입니다. 그리스도의 사신은 오직 하나님의 모든 말씀을 선포하는 일을 회피하지 말아야만 "모든 사람의 피로부터 깨끗하게 된다는 것"을 우리가 알기 때문입니다.

3. 그러므로 우리는 이 말씀이 사람의 말이 아니요 하나님의 말씀인 줄 알기 때문에 이 표현을 사용하지 않을 수 없습니다. 오히려 우리는 그 뜻을 풀어 설명할 수 있고 또 해야만 합니다. 그리하여 신실한 마음을 가진 사람들이 위로부터 부르심을 받은 그 상(賞)의 표지에서 좌로나 우로나 치우치지 않도록 해야 하겠습니다. 그리고 이 말씀을 더욱더 풀어 설명해야 하는데, 그것은 앞에 봉독한 성경 말씀에서 바울이 "나는 이미 완전해졌다는 것도 아닙니다"라고 함으로써 자기 자신은 아직 완전하지 않은 것으로 말하고 있는가 하면, 15절에서는 "누구든지 우리 온전히(perfect) 이룬 자들은 이렇게 생각하라" 함으로써 자신과 많은 다른 사람들이 완전한 것처럼 표현했기 때문입니다.

4. 그러므로 이와 같이 얼핏 볼 적에 모순으로 보이는 듯한 문제를 제거하기 위하여, 푯대를 향하여 달음질하는 사람들에게 서광을 주기 위하여, 또한 미숙한 사람들이 길에서 낙오되지 않기 위하여 다음 두 가지 문제를 묻고 해답을 얻고자 합니다.

I. 어떤 의미에서 그리스도인은 완전하지 못한가?
II. 어떤 의미에서 그리스도인은 완전한가?

I

1. 먼저 어떤 의미에서 그리스도인들이 완전하지 않은가를 살펴봅시다. 첫째, 그리스도인들은 지식에서 완전하지 못합니다. 체험상으

로 보나 성서적으로 보나 그렇습니다. 그리스도인들은 이 땅에 사는 동안 무지로부터 아주 해방될 만큼 그렇게 완전하지는 못합니다. 저들은 다른 사람들과 마찬가지로 현세에 대한 많은 것을 알고 있을 것입니다. 또한 저들은 앞으로 올 세상에 대해서, 또 하나님이 계시해 주신 개괄적인 진리에 대해서도 알고 있을 것입니다. 저들은 또한 저들이 하나님의 자녀라 일컬음을 받기 위하여 "아버지이신 하나님이" 저들을 용서해 주신 그 사랑이 "어떤 종류의 사랑인가"를 알고 있습니다(이런 것은 육에 속한 사람들은 알지 못합니다. 이런 것은 영적으로만 인식되기 때문입니다). 저들은 성령이 자신들의 마음속에서 행하시는 능력 있는 역사도 압니다. 모든 길을 인도하시고 모든 것이 합력하여 선을 이루게 하시는 하나님의 섭리하시는 지혜도 알고 있습니다. 그렇습니다. 그들은 모든 삶의 현장에서 주님께서 자신들에게 요구하시는 것이 무엇인가를 알고 있으며, 또한 하나님과 사람에게 거리낌 없는 양심을 어떻게 지켜야 할지를 알고 있기도 합니다.

2. 그러나 그리스도인들이 알지 못하는 것도 헤아릴 수 없이 많습니다. 전능하신 하나님을 만져본다고 하여도 하나님을 완전히 알아낼 수는 없습니다. "이런 것은 그 행사의 시작점이니 그 큰 능력의 우뢰야 누가 능히 측량하랴(욥 26:14)." 하늘 위에 성부와 성자와 성령, 삼위 하나님이 계시고 그 삼위는 일체라는 것을 저들이 이해할 수 없음은 말할 필요조차 없습니다. 그리고 하나님의 영원한 아들 자신이 신성의 어느 한 속성도 아니고 특색도 아닌 종의 형상을 취했으며, 그 취한 방법을 이해할 수도 없을 것입니다. 하나님께서 그의 크신 일을 실현하실 때와 시간을 알 수도 없으니, 이는 심지어 창세 이후에 하나님께로부

터 부분적으로 계시를 받았던 예언자와 하나님의 종들조차 모르는 것입니다. 하물며 일반적인 그리스도인들이 하나님께서 언제 그의 택하신 자의 수를 채우시며, 그의 나라를 도래하게 하시며, 언제 하늘이 요란한 소리를 내며 없어져 버리고, 모든 것들이 뜨거운 불에 녹아버릴는지 알 수 있다는 말입니까?(벧후 3:10) 결코 알 수 없습니다.

3. 그들은 사람의 아들들에 대한 하나님의 섭리의 이유를 대부분 모르고 있습니다. 그들은 여기 남겨진 부분에 대해 제한적으로 알 뿐입니다. 그렇지만 구름과 흑암이 하나님을 둘렀고 의와 심판이 그의 보좌의 기초입니다(시 97:2). 그렇습니다. 주님께서 하시는 일에 대하여 종종 말씀하시기를 "나의 하는 것을 네가 이제는 알지 못하나 이후에는 알리라(요 13:7)"고 하셨습니다. 예수님의 제자들은 그들 앞에 친히 있었던 일, 친히 목격한 주님의 역사인데도 얼마나 많이 몰랐습니까! 어떻게 "그는 북편 하늘을 허공에 펴시며 땅을 아무 것도 없는 곳에 매다셨는지(욥 26:7)", 그리고 이 거대한 기계의 모든 부분을 끊을 수 없는 비밀의 쇠사슬로 얽어매셨는지를 알지 못할 것입니다. 인간의 무지가 그리도 큰 만큼 가장 지혜로운 사람이라도 그렇게 조금밖에 알지 못하는 것입니다.

4. 그러므로 이 세상에 사는 사람으로서는 무지에서 아주 해방될 만큼 완전해질 수는 없습니다. 둘째, 사람은 실수를 전혀 범하지 않을 만큼 완전하지 못합니다. 이것은 실로 무지로부터 야기되는 불가피한 결과입니다. "부분적으로만 아는(고전 13:12)" 사람들은 그들이 알지 못하는 것과 부딪칠 때 흔히 오류를 범하기 일쑤입니다. 물론 하나님의

자녀들은 본질적으로 구원에 대하여 실수하지 않습니다. 결코 "암흑으로 광명을 삼거나 광명으로 암흑을 삼지는 않습니다(사 5:20)." 생명이 무엇인지 몰라서 사망을 구하는 일도 없습니다(잠 12:28). 하나님께서 그 구원의 길을 가르치신 까닭에 성결의 길은 분명합니다. 그러므로 나그네 같은 인생이 비록 미련하다고 하더라도 실수할 필요가 없습니다(사 35:8). 그러나 구원에 관한 지엽적인 문제들에 대하여는 빈번한 실수가 있습니다. 가장 훌륭하고 현명하다는 사람들도 개개의 사실에 관하여는 자주 오류를 범하게 된다는 말입니다. 현존하는 것도 없는 것으로 생각하거나, 실제로는 하지 않은 일도 한 것처럼 착각하기도 합니다. 사실 자체를 곡해하지 않았다고 하더라도 그 사실이 처한 상황에 대하여 오류를 범하기도 합니다. 그리하여 많은 경우에 있어서 사실의 진상과는 아주 동떨어지는 허상을 진상으로 믿게 되는 것입니다. 여기서 실수는 더욱 가중됩니다. 과거나 현재의 악한 행실을 선한 것으로 착각하기도 합니다. 혹은 그 반대일 수도 있습니다. 또한 사람의 인격에 관하여서도 진리를 따라 판단하지 않을 수 있습니다. 곧 착한 사람을 실제보다 과대평가하고, 악한 사람을 실제보다 더욱 악하게 평가하는 것뿐 아니라 과거에 악했고 현재에도 악한 사람들을 선한 사람으로 믿는다거나 또는 거룩하고 책망할 것이 없는 사람을 악한 사람으로 오해하기도 합니다.

5. 그뿐만이 아닙니다. 성서에 관해서도 실수가 많습니다. 실수를 피하려고 조심하는 만큼 그들은 오류를 면할 수 없습니다. 그것도 매일매일 오류를 범합니다. 특히 실제성이 비교적 결여된 부분에서는 더욱 그렇습니다. 그런 까닭에 비록 하나님의 자녀들일지라도 성서해석

에서 일치되지 못한 곳이 여러 군데 있습니다. 그러나 이러한 의견의 차이가 곧 하나님의 자녀가 아니라는 증거는 절대로 아닙니다. 오히려 이것은 살아 있는 인간에게 전지하기보다는 실수가 없는 것을 기대할 수 없다는 증거입니다.

6. 만약 사도 요한이 믿음 안에 거하는 형제들에게 "너희는 거룩하신 자에게서 기름 부음을 받고 모든 것을 아느니라(요일 2:20)"는 말로 앞서 언급한 인간의 두 가지 불완전성에 관하여 반박한다면 그에 대한 대답은 분명합니다. 즉 "모든 것을 안다는 말은 너희 영혼의 건강을 위해서 필요한 모든 것을 안다는 말이다." 사도 요한은 이 말씀을 영혼의 건강을 위해 필요한 모든 것을 안다는 말 이상으로 확대하여 말하지 않았음이 분명합니다. 곧 절대적 의미에서 모든 것을 다 안다고 말한 것이 아닙니다. 보십시오. 첫째, 만약 이 지식을 절대적인 의미로 말했다면 그는 제자가 주님보다 더 낫다고 말했을 것입니다. 그리스도 자신도 인간이었기에 모든 것을 다 안다고는 보지 않았습니다. 주님이 말씀하시기를 "그때는 아무도 모르나니 아들도 모르고 오직 아버지만 아시느니라(막 13:32)"고 하셨으니, 요한이 말한 "모든 것을 안다"는 말이 절대적 의미의 "안다"는 말이 아님은 너무도 분명한 것입니다. 둘째, 이는 다음과 같은 사도 요한의 말로도 입증됩니다. "너희를 미혹케 하는 자들에 관하여 내가 이것을 썼노라(요일 2:26)." 또 반복하여 주의하기를 "아무도 너희를 미혹하지 못하게 하라(요일 3:7)." 만약 이 사람들이 "거룩한 자에게서 기름 부음을 받은 자로서" 무지하지도 않고 실수도 없다면 이런 말씀은 모두 불필요한 것입니다.

7. 따라서 그리스도인일지라도 무지나 실수에서 전적으로 해방될 만큼 완전하지는 않습니다. 여기에 덧붙여 셋째, 인간은 연약성으로부터 떠나 완전할 수는 없습니다. 먼저 연약성이라는 용어의 뜻을 밝혀봅시다. 주의해야 할 점은, 잘 알려진 죄에 대하여 어떤 사람들처럼 연약함이라는 부드러운 이름을 붙이지 않도록 합시다. 어떤 사람은 이렇게 말합니다. "사람은 누구나 다 연약함이 있는데 나의 경우는 술 취하는 것입니다." 어떤 사람에게는 정결하지 못하다는 약점이 있고, 어떤 사람에게는 하나님의 거룩한 이름을 망령되이 일컫는 약점이 있으며, 어떤 사람에게는 형제를 미련하다고 하거나(마 5:22), 혹은 "욕을 욕으로 갚는(벧전 3:9)" 연약함도 있습니다. 이런 약점을 말하는 자들은 만약 회개하지 아니하면 그 약점들과 함께 지옥으로 조만간 달려가게 될 것이 분명합니다. 그러나 내가 여기서 말하는 것은 육신의 연약함뿐만 아니라 도덕적 성격에 속하지 않는 내적, 외적 불완전성 전체를 뜻합니다. 예를 들면 이해력이 부족하고 더딘 것이나 이해력이 둔하거나 명료하지 못한 것, 생각의 조리가 없거나 상상력이 재빠르지 못하고 우둔한 것 등입니다. (이런 종류는 더 열거할 생각이 없습니다만) 한마디로 빨리 기억하거나 오래 기억하지 못하는 이런 연약함입니다. 또 다른 종류로서 인간의 연약함이라는 말은 흔히 여기서 결과된 것들인데, 언어 선택을 잘못한다거나 발음이 듣기에 거북한 것들입니다. 그 외에도 예를 들자면 언어와 행동에서만도 수천 개의 약점을 찾아낼 수 있을 것입니다. 이런 연약함은 많든 적든 가장 훌륭하다는 사람에게서도 다소간의 차이는 있으나 다 발견됩니다. 인간은 그 영혼이 생명을 주신 하나님께로 돌아가기까지는 이런 약점으로부터 완전히 해방되리라고 바랄 수 없습니다.

8. 넷째, 우리가 살아 있는 동안 이 세상의 유혹으로부터 완전히 벗어난다는 것을 기대할 수 없습니다. 그런 완전은 이 세상에 속한 것이 아닙니다. 이미 탐욕과 더러움 속에 빠져 있기 때문에 유혹을 물리치려고 애쓰지 않고 지내는 사람들도 있습니다. 저들에게는 유혹이 전혀 없는 것처럼 보이기도 합니다. 또한 영혼의 원수인 약삭빠른 마귀는 그들이 이미 경건을 상실하고 죽은 상태에 떨어져 잠든 것을 아는 까닭에 큰 죄를 범하도록 유혹하지 않을 수도 있습니다. 그들이 깨어나지 않은 채 영원한 불에 떨어지도록 방관하는 것입니다. 또한 하나님의 자녀 가운데는 그리스도의 보혈 안에 있는 구속을 발견하여 값없이 의롭다 하심을 얻고 당분간 아무 유혹도 느끼지 않고 있는 사람도 있습니다. 하나님께서 저의 원수에게 명하시기를 "나의 기름 부은 자를 만지지 말며 나의 자녀들을 상하지 말라(시 105:15)"고 하신 것입니다. 따라서 주님께서는 한동안, 즉 몇 주일일지 몇 달일지는 모르지만, 저들을 높은 곳에 두시고 악한 자의 불화살이 미치지 않도록 그들을 독수리의 날개로 보호하십니다. 그러나 이런 상태가 늘 계속되는 것은 아닙니다. 하나님의 아들 예수께서 육신으로 계실 때에 끝까지 시험당하신 일을 보아도 알 수 있습니다. 그러므로 그의 종들도 시험받을 것을 각오하여야만 합니다. "종이 그 상전 같으면 족하기(마 10:25)" 때문입니다.

9. 그러므로 그리스도인의 완전이란 (어떤 사람들이 생각하듯이) 무지도 없고 실수도 없으며 연약함도 없고 유혹도 없는 것을 말하는 것이 아닙니다. 그리스도인의 완전이란 전적으로 성결(holiness)을 달리 표현한 것뿐입니다. 완전과 성결은 같은 사실에 대한 두 가지 명칭입니다. 따라서 거룩한 자는 누구든지 성서적인 의미에서 완전합니다. 그러

나 마지막으로, 우리는 이런 면에서 절대적 완전이란 이 땅 위에서는 없다는 것을 압니다. 말하자면 "정도의 완전(perfection of degrees)"이란 없습니다. 즉 계속적인 성장을 허용할 여지가 없는 그런 완전이란 있을 수 없습니다. 그런 까닭에 어느 사람이 설혹 어느 정도에 도달했는지, 혹은 어느 정도 완전해졌는지에 상관없이 그는 아직도 "은혜 안에서 자라가야(벧후 3:18)" 할 필요가 있습니다. 그는 아직도 매일매일 구주이신 하나님의 지식과 사랑 안에서 전진해야 합니다(빌 1:9).

II

1. 그러면 그리스도인은 어떤 의미에서 완전합니까? 이것이 두 번째로 설명하려는 것입니다. 한 가지 전제할 것은, 그리스도인의 생활도 육의 생활처럼 몇 가지 단계가 있다고 하는 것입니다. 하나님의 자녀들 가운데 어떤 사람들은 아직 어린아이와 같고 어떤 이들은 좀 더 성숙합니다. 그러므로 사도 요한은 첫째 편지에서(요일 2:12) 이를 적용하여 어떤 이들에게는 "자녀(아이)들아" 하고 불렀고, 어떤 이들에게는 "청년들아" 하고 불렀으며, 또 어떤 이들에게는 "아비들아" 하고 불렀습니다. 요한은 "자녀들아, 내가 너희에게 쓰는 것은 너희 죄가 사함을 얻음이요"라고 적었으니, 이는 곧 너희가 값없이 의롭다 하심을 입었으므로 예수 그리스도를 통하여 하나님과 화평을 누리게 되었다는 것입니다. 또 "청년들아, 내가 너희에게 쓰는 것은 너희가 악한 자를 이기었음이니라"고 하였으니 이것은 계속하여 적힌 대로 "너희가 강하고 하나님의 말씀이 너희 속에 거하신 까닭"입니다. 즉 저들은 악한 자의 무서

운 화살, 곧 저희의 첫번 얻은 화평을 혼잡케 하는 의심과 두려움을 없이하였고, 저희 죄가 사함받았다는 하나님의 영의 증거가 저희 마음에 지금 거하십니다. 이어서 사도 요한은 "아비들아, 내가 너희에게 쓰는 것은 너희가 태초부터 계신 이를 아는 까닭"이라고 하였습니다. 즉 저들은 저희의 깊은 영혼으로부터 성부와 성자와 성신을 알고 있으며, "그리스도의 충만하신 분량에까지" 성장한 "완전한 사람(엡 4:13)"입니다.

2. 내가 이 설교 후반부에서 중요하게 말하려고 하는 것은 바로 이들에 관한 것입니다. 이들만이 완전한 그리스도인이기 때문입니다. 그러나 다음과 같은 의미에 있어서는 그리스도 안에 있는 어린아이들일지라도 완전합니다. 곧 하나님으로부터 났다(이 말에도 여러 가지 뜻이 있습니다만)는 의미에서 완전한 것입니다. 왜냐하면 첫째로 저들은 죄를 짓지 않기 때문입니다(요일 5:18). 만약 어느 누가 이와 같은 하나님의 자녀된 특권에 대하여 의심한다면 이 문제는 추상적 추론에 의하여 해결될 수는 없습니다. 추상적 추론이란 끝없이 이어지지만, 문제는 해결되지 않은 채 원점으로 돌아올 뿐입니다. 또한 이 문제는 한두 개인의 경험에 의하여 결론지을 수도 없습니다. 많은 사람들이 죄를 지으면서도 자기는 범죄하지 않았다고 생각할지도 모릅니다. 그런 까닭에 개인의 경험으로는 그리스도인의 완전에 관한 문제를 증거하지는 못합니다. 우리는 이 문제를 율법이나 간증에 호소하여 해결하려 합니다. "사람은 다 거짓되되 오직 하나님은 참되시다 할지어다(롬 3:4)" 함과 같습니다. 우리는 모름지기 하나님의 말씀에 의하여 살 것이므로 말씀에 의거하여 판단해야만 합니다.

3. 이제 하나님의 말씀은 명백히 선언합니다. 의롭다 하심을 입은 자들, 최저의 의미에서 거듭난 자들일지라도 "죄를 계속 짓지는 않습니다." 따라서 저들은 "죄 가운데서 더 살 수 없습니다(롬 6:12)." 저들은 그리스도의 죽으심을 본받아 연합한 자가 되었습니다(롬 6:5). 옛 사람을 예수와 함께 십자가에 못 박음으로써 죄의 몸을 멸하여 다시는 저들이 죄에서 종노릇하지 않게 합니다. 그리스도와 함께 죽었으니 저들은 죄에서 벗어났습니다(롬 6:6~7). 저들은 죄에 대하여는 죽은 자이고 하나님에 대하여는 산 자입니다(롬 6:11). 죄가 저희를 주관하지 못합니다. 저들은 율법 아래 있지 아니하고 은혜 아래 있습니다. 그리하여 죄에서 자유함을 받은 이들은 의에게 종이 된 것입니다(롬 6:14, 18).

4. 이 말씀 속에 함축되어 있는 뜻은, 적어도 위에서 말한 사람들, 즉 참 그리스도인 혹은 그리스도를 믿는 자들은 외적인 죄로부터 자유롭게 해방되었음을 뜻합니다. 사도 바울이 위에서처럼 다양하게 표현하고 있는 이 자유를 베드로는 다음과 같이 말하였습니다. "이는 육체의 고난을 받은 자가 죄를 그쳤음이니 그 후로는 다시 사람의 정욕을 좇지 않고 오직 하나님의 뜻을 좇느니라(벧전 4:1~2)." 여기서 "죄를 그쳤음이니"를 쉽게 해석한다면 이는 외적 행위에 관하여 말하는 것인데, 곧 외적인 행위, 율법을 외적으로 범하는 것을 중지하였음을 뜻합니다.

5. 우리가 잘 아는 요한일서 3장 8절 이하의 말씀에 더욱 명백하게 나타나 있습니다. "죄를 짓는 자는 마귀에게 속하나니 마귀는 처음부터 범죄함이니라. 하나님의 아들이 나타나신 것은 마귀의 일을 멸하려 하심이니라. 하나님께로서 난 자마다 죄를 짓지 아니하나니 이는 하

나님의 씨가 그의 속에 거함이요 저도 범죄치 못하는 것은 하나님께로서 났음이라." 또 요한일서 5장 18절에는 "하나님께로서 난 자마다 범죄치 아니하는 줄 우리가 아노라. 하나님께로서 나신 자가 저를 지키시매 악한 자가 저를 만지지도 못하느니라"고 사도 요한은 기록하였습니다.

      6. 이 말씀은 오해되기도 하였습니다. 즉 이는 단지 고의로는 죄를 짓지 않는 것, 습관적으로 범죄하지 않는 것, 다른 사람들이 범죄하는 정도로 범죄하지 않는 것, 혹은 전에 죄를 짓던 것만큼은 죄를 짓지 않는 것을 뜻한다고 하는 사람들이 있습니다. 누가 그런 말을 하였습니까? 사도 요한입니까? 아닙니다. 본문에는 그런 말씀이 없습니다. 각 장을 모두 읽어도, 요한일서를 다 살펴보아도, 아니 요한이 쓴 편지 전체를 샅샅이 정독해 보아도 그런 근거는 없습니다. 그렇다면 최선의 방법은 그런 주장을 간단히 부인하는 것입니다. 만약 누구든지 하나님의 말씀을 가지고 이를 확증할 수 있다면 그 확실한 근거를 제시해 보십시오.

      7. 하나님의 자녀들이 계속하여 죄를 지을 수 있다는 주장을 뒷받침하는 실례들을 하나님의 말씀에서 이끌어내는 사람들이 있습니다. 그들은 주장합니다. "무슨 말이냐? 아브라함이 거짓말을 하면서 자기 아내를 아내가 아니라고 부인하는 등 죄를 짓지 않았느냐? 또 모세는 백성들이 물이 없어 불평할 때에 하나님을 노엽게 하여 죄를 짓지 않았느냐? 그뿐인가? 비록 단 한 번이라고 할지 모르지만 '하나님의 마음에 합한 사람'이었던 다윗조차도 헷 사람 우리아의 일과 관련하여 살인과 간음까지 범하지 않았느냐?" 이렇게 말하는 내용은 모두 사실입니다. 그는 범죄하였습니다. 그러나 이런 사실에서 어떤 결론을 이끌어

낼 수 있습니까? 첫째, 다윗은 그의 생애 전반에 있어서 유대인 중에 가장 거룩한 사람으로 여겨집니다. 둘째, 유대인들 중에 가장 거룩했던 그 사람도 어떤 때는 범죄하였습니다. 그러나 이와 같은 사실에서 모든 그리스도인은 살아 있는 동안 범죄할 것이요 또 범죄란 피할 수 없다고 결론을 내린다면, 우리는 그런 결론을 전적으로 인정하지 않습니다. 위의 사실로부터 결코 그러한 결론이 나올 수 없습니다.

8. 이와 같이 논쟁을 거는 사람들은 주님의 말씀을 잘 고찰해 보지 않은 것 같습니다. 즉 주님이 말씀하시기를, "내가 진실로 너희에게 말하노니 여자가 낳은 자 중에서 세례 요한보다 큰 이가 일어남이 없도다. 그러나 천국에서는 극히 작은 자라도 그보다 크니라(마 11:11)"고 하셨습니다. 걱정되는 바는, 혹 어떤 사람들이 이 말씀에서 '천국'을 '영광의 나라'로 생각하고 마치 하나님의 아들 예수께서 하늘에서 영화된 성도 중 지극히 작은 자가 이 땅의 누구보다도 위대한 것으로 말씀하신 것처럼 상상하지 않을까 하는 점입니다. 내가 이것을 언급하는 것은 그 잘못된 견해를 충분히 입증하기 위해서입니다. 그러므로 여기서 말하는 "하늘 나라"(다음 절에서 침노함을 당한다고 되어 있음), 곧 누가가 표현한 "하나님의 나라"는 이 땅 위에 있는 하나님의 나라를 말합니다. 그런데 이 나라에는 진실되이 그리스도를 믿는 자들, 참 그리스도인 모두가 속해 있음은 의심할 여지가 없습니다. 이 말씀에서 주님께서는 두 가지 점을 명백히 선언하셨습니다. 첫째, 예수께서 육신을 입고 이 세상에 오시기 전까지는 이 땅 위에 세례 요한보다 더 큰 자가 없다는 것, 이는 결국 아브라함이나 다윗이나 그 외의 어느 유대인도 세례 요한보다 더 위대하지는 않다는 것을 의미합니다. 둘째, 주님께서 선언하시듯이 하

나님 나라(주님께서 이 땅 위에 설립하러 오신 그 나라요, 지금 침노하는 자가 빼앗기 시작하는 그 나라)에서 가장 작은 자가 세례 요한보다도 크다고 하는 의미입니다. 그러나 여기에서 위대하다고 하는 것은, 어떤 사람들이 해석하는 대로 세례 요한보다 더 큰 선지자라는 뜻이 결코 아닙니다. 왜냐하면 이는 분명히 사실에 어긋나는 것이기 때문입니다. 그것은 하나님의 은총을 더 많이 받고 있다는 뜻이며, 우리 주 예수 그리스도를 아는 지식이 보다 크다는 뜻입니다. 그러므로 우리는 이전에 유대인들이 누렸던 것에 비해서는 우리의 특권을 측량할 길이 없습니다. 유대인에게 주어진 역할(섭리)이 영광스러운 것이라고 생각합니다만, 우리에게 주어진 것은 더욱 영광스러운 것입니다. 그러므로 그리스도인에게 허락된 섭리를 유대인들의 섭리 정도로 격하시키는 사람이나, 율법과 예언서에 기록된 것에 근거한 대수롭지 않은 실례를 들면서 이로부터 그리스도를 옷 입은 사람이 유대인보다 더 큰 능력을 입은 것이 아니라고 결론짓는 사람은 누구나 중대한 과오를 범하는 것이며, 그들은 성서도 모르고 하나님의 능력도 모르는 사람들입니다.

    9. 어떤 사람들은 그래도 주장합니다. 설사 앞에서 열거한 인물들의 범죄의 실례가 별 효력이 없는 것이라 치더라도 그리스도인이 죄로부터 완전히 해방되는 것이 아니라는 주장을 뒷받침하는 근거가 성서에 있지 않느냐는 것입니다. 곧 성서에 "대저 의인도 하루에 일곱 번 범죄하느니라"고 기록되지 않았느냐는 것입니다. 아닙니다. 성서는 그런 말을 하지 않습니다. 성서에는 그런 구절이 결코 없습니다. 그들이 인용하려는 말씀은 잠언 24장 16절처럼 보입니다만, 그 말씀은 바로 이렇습니다. "대저 의인은 일곱 번 넘어질지라도 다시 일어나려니와"라

고 되어 있습니다. 이것은 그들의 주장과 판이하게 다릅니다. 그 이유는 다음과 같습니다. 첫째, 본문에는 '하루에'라는 말이 없습니다. 따라서 의인이 그의 일생에서 일곱 번 넘어진다면 납득이 될 것입니다. 둘째, 성서 본문에는 '범죄한다'는 말도 없습니다. 여기서 말하는 '넘어지다'라는 말은 범죄한다는 뜻이 아니라 일시적인 고통에 빠지는 것을 뜻합니다. 이는 그 앞에 있는 성서의 구절을 보아서 더욱 분명해집니다. 즉 그 앞절에 "악한 자여, 의인의 집을 엿보지 말며 그 쉬는 처소를 헐지 말지니라"고 되어 있습니다. 그리고 이어서 "대저 의인은 일곱 번 넘어질지라도 다시 일어나려니와 악인은 재앙으로 인하여 엎드러지느니라"고 하였습니다. 이는 마치 "하나님께서 그를 환난 가운데서 건지시리니 넘어질 때에 건져주시는 분은 하나님 외에 아무도 없도다" 함과 같은 뜻입니다.

10. 그러나 반대자들은 또 다른 근거를 대기도 합니다. 즉 솔로몬이 분명히 "범죄치 아니하는 사람이 없사오니(왕상 8:46, 대하 6:36)"라고 하였고, 또 "선을 행하고 죄를 범치 아니하는 의인은 세상에 아주 없느니라(전 7:20)"고 하지 않았느냐는 것입니다. 그렇습니다. 의심할 여지 없이 솔로몬의 시대에는 과연 그랬습니다. 그리고 아담부터 모세에 이르기까지, 모세에서 솔로몬에 이르기까지, 그리고 솔로몬에서 그리스도에 이르기까지도 마찬가지였습니다. 그때에는 죄를 짓지 아니하는 사람이 하나도 없었습니다. 죄가 세상에 들어온 그날부터 하나님의 아들이 세상에 오셔서 우리의 죄를 담당하시기 전까지 이 세상에는 선만 행하고 죄를 짓지 않는 의인이란 하나도 없었습니다. "유업을 이을 자라도 어렸을 동안에는 종과 다름이 없다(갈 4:1)"는 말씀은 철저한 진리

입니다. 이와 같이 (유대적인 섭리 시대 아래 있던 옛 성도들인) 저들은 그들이 교회의 어린아이 상태로 있는 동안에는 "세상의 초등 학문 아래에서 종노릇하고 있었던 것입니다(갈 4:3)." 그러나 "때가 차매 하나님이 그 아들을 보내사 율법 아래 있는 자들을 속량하시고 우리로 아들의 명분을 얻게 하려 하심이라(갈 4:4~5)." 즉 "우리 구주 그리스도 예수의 나타나심으로 말미암아 나타난 은혜를 얻게 하심이니 저는 사망을 폐하시고 복음으로써 생명과 썩지 아니할 것을 드러내신지라(딤후 1:10)"고 하였습니다. 그러므로 저들은 지금 종이 아니라 아들입니다(갈 4:7). 따라서 율법 아래 있던 것이 어떤 상태였든지 간에 이제는 복음이 주어졌으니 "하나님께로서 난 자는 죄를 짓지 아니한다"는 사실을 사도 요한과 함께 장담할 수 있습니다.

11. 유대교의 시대와 기독교의 시대 사이에는 광대한 차이가 있음을 똑똑히 알아야 합니다. 이 사실은 매우 중요하게 그리고 보통 이상으로 조심스럽게 관찰해야 합니다. 사도 요한이 요한복음 7장 38절 이하에서 제시하는 근거도 마찬가지로 중요하고 조심스럽게 다루어야 합니다. 사도 요한은 고마우신 주님의 말씀, 즉 "나를 믿는 자는 성경에 이름 같이 그 배에서 생수의 강이 흘러나리라" 하신 말씀을 적은 후 곧 이어 "이는 성령을 가리켜 하신 말씀이라"고 덧붙이고 있습니다. "그를 믿는 자가 후에 받을 것"이라고 하였습니다. "예수께서 아직 영광을 받지 못하신 고로 성령이 아직 저희에게 계시지 아니하시더라"고도 하였습니다. 그러나 어떤 이들의 주장처럼 사도 요한이 기적을 행하시는 성령의 능력이 아직 주어지지 않았다고 말하는 것은 결코 아닙니다. 이러한 성령은 이미 주셨습니다. 주님께서 제자들을 처음 파송하시고 복음

을 전파하라 하셨을 때 주님께서는 모든 제자들에게 성령을 주셨습니다. 더러운 귀신을 내쫓을 권세를 주셨습니다. 병든 자를 고칠 능력을 주셨고, 더욱이 죽은 자를 살릴 능력을 주신 것입니다. 그러나 예수님이 영광을 받으신 후에 하셨던 것과 같은 성결의 은총을 베푸시는 성령은 아직 오시지 않았다는 말씀입니다. 주님께서 인간을 위하여 심지어 배반자들까지 위하여 은사를 받으셨고 하나님이 저들과 함께 거하시게 된 것은 곧 "주께서 위로 올라가실 때요 사로잡힌 자를 사로잡을 때(엡 4:8)"였습니다. 그리고 오순절이 완전히 도래했을 때에야 비로소 "아버지의 약속하신 것을 기다리던 자들(행 1:4)"에게 주어진 성령으로 인하여 처음으로 죄를 정복하고도 남음이 있게 되었습니다.

12. 죄에서 구원을 받는 이 위대한 구원은 예수님께서 영광을 받으신 후에야 우리에게 주어졌다고 베드로 역시 명백하게 설명하고 있습니다. 육에 속한 형제들에 관하여, "너희는 지금 믿음의 결국 곧 영혼의 구원을 받고 있느니라(벧전 1:9)"고 말하는 자리에서 베드로는 다음과 같이 덧붙여 말하였습니다. "이 구원에 대하여는 너희에게 임할 은혜(곧 은혜의 섭리)를 예언하던 선지자들이 연구하고 부지런히 살펴서 자기 속에 계신 그리스도의 영이 그 받으실 고난과 후에 얻으실 영광(영광스러운 구원)을 미리 증언하여 누구를 또는 어떠한 때를 지시하시는지 상고하니라. 이 섬긴 바가 자기를 위한 것이 아니요 너희를 위한 것임이 계시로 알게 되었으니 이것은 하늘로부터 보내신 성령을 힘입어 복음을 전하는 자들로 이제 너희에게 알린 것이라(벧전 1:10~12)." 즉 이는 오순절에 모든 세대의 사람들에게, 그리고 참된 신자의 마음속에 전한 것이라 하였습니다. 이 근거에 의하여, 곧 예수 그리스도의 나타나심으

로 임할 은총에 근거하여 사도 베드로는 그처럼 확신 있는 권고를 하였으니, "그러므로 너희 마음의 허리를 동이고 근신하여… 오직 너희를 부르신 이가 거룩하신 것처럼 너희도 모든 언행에 거룩한 자가 되라(벧전 1:13, 15)"고 하였습니다.

13. 이와 같은 사실들을 숙고한다면, 그리스도인들이 받은 특권은 결코 유대적 섭리 시대 아래 있던 사람들에 관한 구약성서의 기록에 의하여 평가되어서는 안 됩니다. 지금은 때가 찼고 성령이 임하신 바 되었으며, 하나님의 크신 구원이 예수 그리스도의 계시에 의하여 인간에게 이르렀기 때문입니다. 하늘나라가 이제 이 땅 위에 세워졌습니다. 이에 관하여는 하나님의 영께서 예전에 선언하셨으니(다윗은 그리스도인의 완전의 표본이요 표준이 되기에는 거리가 먼 사람이었습니다), "그 중에 약한 자가 그날에는 다윗 같겠고 다윗의 족속은 하나님 같고 무리 앞에 있는 여호와의 사자 같을 것이라(슥 12:8)"고 하였습니다.

14. 그러므로 사도 요한이 한 말, 곧 "하나님께로서 난 자마다 죄를 짓지 아니한다(요일 3:9)"는 말씀을 구약성서에 기록된 평범하고 자연적이며 나타난 그대로의 뜻에서 이해하려고 해서는 안 된다는 것을 증명하려면, 그 증명은 신약성서에서 가져와야 합니다. 그렇게 하지 않으면 이는 마치 허공을 치는 것과 같습니다. 그래서 이 말씀을 증거하는 첫 번째 실례가 흔히 신약성서의 기록으로부터 채택되고 있습니다. 사도들 자신이 범죄하였으며, 더욱이 가장 위대한 사도인 베드로나 바울도 죄를 지었다는 것입니다. 사도 바울은 바나바와 날카롭게 대립했고, 베드로는 안디옥에서 외식하지 않았느냐는 것입니다. 그렇다

면 베드로와 바울이 범죄하였다고 가정하여 봅시다. 이 사실에서 얻은 결과는 무엇입니까? 그 밖의 다른 사도들도 때때로 범죄하였다는 말입니까? 그런 증거는 그림자도 없습니다. 그렇다면 사도 시대의 모든 그리스도인들은 모두 범죄하였다고 결론을 추론하렵니까? 이것은 더욱 잘못되었습니다. 지각 있는 사람이라면 그렇게 추리할 수 없습니다. 그래, 여러분은 사도 중의 두 사람이 단 한 번 범죄했다고 해서 어느 시대의 그리스도인을 막론하고 모두 그들이 사는 동안 범죄하였거나 범죄할 것이라고 떠들어 댈 것입니까? 아! 형제여, 정상적인 아이들이라도 그런 추론을 부끄러워할 것입니다. 최소한 여러분은 어떠한 논법으로나 누구든지 전혀 죄를 지을 수밖에 없다고 결론 내리고 있습니다. 아닙니다. 우리가 그렇게 말해서는 안 됩니다. 우리가 죄를 지어야 한다는 필연성은 결코 없습니다. 하나님의 은총은 참으로 충분합니다. 오늘날 우리에게도 충분합니다. 그리하여 시험이 임할 때 우리에게 피할 길을 열어 주십니다. 각 사람이 당하는 각양의 시험에서 피할 길이 열려 있는 것입니다. 그런 까닭에 죄를 짓도록 유혹을 받아도 굴복할 필요가 없습니다. 감당치 못할 시험을 당하는 일은 없기 때문입니다.

15. "그러나 사도 바울은 주님께 세 번이나 간구하였으되 시험에서 피할 수 없었지 않았느냐?"고 반문하는 사람이 있습니다. 그러면 사도 바울의 말을 문자대로 번역하여 음미해 봅시다. "내 육체에 가시 곧 사단의 사자(사신)를 주셨으니 이는 나를 쳐서 너무 자고하여지지 않게 하려 함이라. 이것이 (혹은 그가) 내게서 떠나기 위하여 내가 세 번 주께 간구하였더니 내게 이르시기를 '내 은혜가 네게 족하도다. 이는 내 능력이 약한 데서 온전하여짐이라' 하신지라. 이러므로 도리어 크게 기

뻐함으로 나의 (이러한) 여러 약한 것들에 대하여 자랑하리니 이는 그리스도의 능력으로 내게 머물게 하려 함이라. 그러므로 내가 그리스도를 위하여 약한 것들을 기뻐하노니… 이는 내가 약할 그때에 곧 강함이니라(고후 12:7~10).”

16. 이 성서의 말씀이 범죄의 필연성을 옹호하는 자들이 강력한 방패로 삼는 구절 중 하나이므로 이를 철저히 검토하여 볼 필요가 있습니다. 첫째, 여기 언급된 '가시'라는 말은 그것이 무엇이든지 간에 결코 사도 바울로 하여금 범죄케 하는 것을 뜻하지 않는다는 사실에 주목해야 합니다. 하물며 바울이 범죄할 수밖에 없는 필연성 아래 놓이도록 했다고 할 수 있겠습니까? 그러므로 이 말씀이 어느 누구든 그리스도인은 범죄할 수밖에 없다는 이론의 근거가 될 수는 없습니다. 둘째, 초대 교부들은 이것은 육체적 고통이었다고 하였습니다. 테르툴리아누스는 심한 두통이라고 했으며, 크리소스토무스와 성 제롬도 같은 의견이었습니다. 성 키프리아누스는 다소 일반적인 용어를 써서 근육이나 몸의 여러 가지 심한 고통들이었다고 하였습니다. 셋째, 이런 해석에 대하여 사도 바울 자신이 "육체의 가시가 나를 찌르고 때리고 친다"고 한 표현은 위의 사실과 꼭 부합됩니다. 또 "내 능력이 약한 데서 온전하여짐이라"는 말씀도 이 사실을 가리키고 있습니다. 이 말씀이 이 두 절에서만 네 번이나 사용되고 있습니다. 그러나 넷째, 이 가시가 무엇이든지 상관없이 이는 어떤 외적인 죄나 내적인 죄는 아니었습니다. 이것은 또한 교만, 분노, 정욕과 같은 외적 표현이나 내적 발동일 수도 없습니다. 이것은 뒤따라 나오는 사도의 말로 보아서 이의를 제기할 가능성이 전혀 없을 만큼 분명합니다. 그는 말하기를, "나의 (이러한) 여러

약한 것들에 대하여 자랑하리니 이는 그리스도의 능력으로 내게 머물게 하려 함이라"고 하였습니다. 사도 바울이 교만이나 성냄이나 정욕에 대하여 자랑하였다는 말입니까? 교만이나 성냄이나 정욕 같은 약한 것을 통하여 그리스도의 능력이 그에게 머물렀다는 말입니까? 사도 바울은 계속하여 말합니다. "그러므로 내가 약한 것을 기뻐하노니… 이는 내가 약할 그때에 곧 강함이니라." 이 말씀은 "내가 육신적으로 약할 그때에 영적으로 강하다"는 의미입니다. 그러나 "나는 교만과 정욕으로 인하여 약할 때에 영적으로는 강해진다"고 감히 말할 사람이 어디 있겠습니까? 나는 오늘 "그리스도의 능력이 나와 함께하신다"고 알고 있는 여러분이 이 모든 것에 대하여 증인이 되어 주시기를 바랍니다. 여러분이 교만이나 분노나 정욕을 자랑 삼고 있는지 한번 살펴보시기 바랍니다. 그런 연약함을 기쁘게 생각할 수 있습니까? 이런 약함이 여러분을 강하게 만듭니까? 만약 그것들을 피하기 위하여 -만일 그것이 가능하다면- 여러분은 지옥에까지 뛰어들려고 하지 않으렵니까? 스스로 판단하여 보십시오. 사도 바울이 그런 것들을 자랑하며 기뻐할 수 있었겠습니까? 마지막으로 기억할 것은, 사도 바울에게 이런 가시는 그가 이 서신을 쓰기 14년 전에 주어졌던 과거의 일이라는 것입니다. 그리고 이 서신도 사도 바울이 생애를 마치기 수년 전에 쓰여진 것입니다. 그런 까닭에 사도 바울은 이후에도 달릴 긴 코스를, 싸워야 할 많은 싸움을, 또한 획득해야 할 많은 승리를 기대하고 있었던 것입니다. 그리고 또한 하나님의 여러 은사와 예수 그리스도를 아는 지식에서 더 많은 것을 받았던 것입니다. 그러므로 (만약 이런 것들이 있었다 하더라도) 사도 바울은 그 당시 느끼고 있던 어떤 영적 연약함에서 전혀 강하게 되지 않았으리라고는 우리가 억측할 수 없을 것입니다. 그리스도 안에서 아버지로 성장한 바울이 그때에도 똑같은 연약함 때문에 힘겹게 애썼다거나, 혹은 그가 죽을 때까지 더욱 향상된 상태로 조금도 나아갈 수 없었다고는 절대로 억측할 수 없습니다. 이상과 같은 고찰을 통해 볼 때에 사도 바울의 이 경우는 그것이 사도 바울도 죄를 지을 수밖에 없었지 않았느냐는 질문과는 관계되지 않는 것이며, 또한 "하나님께로서 난 자는 죄를 짓지 않는다"는 사도 요한의 주장과도 어긋나는 것이 아니라고 생각됩니다.

17. 그러나 성 야고보는 그리스도인이 범죄할 수 없다는 주장을 직접적으로 부인하고 있지 않느냐고 반문합니다. 즉 그는 다음과 같이 말했습니다. "우리가 다 실수가 많도다(약 3:2)." 그러면 여기의 '실수한다'는 말이 죄를 짓는다는 말과 동일한 것이 아니냐는 것입니다. 이 경우에는 나도 그렇다고 봅니다. 여기에 언급된 사람들은 죄를 범하였습니다. 그렇습니다. 많은 죄를 지었습니다. 그런데 여기 언급된 사람들은 도대체 누구입니까? 하나님께서 보내시지 아니한 많은 스승이나 선생들이 아닙니까?(아마도 행함이 없이 믿음을 가르치는 쓸모없는 사람들로서 앞장에서 신랄하게 책망받은 사람들임이 틀림없습니다.) 결코 사도 자신이나 참다운 그리스도인을 지칭하는 것은 아닙니다. 앞의 구절에 쓰인 '우리'라는 말은(성서에서와 마찬가지로 일반적으로는 비유로 쓰는 말인데) 야고보나 다른 참된 신자들을 포함하고 있지 않습니다. 그것은 다음과 같은 세 가지 이유로 보아 분명합니다. 첫째, 야고보서 3장 9절에서 같은 '우리'라는 말을 읽습니다. 곧 "이것으로 우리가 주 아버지를 찬송하고 또 이것으로 우리 사람들을 저주하노니 한 입으로 찬송과 저주가 나는도다(약 3:9~10)." 진실로 이것은 사도나 그리스도 안에서 새로운 피조물이

된 사람의 입에서 나오는 것은 아닙니다. 둘째, 앞의 구절 바로 앞에 있는 말씀으로부터 이 사실이 증명됩니다. 즉 "내 형제들아, 너희는 선생 된 우리가 더 큰 심판을 받을 줄을 알고 많이 선생이 되지 말라(약 3:1)." "우리가 다 실수가 많도다(약 3:2)"라고 되어 있습니다. 여기의 '우리'가 누구입니까? 사도들도, 참된 신자들도 아닙니다. 많은 실수로 인하여 더 큰 심판을 받을 것을 알고 있는 사람들입니다. 야고보나 그의 발자취를 따르는 사람들을 가리키는 것은 아닙니다. 그것은 "육신을 좇아 행치 아니하고 영을 좇아 행한 사람에게는 정죄함이 없기 때문입니다(롬 8:1)." 셋째, "우리가 다 실수가 많도다" 하는 말씀 자체가 '우리'라는 말이 모든 사람 혹은 모든 그리스도인을 말하는 것이 아님을 스스로 증명합니다. 왜냐하면 먼저는 '우리가 다' 실수가 많다고 하고 나서 바로 이어 실수가 없는 자에 대하여 언급하고 있기 때문입니다. 그러므로 야고보는 실수하는 자들로부터 명백히 대조 구분하여 '온전한 사람(perfect man)'이라고 언급하였습니다.

18. 이와 같이 야고보는 자기가 한 말의 뜻을 몸소 명백히 설명하여 확정하였습니다. 그러나 사도 요한은 사람들이 더 의심하지 않도록 야고보 선생보다 몇 년 뒤에 쓴 서한에서 위에서 외치고 있는 바와 같은 명백한 선언으로 논쟁의 여지가 없도록 해결을 지었습니다. 그러나 여기에서 새로운 문제가 제기됩니다. 어떻게 사도 요한의 말에서 일관성을 발견할 수 있겠느냐 하는 문제입니다. 그는 "하나님께로서 난 자마다 죄를 짓지 아니하느니라(요일 3:9)." "하나님께로서 난 자마다 범죄치 아니하는 줄을 우리가 아노라(요일 5:18)"고 말한 적이 있는가 하면, 다른 곳에서는 "만일 우리가 죄 없다 하면 스스로 속이고 또 진리

가 우리 속에 있지 아니하리라(요일 1:8)" 하였고, 또 "만일 우리가 범죄하지 아니하였다 하면 하나님을 거짓말하는 자로 만드는 것이니 또한 그의 말씀이 우리 속에 있지 아니하니라(요일 1:10)"고 말한 바도 있는 것입니다.

19. 얼핏 보아 매우 곤란한 문제인 것 같으나 조금만 생각해 보면 쉽게 풀립니다. 첫째, 10절 말씀이 8절 말씀의 뜻을 확정하여 줍니다. 8절의 "만일 우리가 죄 없다 하면"이 10절에는 "만일 우리가 범죄하지 아니하였다 하면"이라고 되어 있는 것입니다. 둘째, 여기에서 현재의 관점이 우리가 지금까지 죄를 지었는가 안 지었는가 하는 문제가 아닙니다. 또한 이 구절들은 "우리가 지금 죄를 행한다, 죄를 범하고 있다"라고도 주장하고 있지 않습니다. 셋째, 9절 말씀이 8절과 10절 말씀을 설명하여 주고 있습니다. "만일 우리가 우리 죄를 자백하면 저는 미쁘시고 의로우사 우리 죄를 사하시며 모든 불의에서 우리를 깨끗케 하실 것이요(요일 1:9)"라고 하였습니다. 이 말씀은 마치 다음과 같이 말하는 것과도 같습니다. 즉 이전에 예수 그리스도의 보혈이 우리를 모든 죄에서 깨끗케 하였다고 확신한다고 하여 이제는 그리스도의 보혈이 불필요하다거나 깨끗함을 받아야 할 죄가 없다고 말하게 해서는 안 된다는 것입니다. 만일 우리가 죄 없다거나 범죄하지 아니하였다 하면 이는 스스로를 속이고 하나님을 거짓말하는 자로 만드는 것입니다. 그러나 우리가 우리 죄를 자백하면 저는 미쁘시고 의로우사 우리의 죄를 사해 주실 뿐만 아니라 모든 불의에서 우리를 깨끗케 하여 주십니다. 이는 우리로 하여금 "가서 다시는 죄를 범하지 말게(요 8:11)" 하려 하심입니다.

20. 그러므로 사도 요한의 말에는 자기 모순이 없으며, 다른 성서 기자들과도 일관성이 있습니다. 이것은 그의 모든 주장을 한 견해로 집약할 때 더욱 명백해집니다.

첫째, 그는 예수 그리스도의 피가 모든 죄에서 우리를 깨끗하게 한다고 선언하였습니다. 둘째, 아무도 나는 범죄하지 않았으며 깨끗함을 받아야 할 죄가 없다고 말할 수 없다는 것입니다. 셋째, 하나님께서는 우리의 과거의 죄를 용서하실 뿐 아니라 장래에 범할지도 모르는 죄에서도 우리를 구원하실 준비가 되어 있으시다는 것입니다. 넷째, 사도 요한은 말하기를 "내가 이것을 너희에게 씀은 너희로 죄를 범하지 않게 하려는 것이다. 만일 누가 범죄할 수밖에 없다거나 혹은 범죄하였다 하더라도 (글자 그대로) 그는 계속하여 죄에 머물러 있을 필요는 없는 것이다. 그것은 아버지와 함께 대언자 곧 의로우신 예수 그리스도께서 계시기 때문이다" 했습니다. 여기까지는 아주 분명합니다. 그러나 사도 요한은 혹 이처럼 중요한 문제에 의심하는 자가 있을까를 우려해서 요한일서 3장에서 이 문제를 다시 취급하고 자기의 뜻하는 바를 매우 광범위하게 다루고 있습니다. 즉 3장에서 그는 말하기를, "자녀들아, 아무도 너희를 (마치 내가 계속하여 죄 짓는 사람들을 격려나 하였던 것처럼) 미혹하지 못하게 하라. 의를 행하는 자는 그가 의로우심 같이 의로우니라. 그러나 죄를 짓는 자는 마귀에게 속하나니 마귀는 처음부터 범죄함이니라. 하나님의 아들이 나타나신 바 되셨으니 이는 마귀의 일을 멸하려 하심이니라. 하나님께로서 난 자마다 죄를 짓지 아니하나니 이는 하나님의 씨가 그의 속에 거함이요 저도 범죄치 못하는 것은 하나님께로서 났음이라. 이러므로 하나님의 자녀들과 마귀의 자녀들이 나타나느니라(요일 3:7~10)"고 하였습니다. 여기에서 그때까지는 마음 약한 사람들이 어떤 의심을 자아낼 수도 있었던 점들이 마지막 성서 기자에 의하여 의도적으로 해결되었고 또 명백하게 결론이 지어졌습니다. 그러므로 우리는 사도 요한의 가르침이나 신약성서의 전체적 취지와 일치하게 이 결론을 확정할 수 있으니, 그것은 곧 그리스도인은 죄를 짓지 않을 만큼 완전하다는 것입니다.

21. 이것이야말로 모든 그리스도인의 특권입니다. 비록 그가 그리스도 안에서는 어린아이에 불과할지라도 그런 것입니다. 그러나 두 번째로 악한 생각이나 성품으로부터 해방되었다는 의미에서 완전하다고 주장할 수 있는 사람들은, 이것은 오직 주 안에서 강한 자와 "악한 자를 이긴 자(요일 2:13)", 아니 "태초부터 계신 이를 아는 자(요일 2:13)" 들뿐입니다. 먼저 악하고 죄에 물든 생각으로부터 자유하게 됩니다. 그러나 우리는 '악에 대한 생각'이 반드시 '악한 생각'이 아니며, 죄에 대한 생각과 죄에 물든 생각과는 아주 뜻이 다르다는 것을 명백히 해야 합니다. 예를 들면 선량한 사람도 살인자에 관하여 생각할 수 있습니다. 그렇다고 그것을 악하고 죄에 물든 생각이라고 할 수는 없습니다. 은혜로우신 우리 주님께서도 마귀가 "만일 내게 엎드려 경배하면 이 모든 것을 네게 주리라(마 4:9)"고 시험하였을 때, 그 마귀의 말을 틀림없이 생각하고 이해하셨을 것입니다. 이것을 가리켜 주님께서 악한 생각이나 죄에 물든 생각을 품으셨다고 생각할 수 없지 않습니까? 주님은 참으로 그런 생각을 품으실 수가 없습니다. 마찬가지로 진실한 그리스도인도 그런 생각을 품을 수가 없습니다. "무릇 온전케 된 자는 그 선생과 같으니라(눅 6:40)"는 말씀이 있습니다. 그러므로 주님께서 악하고 죄에 물든 생각에서 해방되셨다면 그의 제자인 그리스도인들도 악하고 죄에 물든 생각으로부터 자유하게 됩니다.

22. 그렇다면 주인(스승)과 같은 종(제자)에게서 악한 생각은 어디로부터 생기는 것입니까? (만약 생긴다면) "사람의 마음으로부터 악한 생각이 나옵니다(막 7:21)." 따라서 사람의 마음이 악하지 않은 한, 악한 생각이 나올 수 없습니다. 만일 나무가 썩었다면 그 열매도 썩었을 것입니다. 그러나 나무가 좋다면 그 열매도 좋을 것입니다(마 12:33). 이에 대하여는 우리 주님께서 친히 증거하셨습니다. "좋은 나무마다 아름다운 열매를 맺나니 좋은 나무가 나쁜 열매를 맺을 수 없고 못된 나무가 아름다운 열매를 맺을 수 없느니라(마 7:17~18)."

23. 사도 바울도 참 그리스도인의 이런 특권에 대하여 자신의 체험에서 이렇게 말했습니다. "우리의 싸우는 병기는 육체에 속한 것이 아니요 오직 하나님 앞에서 견고한 진을 파하는 강력한 힘이라. 모든 상상을 파하며 (여기에서는 상상을 이론이라고 보는 것이 차라리 나을 것입니다. 왜냐하면 헬라어의 그 낱말은 하나님의 은사나 약속 혹은 말씀에 대한 불신과 자만에서 나오는 모든 이론을 가리키기 때문입니다) 하나님 아는 것을 대적하여 높아진 것을 다 파하고 모든 생각을 사로잡아 그리스도에게 복종케 하느니라(고후 10:4~5)."

24. 둘째, 그리스도인들이 악한 생각으로부터 해방되는 것처럼 악한 성품으로부터도 해방됩니다. 앞서 인용한 우리 주님 자신의 말씀으로 보아도 이는 분명합니다. "제자가 그 스승보다 높지 못하나 무릇 온전케 된 자는 그 스승과 같으니라(눅 6:40)"고 하셨습니다. 이 말씀에 바로 앞서 주님께서는 기독교의 가장 숭고한 교리, 그러나 육체에 대하여는 가장 괴로운 말씀을 하셨습니다. 즉 "내가 너희에게 이르노니

너희 원수를 사랑하며 너희를 미워하는 자를 선대하며… 너의 이 뺨을 치는 자에게 저 뺨도 돌려대라(눅 6:27, 29)"고 하셨습니다. 주님께서는 세상 사람들이 이 말씀을 받아들이지 않을 것을 아셨으므로 다음과 같이 계속하여 말씀하셨습니다. "소경이 소경을 인도할 수 있느냐? 둘이 다 구덩이에 빠지지 않겠느냐?(눅 6:39)" 이것은 마치 주님께서 다음과 같이 말씀하신 것처럼 이해됩니다. "이런 문제에 관하여는 육체와 의논하지 말라. 곧 영적 분별이 없는, 다시 말해서 하나님을 이해하는 눈이 아직 열리지 않은 사람들과 의논하지 말라. 의논하면 저들과 네가 함께 멸망하게 될까 염려된다." 바로 그다음 절에서 주님께서는 우리에게 늘 닥치는 두 가지 반대 이유를 제거하십니다. 실은 이 두 가지 반대 이유로 이 현명한 척하는 우둔한 자들이 모든 경우에서 우리를 반대하고 있습니다. 이 두 가지 반대 이유라는 것은, "이런 것은 너무 무거워서 감당할 수가 없다." 또는 "저런 것은 너무 높아서 도달할 수가 없다"고 하는 것입니다. 말하자면 "제자가 그 스승보다 높지 못하나니 그러므로 내가 고난을 받으면 너희는 기쁨으로 나의 발자취를 따라오라. 그리고 그때에 의심치 아니하면 내가 말한 것을 이루어 주리라. 무릇 온전케 된 자는 그 스승과 같으니라"고 주님께서도 말씀하시지 않았느냐는 것입니다. 그러나 스승이신 우리 주님은 모든 죄로 물든 성품으로부터 해방되었던 분입니다. 그러므로 그의 제자들, 모든 진실한 그리스도인들도 죄로 물든 성품으로부터 해방된 것입니다.

25. 그리스도인은 누구나 사도 바울과 함께 말할 수 있습니다. "내가 그리스도와 함께 십자가에 못 박혔으니 그런즉 이제는 내가 산 것이 아니요 오직 내 안에 그리스도께서 사신 것이라(갈 2:20)"고. 이 말

씀은 외적인 죄와 함께 내적인 죄에서도 해방된 것을 명백히 묘사하고 있습니다. 그리고 이 말씀은 소극적으로 표현되었고 또 적극적으로도 표현되었습니다. 소극적으로는 "내가 산 것이 아니라"고 하였으니 이는 나의 악한 성질, 곧 죄의 몸이 죽었다는 것입니다. 적극적으로는 "내 안에 그리스도께서 사신 것이라" 하였으니 이는 거룩하고 의롭고 선한 것 전부를 뜻합니다. "내 안에 그리스도께서 사신" 것이라는 말씀과 "내가 산 것이 아니라"는 말씀은 분리시킬 수 없도록 결합된 것입니다. 빛과 어두움이 짝할 수 없고, 그리스도와 벨리알이 조화될 수는 없지 않습니까?(고후 6:14~15)

26. 그러므로 참된 신자들 사이에 살고 있는 사람은 믿음으로써 그의 마음이 정결하여질 것입니다. 이는 "영광의 소망이신 예수 그리스도를 마음속에 모신 사람은 그의 깨끗하심같이 자신을 깨끗하게 하기(요일 3:3)" 때문입니다. 그리스도께서 마음이 겸손하셨기에 그는 교만으로부터 깨끗함을 받습니다. 완전한 그리스도인은 자기의 뜻과 욕망으로부터 깨끗합니다. 그리스도께서는 아버지의 뜻을 행하시고 그의 사업을 이루시는 데 전심하려 하셨을 뿐이기 때문입니다. 완전한 그리스도인은 일반적으로 말하는 성냄(분노)으로부터 깨끗합니다. 그리스도께서 온유하시고 너그러우시며 인내하시고 오래 참으시기 때문입니다. 성냄이라고 할 때에 나는 여기서 일반적으로 통용되는 상식으로 말합니다. 모든 성냄이 모두 악한 것은 아니기 때문입니다. 성서를 보면 우리 주님께서는 한번 "노하심으로 둘러보셨다"고 기록되어 있습니다(막 3:5). 그것은 바로 그 앞에 나오는 말이 "저희 마음의 완악함을 인하여 근심하셨다"는 것을 동시에 보여주고 있습니다. 그렇다면 주님

께서는 죄에 대하여 노하셨고, 같은 순간에 죄인에 대하여는 슬퍼하신 것입니다. 허물에 대하여는 노하시고 기뻐하지 않으셨으나, 허물을 저지른 사람에 대하여는 불쌍히 여기신 것입니다. 그 일에 대하여는 연민과 사랑으로 대하셨습니다. 완전한 이들이여! 가서 이와 같이 행하십시오. 분노하더라도 범죄하지는 마십시오. 하나님을 거역하는 모든 죄에 대하여는 분노를 느낄지라도 거역하는 사람만은 사랑하고 따뜻하게 동정하여야 합니다.

27. 이와 같이 예수님은 그 백성들을 저희 죄에서 구원하십니다. 외적인 죄에서만이 아니라 마음의 죄로부터도 구원하십니다. 악한 생각으로부터, 그리고 악한 성품으로부터 구원하시는 것입니다. 그런데 어떤 사람들은 이렇게 말합니다. "그렇다. 우리는 이와 같이 우리의 죄로부터 구원을 받는다. 그러나 죽기 전에, 그러니까 이 세상에 있을 때 구원받는 것은 아니다." 그렇다면 이 말을 사도 요한의 명백한 말과 어떻게 조화시킬 수 있겠습니까? 사도 요한은 "이로써 사랑이 우리에게 온전히 이룬 것은 우리로 심판날에 담대함을 가지게 함이니 주의 어떠하심과 같이 우리도 세상에서 그러하니라"고 말하였습니다. 여기서 사도 요한은 모든 의문을 풀면서 자기 자신과 다른 살아 있는 그리스도인들에 관하여 말하고 있으니 (마치 죽기 전에는 안 된다는 이런 주장을 예견하고 자신이 그 근본에서부터 이를 뒤집어 놓으려는 듯이) 그는 이런 체험이 사람이 죽을 때나 죽음 뒤에뿐만 아니라 우리의 스승처럼 바로 이 세상에서도 악한 생각과 성품에서 구원받을 수 있다고 단호히 주장하였습니다(요일 4:17).

28. 이 말씀은 요한일서 1장 5절 이하에서 한 말씀과 완전히 일치됩니다. 그 말씀이란 곧 "하나님은 빛이시라. 그에게는 어두움이 조금도 없으시니라… 우리도 빛 가운데 행하면 우리가 서로 사귐이 있고 그 아들 예수의 피가 우리를 모든 죄에서 깨끗하게 하실 것이요"라고 하신 것입니다. 또 말하기를 "만일 우리가 우리 죄를 자백하면 저는 미쁘시고 의로우사 우리 죄를 사하시며 모든 불의에서 우리를 깨끗하게 하실 것이라(요일 1:9)"고 하였습니다. 여기에서 사도 요한은 이 죄에서의 구원이 이 세상에서 이루어짐을 말하고 있음이 분명합니다. 그것은 그가 그리스도의 보혈이 죽음의 시각에서나 심판날에 우리를 깨끗하게 하실 것이라고 말씀하신 것이 아니라, 현재의 시간에 우리 살아 있는 그리스도인들을 모든 죄로부터 깨끗하게 하신다고 말씀하셨기 때문입니다. 그리고 또 분명합니다. 만일 죄가 남아 있다면 우리는 모든 죄로부터 깨끗함을 받은 것이 아닙니다. 또 우리의 영혼에 조금의 불의라도 남아 있다면 우리는 모든 불의에서 씻음을 받은 것이 아닙니다. 어느 죄인이든 자기 영혼을 향하여 이것은 칭의(稱義)에만 관계된다 또는 죄책(罪責)으로부터 우리가 청산되는 것만을 뜻하는 것이라고 말해서는 안 됩니다. 그 까닭은, 첫째로 이는 사도 요한이 분명히 구분해 놓은 것을 함께 뒤섞어놓기 때문입니다. 사도는 먼저 우리의 죄를 용서하시고, 그다음에 또 모든 불의로부터 우리를 깨끗하게 하신다고 말했습니다(요일 1:9). 둘째, 그렇게 말한다면 이는 행함으로써 의롭다 함을 얻는다는 것을 강력히 주장하는 셈이 되기 때문입니다. 즉 내면적인 성결이나 외면적인 성결이 의롭다 함을 얻는 것보다 반드시 먼저 와야 한다는 주장이 되기 때문입니다. 만일 여기서 말하는 성결이 단지 우리를 죄책으로부터 깨끗하게 하는 것에 불과하다면, "저가 빛 가운데 계신 것 같

이 우리도 빛 가운데 행하지 않으면(요일 1:7)" 우리는 죄책으로부터 깨끗함을 받을 수 없으니, 다시 말하면 의롭다 하심을 얻을 수 없는 것입니다. 그러기에 그리스도인들은 이 세상에서 모든 죄와 불의에서 구원을 받은 것이요, 죄를 짓지 않으며 악한 생각과 성품에서 자유를 얻는다는 의미에서 그리스도인들은 완전하다고 할 것입니다.

29. 주님께서는 이와 같이 태초부터 있었던 거룩한 예언자들의 말씀을 성취하셨습니다. 특히 모세를 통하여 말씀하신 바를 이루셨으니, "네 하나님 여호와께서 네 마음과 네 자손의 마음에 할례를 베푸사 너로 마음을 다하며 성품을 다하며 네 하나님 여호와를 사랑하라(신 30:6)"고 하신 것입니다. 다윗을 통하여 외치셨으니, "내 속에 정한 마음을 창조하시고 내 안에 정직한 영을 새롭게 하소서(시 51:10)"라고 하셨습니다. 가장 주목되는 것은 에스겔의 말씀이니 곧 "맑은 물로 너희에게 뿌려서 너희로 정결케 하되 곧 너희 모든 더러운 것에서와 모든 우상을 섬김에서 너희를 정결케 할 것이며 또 새로 영을 너희 속에 두고 새 마음을 너희에게 주어… 너희로 내 율례를 행하게 하리니 너희가 내 규례를 지켜 행할지라… 너희가 내 백성이 되고 나는 너희 하나님이 되리라. 내가 너희를 모든 더러운 데서 구원하고… 나 주 여호와가 말하노라. 내가 너희를 모든 죄악에서 정결케 하고… 너희 사면에 남은 이방 사람이나 여호와가 무너진 곳을 건축함을 알며… 나 여호와가 말하였으니 내가 이루리라(겔 36:25 이하)"고 하였습니다.

30. 그러므로 사랑하는 여러분! 율법과 예언서에 이와 같이 약속되고 또 복음서에서 우리에게 은혜로우신 우리 주님과 사도들이 확

증하였으니, 우리는 "하나님을 두려워하는 가운데서 거룩함을 온전히 이루어 육과 영의 온갖 더러운 것에서 우리를 깨끗하게 해야 합니다(고후 7:1)." 우리는 그의 안식, 곧 거기에 들어감으로 수고를 면할 수 있는 그런 안식에 들어갈 많은 약속이 남아 있음에도 불구하고 우리 가운데 혹 미치지 못할 자가 있을까 두려워해야 합니다(히 4:1). 오직 한 일, 즉 뒤에 있는 것은 잊어버리고 앞에 있는 것을 잡으려고 푯대를 향하여 그리스도 예수 안에서 하나님이 위에서 부르신 부름의 상을 위하여 좇아 갑시다. 하나님께 밤낮으로 부르짖어 썩어짐의 종노릇한 데서 해방되어 하나님의 자녀들의 영광의 자유에 이르도록 합시다(롬 8:21).

36
방황하는 생각
Wandering Thoughts

콘월 지역의 야외설교지 안내 패널
Display panel at Gwennap Pit in Cornwall, where Wesley preached.

모든 생각을 사로잡아 그리스도에게 복종하게 하니 (고후 10:5)

1. 방황하는 생각이 우리가 육신을 입고 있을 동안 우리의 마음 속에 자리 잡지 못하도록, 하나님께서는 "모든 생각을 사로잡아 그리스도에게 복종시키실" 것입니다. 어떤 사람들은 "사람들의 이해가 완전하지 않는 한, 누구나 사랑에 있어서도 완전해질 수 없고", 그리고 모든 감정과 성품이 거룩하고 공정하고 선하지 못할 뿐만 아니라 개인적인 생각들이 현명하고 정상적이 되지 못한다면, 모든 방황하는 생각들이 제거될 수 없다고 열렬하게 주장하며 확신해 왔습니다.

2. 이것은 매우 중대한 문제입니다. 왜냐하면 하나님을 두려워하며 온 마음을 다해 그분을 사랑하는 사람들 가운데서도 이 일로 인하여 크게 곤혹을 당하는 사람들이 너무도 많기 때문입니다. 이것을 옳게 이해하지 못함으로써 얼마나 많은 사람들이 곤혹을 당하며, 크게 상처를 입고, 무익한 생각, 즉 잘못된 생각 속에 빠지게 됩니까! 다시 말해서 그것은 하나님을 향한 발걸음을 더디게 하는 것이며, 자기 앞에 놓인 경주를 달리는 데 나약해지는 일과 똑같은 것입니다. 즉 무익하고 해로운 생각에 빠지는 것입니다. 그리고 바로 이것을 오해하고 있기 때문에 많은 사람들은 하나님의 귀한 은사를 내던져버리게 됩니다. 그들

은 처음에는 하나님께서 일으키신 역사를 의심하고 나중에는 부인하도록 유인됩니다. 그리하여 그들은 하나님께서 그들을 떠나시어 그들을 전적인 암흑 속에 내버려둘 때까지 하나님의 성령을 슬프게 하고 있습니다.

3. 최근에 거의 모든 문제를 취급하여 간행된 많은 책들 중에서 방황하는 생각에 대해 언급한 책이 전혀 없는 까닭은 어찌된 일입니까? 침착하고 진지한 마음을 가진 사람들에게 만족을 줄 수 있을 만한 책이 하나도 없지 않습니까? 어느 정도 이 문제를 해결하기 위해 나는 다음의 몇 가지 문제를 논의해 보고자 합니다.

   I. 여러 가지 종류의 방황하는 생각들에는 어떤 것들이 있는가?
   II. 그것들이 발생하게 되는 일반적인 경우는 무엇인가?
   III. 방황하는 생각 중에 어떤 것이 죄에 물든 것이고, 어떤 것이 그렇지 않은 것인가?
   IV. 우리가 여기서 해방되기를 바라거나 기도해야 할 것들은 어떤 것들인가?

I

1. 첫째, 나는 여러 가지 종류의 방황하는 생각들에는 어떤 것들이 있는가 하는 문제를 논의하려고 합니다. 그것의 특수한 종류들은 헤아릴 수 없이 많습니다. 그러나 일반적으로는 두 가지 종류가 있습니다.

즉 하나는 하나님으로부터 떠나 방황하는 생각이고, 다른 하나는 우리가 염두에 두고 있는 특별한 요점으로부터 떠나 방황하는 생각입니다.

2. 전자에 대해서 생각해 본다면, 우리의 모든 생각들은 본래부터 그와 같은 부류에 속하는 것들입니다. 왜냐하면 우리의 생각이 하나님으로부터 떠나 끊임없이 방황하고 있기 때문입니다. 그리하여 우리는 하나님에 대해서 아무것도 생각하지 않고, 그래서 하나님은 우리의 모든 생각 속에 거하시지도 않으며, 사도 바울의 말처럼 우리가 하나에서 열까지 "이 세상에서 하나님 없이" 살게 됩니다. 우리는 우리가 사랑하는 것을 생각합니다. 그리하여 우리가 하나님을 사랑하지 않기 때문에 우리는 하나님을 생각하지 않습니다. 만약 우리가 잠시나마 하나님을 생각하도록 강요받는다 할지라도 그 속에서 기쁨을 발견하지 못하기 때문에 우리는 이런 생각을 단조롭고 무미건조하며 지루하다고 느끼고, 될 수 있는 한 빨리 이런 생각을 몰아내고 우리 자신이 생각하기 좋아하는 것으로 되돌아갑니다. 그래서 이 세상과 이 세상에 속한 문제들, 즉 우리가 무엇을 먹을 것인가, 무엇을 마실 것인가, 무엇을 입을 것인가, 무엇을 볼 것인가, 무엇을 들을 것인가, 무엇을 벌 것인가, 그리고 무엇이 우리의 감각과 상상력을 만족시킬 수 있을 것인가 등의 문제로 모든 시간을 점령당하고 우리의 모든 생각을 빼앗깁니다. 그러므로 우리가 세상을 사랑하는 한, 즉 우리가 본능적인 상태에 머물러 있는 한, 우리의 모든 생각들은 아침부터 저녁까지, 그리고 저녁부터 아침까지 오직 방황하는 생각에 빠져 있게 됩니다.

3. 그러나 우리는 너무나 여러 번 "세상에서 하나님 없이" 살고

있을 뿐 아니라 하나님께 대항해서 싸우고 있습니다. 왜냐하면 모든 사람들 속에는 날 때부터 "하나님과 대적되는 육욕적인 마음"이 있기 때문입니다. 그러므로 사람들에게 불신적인 생각들이 충만해 있는 것은 이상한 일이 아닙니다. 사람들은 마음속으로 "하나님이 없다"고 말하거나, 그렇지 않으면 하나님의 능력과 지혜와 자비와 정의와 거룩함을 부인하지는 않는다고 할지라도 이에 대해 의심을 품고 있습니다. 그러므로 그들이 때때로 하나님의 섭리를 의심하거나, 적어도 그 섭리가 모든 사건에 걸쳐 확장된다는 사실을 의심하고 있으며, 또한 그러한 섭리를 인정한다고는 할지라도 아직까지 그에 대해 투덜거리거나 불평하는 생각을 가지고 있다는 사실은 별로 놀랄 만한 일이 못 됩니다. 이러한 문제들과 밀접히 연관되고 흔히 그것들과 관련을 맺는 것들은 거만하며 허망된 생각들입니다. 어떤 때에 그들은 화를 내고, 악의에 불타며, 복수를 하려는 생각에 사로잡힙니다. 그리고 때로는 관능적인 쾌락의 광경 속에 사로잡히게 됩니다. 그로 인해서 세속적이며 관능적인 마음은 점점 더 세속적이고 관능적으로 됩니다. 그리하여 지금도 그것들은 하나님께 대적하여 아무런 쓸모도 없는 싸움을 하고 있습니다. 이것이 바로 가장 극심한 종류의 방황하는 생각들입니다.

4. 또 다른 종류의 방황하는 생각은 위에서 언급했던 것과는 전혀 다른 부류의 것입니다. 여기에서는 마음이 하나님으로부터 떠나 방황하는 것이 아니라, 그 당시 염두에 두고 있던 특별한 요점으로부터 생각이 떠나 방황하게 되는 것입니다. 예를 들어 나는 본문의 바로 앞 절에 있는 성서의 말씀을 생각해 보려고 합니다. "우리가 싸우는 데 쓰는 무기는 육적인 무기가 아니라 하나님의 강한 무기이다"라는 말씀입

니다. 나는 이 말씀이 기독교인이라고 부르는 모든 사람들에게 해당되어야만 한다고 생각합니다. 그렇지 못하다면 얼마나 우리는 그리스도인답지 않게 될 것입니까! 이른바 "기독교 세계"라고 일컬어지는 모든 분야를 살펴봅시다. 그들은 어떤 종류의 무기를 사용하고 있습니까? 그들은 어떤 종류의 싸움을 하고 있습니까?

악마와 같은 인간들이 서로 물어뜯고 있을 때
지옥 같은 전쟁의 불길은 맹렬히 불타게 되네.

이런 기독교인들이 어떻게 서로 사랑하게 되는가를 살펴봅시다. 그들이 터키인들과 이교도들보다 더 나은 점이 무엇이란 말입니까? 기독교인들에게서는 발견할 수 없는 가증스런 행위를 이슬람교도들과 이방인들 사이에서만 발견할 수 있었단 말입니까? 이와 같이 내 마음은 미처 내가 깨닫기도 전에 이리저리 갈팡질팡하게 됩니다. 이 모든 것들이 바로 방황하는 생각입니다. 왜냐하면 그들이 하나님으로부터 떠나 방황하지는 않을지라도, 더욱이나 하나님께 대적하여 싸우지는 않을지라도, 그들은 마음에 품고 있는 특별한 요점으로부터 방황하고 있기 때문입니다.

II

(철학적으로 말하기보다 실용적으로 말한다면) 이런 것들이 바로 방황하는 생각의 성격이며 종류입니다. 그러나 방황하는 생각을 품게 되는

일반적인 경우는 어떤 것들입니까? 이것이 바로 우리가 두 번째로 생각해 보고자 하는 사실입니다.

1. 전자의 부류에 속하는 생각들이 발생되는 경우는 일반적으로 죄악된 성품에서 기인된 것이라는 사실을 쉽게 관찰할 수 있습니다. 예를 들면 왜 하나님께서는 자연적인 인간들의 모든 생각, 즉 그들의 어떤 생각 속에서나 계시지 않습니까? 왜냐하면 부한 자나 가난한 자, 유식한 자나 무식한 자를 막론하고 그가 무신론자라는 분명한 이유가 있기 때문입니다(비록 일반적으로는 그렇게 부르지 않을지라도 말입니다). 무신론자는 하나님을 알지도 못할 뿐만 아니라 사랑하지도 않습니다. 왜 사람의 생각이 세상을 따라 방황하게 됩니까? 그것은 그가 우상 숭배자이기 때문입니다. 그가 실제에 있어서는 우상을 예배하지도 않고 나무 조각에 절하지도 않았지만 그와 마찬가지의 가증스런 우상 숭배에 빠져 세상을 사랑하고 숭배하기 때문입니다. 그는 보이는 것에서부터, 그리고 사용 도중에 소멸해 버리는 쾌락에서 행복을 찾으려고 합니다. 왜 그의 생각은 자신의 존재 목적과 그리스도 안에 있는 하나님의 지식으로부터 영원히 방황하고 있습니까? 그것은 그가 불신자이기 때문입니다. 그가 믿음이 없기 때문이며, 적어도 사탄과 다를 바가 없기 때문입니다. 그리하여 이와 같이 모든 방황하는 생각들은 불신의 악한 근원으로부터 용이하게, 그리고 자연적으로 솟아나게 됩니다.

2. 이것은 다음과 같은 경우에 있어서도 마찬가지입니다. 즉 자존심, 분노, 복수심, 허영심, 정욕, 욕심 등인데 이것들은 모두 각기 그들의 본성에 어울리는 생각을 불러냅니다. 그리고 인간의 마음에 품을

수 있는 모든 죄악된 성품들은 이와 같습니다. 그 특수한 사례들은 낱낱이 열거하기도 힘들며 열거할 필요도 없습니다. 여러 가지 악한 성품들이 어떤 사람의 마음속에 일단 자리잡게 되면, 그것의 여러 가지 방법만큼이나 가장 좋지 않은 종류의 방황하는 생각으로 인해서 영혼은 하나님으로부터 떠나게 됩니다.

3. 후자의 부류에 속하는 방황하는 생각이 일어나는 경우는 매우 다양합니다. 그것들 중의 대다수는 영혼과 육체 간의 자연적 결합에 의하여 생겨납니다. 우리의 이해력은 병든 육신 때문에 얼마나 심각한 영향을 받습니까! 피가 불규칙적으로 순환하게 되면 규칙적인 모든 사고는 중단됩니다. 발광 상태가 일어나면 정연한 사고는 사라집니다. 그뿐만 아니라 정신이 화급해지고, 어느 정도까지 흥분하게 되면 일시적인 광증과 정신 착란증이 모든 안정된 사고를 방해합니다. 이와 똑같은 불규칙적인 사고는 여러 가지 신경성 때문에 일어나는 것이 아닙니까? 이와 같이 "썩어질 육신이 영혼을 괴롭히고 그리고 그것은 여러 가지 일들에 골몰하게 합니다."

4. 그러나 질병이나 영적인 병을 앓고 있을 때에만 그런 것입니까? 결코 그렇지가 않습니다. 그런 생각은 다분히 어느 때나 일어날 수 있습니다. 심지어는 완전히 건강한 상태에 있을 때에도 발생합니다. 사람이 아무리 건강하다고 할지라도 24시간 동안 계속 있게 되면 어느 정도 어쩔 줄 모르게 됩니다. 왜 그렇습니까? 그는 잠을 자야 하지 않겠습니까? 그리고 그가 자게 되면 꿈을 꿀 수밖에 없지 않겠습니까? 그때에는 누가 자신의 생각들의 주관자이며, 누가 생각의 질서와 일관성을 유

지해 줄 수 있겠습니까? 누가 그 생각을 한 지점에 고착할 수 있게 하며, 누가 이들을 이리저리 방황하지 않게 할 수 있겠습니까?

5. 그러나 우리가 깨어 있다고 할지라도, 우리가 자신의 생각들을 일정하게 다스릴 수 있을 만큼 항상 깨어 있을 수 있습니까? 바로 이 기관, 즉 신체의 그 성격 때문에 불가피하게 양극단으로 노출되는 것이 아닙니까? 때때로 우리는 너무 괴로우며 우둔하고 맥이 빠져 있기 때문에 일련의 생각을 연결 지을 수 없습니다. 그 반면에 때로는 너무나 활기에 넘쳐 있습니다. 사라지지 않는 생각들이 여기저기에서 떠오르기 시작하고, 싫어하든지 좋아하든지 간에 이리저리로 우리를 끌고 다닙니다. 그리고 이 모든 것들은 정신의 단순히 자연적인 움직임이나 또는 신경의 작용으로부터 생겨나게 됩니다.

6. 더 나아가서 얼마나 많은 방황하는 생각들이, 전혀 우리 자신의 인식과는 상관없이, 그리고 우리 자신의 선택으로부터 떨어져서 독자적으로 발생되는 다양한 사상의 결합으로부터 일어납니까? 어떻게 해서 이러한 연관이 형성되는가를 우리는 설명할 수 없습니다. 그러나 그것들은 수천 가지의 아주 다른 방법으로 형성됩니다. 가장 지혜로운 자나 거룩한 자들의 힘으로도 사상의 결합을 파괴시킬 수는 없으며, 그리고 사상의 필연적인 결과가 어떤 것이든지 일상적인 생각들이 어떤 문제이든지 간에, 이것을 막을 수 없습니다. 불꽃을 한 편의 도화선 끝에 붙여 보십시오. 그러면 그 불은 즉시 다른 편으로 번지게 됩니다.

7. 다시 한번 생각해 봅시다. 어떤 문제에 대해서건 가능한 한 신

중하게 우리의 관심을 집중시켜 봅시다. 그러나 특별히 그 문제가 강렬하다면, 쾌락이든지 고통이든지 일어나게 되고, 그래서 그것이 우리의 즉각적인 관심을 요청하게 되면 우리의 생각은 여기에 집착하게 됩니다. 그것은 가장 확고한 사색을 방해하며, 흥미를 끄는 문제로부터 우리의 마음을 옮겨가게 합니다.

8. 우리의 마음속에 있는 방황하는 생각들의 이러한 원인은 우리의 본성과 일치되는 것입니다. 그러나 이와 같이 그런 생각은 외적인 대상의 여러 가지 충동을 받아서 자연적으로 또는 필연적으로 일어날 수 있습니다. 눈이나 귀와 같은 감각 기관에 어떤 것이건 자극을 일으키면 마음속에는 어떤 지각이 발생합니다. 따라서 우리가 보고 듣는 것은 무엇이나 이미 앞서 알고 있던 일련의 생각 속에 파고듭니다. 그러므로 우리가 보는 데서 어떤 일을 하고, 듣는 데서 어떤 것을 말하게 되는 사람들은 다분히 우리가 이전에 생각했던 요점으로부터 우리의 마음을 방황하게 합니다.

9. 의심할 여지없이, 삼킬 자를 끊임없이 찾고 있는 악령들은 우리의 마음이 분주하고 어지러워지도록 앞에서 언급한 모든 원인들을 이용합니다. 어떤 때에는 이런 방법으로, 다른 때에는 저런 방법으로 그들은 우리를 괴롭히며 당황하게 할 것입니다. 그리고 하나님께서 허락하시는 한도 내에서, 특별히 악령들이 관심을 사는 문제에 대해 우리의 생각을 방해합니다. 이것은 전혀 이상한 일이 아니며, 그것은 그들이 바로 그러한 생각의 원천을 잘 이해하고 있기 때문입니다. 그리고 그들은 상상력, 이해력, 그리고 다른 모든 정신적 기능들이 신체적인 기

관의 어떤 부분에 보다 직접적으로 어떻게 연관되어 있는가를 잘 알고 있습니다. 그리고 이러한 결과로서 이 기관들에 영향을 주어 여기에 연관된 행동을 어떻게 유발시킬까를 잘 알고 있습니다. 앞서 말한 방법을 사용하지 않고서도 그들이 수많은 생각들을 주입할 수 있다는 사실을 여기에 첨가해야 합니다. 정신이 정신에 영향을 미치는 것과 같이, 물질이 물질에 영향을 미치는 것은 자연스러운 일입니다. 이와 같은 사실을 고려한다면, 우리가 염두에 두고 있는 어떤 관점에서부터 떠나 우리의 생각이 그렇게 자주 방황하게 되는 것을 좋게 생각할 수 없습니다.

III

1. 우리가 논의해야 할 셋째 문제는, 어떤 부류의 방황하는 생각들이 죄악된 것이며 어떤 것이 그렇지 않은가 하는 점입니다. 그래서 첫째, 하나님으로부터 떠나 방황하고, 하나님이 우리 마음속에 계실 여지가 없도록 하는 모든 생각들은 의심할 필요도 없이 죄악된 것입니다. 왜냐하면 이 모든 것들이 '실천적인 무신론(practical Atheism)'을 함축하기 때문입니다. 그리고 이러한 생각들로 인해 우리가 하나님 없이 세상에서 살려고 하기 때문입니다. 하나님을 반대하는 것, 하나님을 미워하고 대적하는 것, 이 모든 생각들은 더욱더 죄악된 것입니다. 불평불만들도 그런 것입니다. 이런 생각들은 결과적으로 "하나님이 우리를 지배하지 못하도록 하겠다"고 말하는 것이 됩니다. 그리고 하나님의 존재나 그의 속성 또는 섭리에 대해 어느 것이나 불신하는 모든 생각들은 죄악된 것입니다. 나는 지금 이 우주 안에 사는 인간들뿐만 아니라 모

든 만물을 지배하시는 하나님의 특별하신 섭리에 대해서 말하는 것입니다. 그러한 섭리가 없이는 "참새 한 마리라도 땅에 떨어지지 않으며" 그 섭리로 인해 "우리 머리의 머리카락 하나라도 다 헤아린 바가 됩니다." 왜냐하면 특별 섭리와 대조되는 일반 섭리(통속적으로 그렇게 부르는)에 대해서 그럴 듯하고 듣기 좋은 말로 설명하려고 하지만, 사실은 어떤 것도 전혀 무의미하기 때문입니다.

2. 다시 말하면 죄악된 기질에서 솟아나오는 모든 생각들은 의심할 필요도 없이 죄악된 것입니다. 예를 들면 복수심, 교만, 육욕, 또는 허영심으로부터 솟아나오는 그런 생각들입니다. "나쁜 나무는 좋은 열매를 맺지 못합니다." 그러므로 나무가 나쁘면 열매 또한 나쁜 것입니다.

3. 그래서 어떤 죄악된 기질이든지 이것들을 발생시키거나 지속시키는 것은 틀림없이 죄악된 것입니다. 즉 교만, 허영심, 분노, 세상적인 사랑을 키우는 것, 혹은 이들을 강화시키며 더하게 하는 것, 또한 불경건한 기질, 열정, 애정을 강화시키며 증가시키는 행위들이 바로 그러한 것입니다. 왜냐하면 악으로부터 흘러나오는 것은 무엇이나 다 악할 뿐만 아니라 악으로 인도하는 것은 어떤 것이든지 악하기 때문입니다. 하나님으로부터 영혼을 소외시키려고 하는 것은 어떤 것이든지 악하며, 영혼을 세속적으로, 관능적으로, 또한 악마적으로 만들거나 지속시키는 것은 어떤 것이든지 악하기 때문입니다.

4. 그러므로 생각 자체가 아무리 결백할지라도, 허약함이나 질병, 육체의 자연적 기능 또는 생명 결합의 법칙으로 인해 일어나는 생

각조차, 마음속에서 죄악적인 기질을 발생시키고 또는 품게 하고 증가시킬 때에는 죄가 되는 것입니다. 그것들은 육신의 정욕, 안목의 정욕, 이생의 자랑들입니다. 같은 방법으로 다른 사람의 말이나 행동에서 영향을 받아 생긴 방황하는 생각들이 만일 잘못된 성향을 유발시키며 키우게 된다면 그때에는 죄가 발생하기 시작합니다. 그리하여 악마가 제시하고 주입한 것들을 관찰할 때에도 마찬가지입니다. 그런 생각들이 어떤 세속적이거나 악한 기질에 가담하게 될 때에는 (우리가 악마에게 자리를 내어주고 이로써 그들이 우리의 일부분이 된다면, 언제든지 악마가 그렇게 합니다) 그들이 가담한 기질들과 똑같이 그 생각들은 악하게 됩니다.

5. 그러므로 이런 경우들로부터 추측해 본다면, 이 말의 후자의 의미에서 방황하는 생각, 즉 그 안에서 우리의 이해력이 염두에 두었던 요점에서 떠나 방황하게 되는 그 생각들은, 우리의 혈관 속에 흐르는 피의 순환이나 우리의 뇌 속에 있는 정신이 악한 것이 아닌 것처럼 그런 생각들도 죄악된 것은 아닙니다. 이런 생각들이 허약한 체질이나 어떤 우연한 허약함이나 질병으로부터 일어나는 것이라면, 허약한 체질이나 병든 몸을 가졌다는 사실이 죄가 되지 않는 것처럼 그것들도 무죄한 것입니다. 그리고 신경의 잘못된 상태, 어떤 종류의 열병, 그리고 순간적이거나 영구적인 정신 착란증 등이 완전히 무죄한 것이라는 사실을 의심할 자는 아무도 없습니다. 그리고 그것들이 건강한 신체와 결합된 영혼에서 발생하였다고 할지라도, 즉 몸과 영혼의 자연적 결합이나, 혹은 생각에 작용하는 몸의 기관에서 일어나는 수천 가지의 변화들로부터 발생된 것이라고 할지라도, 어떤 경우에 있어서나 그것들이 발생된 원인과 마찬가지로 그 병들은 전적으로 무죄한 것입니다. 그리

고 그들이 우발적이고도 무의식적으로 우리 생각의 결합에서부터 발생되었을 때에도 그렇습니다.

6. 만약 우리의 생각들이 다른 사람들이 우리의 감각에 여러 가지로 영향을 주어, 마음에 품고 있던 지점으로부터 떠나 방황하는 것이라면, 그것들은 똑같이 무죄합니다. 왜냐하면 내가 보거나 들은 바, 그리고 많은 경우에 있어서 보고 듣고 이해할 수밖에 없는 것을 이해하는 것이 죄가 되지 않는 것은, 눈과 귀를 가지고 있는 것이 죄가 되지 않는 것과 마찬가지입니다. 그러나 만일 악마가 방황하는 생각들을 주입한다면, 그 생각들은 악한 것이 되지 않겠습니까? 그 생각들은 문젯거리가 되고 그런 의미에서 악한 것입니다. 그러나 그것들이 죄악적인 것은 아닙니다. 나는 악마가 들을 수 있는 목소리로 주님과 이야기하는 사실을 아는 바가 없습니다. 그는 "만일 당신이 나에게 엎드려 절하면 이 모든 것들을 당신에게 주겠다"라고 단지 주님의 마음에만 이야기했던 것입니다. 그러나 악마가 내적으로 말했건 외적으로만 말했건 간에, 우리 주님은 그가 말한 바에 대응하는 생각을 가지셨습니다. 그렇다면 주님의 생각이 죄악된 것이었습니까? 우리는 그렇지 않다는 사실을 압니다. 주님에게는 행동이나 말이나 생각에 죄가 없으셨습니다. 사탄이 주님을 따르는 제자들에게 주입할 수 있는 똑같은 종류의 수천 가지 생각들 속에서도 주님은 죄가 없으셨습니다.

7. (부주의한 사람들이 단언했던 것은 무엇이든지 간에, 그 때문에 주님께서 슬퍼하지 않으셨던 자들을 슬퍼하게 하는) 방황하는 생각들 중 어느 것도 완전한 사랑과는 일치될 수 없다는 결과가 나옵니다. 만일 사실이 그

렇다면 심각한 고통뿐만 아니라 수면 자체도 완전한 사랑과는 일치되지 못할 것입니다. 심각한 고통, 즉 그 고통이 잇따라 발생하게 될 때에는 언제든지, 그리고 우리가 이전에 여기에 대해 어떻게 생각했든지 상관없이 그 고통은 우리의 생각을 방해하며, 또 다른 방향으로 우리의 생각을 유도하게 될 것입니다. 그뿐만 아니라 수면 자체도 그렇습니다. 그 이유는 수면이 무감각하고 멍청한 상태이고, 그리고 지상을 방황하는 맥 빠지고 거칠고 조리 없는 사상과 일방적으로 혼합되어 있는 상태이기 때문입니다. 그러나 분명하게 이러한 생각들도 완전한 사랑과 일치될 수는 있습니다. 그래서 이러한 부류의 모든 방황하는 생각들이 있게 됩니다.

IV

1. 지금까지 관찰한 것들로부터 '우리가 여기에서 구원받기를 바라며 기도하게 되는 방황하는 생각들에는 어떤 종류가 있는가' 하는 마지막 질문에 분명히 답변하기란 어려운 일이 아닙니다. 방황하는 생각들 가운데 전자의 부류에 속하는 것들, 즉 그 속에서 우리가 하나님으로부터 떠나 마음이 방황하는 모든 것들, 하나님의 뜻에 반대되는 모든 것들, 우리가 이 세상에서 하나님 없이 남아 있어야 하는 이 모든 것들로부터 사랑 안에서 완전하게 된 모든 사람들은 의심할 여지없이 구원을 받게 됩니다. 그러므로 이러한 구원을 우리가 기대할 수 있게 됩니다. 이것을 위해 우리는 마땅히 기도할 수 있고, 마땅히 기도해야만 됩니다. 이러한 부류의 방황하는 생각들은 하나님을 대적하지는 않는다고 할지라도 불신을 내포하고 있습니다. 하나님께서는 이 양자

모두를 파괴하실 것이며 완전히 결말을 지으실 것입니다. 그리고 실제로 우리는 이 죄악적인 방황하는 생각들로부터 전적으로 구원받게 될 것입니다. 사랑 안에서 완전하게 된 모든 사람들은 이런 것들로부터 구원받았습니다. 그렇지 않다면 그들은 죄로부터 구원받지 못했을 것입니다. 사람들과 악마들은 모든 수단을 동원하여 그들을 유혹할 것입니다. 그러나 그들은 하나님을 사랑하는 자들을 지배할 수 없습니다.

2. 후자의 부류에 속하는 방황하는 생각들에 대해서는 그 경우가 매우 다양합니다. 원인이 제거될 때까지 결과가 중단되기를 합리적으로 기대할 수 없습니다. 그러나 이러한 원인과 이유들은, 우리가 육체에 머물러 있는 한, 남아 있게 될 것입니다. 그러므로 우리가 믿을 이유가 있는 한, 그 결과도 역시 남아 있게 될 것입니다.

3. 더 특별한 사례를 들어 보면, 아무리 거룩하다고 할지라도 영혼이 병든 몸에 거하고 있다고 생각한다면, 그리고 노도와 같은 광기가 일어나도록 뇌가 완전히 병들었다고 생각한다면, 모든 생각들은 병이 계속되는 한 거칠어지고 일관성이 없게 되는 것이 아닙니까? 열병이 '정신착란'이라고 부르는 일시적인 광기를 유발시킨다면, 그 정신착란이 제거되기까지 사고의 정확한 연결이 있을 수 있겠습니까? 그뿐만 아니라 적어도 부분적인 광기를 가져올 만큼 고도로, 이른바 신경병이라는 것이 일어나게 된다면, 수많은 방황하는 생각들이 없게 될 것입니까? 그래서 그 병이 방황하는 생각들의 원인이 되는 한, 이러한 불규칙적인 생각들이 틀림없이 계속될 것이 아닙니까?

4. 심한 고통으로부터 필연적으로 발생하게 되는 생각들에 대해서도 똑같은 경우가 아니겠습니까? 고통이 계속되는 한, 불가항력적인 자연 질서로 인해서 다분히 방황하는 생각들은 계속될 것입니다. 이러한 자연의 질서는 육체의 천성적인 구조로부터 발생되는 이해력, 판단력, 상상력의 결핍으로 인하여 혼란되고, 파괴되고, 방해되는 생각들을 갖게 될 것입니다. 얼마나 많은 방해들이 생각이 없고 무의식적인 관념의 결합으로부터 발생하는 것입니까? 이 모든 것들은 우리의 마음을 괴롭히는 썩어질 육신으로부터 직접적이거나 간접적으로 비롯되는 것입니다. 그러므로 "이 썩어질 것이 썩지 않는 것으로 옷 입혀"질 때까지는 이들이 제거되기를 바랄 수가 없습니다.

    5. 그리고 우리가 흙으로 돌아가게 될 때에는, 지금 우리를 둘러싼 사람들 가운데서 보고 들은 것으로 말미암아 발생된 방황하는 생각들로부터 구원받을 수 있을 것입니다. 방황하는 생각을 피하기 위해서 우리는 이 세상 밖으로 나가야만 합니다. 왜냐하면 우리가 세상 속에 남아 있는 한, 우리 주위에 남자들과 여자들이 있는 한, 또한 우리가 볼 수 있는 눈과 들을 수 있는 귀를 가지고 있는 한, 우리가 매일매일 보고 들은 일들은 분명히 우리의 마음속에 영향을 미칠 것이며, 그리고 우리가 앞에서 언급한 악한 생각들이 다분히 파고들어 오고 훼방 놓을 것입니다.

    6. 그리고 악령들이 비참하고 무질서한 세상에 이리저리 오랫동안 떠돌아다니는 한, 그만큼 오랫동안 (악령들이 지배적이거나 말거나 간에) 그들은 모든 혈육에 거하는 자들을 공격할 것입니다. 심지어 그들은 그

들이 파괴할 수 없는 자까지 괴롭힐 것입니다. 그들은 정복하지 못할지라도 공격해 올 것입니다. 그리고 쉬지 않고 끈기 있는 적의 공격으로부터 우리가 "악한 자가 싸우기를 멈추고 약한 자가 휴식을 취하는 곳"에 거하게 될 때까지는 완전한 구원을 기대할 수 없습니다.

7. 전체를 요약해 봅시다. 악령으로부터 일어난 방황하는 생각들로부터 구원받기를 바라는 것은 악마가 죽거나 잠에 떨어지기를 바라는 것이며, 적어도 성난 사자처럼 헤매지 않기를 바라는 것입니다. 다른 사람들에 의해 발생한 방황하는 생각들로부터 구원받기를 기대하는 것은 그 사람들이 지상에서 사라지기를 바라고, 우리가 사람들로부터 완전히 고립되기를 바라며, 그들과 교제를 끊도록 바라는 것입니다. 또는 눈을 가지고 있지만 보지 않거나, 귀를 가지고 있지만 듣지 않아서 목석처럼 무감각하게 되기를 바라는 것입니다. 그리고 육신으로 말미암아 생긴 악한 생각들로부터 구원받기를 기도하는 것은 결국 우리가 육신을 떠나기를 바라며 기도하는 것이 될 것입니다. 그렇지 않다면 불가능성과 불합리성을 바라는 기도가 될 것입니다. 즉 이것은 육체와의 결합에 있어서 자연적이고도 필연적인 결과를 바라지 않고, 우리의 결합을 썩어질 육신과 함께 계속함으로써 하나님께서 서로 대립되는 것을 화해하게 하시도록 기도하는 것입니다. 이것은 마치 우리가 동시에 천사와 인간이 되고, 죽은 자와 불멸하는 자가 되도록 기도하는 것입니다. 그러나 사실은 그렇지 않습니다. 영원한 것이 올 때에는 썩어질 것이 사라지기 때문입니다.

8. 우리는 모든 일이 합력하여 선을 이루도록, 그리고 우리의 본

성의 모든 연약함, 사람들의 모든 방해, 악령들의 모든 공격과 유혹을 견디어 이 모든 일에 참된 승리자가 될 수 있도록 영과 지성을 다하여 기도합시다. 우리가 죄로부터 구원을 받도록, 죄의 뿌리와 가지를 모두 제거해 버릴 수 있도록 "육체와 정신이 오염된 것으로부터", 즉 "모든 악한 기질과 말과 행동으로부터 깨끗하게 될 수 있도록", "온 마음과 온 정신과 온 영혼과 온 힘을 다하여 주 우리 하나님을 사랑"할 수 있도록 기도합시다. 그리고 모든 성령의 열매, 즉 "사랑과 기쁨과 화평뿐만 아니라 오래 참음과 친절과 사랑과 신실과 온유와 절제"가 우리 안에서 발견될 수 있도록 기도합시다. 우리 주 예수 그리스도의 영원하신 나라에 충분히 들어갈 수 있을 때까지 이 모든 일이 당신 속에 더욱더 넘치고 충만하여 점점 증가하도록 기도합시다.

37
사탄의 계략
Satan's Devices

올더스게이트 거리에 있는 존 웨슬리 회심 장소 안내판
A plaque erected in Aldersgate Street, London,
by the Drew Theological Seminary of the Methodist Episcopal Church

이는 우리로 사탄에게 속지 않게 하려 함이라 (고후 2:11)

1. 이 세상의 교활한 신들이 하나님의 자녀들을 파괴시키려고 하는 계략은 (혹은 적어도 그들이 파멸시킬 수 없는 사람들을 괴롭히고, 그들 앞에 놓인 경주를 달려가는 사람들을 곤란하게 하고 방해하는 계략은) 하늘의 별과 해변의 모래와 같이 그 수를 헤아릴 수 없습니다. 나는 지금 (비록 여러 가지 방법으로 표현이 될지라도) 복음 자체의 분열을 야기시키고, 복음의 한 부분을 가지고 다른 부분을 전복시키려고 하는 사탄의 계략들 중에서 한 가지 사실만을 말씀드리려고 합니다.

2. 회개하는 모든 사람들과 복음을 믿는 모든 사람들의 마음속에 형성된 내적인 천국은 "성령 안에서의 의와 평화, 그리고 기쁨" 바로 그것입니다. 그리스도 안에서 갓 태어난 모든 사람들은 예수 그리스도를 믿는 바로 그 순간에 이러한 복에 동참하게 된다는 사실을 알고 있습니다. 이것들은 단지 성령의 첫 열매에 불과하며, 그 수확은 아직 거두어지지 않은 상태에 있습니다. 비록 이러한 복들이 상상할 수 없을 정도로 크다 할지라도 우리는 이보다 더 큰 복을 보게 되리라 믿습니다. 우리는 지금 비록 진실한 심정이지만 연약한 마음으로 믿고 있을

뿐만 아니라, "온 마음과 온 생각과 온 영혼과 온 힘을 다해" 우리 주 하나님을 사랑할 것을 확신합니다. 우리는 "항상 기뻐하며, 쉬지 않고 기도하며, 범사에 감사할 수 있는 힘"을 간구하며 이것이 바로 "우리에 대한 예수 그리스도 안에 있는 하나님의 뜻"이라는 것을 알고 있습니다.

3. 우리는 모든 고통스러운 공포를 몰아내고, 우리가 사랑하는 하나님께 영광을 돌리려고 온전히 구하며, 더욱더 하나님께 봉사하려고 원하는 마음으로 "사랑 안에서 완전하게 되기"를 바라고 있습니다. 우리는 우리 구주 하나님께 대한 경험적인 지식과 사랑 안에서 "주께서 빛 가운데 계신 것처럼 우리도 항상 빛 가운데 걸을 수 있도록" 자라게 되기를 바라고 있습니다. 우리는 "예수 그리스도 안에 있는 온전한 마음"이 우리 안에도 있게 되리라고 믿고 있습니다. 우리는 다른 사람을 위해 우리의 생명조차도 포기할 각오로 모든 사람을 사랑해야 할 것이며, 이와 같은 사랑으로 말미암아 분노, 교만, 모든 불친절한 기질로부터 자유롭게 되어야 할 것입니다. 우리는 "육적인 것이든 영적인 것"이든 상관없이 "우리의 모든 우상들과 추악함으로부터" 정결하기를 바라고, 내적인 것이든 외적인 것이든 관계없이 "우리의 모든 불결함으로부터" 구원받기를 바라며, "하나님께서 순결하신 분인 것처럼" 우리도 순결하기를 바랍니다.

4. 우리는 거짓을 모르시는 하나님의 약속을 통해서, 하나님의 모든 말씀과 행위 속에서, 하나님의 복이 하늘에서 이루어진 것같이 땅에서도 이루어지며, 우리의 모든 대화가 부드럽게 되고, 모든 사람들이 듣는 자들에게 은혜를 끼치기 위해 만나며, 먹든지 마시든지 무엇

을 하든지 상관없이 하나님의 영광을 위해 하고, 모든 우리의 말과 행동이 "예수 그리스도의 이름으로 하며, 주 예수를 통해 하나님 아버지께 감사를 드리게" 될 때가 분명히 도래할 것을 믿습니다.

5. 이제 우리가 사람의 영혼 속에서 하나님의 최초의 역사를 파괴하고, 보다 위대한 역사를 기대함으로 말미암아 최소한 하나님의 역사가 확장되는 것을 방해하는 것이 바로 사탄의 거대한 계략입니다. 그러므로 현재의 내 계획은 첫째, 사탄이 우리를 넘어뜨리려고 하는 몇 가지 방법을 지적하는 것입니다. 둘째, 이 사악한 자가 쏘는 날카로운 창을 우리가 어떻게 피할 수 있을까를 생각하는 것입니다. 즉 사탄이 우리를 타락시키려는 계략에 대비하며, 우리가 어떻게 한층 높은 신앙의 경지에 올라갈 수 있을까를 고찰하려는 것입니다.

I

1. 첫째, 나는 사탄이 인간 영혼 속에서 하나님의 최초의 역사를 파괴하려고 하며, 우리가 위대한 역사를 기대하기 때문에 적어도 그 역사가 확장되는 것을 방해하려고 하는 몇 가지 방법들을 지적하고자 합니다. 사탄은 우리에게 사악함과 죄의식, 또는 무능함을 생각나게 함으로써 주 안에서 발견된 기쁨을 꺾으려고 하며, 여기에 첨부하여 이제까지보다 훨씬 더 큰 변화를 가져오게 하거나, 우리가 주님을 바라볼 수 없게 합니다. 만일 우리가 죽는 날까지 현재의 상태에 머물러 있어야 한다는 사실을 안다면, 비록 부족하다고 하더라도 우리는 그 필연성으

로부터 능히 일종의 위로를 받을 수 있습니다. 우리는 보다 큰 변화가 온다는 사실을 확신하기 때문에 현재의 상태에 머물러 있을 필요가 없다는 것을 압니다. 그리고 우리의 생활에서 죄를 청산하지 않는다면 우리는 영광 중에 계시는 하나님을 볼 수 없다는 것을 압니다. 그래서 교활한 대적들은 종종 우리가 아직 성취하지 못한 것과 그것을 성취해야 할 절대적인 필연성에 대해 부당한 주장을 함으로써 우리가 이미 성취한 것에서 느껴야 할 기쁨을 꺾어 버립니다. 따라서 우리는 아직 성취하지 못한 것이 더 많기 때문에 우리가 이미 성취한 것으로는 즐거워하지 않습니다. 지금까지 하나님께서 이루시지 않은 보다 위대한 일들이 있기 때문에 우리는 우리를 위해 그렇게 위대한 일을 하신 하나님의 선하심을 올바르게 맛볼 수 없습니다. 이와 같이 현재 우리의 불결함 속에서 하나님께서 역사하고 계시다는 사실을 깊이 확신하면 할수록, 그리고 하나님께서 약속하신 완전한 성결이 마음속에 느껴지기를 열망하면 할수록 우리는 더욱 현재 하나님의 은사를 경시하고, 우리가 아직 받지 못한 것 때문에 이미 받은 은사를 과소평가하려는 유혹을 받습니다.

2. 만일 사탄이 이런 정도까지 우리를 지배하고 우리의 기쁨을 꺾을 수 있다면, 그는 곧 우리의 평화마저 공격하게 됩니다. 사탄은 "너는 하나님을 바라볼 자격이 있느냐?"고 질문합니다. 하나님의 눈은 순결해서 불의를 보지 못하십니다(합 1:13). 그렇다면 어떻게 하나님께서 여러분을 좋게 보신다고 생각하며 여러분이 그렇게도 우쭐댈 수 있습니까? 하나님은 거룩하시지만 여러분은 거룩하지 못합니다. 어떻게 빛과 어두움이 교제할 수 있단 말입니까? 어떻게 하나님께서 여러분처럼 불결한 자를 받아들이신다고 생각합니까? 여러분이 진정으로 높으신

부르심의 표적과 상급을 바라본다고 하지만, 그것이 여러분에게서 멀리 떨어져 있다는 사실을 보지 못합니까? 그렇다면 여러분의 모든 죄를 이미 사함받았다는 사실을 감히 어떻게 생각할 수 있습니까? 여러분이 하나님께 더욱 가까이 나아가고 그분을 더욱 닮기 전에 어떻게 이런 일이 가능할 수 있습니까? 사탄은 이와 같이 여러분의 평화를 뒤흔들며, 그 평화의 기초를 뒤엎으려고 할 것입니다. 사탄은 여러분 안에 있는 것으로 여러분을 받아들이는 근거를 삼거나 그것을 필수적인 선행 조건으로 생각하게 함으로써, 심지어는 행위와 자신의 의로써 의롭게 되기를 구하게 하면서, 여러분이 처음 출발한 지점으로 여러분을 퇴보시킬 것입니다.

3. 그리고 우리가 "예수 그리스도가 놓았던 기초밖에 아무도 다른 기초를 놓을 자가 없다"는 말씀과 "예수 그리스도 안에 있는 구속을 통해서 하나님의 은혜로 말미암아 값없이 의롭다 함을 얻었다"라는 말씀을 고수한다고 할지라도, 사탄은 계속해서 다음과 같은 주장을 합니다. "나무는 그의 열매로 보아 알 수 있다." 그렇다면 여러분은 의의 열매를 소유하고 있습니까? 예수 그리스도 안에 있던 심정이 여러분의 마음속에도 있습니까? 죄로 인하여 죽고 의로 말미암아 다시 살아났습니까? 예수 그리스도의 죽음에 자신을 일치시키고, 그분의 부활의 능력을 알고 있습니까? 이런 질문을 받고 나서 여러분은 마음속에 느껴지는 작은 열매를 약속의 성취와 비교해 봄으로써, "분명히 하나님께서는 내 죄를 사하였다고 말씀하시지 않았다. 나는 내 죄를 용서받지 못했다. 그렇다면 성결함을 받은 자들 가운데서 내가 설 자리는 어디인가?" 하는 결론에 언제든지 이르게 될 것입니다.

4. 특별히 질병과 고통을 당할 때에는 사탄은 더욱 전력을 다하여 다음과 같이 강조합니다. "'거룩하지 않고서는 아무도 주님을 바라볼 자가 없다'는 말씀은 거짓이 없으신 하나님의 말씀이 아닌가? 그런데도 여러분은 거룩하지도 못하며, 그와 같은 사실을 잘 알고 있다. 여러분은 거룩함이 바로 하나님의 완전하신 형상이라는 것을 잘 알고 있다. 그러나 그것이 여러분의 시야에서 얼마나 높이 그리고 멀리 떨어져 있는가? 여러분은 거기에 결코 도달할 수 없다. 여러분의 모든 노력은 헛수고일 뿐이다. 공연히 이 모든 일에 쓸데없이 애만 쓴 것이다. 별것 아닌 일에 여러분은 온 정력을 소비하고 있다. 여러분은 아직도 죄 가운데 있으며, 그러므로 마침내 멸망하게 될 것이다." 그래서 이처럼 여러분의 모든 죄를 짊어지신 주님을 끊임없이 바라보지 않는다면 사탄은 또다시 "죽음의 공포 속"으로 여러분을 몰고 갈 것입니다. 그리하여 여러분은 오랫동안 "속박을 받아야 했으며", 이로 인해 주님 안에 있는 기쁨뿐만 아니라 여러분의 평화조차도 비록 전적으로 파괴되지는 않을지라도 손상을 입을 것입니다.

5. 그러나 아직도 사탄의 교활한 계략은 배후에 감추어져 있습니다. 사탄은 여러분의 평화와 기쁨을 깨뜨리는 데 만족하지 못하고 더욱더 자기의 계획을 도모할 것이며, 여러분의 의에 대해서도 공격을 가할 것입니다. 가능하다면 사탄은 여러분이 하나님의 형상을 얻으려고 하고 더욱더 성취하려고 하는 바로 그 기대 때문에 이미 얻은 그 성결을 흔들며 파괴하려고 할 것입니다.

6. 사탄이 이 일을 시도하는 방법은 이미 우리가 관찰했던 사실

을 통해 부분적으로 밝혀질 것입니다. 왜냐하면 첫째, 사탄은 주님 안에서의 기쁨을 깨뜨림으로써 이와 마찬가지로 우리의 성결까지 파괴하려고 하기 때문입니다. 그러므로 성령 안에서의 기쁨을 안다는 것은 모든 거룩한 성품을 증진하는 귀중한 수단이며 하나님께서 선택하신 도구인데, 그로 인해 그분은 믿는 자들의 영혼 속에서 많은 역사를 수행하시고, 내적인 성결뿐만 아니라 외적인 성결에 커다란 도움을 주십니다. 또한 그것은 믿음의 역사와 사랑의 수고를 계속할 수 있도록 우리의 일손을 강하게 하고, 과단성 있게 믿음의 선한 싸움을 싸우게 하며, 영생을 붙들게 합니다. 내적이며 외적인 고통과 싸워 조화를 이루는 것은 하나님의 특별한 계획입니다. 즉 "그것은 아래로 처진 손을 들어 올리고 연약한 무릎을 굳세게 합니다." 결론적으로 주 안에서 우리의 기쁨을 좌절시키는 것이 무엇이든지, 이에 비례해서 우리의 성결은 장애를 받습니다. 그러므로 사탄이 우리의 기쁨을 뒤흔드는 한 우리의 성결 또한 방해를 받습니다.

7. 만일 사탄이 어떤 방법으로든지 우리의 평화를 파괴하거나 뒤흔들 수 있다면 똑같은 결과가 계속될 것입니다. 왜냐하면 하나님의 평화는 우리 안에서 하나님의 형상을 발전시키는 또 하나의 귀중한 수단이기 때문입니다. 끊임없는 정신의 평안, 하나님께 안주하는 마음의 평정, 예수의 보혈 속에 있는 안식은 성결에 더욱 큰 도움을 줍니다. 이러한 평안이 없다면, "은혜와 우리 주 예수 그리스도에 대한 생명력이 있는 지식" 안에서 성장한다는 것은 거의 불가능한 일입니다. (자식이 부모님께 갖는 온유하고 효성스런 경외감이 아니라면) 모든 공포는 우리의 영혼을 얼게 하며 마비시키는 것입니다. 이와 같은 공포는 영적인 생활의 모

든 원천을 막아 버리고, 하나님을 향한 마음의 모든 움직임을 정지시킵니다. 그리고 사실상 의심마저도 우리의 영혼을 진흙탕 속에서 꼼짝 못하게 하여 흙투성이로 만들어 버립니다. 그러므로 공포와 의심이 파급되는 것과 비례해서 성결하게 되는 우리의 성장이 방해를 받습니다.

8. 우리의 영리한 적들은 완전한 사랑이 필요하다는 우리의 확신을 이용해서 의심과 공포로 우리의 평화를 뒤흔드는 동시에, 비록 우리의 믿음을 전적으로 파괴하지는 못한다고 할지라도 나약하게 만들려고 애씁니다. 사실상 믿음과 평화는 불가분리의 관계에 놓여 있기 때문에 함께 견디든지 아니면 함께 몰락합니다. 믿음이 지속되는 한 우리는 평화 속에 머무르게 되며, 우리의 심령이 주님을 신뢰하는 동안 우리는 견고한 것입니다. 우리가 만일 믿음과 사랑과 용서의 하나님께 대한 확신을 상실한다면, 우리의 평화는 종말을 고하게 됩니다. 또한 그 평화 속에 있는 그 근거마저 전복당하게 됩니다. 그래서 이 믿음은 평화의 기초임과 동시에 성결의 유일한 기초입니다. 결과적으로 믿음을 파괴하는 것이 무엇이든지 간에 성결의 모든 근거는 파괴됩니다. 왜냐하면 이와 같은 믿음이 없이는, 주님께서 나를 사랑하셔서 나를 위해 자기를 버리셨다는 지속적인 생각이 없이는, 죄인 된 나에게 그리스도로 말미암아 하나님께서 자비를 베푸셨다는 계속적인 확신이 없이는, 우리가 하나님을 사랑하는 것이 불가능하기 때문입니다. "하나님께서 먼저 우리를 사랑하셨기 때문에 우리도 그분을 사랑하는 것입니다." 그리고 독생자를 통해 우리를 받아들이셨다는 확신의 강함과 분명함에 비례해서 우리가 하나님을 사랑하게 됩니다. 만일 우리가 하나님을 사랑하지 않는다면, 이웃을 내 몸과 같이 사랑한다는 것은 불가능하고,

결과적으로 하나님과 인간에게 올바른 애정을 가질 수 없습니다. 우리의 믿음을 약화하는 것이 무엇이든지 여기에 비례하여 성결이 방해받게 된다는 것은 틀림없는 사실입니다. 그리고 이것은 모든 성결을 파괴하는 데 가장 효과적이며 간단한 방법입니다. 그것이 어떤 기독교인의 성품이나 성령의 단 하나의 은총이나 열매에 아무런 영향을 미치지 못할지라도 그것이 지속되는 한 하나님의 모든 역사의 근거는 파괴되고 맙니다.

9. 그러므로 이 세상의 흑암의 통치자가 여기에 전력을 다하는 것은 놀랄 만한 일이 아닙니다. 우리는 경험으로 이 사실을 알게 됩니다. 의에 주리고 목말라 하던 사람들이 흔히 이러한 유혹에 자극을 받게 되는 말할 수 없는 폭력에 대해서 말로 표현하기보다는 차라리 생각하고 있는 편이 훨씬 쉬운 일입니다. 강하고 분명한 빛 가운데서 한편으로는 자신의 심령이 극도로 사악함을 바라보고, 다른 편으로는 예수 그리스도 안에서 부름받은 흠 없는 성결을 바라보며, 한편으로는 하나님으로부터 전적으로 소외된 자기 자신의 타락의 깊이를 바라보고, 또 다른 편에서는 이로 인해 그들이 새로워지는 거룩하신 하나님의 형상, 하나님의 영광의 높이를 바라볼 때 그들은 종종 정신없이 "하나님께서도 이것은 할 수 없다"고 절규하기까지 합니다. 그들은 믿음과 희망을 모두 포기하게 됩니다. 즉 그들을 강건하게 하시는 그리스도를 통해서 모든 일을 이길 수 있을 뿐 아니라 그들이 "하나님의 뜻을 이룬 후에 이로써 약속을 받을 수 있는" 바로 그 신념을 내던지고 맙니다.

10. 그리고 "그들이 처음 시작한 견고한 확신을 끝까지 굳게 잡

으면", 세세무궁토록 하나님의 약속을 의심 없이 받게 될 것입니다. 그러나 여기 우리의 발밑에 또 다른 함정이 놓입니다. 우리가 "하나님의 자녀들의 영광된 자유"를 위해 이 세상에서 성취될 하나님의 약속의 일부를 진지하게 열망하는 동안, 이후에 나타날 영광을 생각하는 일에서 돌연히 떠나게 될지도 모릅니다. 우리의 눈은 의로우신 재판장께서 그날에 "그의 나타나심을 사모하는 모든 사람들에게" 주시마고 약속하신 그 면류관을 분별도 없이 외면하게 될지도 모릅니다. 그리고 우리를 위해 하늘에 예비하신 영원히 썩지 않을 기업의 광경을 보지 못하게 될지도 모릅니다. 그래서 이러한 사실 역시 우리의 영혼을 상하게 하며 우리의 성결에 방해될지도 모릅니다. 왜냐하면 우리의 목표를 계속 바라보며 걸어가는 것은 우리 앞에 놓인 경주를 달리는 데 필요한 도움이 되기 때문입니다. 이것이 그 옛날 "잠깐 동안의 죄의 쾌락을 누리는 것보다 하나님의 백성으로서 고난을 감수하도록", 즉 "애굽의 보화보다 그리스도의 견책을 보다 큰 부귀로 생각하도록" 모세에게 용기를 불러일으켰던 바로 그 상급의 보상에 대해 관심을 가지는 것입니다. 오히려 모세보다 더 위대하신 분에 대해서 "하나님의 보좌의 오른편에 앉을 때까지 자기 앞에 놓인 기쁨으로 인해 십자가를 참으시고 부끄러움을 개의치 않으셨다"고 분명하게 언급되어 있습니다. 그러므로 하나님의 지혜가 우리에게 부과한 어떤 십자가든지 견딜 수 있고, 성결을 통하여 영광으로 매진할 수 있도록 우리 앞에 놓인 기쁨을 바라보는 것이 얼마나 필요한 일인가를 쉽게 추정할 수 있습니다.

11. 그러나 우리가 궁극적인 목표에 선행하는 영광된 자유에 도달함과 동시에 그 목표에 접근하는 동안, 우리는 하나님의 자녀들을 혼

란케 하려는 사탄의 또 다른 함정에 빠질 위험에 직면하게 됩니다. 우리는 오늘의 발전을 무시할 정도로 내일에 대해 너무 지나치게 생각하게 될지도 모릅니다. 우리는 너무 완전한 사랑을 기대하기 때문에 우리의 마음속에 이미 비친 사랑을 사용하지 않을지도 모릅니다. 이 때문에 심한 어려움을 당했던 사람들이 없었던 것은 아닙니다. 이후에 그들이 받을 것만을 생각했기 때문에 이미 받은 것에 대해서는 전적으로 등한히 했던 것입니다. 다섯 달란트를 더 받으려는 생각 때문에 이미 받은 자신의 한 달란트를 땅에 파묻어 버렸습니다. 적어도 그들이 행할 수 있었지만, 하나님의 영광과 자신의 유익을 위해 마땅히 했어야 할 만큼 그 한 달란트를 증식시키지 않았던 것입니다.

12. 하나님과 인간의 대적들은 복음을 분리하고 복음의 한 부분을 다른 부분으로 전도시키게 함으로써 하나님의 말씀을 무용하게 만들려고 애씁니다. 그러는 동안 우리의 영혼 속에서 일어난 최초의 하나님의 역사는 우리가 하나님의 완전하신 역사를 기대함으로 인해 파괴되고 맙니다. 실제로 우리는 사탄이 성결의 원천을 차단함으로써 이를 파괴하려고 기도하는 몇 가지 방법을 알고 있습니다. 그러나 사탄은 그 복된 희망을 불경스러운 기질을 초래하는 계기가 되게 함으로써 한층 더 직접적으로 그와 같이 작용합니다.

13. 이와 같이 우리의 심령이 위대하고 귀중한 약속을 열렬히 갈망할 때마다, 사슴이 시냇물을 갈구하듯이 하나님의 충만하심을 갈망할 때, 우리의 영혼이 강렬한 열망 속에서 "왜 하나님의 수레바퀴는 이렇게 더딘가?" 하고 소리 지를 때, 사탄은 우리가 하나님께 불평하

도록 유혹하는 계기를 놓치지 않을 것입니다. 만일 우리가 예기치 않은 시간에 하나님의 도래가 지연되는 사실에 대해 하나님께 불평하도록 사탄의 영향을 받는다면, 사탄은 그의 모든 지혜와 능력을 다 사용하게 될 것입니다. 적어도 사탄은 우리가 어느 정도 초조함과 조급함을 가지도록 선동할 것입니다. 그리하여 사탄은 높으신 부르심에 합당한 상급을 이미 받았다고 생각되는 사람들을 시기하도록 선동할 것입니다. 사탄은 어떻게 해서든지 이러한 기질에 굴복하게 함으로써 우리가 세워야 할 바로 그 일들에 대해 우리 스스로 넘어뜨리게 된다는 사실을 잘 알고 있습니다. 이와 같이 완전한 성결을 추구함으로 인해 우리는 전보다도 더욱 불결하게 되는 것입니다. 그렇습니다. 우리의 최종적인 상태가 처음 상태보다 더욱 악하게 될 커다란 위험성이 있습니다. 사도 베드로가 무서운 어조로 "그들이 의의 길을 알고도 자기들에게 전해진 거룩한 계명을 저버린다면 차라리 그것을 알지 못했던 편이 더 좋았을 것입니다"라고 말했던 사람들처럼 말입니다.

14. 사탄은 선한 길에 대해 악한 소문을 퍼뜨리기까지 하면서 또 다른 이득을 얻으려고 합니다. 사탄은 교리의 우발적인 남용과 자연적인 경향과의 차이를 (그런데 많은 사람들이 이것들을 그렇게 구별하려고 하지 않습니다) 구별할 수 있는 사람들이 극히 적다는 사실에 민감합니다. 그러므로 그리스도인의 완전의 교리에 대해서 사탄은 방심한 사람들의 마음속에 하나님의 영광스러운 약속과 상반되는 편견을 갖도록 이 둘을 계속해서 혼동시킵니다. 그리고 거의 보편적이라고 말할 수 있겠습니다만, 얼마나 자주, 얼마나 일반적으로 사탄이 여기에 세력을 뻗칩니까! 이러한 교리에 대해 우연하게 생긴 어떤 나쁜 결과를 관찰해보

고 이것이 바로 그 교리의 자연적인 경향이라고 즉각적인 결론을 내리지 않을 사람이 어디 있으며, "봐라! 이것이 그러한 교리의 열매다"(즉 자연적이며 필연적인 열매라는 의미에서)고 외치지 않을 사람이 어디에 있을까 하는 까닭에서입니다. 사실은 그렇지가 않습니다. 그것들은 위대하고 귀중한 진리를 남용함으로써 우연하게 맺은 열매입니다. 그러나 이런 교리 또는 어떤 다른 성서적인 교리의 남용이라도 그 교리의 사용을 폐지할 수 없습니다. 그럴 수 없습니다. 하나님께서는 진실하시지만 모든 사람은 거짓말쟁이입니다. "약속하셨던 그분은 진실하시다"는 주님의 말씀에 이 교리가 근거하고 있기 때문에 또한 "주님은 그 약속을 이루어 주실 것입니다." 그렇다면 우리는 "복음의 희망에서 떠나지 맙시다." 오히려 내가 두 번째로 제안한 바 사악한 자의 이 같은 맹렬한 돌진에 우리가 어떻게 반격하며, 사탄이 우리를 넘어뜨리려고 하는 계기를 역이용하여 우리가 어떻게 더 높은 믿음의 경지에 올라갈지를 생각해야 합니다.

II

1. 그리하여 사탄은 첫째, 여러분이 죄로 가득 차 있다고 생각하게 함으로써, 여기에 첨가하여 전적으로 보편적인 성결함이 없다면 아무도 하나님을 볼 수 없다고 함으로써 우리의 기쁨을 좌절시키려고 애씁니다. 여러분이 이 모든 것을 물리칠 수 있는 하나님의 은총을 통하여 자신의 사악함을 느끼면 느낄수록 여러분은 확신 있는 소망 가운데서 더욱더 즐거워하는 한편, 사탄이 쏘는 창을 사탄의 머리에 다시 던

져 버릴지도 모릅니다. 여러분이 이러한 희망을 완전히 붙들기만 한다면 이 사악한 기질을 몹시 미워할지 모르지만, 여러분이 느끼는 이 모든 악한 기질은 여러분의 겸비한 기쁨을 감소시키지 않고 오히려 증가시키는 수단이 됩니다. 여러분은 "이 모든 것들이 주님 앞에서 사라지게 될 것이다"라고 말하게 될지도 모릅니다. 초가 불에 녹듯이 "이것들은 하나님의 면전에서 사라지게 될 것입니다." 이러한 방법으로 여러분의 영혼에서 그 변화가 아직도 역사하고 있다는 사실이 크면 클수록 여러분은 주 안에서 더욱더 승리하며, 여러분을 위해 위대한 일을 이미 하셨고, 그리고 이보다 더 큰 일들을 행하실 여러분의 구원 되시는 하나님 안에서 더욱더 즐거워할 것입니다.

2. 둘째, 사탄은 다음과 같이 제안하며 여러분의 평화를 맹렬하게 해치려고 합니다. "하나님은 거룩하시지만 너는 거룩하지 못하다." "네가 거룩하게 되지 않고서는 하나님을 볼 수 없는데 너는 그 거룩함에서 너무나 멀리 떨어져 있다. 그런데 어떻게 네가 하나님의 사랑을 받을 수 있겠느냐? 네가 어떻게 의로워졌다고 상상할 수 있겠느냐?" 그 때에는 다음과 같은 말씀을 붙잡도록 더욱더 진지하게 주의하십시오. "내가 그리스도 안에서 발견된 것은 내가 행한 의의 행위 때문이 아닙니다. 나는 나 자신의 의(전체적이든 부분적이든 하나님 앞에서 우리가 의롭게 되는 원인으로서)가 아니라 그리스도를 믿는 믿음을 통한 의, 다시 말하면 믿음 위에 세워진 하나님으로부터의 의를 얻음으로써 나를 사랑하는 자 안에서 용납된 것입니다." 진정 이 말씀을 여러분의 목에 걸고 여러분의 마음의 비문에 새기십시오. "나는 예수 그리스도 안에서 구속하심을 통하여 그의 은혜로 말미암아 의롭다 함을 얻었다"는 말씀

을 팔찌에 끼고 이마에 표징으로 다십시오. "은혜로 말미암아 믿음으로 구원을 얻었다"고 하는 귀한 진리를 더욱 귀중하고 가치 있게 생각하십시오. "하나님이 세상을 극진히 사랑하셔서 외아들을 주셨으니 누구든지 그를 믿으면 멸망하지 않고 영생을 얻으리라"고 하신 하나님의 값없는 은혜를 더욱더 찬양하십시오. 그렇게 하면 여러분이 느끼는 죄책감과 또 여러분이 기대하는 성결에 대한 생각이 모두 여러분의 평화를 성취하는 데 기여하며, 평화는 강물처럼 흐를 것입니다. 그리하여 불경건의 모든 산들이 있음에도 불구하고 그 평화는 강물처럼 흐르며, 주님께서 여러분의 마음을 온전히 지배하러 오시는 바로 그날 불경건의 모든 산들은 평지로 변할 것입니다. 질병이나 고통이나 죽음이 도래할지라도 여러분에게는 어떠한 의심이나 공포가 결코 일어날 수 없습니다. 여러분이 하나님과 함께한다면 한 날, 한 시간, 한순간도 천년과 같다는 사실을 알게 됩니다. 하나님께서는 여러분의 영혼 속에 남아 있는 것이 무엇이든지 간에 그것을 수행하시기 위해 시간의 제약을 받지 않습니다. 그리고 하나님의 시간은 언제나 가장 좋은 시간입니다. 그러므로 여러분은 아무 일에나 염려하지 말고 감사함으로 오직 주님께 여러분의 요구를 아뢰십시오. 주님께서 이미 확인하신 것처럼 어떤 방법이든 여러분에게 유익한 것은 여러분에게서 거두어 가시지 않을 것입니다.

3. 셋째, 여러분이 방패를 포기하면 포기할수록, 여러분의 믿음과 하나님의 사랑에 대한 확신을 내던지면 내던질수록, 그만큼 여러분이 이미 얻은 것을 견고하게 붙들 수 있도록 더욱 조심하십시오. 마찬가지로 여러분 안에 있는 하나님의 은사를 더욱 고무시키도록 노력하십시오. 나에게는 "의로우신 분, 하나님 아버지와 함께하시는 대변자

예수 그리스도"가 있다는 말씀을 결코 잊지 마십시오. "지금 내가 살고 있는 것은 나를 사랑하시고 나를 위해 자기 몸을 주신 하나님의 아들을 믿는 믿음에 의한 것입니다"는 말씀을 결코 잊지 마십시오. 이 말씀이 여러분의 영광이 되게 하고 기쁨의 면류관이 되게 하십시오. 그리고 아무도 여러분의 면류관을 빼앗지 못하도록 하십시오. "나의 구주께서는 지금도 살아 계시고, 이 세상 끝날까지 살아 계실 것입니다"는 말씀을 붙드십시오. "나는 지금 주님의 보혈로 구속함을 받았으며 죄를 사함받기까지 하였다"는 말씀을 굳게 간직하십시오. 이와 같이 믿음 가운데 모든 평화와 기쁨이 충만하여, 믿음의 평화와 기쁨 속에서 여러분을 창조하신 하나님의 형상을 통해 여러분의 온 영혼이 새롭게 되도록 전진하여 나아가십시오. 무섭고 두렵게 나타나는 사탄의 모양이 아니라 그 상급의 순수하고 고유한 아름다움 속에서, 그리고 꼭 해야만 하거나 지옥에 갈까 봐 두려워서가 아니라 여러분을 하늘나라로 인도할 수 있는 그런 것으로써 높으신 부르심의 상급을 바라볼 수 있도록 하나님께 끊임없이 간구하십시오. 하나님의 풍성하신 자비의 모든 보고 속에 있는 가장 바람직한 은사로써 그 상급을 바라보도록 하십시오. 만일 여러분이 그 안에 있는 참된 빛의 초점을 바라본다면 여러분은 그것을 더욱더 갈망하고, 여러분의 온 영혼은 하나님을 갈망하며, 하나님의 형상에 영광스럽게 합치되기를 갈망하게 될 것입니다. 그리고 선한 소망과 은총을 통한 강한 위로를 받았으므로 여러분의 마음은 더 이상 지치거나 연약해지지 않을 것이고, 여러분이 그 상급을 성취할 때까지 계속해서 추구하게 될 것입니다.

4. 동일한 믿음의 능력 안에서 영광을 향하여 전진하십시오. 참

으로 이것은 여전히 변함없는 기대입니다. 하나님께서는 태초부터 용서와 거룩함과 하늘나라를 연결하셨습니다. 그런데 왜 인간은 이것들을 분리하려고 합니까? 아! 바로 이 점을 주의하십시오. 금사슬의 고리 하나라도 파손시키지 않도록 해야 합니다. "하나님께서는 그리스도를 위해 나를 용서해 주셨으며 하나님의 형상 속에서 나를 새롭게 하십니다. 하나님께서는 나를 그분께 합당하도록 해주시고 나를 그의 얼굴 앞에 서게 하실 것입니다." 하나님께서는 나를 하나님의 아들의 보혈을 통해 의롭게 하셨고, 성령으로 말미암아 전적으로 성화된 나는 살아 계신 하나님의 도성 "새 예루살렘으로 곧 올라가게 될 것입니다." "공회와 처음 세운 교회와" "만물의 심판자이신 하나님과 새로운 약속의 중보자이신 예수께로" 갈 것입니다. 이 어두운 그림자가 언제 사라지고 영원의 새날이 언제 동틀 것입니까? 하나님과 어린양의 보좌에서 나오는 "생명수 강물"을 내가 언제 마시게 될 것입니까? 거기에서 하나님의 종들은 하나님을 찬양하고, 하나님의 얼굴을 보며, 하나님의 이름이 그들의 이마에 적힐 것입니다. 그리고 거기에는 밤이 없고, 그들에게는 촛불이나 햇빛도 필요 없게 될 것입니다. 왜냐하면 "주님께서 그들을 비추어 주시며 영원히 그들을 다스리시기 때문입니다."

5. 만일 여러분이 "복된 말씀과 장차 올 세상의 능력을" 맛본다면 하나님께 불평하지는 않을 것입니다. 왜냐하면 여러분은 아직 "빛으로 싸인 성도들의 분깃"을 받을 수 없기 때문입니다. 여러분은 자신이 전적으로 구원받지 못했다고 불평하는 대신 지금까지 여러분을 구원하신 하나님을 찬양해야 될 것입니다. 여러분은 하나님께서 이룩하신 일에 대해 하나님을 찬양하고, 하나님이 장차 하실 일을 진지하게 받

아들여야 합니다. 여러분은 자신이 아직 새로워지지 못한 일 때문에 하나님께 초조하게 생각할 것이 아니라 처음 믿을 때보다 모든 죄로부터 구원이 가까이 왔으므로 하나님을 찬양해야 합니다. 때가 차지 않았다고 쓸데없이 자신을 괴롭힐 것이 아니라 그때가 반드시 올 것이며 지체하지 않을 것이라는 사실을 깨닫고 침착하고 조용하게 기다려야 합니다. 그러므로 여러분은 예전보다 더 즐거운 마음으로 여러분 안에 남아 있는 죄짐을 져야 합니다. 왜냐하면 그 죄는 언젠가는 사라질 것이기 때문입니다. 잠시 후면 이 모든 죄짐들은 깨끗이 청산될 것이기 때문입니다. "주님께서 더디 오시더라도" 오직 마음을 강하게 하십시오. 그러면 주님께서 여러분의 마음을 위로하실 것입니다. 여러분은 주님을 굳게 믿어야 합니다.

6. (여기까지는 사람이 판단할 수 있지만 하나님만이 사람의 속마음을 감찰하시는데도 불구하고) 여러분이 만일 이미 소망을 성취하고 "사랑 안에서 완전하게 되었다"고 생각되는 사람을 보거든, 결코 그들 안에 있는 하나님의 은총을 부러워할 것이 아니라 그것을 기뻐하고 마음의 위로를 받으십시오. 그들로 인해 하나님께 영광을 돌리십시오. "만일 우리 중에 어느 한 사람이 영광을 받으면 모든 사람이 이로써 기뻐하지 않습니까?" 그들에 대해서 질투하거나 악의에 찬 억측을 할 것이 아니라 위로를 주시는 하나님을 찬양하십시오. 그가 하나님의 모든 약속을 성취하는 과정에서 하나님이 진실하시다는 새로운 증거를 가지게 되었음을 기뻐하십시오. 그리고 그 약속 때문에 예수 그리스도께서 여러분을 알고 계신다는 사실을 더욱더 깨닫도록 노력하십시오.

7. 이렇게 하기 위해서는 시간을 되찾으십시오. 현재의 순간을 개선하십시오. 은총 안에서 성장하며 선한 일을 할 수 있는 기회를 놓치지 마십시오. 내일 더 많은 은혜를 받으려는 기대 때문에 오늘을 태만하게 보내지 마십시오. 여러분은 지금 '한 달란트'를 가지고 있습니다. 만일 여러분이 '다섯 달란트'를 더 가지기를 원한다면, 여러분이 지금 가지고 있는 '한 달란트'를 더 많이 증식시키도록 하십시오. 여러분이 후에 더 많이 받기를 원하면 원할수록 하나님을 위해서 바로 지금 노력해야 합니다. 하나님의 은혜는 그날에 족합니다. 하나님께서는 지금 여러분에게 복을 주십니다. 지금 여러분이 하나님의 현존하는 은혜를 간직한 충실한 청지기임을 입증하십시오. 내일 무슨 일이 일어나든지 '바로 오늘', "믿음에 용기를, 용기에 절제를, 절제에 인내를, 인내에 형제애를, 형제애에 하나님에 대한 경의를" 더하십시오. 이러한 일들이 "지금 여러분 안에서 풍성하게" 되도록 하십시오. 지금 게으르거나 열매 맺지 못하면 안 됩니다. 그런 다음에 우리 주 예수 그리스도의 영원한 나라에 들어가는 문이 여러분에게 열릴 것입니다.

8. 끝으로, 만일 여러분이 하나님께서 거룩하신 것처럼 여러분도 거룩하게 될 수 있는 이 복된 소망을 과거에 남용했다 할지라도 지금 그 소망을 포기해서는 안 됩니다. 남용을 그치고 계속 그것을 사용하십시오. 지금 그것으로 하나님께 풍성한 영광이 되게 하십시오. 여러분의 영혼에 유익이 되도록 지금 그 소망을 이용하십시오. 확고부동한 신앙과 성령의 평온한 안정과 소망에 가득 찬 확신 속에서 하나님께서 행하시는 일에 대해 이전보다 더욱 즐거워하며 완전함에 이르기까지 더욱더 전진하십시오. 우리 주 예수 그리스도를 아는 지식 안에서

날마다 전진하며, 여러분이 이미 성취한 것과 장차 성취할 것에 대한 복종과 인내와 겸손한 감사를 통해 힘차게 앞으로 나아가고, 완전한 사랑을 통해 하나님의 영광 중에 들어갈 때까지 예수 그리스도를 바라보며, 여러분 앞에 놓인 경주를 달리십시오.

38

원죄
Original Sin

웨슬리 기념비
Remember John Wesley, Wroot, near Epworth

여호와께서 사람의 죄악이 세상에 가득함과 그의 마음으로 생각하는 모든 계획이 항상 악할 뿐임을 보시고 (창 6:5)

1. 이 말씀은 모든 세대에 걸쳐 묘사해 왔던 인간 본성에 대한 아름다운 모습들과 얼마나 많이 다릅니까? 고대 많은 작가들의 작품들은 인간의 존엄성에 대한 아름다운 묘사로 가득 차 있습니다. 그중 어떤 작가들은 사람의 성품에는 모든 덕과 행복이 내포되어 있으며, 그래서 최소한 다른 존재의 도움 없이도 전적으로 인간은 그렇게 될 수 있다고 생각하였습니다. 뿐만 아니라 인간은 자기 충족적이고 자급자족을 할 수 있으며, 하나님보다 조금 못한 존재라고 여겼습니다.

2. 인간성을 결함이 없고 완벽한 것처럼 거창하게 설명했던 묘사들은 자신의 탐구에서 단지 희미한 이성의 빛에 의해 지도를 받은 이방인들뿐만 아니라 그리스도의 이름을 소유하고 있는 많은 사람들, 곧 하나님의 말씀에 위탁된 사람들까지도 이런 식의 표현을 했습니다. 이런 식의 설명들은 특히 금세기에 들어와서 성행하고 있으며, 세계의 어떤 지역보다도 우리나라(영국)에서 더욱더 그런 것 같습니다. 우리나라에서는 폭넓은 학식뿐만 아니라 탁월한 이해력을 소유하고 있는 다수의 사람들이 이른바 그들이 말하는 "인간성의 아름다운 측면"을 입증하기 위하여 최대한의 능력을 발휘하고 있습니다. 그래서 만일 인간에

대한 그들의 설명이 정당한 것이라면, 인간은 "천사보다 조금 못한 존재" 또는 문자 그대로의 표현을 빌리자면 "단지 하나님보다 조금 못한 존재(시 8:5, 히 2:7, 9)"임을 인정해야 합니다.

3. 이와 같은 설명들을 일반 사람들이 아무런 주저함 없이 받아들인다는 사실은 조금도 이상할 게 없습니다. 왜냐하면 어떤 사람이든지 주저하지 않고 자신을 훌륭하게 생각하려고 하기 때문입니다. 따라서 이런 유의 저술가들은 폭넓은 독자층을 가지고 있으며, 존경과 칭찬을 한몸에 받게 됩니다. 그리하여 사교계뿐만 아니라 식자층에서도 그들의 이론을 추종하는 사람들이 무수하게 많습니다. 그러므로 그들이 주장하는 바와는 다른 식으로 말하는 것, 즉 인간성에 대해 다소나마 손상을 입히는 식으로 말하는 것은 지금에 와서는 잘 받아들여지지 않고 있습니다. 즉 다소의 약점이 있음에도 불구하고 인간성은 매우 순전하고 현명하며 덕이 있는 것이라고 일반적으로 용인되고 있습니다.

4. 그렇다면 우리는 성서의 말씀들을 어떻게 읽어야 하겠습니까? 성서는 결코 위와 같은 설명과 일치되지 않기 때문입니다. 위의 설명들은 인간의 혈육을 기쁘게 할지는 모르지만 성서의 말씀과는 완전히 배치되는 표현입니다. 성서는 "한 사람의 불순종으로 말미암아 많은 사람들이 죄인이 되었으며(롬 5:19)", "아담 안에서 모든 사람이 죽었다(고전 15:22)"고 단언합니다. 즉 하나님의 생명과 형상을 잃어버리고 영적으로 죽었다고 말합니다. 타락하고 죄악에 가득 찬 아담은 "자신과 똑같은 아들을 낳았습니다(창 5:3)." 그가 다른 방법으로 자식을 낳을 수 없었습니다. "누가 부정한 것에서 정한 것을 얻을 수 있었겠습

니까?" 결과적으로 다른 사람들을 볼 필요도 없이 우리는 본래 "허물과 죄로 죽었던 자들(엡 2:1)"이고 "희망이 없고 하나님도 없이 세상에서 살았던 자들이었습니다(엡 2:12)." 그러므로 우리는 "진노를 받아 마땅한 자식"이며, 불의한 중에 태어났으며 "내 모친은 나를 죄 중에서 잉태하였다(시 51:5)"고 고백할 수밖에 없습니다. 인간이 본래 창조되었을 때 가지고 있었던 하나님의 영광스러운 형상에 이르지 못했다는 점에서 "모든 사람은 죄를 범하였으며, 하나님의 영광에서 멀리 떠나 있었습니다." "거기에는 아무런 차별이 없습니다." 그러므로 "주님께서 하늘에서 인간의 자녀들을 살피시니 모두 그릇 행하고 한결같이 부패한 모습이었습니다. 의인은 없었고 단 한 사람도 없었습니다." 진실로 하나님을 찾는 자는 한 사람도 없었습니다. 이 사실은 위에 인용한 말씀 중에서 성령에 의해 선포된 것과 정확하게 일치합니다. 하나님께서 하늘에서 이 땅을 내려다보셨을 때 "사람의 죄악이 세상에 관영함과 그 마음의 생각의 모든 계획이 항상 악할 뿐임을 확인하셨습니다(창 6:5)." 이것이 바로 인간에 대한 하나님의 설명입니다. 나는 이 사실을 가지고 첫째, 홍수 이전의 인간의 모습은 어떠했었는지 밝힐 것입니다. 둘째, 인간은 지금도 같은 처지에 있는 것이 아닌지 탐구해 볼 것입니다. 그리고 셋째, 여기에 몇 가지 결론을 첨가하여 설명하려고 합니다.

I

1. 첫째, 나는 성서의 말씀을 들어 홍수 이전의 인간이 어떠한 상태에 처해 있었는지 밝히려고 합니다. 여기에서 우리는 주어진 설명

에 전적으로 의존할 수밖에 없습니다. 왜냐하면 하나님 자신이 그 상태를 보셨기 때문이며, 또한 하나님은 속일 수 없는 분이기 때문입니다. 하나님은 "사람의 죄악이 세상에 관영함을 보셨습니다." 이것은 특정한 이 사람이나 또는 저 사람이 악하다는 말씀이 아닙니다. 소수의 사람들이 악하다는 말도 아니며, 그렇다고 대부분의 사람들이 악하다는 뜻도 아닙니다. 일반적으로 사람은 악하다는 것이며, 모든 인간들은 보편적으로 악하다는 말씀입니다. 이것은 인간성을 소유하고 있는 전 인류를 포함해서 하신 말씀입니다. 그래서 우리는 그 수효를 헤아려 악한 사람들이 수천 명, 수백만 명이 된다고 말하기는 어렵습니다. 당시 이 땅은 원초적인 아름다움과 본래적인 풍족함을 누리고 있었습니다. 지구의 형세는 지금처럼 갈라지거나 찢기지 않았습니다. 봄과 여름은 번갈아 찾아왔습니다. 그러므로 그 당시의 지상에서는 지금보다 훨씬 더 많은 거주민들의 생계라도 풍족하게 유지할 수 있었을 것입니다. 사람들이 700~800년 동안을 함께 동거하면서 자녀들을 낳았기 때문에 그들의 수효가 굉장하게 증대하였을 것입니다. 그런데도 이 상상할 수 없이 많은 사람들 가운데서 단지 "노아만이 하나님께 은혜를 입었습니다." 노아만이 (아마도 그의 가족의 일부가 포함되겠지만) 보편적인 죄악으로부터 제외되어 있었습니다. 바로 그 죄악으로 인해서 얼마 후 하나님의 공정한 심판이 우주적인 파멸을 초래하였습니다. 노아를 제외한 모든 사람들은 똑같은 죄악에 동참했고, 그래서 그들은 모두가 똑같이 형벌을 받았습니다.

2. "하나님께서는 인간 마음의 생각의 모든 계획을 보셨습니다." 인간의 영혼, 내적인 인간, 인간 속에 내포된 정신, 인간의 내적이며 외

적인 행동의 원리를 보신 것입니다. 하나님께서 모든 사람의 "생각들을 보신 것입니다." 이 이상 광범위한 뜻을 내포하고 있는 말씀을 찾기란 불가능합니다. 여기에는 내면에서 형성되고, 만들어지고, 구성된 것은 어떤 것이든지 다 내포하고 있습니다. 영혼 속에 존재하다가 사라지는 모든 것, 일체의 성향, 감정, 격정, 욕구, 또한 모든 기질, 계획, 사상, 이 모두가 다 포함되어 있습니다. 따라서 이와 같은 원천에서 자연히 솟아나는 모든 말과 행동까지 당연하게 그 속에 포함되는 것이며, 그래서 그것들이 각기 흘러나오는 원천에 따라 선하게도 또는 악하게도 되는 것입니다.

3. 이제 하나님께서는 그중에 내포된 모든 것이 악함을 보셨습니다. 즉 도덕적인 정직성에 배치되며, 필연적으로 모든 선을 포함하고 있는 하나님의 성품에 배치되며, 선악의 영원한 표준이신 하나님의 뜻에 배치되며, 하나님이 본래 인간을 창조하시고 또한 그분의 솜씨로 지으신 모든 만물을 보시면서 이 모든 것이 매우 좋다고 말씀하시던 하나님 앞에 서 있을 때 인간이 지니고 있었던 하나님의 순수하고 거룩한 형상에 배치되며, 정의와 자비와 진리에 배치되며, 또한 인간 각자와 창조주와 동료 피조물에게 부여된 본질적인 관계에 배치되어 있습니다.

4. 그러나 선과 악은 뒤섞여 있었던 것이 아닙니까? 빛과 어두움은 뒤섞여 있었던 것이 아닙니까? 천만의 말씀입니다. 절대 그럴 수 없습니다. "하나님께서는 인간의 마음의 모든 계획이 오직 악할 뿐임을 보셨습니다." 분명히 모든 사람들의 마음속에 선한 기운이 있었음을 부인할 수는 없습니다. 왜냐하면 당시 하나님의 영은 사람이 행여나 회개하지

않을까 생각하시어 "사람과 분투"하고 계셨습니다. 더욱이 방주가 준비되던 120년이라는 은혜의 유예 기간에는 특히 그러했습니다. 그러나 인간의 육신 속에는 여전히 선한 것이 없었습니다. 인간의 본성 전체가 전적으로 악할 뿐이었습니다. 그것은 전적으로 악 자체와 일치되어 있었으며, 그러한 본성과 대립되는 성품이 조금도 섞여 있지 않았습니다.

5. 그러나 "이러한 악이 중단될 수는 없었을까?" 하는 질문을 할 수도 있습니다. 인간의 심중에 무엇인가 좋은 점이 발견될 수 있었던 빛나는 중간기가 있지 않았겠습니까? 여기에서 우리는 하나님의 은혜가 시시때때로 인간의 영혼 속에 역사하고 계셨다는 사실을 생각하려는 것은 아닙니다. 이 점을 고려해 본다면, 악이 중단되어 있었다고 믿을 만한 근거가 전혀 없습니다. 왜냐하면 "모든 사람의 마음속에서 일어나는 생각의 계획이 항상 악할 뿐임을 보신" 하나님께서는 그 상태가 언제나 같고, 매년 매일 매 순간 "항상 악할 뿐임"을 보셨기 때문입니다. 인간은 결코 선을 지향할 수 없었던 것입니다.

II

인간의 심중을 아시며, 마음을 감찰하시고 통제하시는 하나님께서 우리를 교훈하시기 위해 기록해 두신 전 인류에 대한 설명이 바로 그와 같은 것입니다. 하나님께서 지상에 홍수를 내리시기 전에 인간은 모두 악한 상태에 있었습니다. 둘째, 우리는 인간이 지금도 똑같은 상태에 처해 있는 것은 아닌가를 논의하려고 합니다.

1. 성서는 사람들에게 이와는 다른 방식으로 생각할 수 있는 근거가 전혀 없다는 사실을 밝혀줍니다. 오히려 위에서 인용한 성서의 구절은 홍수 이후에 살았던 사람들에 대해서까지 언급하고 있습니다. 천여 년 후에도 하나님께서는 다윗을 통하여 사람들에게 말씀하시기를 "그들은 모두 진리와 성결에서 떠나가 선을 행하는 자가 없으니 하나도 없다(시 14:3)"고 하셨습니다. 그리고 모든 예언자들도 여러 세대 간에 걸쳐 이와 같은 상태에 대해 증언하고 있습니다. 이사야는 하나님의 특정한 백성에 대해 (물론 이방인들이 이보다 더 나은 상태는 아니었지만) "온 머리는 병들었고 온 마음은 피곤하였으며 발바닥에서 머리까지 성한 곳이 없이 상한 것과 터진 것과 새로 맞은 흔적뿐이라(사 1:5~6)"고 말하였습니다. 사도들도 모두 똑같은 말을 하고 있습니다. 왜냐하면 하나님의 말씀의 전반적인 취지가 그렇기 때문입니다. 이 모든 사실을 통해서 우리는 하나님의 은혜로 구원받지 못한 자연적인 인간의 상태에 관해서 배우게 됩니다. 즉 그 마음에서 일어나는 모든 생각의 계획이 항상 악할 뿐이고, 악만이 끊임없이 지속하고 있다는 점을 배웁니다.

2. 그래서 현재의 인간 상태에 대한 이와 같은 설명은 일상적인 경험을 통하여 입증됩니다. 자연적인 인간이 이와 같은 사실을 인식하지 못한다는 것은 별로 놀랄 만한 일이 아닙니다. 눈먼 상태로 태어난 사람은 그가 장님인 한 자신의 결함을 좀처럼 깨달을 수가 없습니다. 하물며 모든 사람이 시력을 갖지 못한 채 태어난다면 더욱 그 결핍을 자각할 수는 없을 것입니다. 마찬가지로 사람이 이해력이 없는 자연적 무지의 상태에 머무른다면 자신의 영적 결함과 이해력의 결함에 대해 깨달을 수 없습니다. 그러나 하나님께서 인간에게 이해의 눈을 밝히

실 때, 그는 지금까지 지내왔던 상태에 대해서 자각하게 됩니다. 바로 그때, 그는 다음과 같은 사실을 깨닫게 됩니다. "살아 있는 모든 사람들은" 특별히 본성적으로 "모든 것이 헛된" 상태에 빠져 있다는 사실, 즉 우매하고 죄에 물들어 있으며 사악하다는 사실을 깨닫게 됩니다.

3. 하나님께서 우리의 눈을 여실 때, 우리가 이전에는 하나님 없이 살았던 자들 또는 이 세상에서 무신론자들이었음을 깨닫게 됩니다. 우리는 본성적으로 하나님께 대한 지식을 소유하고 있지도 않았고, 하나님을 알지도 못하였습니다. 이성을 사용하게 됨에 따라 우리는 하나님의 보이지 않는 성품, 곧 하나님의 영원하신 능력과 신성을 피조물로부터 배우게 되었던 것입니다. 우리는 보이는 것으로부터 보이지 않는 것, 즉 영원하며 능력 많으신 존재가 실존하고 계심을 추정하게 되었습니다. 그러나 우리는 그의 존재를 인정하기 위해서 하나님과 교제하는 것이 아닙니다. 우리는 중국에 황제가 있다는 사실은 알지만, 그가 누구인지 알 수 없는 것과 마찬가지로, 온 세상의 임금이 있다는 사실은 알고 있지만 아직 그가 누구인지를 모르는 것입니다. 사실 우리가 지닌 어떤 본래의 능력으로는 그것을 알 수 없습니다. 어떠한 지식으로도 하나님에 대한 지식을 알 수 없습니다. 우리의 눈으로 하나님을 볼 수 없는 것과 마찬가지로 우리가 지닌 본래의 이해력으로 하나님을 인식할 수 없습니다. 왜냐하면 "아버지밖에는 아들을 아는 이가 없고, 아들과 또 아버지를 계시해 주시려고 아들이 택한 사람밖에는 아버지를 아는 이가 없기 때문입니다."

4. 인간의 자연적인 언어가 무엇인지 알고 싶었던 옛날의 어떤

임금에 대한 이야기가 있습니다. 이 문제를 확실히 밝히기 위하여 그 임금은 다음과 같은 실험을 하였습니다. 그는 어떤 두 어린아이가 태어나자마자 그들을 미리 예비된 장소로 옮길 것을 명령하고, 그곳에서 사람의 어떤 가르침이나 목소리를 전혀 듣지 못한 채 자라게 하였습니다. 그 결과 어떻게 되었을까요? 감금 상태에서 풀려났을 때 그 아이들은 아무런 말도 하지 못하였습니다. 그들은 동물들과 마찬가지로 전혀 알아들을 수 없는 소리를 질렀습니다. 만일 이 아이들이 모태로부터 어떤 종교적인 가르침도 없이 자라왔다면(하나님께서 역사하신다면 문제가 다르지만) 그 결과도 분명히 마찬가지였으리라는 사실은 의심할 여지가 없습니다. 그들은 어떤 종교든 전혀 가질 수가 없었을 것입니다. 다만 그들은 평원에 사는 동물들이나 거친 나귀 새끼들과 같은 정도밖에는 하나님에 대한 지식을 가질 수 없을 것입니다. 전통과 하나님의 영의 영향력에서 벗어난 자연 종교는 다 그런 것입니다.

5. 그래서 우리가 하나님에 대한 지식을 갖지 못한다면 하나님의 사랑을 소유할 수 없습니다. 우리가 알지도 못하는 하나님을 사랑할 수 없기 때문입니다. 사람들은 대부분 하나님의 사랑에 대해서 말하며, 자신이 하나님을 사랑한다고 상상하고 있습니다. 자신이 하나님을 사랑하지 않는다고 생각하는 사람들은 별로 없을 것입니다. 그러나 이 사실은 너무나 명백히 부정될 수 있습니다. 우리가 돌이나 밟고 있는 땅을 나면서부터 사랑하지는 않는 것과 마찬가지로, 태어날 때부터 하나님을 사랑하는 사람은 없습니다. 우리는 자기가 사랑하는 것에 기쁨을 느낍니다. 그러나 자연적으로 하나님 안에서 기쁨을 느끼는 자는 아무도 없습니다. 자연적인 상태에서 감히 누가 하나님 안의 기쁨을 느

끼겠습니까? 결국 우리는 하나님 안에서 기뻐할 수 없습니다. 그분은 우리에게 전혀 무미건조한 존재입니다. 하나님을 사랑한다는 사실은 우리에게 거리가 멀고, 관심 밖에 있는 이야기일 뿐입니다. 자연적으로는 우리가 하나님을 사랑할 수 없습니다.

6. 우리는 자연 본성적으로 하나님을 사랑할 수 없을 뿐만 아니라 하나님을 두려워하지도 않습니다. 분명히 사람들은 대부분 이전이나 이후를 불문하고 일종의 무의미하고 비합리적인 공포, 소위 '미신'이라고 부르는 상태에 놓여 있습니다. 대수롭지도 않은 에피큐리안(Epicurean)들은 그것을 종교라고 부릅니다. 그러나 그 사실마저 자연적인 것은 아니며, 대개 행동이나 실제의 예들을 통해 습득한 것입니다. 자연 본성적으로 "하나님께서는 우리 모두의 생각 속에 계시지 않습니다." 우리는 하나님께서 하늘 위에 조용히 앉아 계셔서 자신의 일만 하시고, 인간은 지상에서 자신의 일만을 하도록 내버려 둔 것처럼 생각해 왔습니다. 그 결과 우리가 마음속으로 하나님을 사랑하지 않는 것처럼, 눈앞에서 하나님을 두려워하는 일은 없습니다.

7. 이와 같이 모든 사람들은 "세상 안에서 무신론자들"입니다. 그러나 무신론 자체도 우리를 우상 숭배로부터 막아 주지 못합니다. 자연적인 상태에서 이 세상에 태어나는 모든 사람들은 한결같이 우상 숭배자들입니다. 그러나 그 용어가 지니고 있는 통속적인 의미에서는 우상 숭배자들이 아닐지도 모릅니다. 우리는 우상을 숭배하는 이교도들처럼 쇠를 부어 만들거나 조각된 우상에 예배하지는 않습니다. 나무 조각이나 손으로 만든 물건에 머리를 숙이지도 않습니다. 지상에 살고 있

는 성도들에게 기도하지 않는 것처럼 하늘의 천사와 성도들에게 기도하지 않습니다. 그렇다면 그다음에는 어떻게 합니까? 우리는 자신의 마음속에 우상을 세우고 그것에 대해 머리를 조아리며 예배하고 있습니다. 하나님께만 돌려야 될 영광을 자신에게 돌린다면 우리는 자신을 예배하는 것입니다. 그러므로 모든 교만은 우상 숭배입니다. 그것은 하나님이 홀로 받으시기에 합당한 영광을 자신에게 돌리는 것입니다. 비록 교만은 인간을 위해 만들어진 것이 아니라고 할지라도 교만 없이 태어난 사람이 과연 있을까요? 교만으로 인해서 우리는 하나님으로부터 양도될 수 없는 권한을 빼앗아 하나님이 받으실 영광을 우상 숭배적인 행위로 찬탈하게 됩니다.

8. 그러나 교만만이 우리가 본성적으로 지닌, 허물이 되는 유일한 종류의 우상 숭배는 아닙니다. 사탄은 우리의 마음속에 자기 의지라고 하는 그의 형상을 색인해 놓았습니다. 사탄은 하늘에서 추방되기 전에 "나는 북방으로 가서 내 창조자의 뜻으로부터 독립하여 자신의 의지와 기쁨을 누리겠다"고 말했습니다. 이와 똑같은 말을 세상에 태어나는 모든 사람들이 하고 있습니다. 이런 말을 하는 자들의 수는 헤아릴 수 없을 만큼 많습니다. 어디 그뿐입니까? 얼굴을 붉히지도 않고, 두려움이나 수치심조차 느끼지 않으면서 그 말을 공공연하게 하고 있습니다. 그런 사람들에게 "왜 그와 같은 말을 하였느냐?"고 물어보면 "그런 생각이 내 마음에 있기 때문이라"고 대답할 것입니다. 그 말은 "그것이 바로 내 뜻이다"라는 말과 똑같습니다. 결국에는 "사탄과 내가 의견이 일치되었기 때문이라"는 말과 통하게 됩니다. 사탄과 내가 동일한 원리에 의해 행동을 규제하고 있다는 말입니다. 그러는 동안에 하나님의

뜻은 생각 밖에 있고, 조금도 고려되지 않고 있습니다. 하나님의 뜻이야말로 하늘에 있어서나 땅에 있어서 이성을 지닌 모든 피조물들이 추종해야 할 최상의 법칙입니다. 그 법칙은 모든 피조물들이 창조주로부터 받은, 본질적이며 불변하는 관계로부터 나온 결과입니다.

9. 지금까지 우리는 사탄의 형상을 지니고, 그의 발자취를 따라 왔습니다. 그러나 그다음 단계에서 우리는 사탄을 떼어 놓게 됩니다. 우리가 우상 숭배에 빠지는 것이 사탄에게 책임이 있는 것은 아닙니다. 내가 말하고자 하는 것은 세상에 대한 사랑입니다. 사람들이 자신의 뜻을 사랑하는 것과 마찬가지로 이것은 모든 사람들에게 지금도 아주 당연한 것처럼 받아들여지고 있습니다. 사실 창조주 대신 피조물 가운데서 행복을 구하는 것처럼 자연스러운 일이 또 어디에 있을까요? 하나님 안에서만 발견될 수 있는 만족감을 그분의 손으로 지은 것들 중에서 구하는 것처럼 자연스러운 일이 또 어디에 있을까요? "육신의 욕망"보다 더 자연스러운 일이 어디 있을까요? 모든 종류의 육감적인 쾌락을 바라는 일 말입니다. 특히 학덕이 있고 교육받은 사람들이 저급한 쾌락에 대해서 지나치게 경멸적인 어조로 말하는 것은 사실입니다. 그들은 사멸하는 동물과 같은 차원에서의 욕망을 만족시키는 일에 대해서는 아무런 관심이 없는 것처럼 꾸밉니다. 그러나 그것은 단순한 가식에 불과합니다. 왜냐하면 모든 인간은 타고 날 때부터 동물과 다름없는 존재라는 사실을 스스로 알고 있기 때문입니다. 관능적인 욕구는 그것이 가장 저급한 종류일지라도 다소를 막론하고 사람들에게 지배력을 갖습니다. 비록 인간이 자랑할 만한 이성을 갖고 있을지라도 그 욕구는 그를 포로로 삼아 이리저리 끌고 다닙니다. 그가 훌륭하게 양육받고 교

양을 쌓았다고 할지라도 한 마리의 염소에 비해 별로 탁월한 점이 없는 것입니다. 오히려 염소 한 마리가 사람에 비해 월등히 나을지도 모릅니다. 우리가 현대적인 예언자들 중의 한 사람인 이 시인에게 귀를 기울여 본다면 그가 우리에게 매우 적절하게 말하고 있음을 알 수 있습니다.

어떤 때에는 짐승들조차 사랑을 맛보네.
단지 이성을 지닌 짐승만이 사랑의 포로라네.
그리하여 그 어리석음에 빠져 일평생 애를 태우고 있다네.

실제로 인간에게는 -선행은총(preventing grace)의 역사를 제외한다면- 자질과 교육의 차이에서 생기는 인간 사이의 상당한 격차가 존재한다는 사실을 알게 됩니다. 그러나 이러한 사실에도 불구하고 자신을 전혀 모른다고 생각하는 사람이 어떻게 다른 사람을 향해 먼저 돌을 던질 수 있겠습니까? "누구든지 정욕을 품고 여인을 보는 자는 이미 간음하였음이라(마 5:28)"고 하는 제7계명에 대해 은혜로우신 주님께서 해석하신 말씀에 감히 저촉되지 않을 자가 누구입니까? 그러므로 모든 사람들이 마음속에 느끼고 있던 욕망에 의해 정복당하고 있다는 사실을 그렇게도 경멸조로 말하는 사람들이 무식한 편인지, 아니면 교만한 편인지를 논할 때 그들이 과연 어느 편인지를 알지 못하게 됩니다. 순수한 자나 불순한 자나 관능적인 쾌락에 대한 욕구를 모든 인간의 후예들이 갖는 것은 당연한 일이기 때문입니다.

10. 그리고 그것은 "안목의 정욕"에 있어서도 마찬가지입니다. 그것은 상상력에 의한 쾌락을 느끼는 욕망입니다. 이러한 욕구는 위대

하거나 아름답거나 신기한 대상에서 발생합니다. 비록 앞에서 말한 위대하고 아름다운 대상이 신기한 대상과 일치하지 않더라도 말입니다. 왜냐하면 사람들이 진지하게 어떤 사물을 탐미해 본 뒤에는 일단 그 대상이 아무리 훌륭하다고 할지라도 처음과 같이 더 이상의 즐거움을 느끼지 못하기 때문입니다. 그러한 기쁨을 모두 맛본 뒤에는 그 대상들이 주던 대부분의 쾌락은 끝나고 맙니다. 대상들이 사람들의 눈에 친숙해지는 데 비례하여 그것들은 점차 무미건조하게 되고 퇴색됩니다. 그러나 끊임없이 계속적으로 경험할 수만 있다면, 그러한 욕망은 그대로 남아 있게 될 것입니다. 그렇지만 타고난 갈증은 영혼 속에 늘 자리 잡고 있습니다. 사실이 그런 것입니다. 그러한 욕구들은 만족하면 할수록 더욱더 욕망을 증대시키며, 우리 인간은 강제적으로 끝없는 대상을 찾아 헤매게 됩니다. 그러나 그 모든 것 하나하나가 우리에게 절망감과 좌절감을 남겨 줍니다. 이것이 사실입니다.

> 백발이 성성한 어리석은 자는 수많은 세월 동안
> 끊임없는 슬픔과 싸워 왔다네.
> 소망을 새롭게 하며
> 분별없이 버둥거리며
> 절망이 내일을 향해 손짓을 하네.
> 내일이 오고, 정오가 되고, 밤이 찾아오면,
> 오늘은 어제와 같이 흘러가고 만다네.
> 그럼에도 불구하고
> 아직도 기쁨을 찾아 내일을 향해 걸어가고 있다네.
> 내일이 오기 전 오늘 밤에 죽게 될 터인데.

11. 이와 같은 불치병의 셋째 증상은 본성에 깊이 뿌리박고 있는 이 세상에 대한 사랑, 즉 "이생의 자랑"입니다. 칭찬받고 싶은 욕망이 바로 그것입니다. 인간성을 아주 위대한 것이라고 찬양하는 자들은, 시각 청각 또는 다른 외부 감각 기관과 마찬가지로 이와 같은 욕망을 갖는 것을 아주 당연한 것으로 인정합니다. 그렇다고 교양 있는 사람들이, 즉 품위 있고 진보적인 판단력을 가지고 있는 사람들이 진정으로 그러한 욕망에 대해 수치심을 느낍니까? 천만의 말씀입니다. 그들도 역시 그것을 찬양하고 있습니다. 게다가 갈채 받는 것을 좋아하기 때문에 자신에게 갈채를 보냅니다. 그뿐만 아니라 이른바 저명한 기독교인조차 고대의 허식적인 이교도의 말을 아무런 주저 없이 인용합니다. "사람들이 우리를 어떻게 생각할까를 고려하지 않는 것은 사악하고 파렴치한 마음의 표시이다(Animi dissoluti est et nequam negligere quid de se homines sentianf)." 따라서 명예나 불명예, 악평이나 호평을 개의치 않고 조용하고 확고한 생활을 계속하는 것이 그들에게는 사악하거나 파렴치한 징후 중의 하나가 되며, 사는 데 적절치 못한 인간의 표시가 됩니다. "그렇게 말하는 자들은 이 땅에서 없애버려야 합니다." 그러나 그런 사람들도 일찍이 예수 그리스도나 사도들의 말씀을 들었을 것이라고 상상할 수는 없을까요? "너희가 서로 영광을 주고받으면서 오직 한 분이신 하나님께로부터 오는 영광은 구하지 않으니 어떻게 믿음을 가질 수 있겠느냐?"고 말씀하시던 분을 알고 있던 자들이라고 생각할 수는 없을까요? 만일 그렇게 할 수 없는 것이 사실이라면, 그래서 믿는 것이 불가능하고 결과적으로 하나님을 기쁘시게 할 수 없다면 우리는 서로의 영광을 주고받으면서 오직 한 분이신 하나님의 영광을 구하지 않는 것이 됩니다. 그렇다면 인류는 어떤 상태에 있습니까? 이방인뿐만

아니라 기독교인도 그와 똑같은 상태에 있게 될 것입니다. 왜냐하면 그들이 모두 서로의 영광만을 구하고 있기 때문입니다. 눈에 비쳐오는 빛을 보고, 귀에 들려오는 소리를 듣는 것이 당연지사인 것처럼 스스로 심판자가 되어 그러한 행동을 하는 것이 당연하기 때문입니다. 그뿐만 아니라 그들은 사람들에게 칭송받는 것을 덕스러운 마음의 표시로 생각하고, 오직 하나님께로부터 오는 명예에 만족하는 것을 악한 마음의 표시로 생각합니다.

III

1. 이미 설명한 사실을 통해 나는 몇 가지 결론을 내리고자 합니다. 이상과 같은 사실을 미루어 보아 우리는 교리적인 체계로서 생각할 수 있는 기독교와 가장 세련된 이교 사이에 한 가지 중대하고도 근본적인 차이점을 발견할 수 있습니다. 수많은 고대의 이교도들은 특정한 인간들의 악덕에 대해서 매우 과장된 묘사를 하였습니다. 그들은 욕심과 잔인성, 사치와 낭비를 대단히 비난하였습니다. 어떤 사람은 이런 것이든지 저런 것이든지 "죄악을 소유하지 않고 태어난 사람은 없다"고 말했습니다. 그러나 그런 식으로 말하는 사람들 중에서도 아직까지 어느 누구도 인간의 타락에 대해서 말하지는 않았기 때문에, 인간의 전적인 부패에 대해 올바르게 깨달았던 사람은 없습니다. 그들은 모든 인간의 선은 결핍되어 있으며, 악한 행위로 가득 차 있다는 사실을 알지 못했습니다. 이 세상에 태어나는 모든 인간은 인간성의 전체적인 기능에 있어서 전적으로 타락했다는 사실에 대해 전혀 무지하였습니다. 그리고

그것은 특정한 사람들 속에 세력을 가지고 있는 특수한 죄악이라기보다는 무신론과 우상 숭배, 교만과 아집 또는 세상에 대한 사랑이라는 일반적인 죄악의 물결로서 인정될 수 있습니다. 이 점이 바로 기독교와 이교 사이에 최초로 구별되는 중대한 차이점입니다. 한편의 사람들은 많은 사람들이 죄악에 감염되어 있을 뿐 아니라 악한 성향을 가지고 태어난다는 사실을 인정하지만 어떤 점에서는 본래의 선이 죄악을 훨씬 압도한다고 생각합니다. 다른 한편의 사람들은 모든 사람은 "죄 중에서 잉태되었으며" "불의 속에서 태어났다"고 인정합니다. 따라서 모든 사람들은 "하나님께 대적하는 육욕적인 마음"을 품고 있으며, 하나님의 율법에 복종하지도 않고, 복종할 수도 없는 자들입니다. 그리하여 그들의 영혼 전체가 더럽혀져 있기 때문에 "그가 살고 있는" "그의 육신 속에"는, 그리고 그의 본성 속에는 "선한 것"이 깃들어 있지 않은 것입니다. 즉 "마음의 생각의 모든 계획들이 악하며", 오직 악할 뿐이며, "항시 악할 뿐입니다."

2. 그러므로 둘째, 우리가 그것을 "원죄"라고 부르든지 아니면 다른 칭호를 붙이든지 간에 기독교와 이교 간의 차이점을 고려해 볼 때, 이 사실을 부정하는 자는 이교도임이 분명하다고 규정할 수 있습니다. 사실 인간은 많은 악덕을 소유하고 있으며, 그 대부분은 날 때부터 가지고 나온 것이며, 결과적으로 우리가 당연히 지니고 있어야 할 현명함과 덕스러움을 가지고 태어나지 못했다는 사실을 그들도 인정합니다. "우리는 악하게 될 수 있는 것과 동시에 선하게도 될 수 있는 성향을 가지고 태어났습니다." 모든 사람은 창조되었을 때의 아담과 마찬가지로 날 때부터 "덕스럽거나 현명하였다"고 노골적으로 말할 수 있는 사

람은 거의 없습니다. 그러나 여기에 이 사실을 검토해 볼 수 있는 질문들이 있습니다. 사람은 본래부터 온갖 죄악으로 가득 차 있습니까? 사람은 모든 선을 결여하고 있습니까? 사람은 전적으로 타락한 것입니까? 사람의 영혼은 전적으로 부패한 것입니까? 혹은 성서의 말씀에 비추어 볼 때 "사람의 마음에 이는 생각의 모든 계획이 항상 악할 뿐입니까?" 이 사실들에 대해 그렇다고 긍정한다면 당신은 그만큼 기독교인이 되고, 이 사실을 부정한다면 당신은 아직도 이방인에 불과합니다.

3. 셋째, 우리는 종교의 고유한 본질이 무엇이며, 또한 기독교의 고유한 본질이 무엇인가를 이 사실을 통해 배우게 될 것입니다. 그 본질은 병든 영혼을 고치시는 하나님의 방법입니다. 이러한 방법으로 영혼의 위대한 의사는 그 병을 치료하기 위하여 또한 모든 기능 전체가 전적으로 부패한 인간의 본성을 회복하기 위하여 약품을 제공하십니다. 하나님께서는 하나님과 예수 그리스도를 아는 지식을 통해서 우리가 가지고 있는 모든 무신론을 치료해 주십니다. 즉 분명한 하나님의 임재와 하나님에 대한 확신과 하나님의 일들을 믿는 신앙을 주심으로써 그 병을 고치십니다. 특히 중요한 사실은 "그리스도는 우리를 사랑하시고 우리를 위하여 자신을 주셨다"는 것입니다. 회개와 겸손한 마음을 통하여 교만이라는 치명적인 병이 치료됩니다. 아집이라는 치명적인 병은 하나님의 뜻에 온유하고 감사한 마음으로 복종하는 용기로써 달성된 단념으로 인해 치료받게 됩니다. 병의 줄기가 되는 모든 종류에 대해서 하나님의 사랑이 최상의 치료제입니다. 그리하여 "사랑으로 역사하는 믿음"이 바로 참된 종교입니다. 사랑은 진정으로 온유한 겸손 가운데 작용하며, 이 세상에 대해 완전히 죽는 것이며, 사랑과 감사에 넘

쳐 하나님의 모든 뜻과 말씀에 순종하며 헌신하는 것입니다.

4. 정녕 인간이 이처럼 타락하지 않았다면 이 모든 일이 있어야 할 필요가 없었을 것입니다. 마음에 이런 일들이 있어야 할 필요가 없고, 마음과 영혼의 갱생이 있어야 할 필요가 없을 것입니다. "어리석음이 넘치는 것"에 대해 말하기보다는 "경건이 넘쳐흐르는 것"에 대해 말하는 것이 한층 적절한 표현이 될지도 모릅니다. 경건이 전혀 없는 외형적인 종교는 합리적인 계획과 목적만 가지면 충분할 것이기 때문입니다. 따라서 본성이 타락되었다는 사실을 부인하는 사람들의 판단에 따르면, 그들은 그것만으로 족하다고 여기고 있습니다. 그들은 저 유명한 홉스(Hobbes)가 이성에 대해 생각한 것보다 종교를 별로 낫게 생각하지 않습니다. 홉스에 의하면, 이성은 "잘 정돈된 일개의 언어"에 불과합니다. 여기에 따른다면 종교란 "잘 정돈된 일련의 말과 행동"에 불과합니다. 그래서 그들은 끊임없이 자신과만 대화하고 있습니다. 만일 그들의 내면이 악으로 가득 차 있지 않고 이미 깨끗했다면, "잔의 외부를 깨끗이 하는 것만으로" 족하지 않겠습니까? 만일 그들의 전제가 옳다면 진정으로 단지 외적인 혁신만이 필요하게 될 것입니다.

5. 그러나 당신은 하나님의 말씀을 그런 식으로 배우지 않았습니다. 당신은 사람의 마음속을 아시는 분이 자연과 은총, 타락과 회복에 대해서 아주 다른 말씀을 하신다는 사실을 알고 있습니다. 당신은 종교의 위대한 목적이 우리의 마음을 하나님의 형상에 따라 새롭게 하는 것이며, 또한 우리 조상들의 죄로 인해서 완전하게 상실한 참된 거룩함의 회복에 있다는 사실을 알고 있습니다. 하나님의 형상 속에서 영

혼이 새롭게 되는 목적에 답변할 수도 없으며, 또한 이 목적에 도달할 수도 없는 모든 종교는 보잘것없는 익살극일 것이며, 마침내 우리의 영혼을 파멸시키는 데까지 이른다는 사실을 당신은 잘 알고 있습니다. 이런 것이 바로 기독교라고 속이는 거짓 교사들을 주의해야 합니다. 비록 그들이 당신에게 불의한 여러 가지 속임수를 가지고 나타날지라도, 유창하고 부드러운 말과 점잖고 고상한 표현으로 당신을 진지하게 대한다고 할지라도, 성서를 존귀하게 생각한다고 할지라도, 그들에게 관심을 기울여서는 안 됩니다. 당신은 "성도들에게 일단 전해진", 그리고 하나님의 성령에 의해서 우리 마음속에 전해진, 단순하지만 전통적인 신앙 속에 거해야만 됩니다. 당신의 병을 아십시오! 그리고 이 병의 치료법을 아십시오. 그러므로 "여러분은 다시 태어나야 합니다." 하나님에 의해 태어나야 합니다. 태어날 때부터 당신은 전적으로 부패하였습니다. 이제 당신은 은혜로 말미암아 다시 온전히 새로워질 것입니다. 아담 안에서 당신은 모두 죽었고, 두 번째 아담이신 그리스도 안에서 모두 살아나게 됩니다. "여러분은 죄 중에서 죽었지만 그리스도께서 살려 주신 것입니다." 이미 하나님께서는 당신에게 삶의 원리, 곧 당신을 사랑하셔서 당신을 위해 자신의 몸을 주신 하나님께 대한 믿음을 주신 것입니다! 자, 그러면 이제부터 당신의 모든 병이 치료되고, "모든 마음속에 그리스도 예수의 마음을 온전히 품을 때까지, 믿음에서 믿음으로 나아갑시다."

39

새로운 탄생
The New Birth

파운더리 채플
The first Methodist chapel, called The Foundery.

내가 네게 거듭나야 하겠다 하는 말을 놀랍게 여기지 말라 (요 3:7)

    1. 만일 기독교의 전체 범위 안에서 어떤 교리를 "근본적" 교리라고 올바르게 규정할 수 있다면, 그것은 의심할 여지 없이 다음의 두 가지, 즉 칭의(稱義)의 교리와 신생(新生)의 교리입니다. 전자는 하나님께서 우리를 위해(for us) 우리 죄를 사해 주신 위대한 역사(役事)와 관계되며, 후자는 하나님께서 우리 안에서(in us) 우리의 타락된 본성을 다시 새롭게 하시는 위대한 역사와 관계됩니다. 시간적인 순서(in order of time)로 본다면 어느 것도 다른 것에 우선되지 않으며, 우리가 예수 그리스도 안에 있는 구속을 통하여 하나님의 은총으로 말미암아 의롭게 된 순간 우리는 또한 성령으로 태어납니다. 그러나 사고의 순서(in order of thinking)로 본다면 말의 표현에서는 칭의가 신생에 앞서는 것입니다. 우리는 먼저 하나님의 진노가 사라지고 난 다음에야 성령께서 우리의 심령 속에 역사하신다고 생각합니다.

    2. 그렇다면 모든 인간의 후예들이 이와 같은 근본적인 교리들을 철저히 이해해야만 한다는 사실이 얼마나 중요한 일이겠습니까? 이러한 교리를 전적으로 확신하는 많은 탁월한 사람들은 이것과 관련된 요점들을 설명하며, 이를 다룬 성서 구절들을 밝히면서 칭의에 관해

광범위한 글을 써 왔습니다. 이와 마찬가지로 사람들은 신생에 대해서도 많은 저술을 했습니다. 그중에는 아주 흡족할 만한 글을 쓴 사람들도 있었지만, 원했던 바와 같이 분명하고 심오하게 또한 정확하게 쓰지 못하고, 오히려 모호하고 난해한 설명들을 하였으며, 천박하고 피상적인 설명에 그쳤습니다. 따라서 신생에 대해서 충분하고도 분명한 설명은 아직 부족하며, 다음의 세 가지 질문에 만족할 만한 답변을 줄 수 없는 정도입니다. 첫째, 우리는 왜 다시 태어나야만 하는가? 즉 신생이라는 교리의 근거는 무엇인가? 둘째, 우리는 어떻게 해서 다시 태어날 수 있는가? 즉 신생의 본질은 무엇인가? 셋째, 왜 우리는 다시 태어나지 않으면 안 되는가? 즉 신생은 무슨 목적 때문에 필요한가? 나는 하나님의 도우심으로 이러한 질문들에 대해 간단명료하게 대답하려고 합니다. 그런 다음 뒤따라올 몇 가지 추론을 보충하고자 합니다.

I

1. 그러면 첫째, 우리는 왜 다시 태어나야만 합니까? 이 교리의 근거는 무엇입니까? 신생의 기초는 거의 이 세상의 창조만큼이나 심오합니다. 우리가 읽는 성서 말씀의 설명에 따르면 삼위일체 되신 '하나님께서' 말씀하시기를 "우리의 형상과 모양을 따라서 인간을 창조하자고 하시고" 이에 따라 하나님께서 "자신의 형상대로, 즉 하나님의 형상대로 인간을 창조하셨다"고 기록되어 있습니다(창 1:26, 27). 하나님의 형상은 하나님 자신을 가까스로 드러낸 '자연적인 형상(natural image)'입니다. 이것은 하나님의 불멸성의 형상이며 이해력과 의지의 자유와

여러 가지 감정을 가진 영적인 존재로서의 형상입니다. 그다음 '정치적인 형상(political image)'으로서 낮은 세상의 통치자로서 "바다의 고기와 땅 위의 만물을 지배합니다." 하나님은 인간을 단지 정치적 형상만이 아니라 사도 바울의 말과 같이 "의로움과 진실함과 거룩함(엡 4:24)"을 지닌 '도덕적인 형상(moral image)'으로 지으셨습니다. 이러한 하나님의 형상 속에서 인간이 창조된 것입니다. "하나님은 사랑이시다"라는 말씀과 같이 인간이 창조되었을 때에는 사랑이 충만하였고, 사랑은 인간의 본성과 사고와 언어와 행동의 유일한 원리였습니다. 하나님은 정의와 자비와 진리가 충만하신 분이며, 인간은 이러한 창조주의 솜씨로 창조되었습니다. 하나님께서는 흠 없이 순수하신 분이고 그래서 태초에 인간은 모든 죄악의 오점으로부터 순결하였습니다. 그렇지 않았다면 하나님께서 자신이 만드신 만물과 인간에 대해 "매우 좋다(창 1:31)"고 말씀하실 수 없었을 것입니다. 인간이 죄로부터 순수해질 수 없었다거나 의로움과 진정한 거룩함으로 충만할 수 없었다면 하나님께서 좋다고 말씀하실 수 있었겠습니까? 왜냐하면 여기에는 중간 상태란 없기 때문입니다. 우리가 만일 하나님을 사랑하지 않고 의롭고 거룩하지도 않으며 단순히 지적인 피조물이라고 생각한다면 인간은 필연적으로 전혀 선하다고 생각할 수 없으며, 더구나 "매우 좋다"고 상상할 수 없습니다.

2. 그러나 인간이 비록 하나님의 형상대로 창조되었다고 할지라도 불변하게 창조된 것은 아닙니다. 불변의 창조라면 하나님께서 인간을 두시기를 기뻐하신 시험(trial)의 상태와 불일치되었을 것입니다. 그러므로 인간은 시험에 견딜 수 있도록 창조되었지만 타락하기 쉬운 존

재입니다. 하나님께서는 이 사실을 인간에게 깨우쳐 주시고 이에 대해 엄숙하게 경고하셨습니다. 그럼에도 불구하고 인간은 자신의 명예를 저버렸습니다. 즉 고귀한 상태에서 타락한 것입니다. 인간은 주님께서 "먹지 말라고 명령하신 선악과 열매를 따먹었습니다." 이와 같이 창조주에 대한 고의적인 불순종의 행위로, 즉 자신의 통치자에게 노골적으로 반란을 일으킴으로써 하나님은 인간을 더 이상 지배할 수 없었으며, 인간은 자신을 창조하신 하나님의 뜻에 따라서가 아니라 자신의 뜻에 따라 지배되어야 한다고 공공연하게 주장했습니다. 그래서 인간은 하나님 안에서는 더 이상 행복을 구할 수 없고, 단지 세상과 자신의 솜씨로 만든 것 중에서 행복을 찾을 수 있다고 단정하였습니다. 그러나 하나님께서는 "네가 그 열매를 먹으면 반드시 죽으리라"고 인간에게 말씀하셨습니다. 그리고 이러한 하나님의 말씀은 파기할 수 없는 것입니다. 따라서 인간이 죽는 날에는, 즉 하나님께 대하여 죽는 날에는 모든 죽음 가운데 가장 무서운 죽음을 당합니다. 인간은 하나님의 생명을 상실하게 됩니다. 즉 자신의 영적인 생명과 결합된 분인 하나님으로부터 분리됩니다. 육신은 영혼과 분리될 때 죽으며, 영혼은 하나님과 분리될 때 죽는 것입니다. 인류의 조상 아담이 금단의 열매를 따 먹던 날, 그 시간부터 인간은 이와 같이 하나님과 분리되었던 것입니다. 이제는 "하나님의 생명으로부터 소외되어 버린" 그의 영혼 속에 하나님의 사랑이 사라졌다는 사실을 행동으로 나타냄으로써 즉시 이 사실을 입증하였습니다. 그 대신 그는 이제 굴욕적인 공포의 힘에 짓눌리고, 그 결과 하나님의 면전에서 도망하게 되었습니다. 그뿐만 아니라 인간은 하나님께서는 하늘과 땅에 충만해 계신 분이라는 하나님에 대한 지식을 거의 상실하였기 때문에, 하나님께로부터 도피하여 동산의 나무 사이에 몸을 숨겼습니다(창 3:8). 그리하여 그는 하나님께 대한 지식과 사랑을 상실하였으며, 이것들 없이는 하나님의 형상도 지탱될 수 없었습니다. 그러므로 그는 하나님의 형상을 박탈당하고 불행해짐과 동시에 거룩함을 상실하였습니다. 또한 이로써 바로 악마의 형상인 교만과 아집에 빠지고, 멸망할 짐승의 형상인 관능적 욕구와 정욕에 빠지게 되었습니다.

3. 만일 "네가 그것을 먹는 날에는 반드시 죽게 되리라"는 경고가 "단순한 위협일 뿐이고" 현세적인 죽음, 그리고 죽음 그 자체만을, 즉 육체의 죽음에 대해서만 언급한 것이라면, 그 대답은 명백합니다. 즉 이 사실을 긍정하는 것이 됩니다. 그리고 하나님을 명백하고 분명하게 거짓말쟁이로 만드는 것입니다. 진리의 하나님께서 진리에 반대되는 사실을 적극적으로 긍정하셨다고 단언하는 것이 됩니다. 왜냐하면 사람이 "네가 그것을 먹는 날에는 반드시 죽게 되리라"는 의미에서 죽은 것이 아니라는 증거가 있기 때문입니다. 아담은 이런 죽음과는 오히려 반대로 그 후에도 900년 이상을 살았습니다. 결과적으로 하나님의 진실을 탄핵하지 않고서는 단지 이 말을 육체의 죽음으로만 이해하기가 불가능합니다. 그러므로 우리는 이 말씀을 영적인 죽음, 즉 생명과 하나님의 형상을 상실했다는 사실로 이해하지 않으면 안 됩니다.

4. 그리하여 아담 안에서 모든 사람이 죽었고, 즉 모든 인류와 사람의 모든 자녀들이 죽었습니다. 이렇게 된 자연적인 결과로서 아담의 후손이 된 모든 사람들은 하나님께 대한 죽음, 영적인 죽음, 죄 속에서의 전적인 죽음 속에서 태어났습니다. 하나님의 형상과 하나님의 생명을 전적으로 상실하고, 아담이 창조되었을 때 가지고 있었던 의로움

과 성결, 이 모든 것을 상실한 채 태어났습니다. 이러한 하나님의 형상 대신 지금 이 세상에 태어나는 모든 사람은 교만과 아집에 사로잡힌 채 악마의 형상을 지니게 되었고, 관능적 욕구와 정욕 속에서 짐승의 형상을 지니고 태어났습니다. 다시 말해서 인간 본성의 전적인 타락(the entire corruption of our nature), 바로 이것이 신생의 기초입니다. 그러므로 죄 속에서 태어난 바로 그 자리에서 우리는 다시 태어나야만 합니다. 이제 여자에게서 태어난 모든 사람들은 하나님의 영으로 다시 태어나야만(born again) 합니다.

II

1. 그러나 인간이 어떻게 다시 태어날 수 있습니까? 신생의 본질은 무엇입니까? 이것이 바로 두 번째 질문입니다. 그리고 이것은 가장 높은 차원의 질문입니다. 그러므로 우리는 이와 같이 중요한 관심을 너무 가볍게 취급한 채 만족해서는 안 되며, 가능한 한 모든 관심을 기울여 검토해야 하고, 그리고 우리에게 이렇게도 중요한 사실을 충분히 이해해야 하며, 어떻게 다시 태어날 수 있는가를 분명히 깨달을 때까지 이 문제를 골똘히 생각해 봐야 합니다.

2. 이것이 어떻게 행해질 수 있는가 하는 방법에 대해서는, 한순간이라도 철학적으로 설명되기를 기대해서는 안 됩니다. 우리 주님께서는 이와 같은 기대에 대비하여 바로 다음 구절의 말씀을 통하여 이점을 충분히 알려 주셨습니다. 이 말씀 속에서 주님은, 누구도 논쟁할

수 없는 자연의 전체 영역에서 일어나는 사실을 통해, 그럼에도 불구하고 해 아래 있는 가장 현명한 자라도 충분히 설명하기 어려운 이 사실을 니고데모에게 상기하시면서 우리를 일깨워 주셨습니다. "바람은 어떠한 힘이나 지혜로써가 아니라 임의로 불고 있다. 그리하여 '너희는 그 바람 소리를 듣고' 의심할 여지 없이 '바람이 불고 있다는 사실을 확신한다.' '그러나 너희는 바람이 어디에서 왔다가 어디로 가는지 말할 수 없다.' 즉 어떤 방법으로 발생하여 어디에서 끝나는지, 어디에서 왔다가 어디로 사라지는 것인지 아무도 정밀한 방법으로 말할 수 없다." "성령으로 난 자는 다 이와 같다" 하는 것입니다. 즉 당신은 바람이 분다는 사실을 확신하는 것처럼 성령의 이 사실을 절대적으로 확신할 수 있습니다. 그러나 이 일이 어떤 방법으로 발생하는 것인지, 성령께서 인간의 영혼 속에서 이 일을 어떻게 행하시는 것인지는 당신이나 또는 사람의 후예 중 가장 현명한 자라도 설명할 수 없습니다.

3. 그러나 호기심이나 비판적인 탐구에 빠지지 않고서도 신생의 본질에 대해서 분명하고 성서적인 해답을 줄 수 있다는 사실은 모든 합리적이고 기독교적인 목적을 충족시키기에 충분합니다. 이러한 사실이 자기 영혼의 구원만을 갈망하는 이성적인 모든 인간을 만족하게 할 것이기 때문입니다. "다시 태어난다"는 말은 주님께서 니고데모와 대화하시는 중에 최초로 사용된 표현은 아닙니다. 이 용어는 이러한 만남이 일어나기 전에도 이미 잘 알려진 사실이며, 주님께서 유대인들 가운데 나타나셨을 때도 이 말은 일반적으로 사용되고 있었습니다. 성인이 된 이방인들이 유대 종교야말로 하나님께 속한 종교라는 사실을 확신하며 입교하기를 원했을 때 이방인들은 할례를 받기 전에 먼저 세례를

받는 것이 관례로 되어 있었습니다. 그리고 이방인이 세례를 받았을 때 "다시 태어난다"고 말하였으며. 이렇게 함으로써 사람들은 이전에는 악마의 자녀였던 자가 지금은 하나님의 가족으로 입양되고, 하나님의 자녀의 한 사람으로 인정되었습니다. 그러므로 "이스라엘의 선생"이었던 니고데모가 잘 이해했던 이러한 표현을 주님께서 그와 대화 중에 사용하신 것입니다. 주님께서는 그가 익숙하게 알고 있었던 사실보다 더 강한 의미로 이 말씀을 사용하셨을 뿐입니다. 이것이 바로 니고데모가 "어떻게 이런 일이 있을 수 있습니까?" 하고 물었던 질문의 이유일지도 모릅니다. "다시 태어난다"는 말은 문자 그대로는 일어날 수 없는 사건입니다. 사람은 어머니의 배 속에 두 번째 들어가 다시 태어날 수 없습니다. 그러나 영적으로는 이러한 일이 가능합니다. 즉 인간은 자연적인 탄생과 매우 가까운 유비적인 방법으로 위로부터, 하나님으로부터, 성령으로부터 태어날 수 있습니다.

4. 어린아이가 이 세상에 태어나기 전에는 눈이 있으나 보지 못하고, 귀가 있으나 듣지 못합니다. 그는 다른 감각 기관도 아주 불완전하게 사용합니다. 그는 세상일에 대한 아무런 지식도 없고, 자연적인 이해력도 가지고 있지 않습니다. 그래서 어린아이가 가지고 있는 존재 방법에 대해서 우리는 생명이라는 이름도 주지 않습니다. 세상에 태어난 다음에야 비로소 우리는 그가 살기 시작한다고 말합니다. 왜냐하면 사람은 태어나자마자 빛과 그를 둘러싸고 있는 다양한 대상들을 보기 시작하기 때문입니다. 그때에야 그의 귀가 열리고, 계속 그를 두드리는 음향을 듣게 됩니다. 이와 동시에 다른 모든 감각 기관들도 적절한 대상들을 만나 조율하기 시작합니다. 이렇게 해서 전과는 전혀 다른 방법

으로 숨을 쉬고 살아갑니다. 이 모든 예는 얼마나 정확하게 비슷한 점을 가지고 있습니까! 인간이 하나님으로부터 나기 전에는, 즉 단순히 자연적인 상태에 있을 동안 영적인 의미에서 비록 눈이 있으나 보지 못합니다. 눈에는 벗길 수 없는 두꺼운 장막이 가로막고 있습니다. 그리고 귀가 있어도 듣지를 못합니다. 그가 가장 관심을 가지고 들어야 하는 바를 전혀 들을 수 없습니다. 그의 다른 영적인 감각들(spiritual senses)마저도 모두 닫혀 있습니다. 그는 마치 그런 기관들이 없는 것과 같은 상태에 있습니다. 그러므로 그는 하나님께 대한 지식이 없습니다. 그분과 교제도 할 수 없고 전혀 가까이할 수도 없습니다. 그는 영적이거나 영원한 하나님의 일들에 대해서 참된 지식을 가질 수 없습니다. 그러므로 그는 살아 있지만 죽은 기독교인입니다. 그러나 그가 하나님으로부터 태어나자마자 이 모든 특징에 전적인 변화가 일어납니다(위대한 사도 바울의 말과 같이). "이해의 눈이 열립니다." 그리고 그 옛날 "어두움 속에 빛이 비쳐라" 하고 명령하신 하나님께서 우리의 마음속을 비쳐서 예수 그리스도의 얼굴에 나타난 하나님의 영광의 빛, 즉 주님의 영광스러운 사랑을 바라보게 됩니다. 그의 귀는 열립니다. 그는 지금 "기뻐하라! 이미 너의 죄는 사함을 받았다", "가라! 그리고 더 이상 죄를 짓지 말라!"고 하시는 내적인 주님의 목소리를 들을 수 있습니다. 비록 똑같은 말은 아닐지라도 이것이 하나님께서 그의 마음을 향하여 말씀하시는 요지입니다. 이제 그는 "사람에게 지식을 가르치시는 하나님이 때때로 그에게 계시하시기를 즐기시는 것은" 무엇이든지 들을 준비가 되어 있습니다. 그는 이제 이 세상 사람들이 우매하게 혹은 제멋대로 말씀을 곡해하는 것처럼 조잡하고 육욕적인 의미에서가 아니라, 교회에서 쓰는 말을 빌린다면 "하나님의 영의 전능하신 역사를" "마음속에 느끼게 됩니다." 많은 사람들이 반복해서 이러한 말씀을 들어 왔다 하더라도 우리는 더 이상 여기에서 이 말씀을 뺄 수도 더할 수도 없습니다. 그는 이제 하나님의 영이 그의 마음속에서 역사하시는 은총을 내적으로 지각하게 됩니다. 그리고 "모든 이해를 넘어선 평화"에 대해 내적으로 깨닫게 됩니다. 그는 "말로 다 할 수 없으며 영광에 가득 찬 하나님 안에서 기쁨을" 여러 차례에 걸쳐 느끼게 됩니다. "그에게 주신 성령에 의해서 그의 심령 속에 빛을 발하시는 하나님의 사랑"을 깨닫게 됩니다. 그때 그의 모든 영적인 감각은 선과 악을 명확히 분별할 수 있게 됩니다. 이것들을 사용함으로써 그는 하나님과 하나님이 보내주신 예수 그리스도와 그리고 그의 내적 왕국에 속하는 모든 사실에 대한 지식이 날로 증대해 갑니다. 이제는 그가 산다고 말할 수 있습니다. 성령으로 하나님께서 그를 깨우셨기 때문에 그는 예수 그리스도를 통해서 하나님께 산 생활을 하게 됩니다. 그는 세상이 알지 못하는 "하나님 안에 계신 예수 그리스도와 함께 감추어진 삶"을 살아가게 됩니다. 하나님은 실제로 우리의 영혼에 끊임없이 생기를 불어넣으십니다. 그리고 인간의 영혼은 하나님을 향해 호흡합니다. 하나님의 은혜는 인간의 마음속에 내려오고, 기도와 찬양은 하늘을 향해 올라갑니다. 하나님과 인간의 교제를 통해 성부와 성자의 교제가 일종의 영적인 호흡을 통하여 인간의 영혼에 있게 됨으로써 하나님의 생명은 영혼 속에 지속됩니다. 그래서 "그리스도의 장성한 분량"에 이를 때까지 하나님의 자녀들은 성장해 갑니다.

5. 이러한 사실로부터 신생의 본질이 분명히 나타납니다. 신생은 하나님께서 우리를 생명으로 이끄실 때 하나님께서 영혼 안에서 역사하

시는 위대한 변화를 의미합니다. 그때 하나님은 죄로 인한 죽음에서 우리를 일으키시어 의의 생명으로 이끄십니다. 신생은 "예수 그리스도 안에서 새로운 피조물"이 되었을 때 전능하신 하나님의 영에 의해 모든 영혼 안에 일어나는 놀라운 변화입니다. 의와 참된 성결 속에서 하나님의 형상을 따라 새로워지고, 세상에 대한 사랑이 하나님께 대한 사랑으로, 교만이 겸비로, 거친 마음이 온유한 마음으로, 미움 시기 악의가 모든 인류에 대한 신실과 온유와 희생적인 사랑으로 변화될 때, 여기에 신생이 있습니다. 한마디로 말해서 신생은 세상적이고 육욕적이며 악마적인 마음이 "예수 그리스도 안에 있는 마음"으로 바뀌는 변화입니다. 이것이 바로 신생의 본질이며, "성령으로 태어난 사람은 다 이와 같은" 것입니다.

III

1. 이러한 사실을 숙고한 사람은 누구든지 신생의 필요를 느끼게 되며, 그래서 무엇 때문에 무슨 목적으로 우리가 다시 태어나야만 하는가 하는 세 번째 질문에 쉽게 답변할 수 있습니다. 첫째, 신생은 성결을 위해서 필요하다는 사실을 쉽게 알 수 있습니다. 그렇다면 하나님의 말씀에 따르는 성결의 목적은 무엇입니까? 성결을 다수가 말하고 정확하게 수행할지라도 그것은 단순히 외적인 종교이거나 외적인 의무의 반복만은 아닙니다. 그렇습니다. 복음적인 성결이란 마음에 새겨진 하나님의 형상 외에 아무것도 아닙니다. 그것은 그리스도 예수 안에 있는 온전한 마음, 바로 그것입니다. 그것은 거룩한 감정과 기질이 하나로 융화되는 것입니다. 그것은 그의 아들 독생자를 우리에게 아낌없이 주

셨던 하나님을 끊임없이 감사에 넘쳐 사랑하는 일입니다. 즉 모든 사람의 자녀를 사랑하는 일이 우리에게는 자연적이고 필수적인 일인 것처럼 말입니다. 그리고 우리에게 자비와 친절과 겸손과 오래 참는 마음을 가득 채우는 일과 같은 것입니다. 그것은 우리에게 모든 모양의 대화에 있어서 책망할 것이 없도록 우리를 가르치시는 하나님의 사랑과도 같은 것입니다. 그것은 우리의 영혼과 육체, 존재와 소유하고 있는 모든 것, 생각과 언행을 예수 그리스도를 통해서 하나님께 받아들여질 수 있는 끊임없는 희생 제물로 드리도록 하시는 하나님의 사랑입니다. 그런데 우리의 마음의 형상이 새로 지음을 받기까지는 이러한 성결은 존재할 수 없습니다. 변화가 일어나기 전에는, 주 하나님의 능력으로 우리가 어두움에서 빛으로, 사탄의 세력에서 하나님께로 돌아서기 전에는 이것이 우리의 마음속에 일어나지 않습니다. 요컨대 다시 태어나기 전에는 일어나지 않는 것입니다. 그러므로 신생은 성결을 위해 절대적으로 필요합니다.

2. "거룩하게 되지 않고서는 아무도 주님을 보지 못할" 것이며, 영광 속에 나타나시는 하나님의 얼굴을 보지 못할 것입니다. 결과적으로 신생은 영원한 구원을 얻기 위하여 절대적으로 필요한 것입니다. 인간은 최후의 순간이 올 때까지는 죄 속에서 살 것이지만, 그러나 그 후에는 실제로 하나님과 함께 살게 될 것이라고 스스로 우쭐댈지도 모릅니다. (인간의 마음은 그렇게 절망적으로 악하며 그렇게 거짓된 것입니다). 그래서 수많은 사람들이 자신을 멸망으로 인도하지 않는 넓은 길을 발견했다고 실제로 믿고 있습니다. 그들은 말하기를 "그렇게 죄가 없고 덕스러운 여인이 어떻게 위험 가운데 빠질 수 있단 말인가!", "그렇게 정직한

남자가, 그렇게 엄중한 도덕을 지키는 사람이 어떻게 천국을 잃어버릴 염려가 있겠는가!" 특별히 "무엇보다도 끊임없이 교회에 출석해서 성례전에 참여한다면 천국에 못 갈 염려가 없지 않겠는가!" 합니다. 그중의 어떤 사람은 "도대체 내 이웃과 똑같이 행동하지 말아야 할 이유는 무엇인가?" 하고 확신하며 질문할 것입니다. 그렇습니다. 당신의 불경한 이웃과 같이 행동해서는 안 될 것입니다. 죄 가운데서 죽게 되는 당신의 이웃과 똑같이 행동해 보십시오. 그러면 당신은 무저갱, 즉 지옥의 가장 밑바닥으로 떨어질 것입니다. 당신은 이웃과 함께 불붙는 못 속으로 던져질 것입니다. 유황이 타오르는 불못 속으로 말입니다. 그때 비로소 당신은 영광을 위해서 거룩하게 되는 것이 필요하다는 것을 알게 될 것입니다(하나님께서 사전에 이것을 당신에게 알 수 있도록 해주시기를 바랍니다). 결과적으로 신생은 필요한 것입니다. 왜냐하면 다시 태어남이 없이는 아무도 거룩해질 수 없기 때문입니다.

3. 똑같은 이유에서 사람이 다시 태어나지 않고서는 누구도 이 세상에서조차 행복할 수 없기 때문입니다. 왜냐하면 사물의 이치로 본다면 거룩하지 않은 자가 행복하게 된다는 것은 불가능하기 때문입니다. 가련하고 불경한 시인조차 우리에게 다음과 같이 말합니다. "Nemo malus felix", 즉 "사악한 인간은 행복할 수 없다." 그 이유는 분명합니다. 모든 불경한 성품은 불안한 성품이기 때문입니다. 악의, 미움, 질투, 투기, 복수심은 마음속에 현재적인 지옥을 만들 뿐만 아니라 그 적절한 한계를 유지하지 못한다면 유순한 정열조차도 기쁨보다는 몇천 배의 고통을 주는 것입니다. "희망조차도" 지연될 때에는 "마음을 병들게" 합니다(그런데 이런 경우는 아주 흔합니다). 그리고 하나님의

뜻에 따르지 않는 모든 욕망은 "수많은 슬픔"을 통해 우리를 "찌르기" 쉬운 것입니다. 그리고 죄의 일반적인 근원, 즉 교만, 이기심, 우상 숭배는 그것이 퍼져 나가는 것과 똑같은 비례로 불행의 통상적인 근원이 됩니다. 그러므로 어떤 영혼 속에서든 죄가 지배하고 있는 한, 행복은 그곳에 있을 수 없습니다. 그러나 이러한 것들은 우리의 본성의 경향이 변화되기 전에는, 즉 다시 태어나기 전에는 틀림없이 우리를 지배할 것이며, 결과적으로 신생은 장차 올 세상에서와 마찬가지로 이 세상에서 행복해지기 위하여 절대적으로 필요한 것입니다.

IV

나는 마지막 부분에서, 위에서 언급한 몇 가지 관찰로부터 자연적으로 따라 나오는 몇 가지 추론들을 첨부하여 제시하였습니다.

1. 그래서 첫째, 세례는 신생이 아니라는 사실, 즉 양자가 동일한 것이 아니라는 사실을 알게 됩니다. 많은 사람들은 실제로 세례와 신생이 아주 똑같다고 생각하고 있는 것 같습니다. 적어도 그들은 마치 그것들이 그렇게 하나인 것처럼 가정하여 말합니다. 그러나 나는 그런 의견이 어떤 기독교 종파에서건 공공연하게 인정되고 있다는 말을 들어본 일이 없습니다. 분명히 영국 내의 어느 종파도, 즉 국교든 비국교든 상관없이 세례와 신생을 동일하게 취급하고 있지는 않습니다. 비국교도의 견해는 대교리문답서에 분명하게 선언되어 있습니다. (문) 성례전의 역할은 무엇입니까? (답) 성례전의 역할에는 둘이 있습니다. 하나

는 외적이고 지각적인 표징이며, 다른 하나는 이것이 의미하는 내적이며 영적인 은혜입니다. (문) 세례는 무엇입니까? (답) 세례란 성령에 의한 중생(regeneration)의 표시와 보증으로서 그리스도께서 물로 씻는 것을 제정하신 성례전입니다. 여기 표징으로서의 세례는 그 세례가 의미하는 중생과 구분하여 언급하는 것이 분명합니다.

다음과 같은 교리문답서에는 우리 교회(성공회-역자 주)의 판단이 아주 분명하게 선언되어 있습니다. (문) 성례전이라는 말은 무슨 뜻입니까? (답) 내가 의미하는 성례전은 내적이며 영적인 은혜로 된 외적이며 가시적인 표징을 뜻합니다. (문) 세례에 있어서 무엇이 외적인 부분이며 형식입니까? (답) 성부와 성자와 성령의 이름으로 사람들이 세례를 받게 되는 물입니다. (문) 외적인 부분 또는 표징하는 것은 무엇입니까? (답) 죄에 대해서 죽는 것과 의에 의해서 새로 태어나는 신생입니다. 그러므로 영국 국교회의 판단에 따른다면 세례가 신생이 아니라는 사실이 더욱 명백하게 드러납니다.

참으로 이러한 사실에 대한 이유는 너무나 명백하고 뚜렷하기 때문에 어떤 다른 근거가 필요 없습니다. 그 이유는, 하나는 외적인 역사에 대한 것이고, 다른 하나는 내적인 역사에 대한 것이기 때문입니다. 하나는 가시적인 사건이고, 다른 하나는 비가시적인 사건이기 때문에 양자가 전적으로 다른 것이라는 사실보다 더 이상 분명한 점이 무엇이겠습니까! 즉 하나는 육신을 깨끗하게 하는 사람의 행위이며, 다른 하나는 영혼 속에 하나님께서 역사하시는 변화이기 때문에, 전자와 후자는 마치 영혼과 몸이, 물과 성령이 구별되는 것처럼 서로 구별되는 것입니다.

2. 이상과 같은 고찰로부터 둘째, 우리는 신생이 세례와 같지 않

은 것처럼 신생이 항시 세례를 수반하는 것이 아니라는 사실을 알 수 있습니다. 즉 양자가 언제나 양립하는 것은 아닙니다. 사람이 "물로" 다시 태어날 수 있다 하더라도 "성령으로" 다시 태어나는 것은 아닙니다. 내적인 은혜가 없을 때라도 외적인 표징은 때때로 존재할 수 있습니다. 내가 지금 어린아이들에 대해서 말하는 것은 아닙니다. 어릴 때 세례받은 모든 사람들은 그와 동시에 다시 태어났다고 우리 교회가 생각하고 있는 것이 분명합니다. 유아 세례에 대한 모든 제도가 이런 가정 속에 진행되고 있다는 것이 일반적으로 용인되고 있습니다. 어떻게 해서 어린아이들에게 이런 일이 일어날 수 있는가를 이해할 수 없다고 해서, 그것이 이에 대한 중대한 반대가 될 수는 없습니다. 왜냐하면 우리가 성인이 된 사람들에게서도 어떻게 이런 일이 일어날 수 있는가를 이해할 수 없기 때문입니다. 그러나 어린아이들의 경우가 어떻든지 간에 이미 세례받은 성인들도 그와 동시에 다시 태어나는 것이 아니라는 사실은 분명한 것입니다. "나무는 그 열매를 보아 아는 것입니다." 세례받기 전에 악마의 자녀들이었던 사람들이 세례받은 후에도 여전히 같은 상태가 지속되는 것은 너무나 분명하기 때문에 부정할 수 없습니다. 그들은 "그들의 아버지가 행한 일을 자신들도 행하고 있습니다." 그들은 내적이거나 외적인 거룩함을 요구하지 않은 채 죄의 종노릇을 계속합니다.

3. 우리가 지금까지 관찰해 온 사실에서 이끌어낼 수 있는 세 번째 추론은, 신생은 성화와 동일하지 않다는 사실입니다. 이 점은 실제에 있어서 많은 사람들이 인정하고 있는 사실입니다. 특별히 기독교적 중생의 본질과 근거에 대한 저명한 작가의 최근 논문에서도 이 사실이 인정되고 있습니다. 그 논문에 대해 제기되고 있는 몇 가지 반대들을

제쳐놓고라도 이 사실은 분명하게 드러나 있습니다. 이 논문은 중생에 대해서 일괄적으로 말하기를, 중생은 우리가 처음 하나님께 돌아서게 되는 순간부터 서서히 영혼 속에서 수행되는 점진적인 역사라고 언급하고 있습니다. 이것은 틀림없이 성화에 대해서는 맞는 말입니다. 그러나 중생이나 신생에 대해서는 그렇지가 않습니다. 신생은 성화의 일부분이지 그 전체는 아닙니다. 신생은 성화로 들어가는 문이며 통로입니다. 우리가 다시 태어날 때, 그때 우리의 성화, 즉 우리의 내적이고 외적인 성결이 시작됩니다. 그리하여 그 이후부터 우리는 점진적으로 "우리의 머리 되신 그리스도에게 이르기까지 성장"하는 것입니다. 이와 같은 사도 바울의 표현은 신생과 성화의 분명한 차이점을 보여주며, 더구나 자연적인 것과 영적인 것 사이에 놓여 있는 정확한 유비를 지적해 줍니다. 어린아이는 순간적으로 아주 짧은 시간에 여인으로부터 태어납니다. 그 후에 그는 한 인간으로 성장하기까지 점진적으로 그리고 서서히 자라나게 됩니다. 이와 마찬가지 방법으로 사람은 어린아이처럼 순간적으로 또는 짧은 시간 안에 하나님으로부터 태어나게 됩니다. 그러나 그 후에도 그가 "그리스도의 장성한 분량"에 이르기까지 자라게 되는 것은 점진적인 것입니다. 그러므로 우리의 자연적인 출생과 성장의 관계가 우리의 신생과 성화의 관계에도 동일하게 일어납니다.

4. 위에서 언급한 사실에서 한 가지 사실을 더 배울 수 있습니다. 이 점은 더욱 주의 깊게 생각하며 장구하게 논의해도 좋을 만한 아주 중요한 사실입니다. 사람의 영혼을 사랑하고 그중의 어느 사람이 멸망할까를 슬퍼하는 사람이 안식일을 범하고, 술 취하고, 또는 다른 고의적인 죄를 지으며 살아가는 사람을 볼 때 그에게 무슨 말을 해야 합

니까? 만약 이러한 관찰이 사실이라면, "당신은 새로 태어나야 한다"는 말밖에는 다른 말을 할 수가 없습니다. "아닙니다. 절대로 그렇게 말할 수 없습니다. 당신이 어떻게 그렇게 무자비하게 그 사람에게 그런 말을 할 수 있습니까? 그가 지금 다시 태어날 수 없습니다"고 어떤 열렬한 사람은 말할 것입니다. "그 사람은 이미 세례를 받지 않았습니까", "이제 그는 다시 태어날 수 없습니다"라고 말할 것입니다. 과연 그가 다시 태어날 수 없습니까? 당신도 그렇다고 긍정하겠습니까? 그렇다면 그는 구원받을 수 없습니다. 그 사람이 비록 니고데모처럼 나이가 들었다고 할지라도, 만일 그가 다시 태어나지 않는다면 하나님의 나라를 볼 수 없습니다. 그러므로 당신이 "그는 다시 태어날 수 없다"고 말함으로써 그 사람을 마침내 파멸로 이끌고 말 것입니다. 그렇다면 어느 편이 더 무자비한 것입니까? 내 편입니까 아니면 당신 편입니까? 나는 "그가 다시 태어나기만 한다면" 구원의 상속자가 될 수 있다고 주장합니다. 당신은 "그는 다시 태어날 수 없다"고 주장합니다. 그렇다면 그는 필연적으로 멸망할 수밖에 없습니다. 이렇게 함으로써 당신은 사람의 구원의 길을 차단해 버리고 단지 자비라는 명목으로 그를 지옥으로 내모는 것이 됩니다.

  그러나 우리가 "참된 자비심"으로 "당신은 다시 태어나야만 합니다"고 말할 때라도 그 죄인 자신은 "나는 당신의 새로운 교리를 거부합니다"라고 항변할 수 있습니다. 그는 "나는 다시 태어날 필요가 없습니다", "나는 세례 받을 때 이미 다시 태어났습니다. 그런데 도대체 무엇 때문에 당신은 내가 받은 세례를 부정합니까?"라고 대들 것입니다. 그렇다면 나는 "세상에서는 거짓말을 용서할 수 없습니다"라고 뻔뻔스러운 죄인들에게 대답할 것이며, 그뿐만 아니라 "당신이 세례를 받았다고 할지라도 그것은 아무 소용이 없습니다. 그 세례가 당신의 죄를 얼마나 증가시키고 있습니까?"라고 답변할 것입니다. 얼마나 그것이 당신의 멸망을 증가시키고 있습니까? 당신은 태어난 지 8일 만에 하나님께 바쳐졌는데 나머지 생애를 악마에게 바쳐온 것이 아닙니까? 당신은 이성을 사용하기 전에 성부와 성자와 성령이신 하나님께 대하여 성별되지 않았습니까? 그러나 당신이 이성을 사용한 이래로 하나님의 면전에서 도망하고 자신을 사탄에게 바치지 않았습니까? 황폐함의 가증스러움, 즉 세상에 대한 사랑, 교만, 성냄, 육욕, 우매한 욕정, 모든 종류의 악한 감정 등이 서지 않아야 할 자리에 서 있는 것이 아닙니까? 당신은 한때 성령의 전이었던 영혼 속에, 성령을 통한 하나님의 거처로서 성별된 영혼 속에, 하나님께서 엄숙히 위탁한 그 영혼 속에 이 모든 가증스러운 것들을 허용한 것이 아닙니까? 그래서 당신이 한때 하나님께 속했다는 이유만으로 스스로 영광스럽게 생각합니까? 아! 정말 수치스럽고 부끄러운 일입니다. 지상에서 종적을 감추십시오. 당신을 혼돈으로 가득 채우며 하나님 앞과 사람 앞에서 수치스러운 것들에 대해서 더 이상 자랑하지 마십시오.

둘째, 당신은 당신의 세례를 이미 부정했고 더구나 아주 합리적인 방법으로 그와 같은 일을 했다고 나는 답변할 것입니다. 당신은 헤아릴 수 없이 세례를 부정했고 지금도 날마다 부정하고 있습니다. 왜냐하면 당신이 세례를 받을 때 당신은 악마와 그의 모든 역사를 거부했기 때문입니다. 그러므로 당신이 악마에게 설 자리를 제공할 때에는 언제나 악마의 역사를 행하는 것이며, 그때 당신은 자신의 세례를 부정하게 되는 것입니다. 그러므로 당신은 여러 가지 고의적인 죄로 인하여 세례를 부정하는 것이 됩니다. 여러 가지 불결함, 술 취함, 복수심, 여러 가지 외설적이고 비속한 언어, 또한 자신의 입으로부터 나오는 맹세의 행위를 함으로써 세례를 부정하게 됩니다. 당신은 주의 날을 모독할 때마다 그것으로 인하여 세례를 부정하게 됩니다. 그리고 다른 사람이 당신에게 해서는 안 될 일을 당신이 다른 사람에게 행할 때 세례를 부정하게 되는 것입니다.

셋째, 당신이 세례를 받았든 받지 못했든 상관없이 당신은 다시 태어나야만 된다고 답변하겠습니다. 그렇지 못하다면 당신이 내적으로 거룩하게 되기란 불가능한 일입니다. 그리고 외적인 정도와 마찬가지로 내적으로 성결하지 않고서는 이 세상에서 행복해질 수 없을 뿐 아니라 장차 올 세상에서는 더욱 행복해질 수 없습니다. "천만의 말씀입니다. 나는 어떤 사람에게도 해롭게 한 적이 없습니다. 나는 내 모든 행동에 있어서 정직하고 공정했습니다. 나는 저주하지도 않았고 더욱이 주의 이름을 헛되이 부르지도 않았습니다. 나는 주의 날을 모독한 일도 없습니다. 나는 술 취하지도 않았습니다. 나는 이웃을 모략하지도 않았고 고의적인 죄를 지으며 생활하지도 않았습니다"라고 당신은 항의하겠습니까? 만일 그 대답이 사실이라면 모든 사람들이 당신이 행한 것만큼 그런 행동을 할 수 있기를 바랍니다. 그러나 당신은 더욱더 전진해야 하고, 그렇지 못하다면 구원을 받을 수 없습니다. "즉 당신은 다시 태어나야만 합니다." 그러나 당신은 "나는 지금 그 이상 앞으로 나가고 있습니다", "나는 어떤 해로운 일도 하지 않았고 가능한 한 모든 일에 최선을 다하고 있습니다"고 덧붙여 말하겠습니까? 나는 그 사실이 의심스럽습니다. 나는 당신이 행할 수 있었던 수많은 기회를 포착하지 않고 지나쳐 버려 이 때문에 하나님께 책임을 져야 한다는 사실에 대하여 두려워합니다. 그러나 당신이 그 기회를 선용했다 할지라도, 즉 모든 사람들에게 가능한 한 최선을 다했다고 할지라도, 이것이 구원받지 못할 상태를 결코 변경시킬 수 없습니다. 그래도 "당신은 다시 태어나야만 합니다." 새로 태어나지 않고서는 가련하고, 죄악에 가득 차고, 오염된 영혼에 대해서 아무것도 유익함을 줄 수가 없습니다. "천만의 말씀입니다. 나는 하나님의 모든 규례를 언제나 지켜왔습니다. 나는 교회의 성례전에 항상 참여하였습니다." "좋습니다. 그러나 당신이 다시 태어나지 않고서는 이 모든 것들이 당신을 지옥에서 건지게 하지 못합니다." 하루에 두 번씩 교회에 가고 매주 성찬에 참석하십시오. 개인적인 기도를 많이 하십시오. 훌륭한 설교를 수없이 듣고 좋은 책을 많이 읽으십시오. 그러나 아직도 "당신은 다시 태어나야만 합니다." 이것들 가운데서 어떤 것도 신생에 대치될 만한 것이 없습니다. 진정 이 세상에는 없습니다. 그러므로 만약 그와 같은 하나님의 내적 역사를 경험하지 못했다면, 당신은 다음과 같이 끊임없이 기도해야 합니다. 주님이시여! 이 모든 당신의 축복에 신생을 더하여 주사 나를 다시 태어나게 하옵소서. 당신이 무엇을 거절하시든지 간에 이것만은 거절하지 마시고, 내가 "위로부터 태어나게" 하옵소서. 당신이 좋게 생각하시는 모든 것, 즉 명예, 재산, 친구, 건강을 내게서 빼앗아 가시더라도 오직 이것만은 허락해 주옵소서. 성령으로 태어나게 하시고 하나님의 자녀로서 받아 주옵소서. 나를 "살아계시고 영원하신 하나님의 말씀으로 인해 썩어질 씨가 아니라 썩지 않을 씨로" 다시 태어나게 하옵소서. 그리하여 나를 "우리의 주시요 구세주이신 예수 그리스도의 은혜와 그를 아는 지식 안에서 매일매일 성장하도록 하옵소서."

40
광야의 상태
The Wilderness State

찰스 웨슬리
⟨Reverend Charles Wesley, MA⟩, John Russell, 1771

지금은 너희가 근심하나 내가 다시 너희를 보리니 너희 마음이 기쁠 것이요 너희 기쁨을 빼앗을 자가 없으리라 (요 16:22)

    1. 하나님께서 이스라엘 민족을 노예의 집에서 인도하셔서 그들을 위하여 위대한 구원을 베푸신 후에도 그들은 즉시 하나님께서 조상들에게 약속하셨던 땅에 들어가지 못하고 "길 없는 광야에서 방황하였으며" 수많은 시련과 괴로움을 당하였습니다. 이와 마찬가지로 하나님께서 하나님을 두려워하는 자들을 죄와 사탄의 속박에서 구원해 주신 후에도, 즉 그들이 "그리스도 예수 안에서 이루어진 속량을 통하여 오직 하나님의 은혜로 값없이 의롭다" 함을 얻게 된 후에도, "하나님의 백성을 위해 준비된 안식" 속에 들어가는 자는 많지 않습니다. 방황하는 자들 가운데 대부분은 하나님께서 인도해 주시는 평탄한 대로에서 다분히 길을 잃고 방황하게 됩니다. 말하자면 그들은 "황무지와 짐승이 부르짖는 광야"로 갑니다. 거기에서 그들은 여러 가지 시련을 받고 고통을 당합니다. 어떤 사람들은 이스라엘 민족이 당한 사건에 대해 언급하면서 이것을 "광야의 상태"라고 규정했습니다.

    2. 물론 이와 같은 사람들이 처해 있는 상황은 매우 동정받을 만합니다. 일반적으로는 이해되지 않지만, 그들은 사악하고 쓰라린 병

에 걸려 괴로워하고 있습니다. 이 병은 일반적으로 잘 알려지지 않아서 그들이 치료책을 발견하기 매우 어렵습니다. 자기 자신이 흑암의 상태에 빠져 있으면서도 자기 자신의 무질서한 성격에 대해 깨닫지 못합니다. 그래서 그들의 형제들은 말할 것도 없고 그들을 가르치는 스승들도 그 병이 어떤 것인지, 어떻게 해야 그 병을 고치게 될지를 거의 알지 못합니다. 그렇기 때문에 첫째, 이 병의 성격은 무엇이며, 둘째, 어떻게 그 병을 치료할 수 있는가를 더욱더 탐구할 필요가 있습니다.

I

1. 첫째, 그렇게 많은 사람들이 믿고 난 후에 빠지게 되는 이 병의 성격은 무엇입니까? 그 병은 어떤 요인으로 형성되어 있습니까? 그리고 그 증상은 어떤 것입니까? 하나님께서 한때 그들의 마음속에 넣어 주셨던 믿음을 상실할 때에는 당연히 이러한 병이 일어나게 됩니다. 광야에 있는 사람들은 그들이 한때 맛보았던 보이지 않는 것들의 신적인 '증거', 곧 만족할 만한 확신을 지금은 가지고 있지 않습니다. 그들 한 사람 한 사람이 "내가 지금 몸으로 살고 있는 것은 나를 사랑하시고 나를 위하여 자기 몸을 내어주신 하나님의 아들을 믿는 믿음으로 사는 것이다"라고 고백할 수 있었던 성령의 내적 증거를 지금은 가지고 있지 않습니다. 하늘의 빛은 지금 "그들의 마음속을 비추지" 않으며, 또한 그들은 "보이지 않는 그분을 보지" 못합니다. 그뿐만 아니라 암흑은 다시 그들 영혼의 얼굴을 휩싸고 이해의 눈을 멀게 합니다. 성령은 더 이상 "그들의 영과 함께 그들이 하나님의 자녀"라는 사실을 증거하

지 않습니다. 또한 하나님은 그들의 심령 가운데 "아빠, 아버지"라고 부르는, 양자로 삼으시는 성령으로 머물러 계시지 않습니다. 그들은 지금 하나님의 사랑에 대한 확실한 신뢰가 없고, 하나님 앞에 거룩한 용기를 가지고 가까이 나아가는 자유도 없습니다. "그가 나를 죽이실지라도 나는 그를 신뢰하리라"라는 고백은 더 이상 그들의 마음속에서 우러나오지 않습니다. 이제 그들은 자신의 힘을 빼앗기고, 다른 사람들과 같이 연약해지고 의지가 나약하게 됩니다.

2. 따라서 둘째, 그들은 사랑을 상실하는 데까지 이르게 됩니다. 참되고 산 믿음을 가짐과 동시에 똑같은 비례로 사랑은 강해지기도 하며 약해지기도 하는 것입니다. 따라서 믿음을 상실한 자는 하나님의 사랑도 빼앗깁니다. 그들은 지금 "주님, 주님께서는 모든 것을 아십니다. 그러므로 제가 주님을 사랑하는 줄을 주님께서 아십니다"라고 고백할 수 없습니다. 하나님을 진실로 사랑하는 사람들과 달리 하나님 안에서 행복하지 못합니다. 지난날과 같이 하나님 안에서 기뻐하지도 않고, "하나님의 향기로운 향을 흠향하지도" 않습니다. 지난날 그들은 "주를 기다렸으며 주의 이름만을 사모하였습니다." 지금은 비록 완전히 소멸되지는 않았을지라도 주님을 향한 소망은 냉랭해지고 소멸됩니다. 주님에 대한 그들의 사랑이 냉랭해짐에 따라 이웃에 대한 사랑도 역시 냉랭해집니다. 사람들의 영혼을 위한 열심, 사람들의 행복을 빌던 열망, 사람들과 하나님을 화해시키려고 하는 열렬하고 부단하며 적극적인 열망을 그들은 지금 가지고 있지 않습니다. 그들은 잃어버린 양에 대한 "자비로운 마음을" 느낄 수도 없고, "무지하고 유혹에 빠진 자들을 너그러이 대할 수도 없습니다." 그들은 한때 "모든 사람을 온유하게 대하고,

진리를 반대하는 사람들을 관대한 마음으로 바로잡아 주었으며, 어떤 사람이 범죄한 것이 드러나는 때에 온유한 마음으로 그들을 바로잡아 주었습니다." 그러나 여러 날 동안 불안한 상태를 겪은 후에는 분노가 힘을 되찾고 강퍅함과 신경질이 그를 넘어뜨리기 위해서 거세게 몰려옵니다. 그래서 그들이 때때로 "악을 악으로 갚거나 욕을 욕으로 갚는" 데까지 이르게 되지 않는다면 다행한 일입니다.

3. 셋째, 믿음과 사랑을 상실한 결과 성령으로 인한 기쁨을 잃게 됩니다. 왜냐하면 죄 사함에 대한 감사의 마음이 사라지면 결과적으로 오는 기쁨도 남아 있을 수 없기 때문입니다. 성령께서 우리의 심령과 함께 우리가 하나님의 자녀임을 증거하지 않는다면, 내적인 증거로부터 생기는 기쁨도 역시 그치고 말 것입니다. 이와 같이 한때 "하나님의 영광에 대한 소망 안에서" "말로 다 할 수 없는 기쁨으로 가득 차 있던" 사람들이 지금은 "충만했던 불멸의 소망을" 빼앗기고, 소망이 주었던 기쁨을 상실합니다. 또한 "하나님의 사랑이 그들의 마음속에 부어져 있습니다"라고 하는 의식에서 오는 기쁨조차 빼앗기고 맙니다. 왜냐하면 원인이 제거되면 결과도 제거되기 때문입니다. 샘이 막히면 흘러나오던 샘물은 더 이상 목마른 영혼을 신선하게 해갈시킬 수 없습니다.

4. 넷째, 믿음 사랑 기쁨을 잃음과 동시에 "사람의 모든 지각을 초월한 하나님의 평안"도 잃게 됩니다. 그와 똑같이 마음의 감미로운 평온과 정신적인 침착성도 사라집니다. 고통스러운 의혹이 되살아납니다. 도대체 우리가 믿고 있는지, 또는 앞으로도 믿을 수 있을 것인지 하는 의혹이 되살아나는 것입니다. 우리는 의심하기 시작합니다. 도대체

우리가 마음에서 성령의 진정한 증거를 발견하였는지, 도리어 속아서 자연적 본성의 음성을 하나님의 음성으로 착각했는지, 아니면 하나님의 음성을 듣고서 하나님의 면전에서 은혜를 발견할 수 있을 것인지를 의심하게 되는 것입니다. 그러나 이러한 의심은 굴욕적인 공포, 즉 고통을 주는 두려움과 결합됩니다. 우리가 믿기 이전에 그랬던 것처럼 하나님의 진노를 두려워하게 됩니다. 우리가 하나님의 면전에서 추방되지나 않을까 두려워하고 있습니다. 그렇기 때문에 우리는 이전에는 완전히 해방되었던 죽음의 공포 속으로 다시 떨어집니다.

5. 그러나 그렇다고 이것이 전부는 아닙니다. 왜냐하면 평화의 상실은 능력의 상실을 수반하기 때문입니다. 예수 그리스도를 통하여 하나님과 화평하는 자는 죄를 지배할 수 있는 능력이 있음을 우리는 알고 있습니다. 그러나 그가 하나님의 화평을 잃는다면 언제든지 죄를 지배하는 능력도 잃게 됩니다. 그 평화가 남아 있는 한 능력도 남아 있습니다. 예컨대 그것은 그 사람의 본성, 성품, 교육, 직업에서 오는 어떤 죄이든 상관없이 그를 둘러싼 모든 죄를 정복할 수 있는 능력이며, 그뿐만 아니라 그가 정복할 수 없었던 악한 성격과 욕망까지 극복할 수 있는 능력입니다. 죄는 더 이상 그를 지배할 수 없게 됩니다. 그러나 지금은 그가 죄를 극복할 능력이 남아 있지 않습니다. 그가 진정으로 애써 싸우려고 하지만 그 죄를 정복할 수 없으며, 영광의 면류관은 그의 머리에서 떨어져 나갑니다. 그의 대적들은 다시 그를 지배하고, 노예 상태로 끌고 갑니다. 영광은 그에게서 떠나가 버리고, 그의 마음속에 있었던 하나님의 나라까지도 사라지고 맙니다. 그는 성령 안에 있는 평안과 기쁨뿐만 아니라 의로움까지도 잃어버리게 됩니다.

II

1. 많은 사람들이 "광야의 상태"라고 부적절하지 않게 불러온 본성이 바로 이런 것입니다. 그러나 우리는 그 본성의 원인이 무엇인가 하는 둘째 질문을 통해 충분히 이해할 수 있을 것입니다. 사실 이러한 원인은 다양합니다. 그러나 그 원인 중에 노골적이고 독단적이며 주권적인 하나님의 뜻을 감히 열거할 수는 없습니다. 주님은 "주의 종들의 번영을 기뻐하시며, 그래서 주님은 인간의 자손들을 괴롭히거나 비탄에 젖게 하는 일을 기뻐하시지 않습니다." 변치 않는 하나님의 뜻은 "성령 안에서 누리는 화평과 기쁨을" 수반한 우리의 성화(sanctification)입니다. 이런 것들은 하나님께서 주시는 값없는 선물이며, 하나님은 "하나님의 은혜로운 선물을 하나님 편에서 아낌없이 주신다"는 사실을 확신하고 있습니다. 하나님께서는 주신 것에 대해 후회하지 않으시며, 우리에게 주신 것을 다시 빼앗지도 않으십니다. 그러므로 하나님께서는 어떤 사람이 말하듯이 우리를 결코 버려두시지 않습니다. 단지 우리가 하나님을 버리는 것입니다.

(I) 2. 내적인 어두움을 일으키는 가장 일반적인 원인은 여러 가지 종류의 죄입니다. 보통 불행을 불러오는 원인은 죄입니다. 첫째, 범법(commission)의 죄에 대해 말하려고 합니다. 이 죄는 종종 순간적으로 영혼을 어둡게 하는 것으로 생각됩니다. 특별히 그 죄는 자기가 알고 있거나 의도적이거나 교만의 죄일 경우에는 더욱 그렇습니다. 예를 들면 만일 지금 하나님의 얼굴의 밝은 빛 가운데 행하는 사람이 술에

취하거나 부정하게 되며 또 다른 행위를 저지른다면 그가 바로 그 시간에 전적인 어두움에 빠지게 된다는 사실은 별로 이상한 일이 아닙니다. 하나님께서 바로 그 순간 용서의 자비를 보여주심으로써 그러한 행위를 막아 주시는 경우는 대단히 희귀합니다. 그러나 일반적으로 하나님의 선하심에 대한 남용, 하나님의 사랑에 대한 크나큰 모욕은 즉시 하나님으로부터의 소외나 마음에 느낄 수 있는 어두움을 가져옵니다.

3. 그러나 그들이 하나님의 빛 가운데 거하는 동안 하나님께 매우 염치없게 거역하거나 하나님의 풍성하신 선하심을 거역하는 경우가 그렇게 흔하지는 않다고 생각됩니다. 그 빛은 태만의 죄에 굴복함으로써 더욱더 그 빛을 자주 잃어버리게 됩니다. 이것은 즉각적으로 성령을 소멸시키는 것이 아니라 점차적으로 그리고 서서히 성령을 소멸시키는 것입니다. 전자는 물을 불에다 쏟아붓는 것에 비유할 수 있으며, 후자는 불에서 연료를 제거하는 것에 비유할 수 있습니다. 하나님께서 우리에게서 떠나가시기 전에 자애로우신 성령은 자주 우리의 태만을 꾸짖으십니다. 많은 내적인 견제와 은밀한 경고를 하나님께서 주시게 됩니다. 그래서 단지 고의적으로 계속되는 일련의 태만의 죄만이 우리를 전적인 어두움 속으로 이끌어 갑니다.

4. 아마 태만의 죄보다는 은밀한 기도를 등한시하는 것이 이러한 경우를 더 자주 일으킵니다. 은밀한 기도의 결핍은 어떤 다른 의식으로도 보충할 수 없습니다. 영혼 속에 있는 하나님의 생명은 우리가 만일 하나님과 사귈 수 있는 모든 기회를 유용하지 않는다면, 그리고 하나님 앞에서 우리의 심금을 토로하지 않는다면 자라지 못하는 것은

물론이요. 지속하지도 않는다는 것은 명백합니다. 그러므로 우리가 기도하는 일을 등한히 한다면 또는 우리의 직업, 교우 관계, 취미 생활로 인해 영혼의 비밀한 수행(secret exercises)이 방해된다면(결과적으로는 같은 일이 되겠지만 대수롭지 않게 생각하여 불성실한 태도로 기도한다면), 그 생명은 분명히 부패하고 말 것입니다. 우리가 오랫동안 또한 자주 기도를 중단한다면 그 생명은 점차적으로 소멸될 것입니다.

5. 신자들의 영혼을 어두움 속으로 자주 빠뜨리는 태만의 또 다른 죄는 유대인들의 율법에서도 아주 강하게 요구됩니다. 그것은 "너는 네 형제를 마음으로 미워하지 말며 이웃을 인하여 죄를 당하지 않도록 그를 반드시 꾸짖으라"는 말씀입니다. 여기서 우리가 자신의 마음속에 "형제를 미워하거나 또 죄를 범하는 그를 보고 견책하지 않고 그가 죄를 짓도록 내버려 둔다면, 이것은 곧 우리의 영혼을 빈약하게 만들 것입니다." 그 결과 우리는 그의 죄에 동참하는 자가 됩니다. 우리의 이웃을 견책하는 일을 게을리함으로써 그들의 죄가 우리의 죄가 됩니다. 우리가 하나님 앞에서 그 죄에 대한 책임을 지게 됩니다. 우리가 이웃의 위험을 보고도 어떤 경고도 하지 않았기 때문입니다. 그래서 "그가 자기 죄 때문에 죽게 된다면" 하나님께서는 "우리의 손에서 그의 핏값을" 정당하게 요구하실 것입니다. 이와 같이 성령을 슬프시게 한다면 우리가 하나님의 얼굴의 광채를 잃어버리게 되는 것은 당연한 일입니다.

6. 능력을 잃어버리게 되는 셋째 원인은, 어떤 내적인 죄에 굴복하는 경우입니다. 예를 들면 우리는 "마음이 교만한 자를 여호와께서 미워하신다"는 말씀을 알고 있습니다. 비록 마음속에 있는 이러한 교

만이 외적인 언행으로는 나타나지 않을지라도 말입니다. 평안과 기쁨으로 가득 찬 영혼이 악령의 유혹에 얼마나 쉽게 넘어가고 있습니까? 그가 실제로 소유한 이성으로 은혜와 지혜와 능력을 소유한다고 생각하는 것이 과연 자연스러운 일입니까? 그가 "분수에 넘치는 생각을 하는 것이" 과연 자연스러운 일입니까? 자기가 이미 받은 것을 받지 않은 것처럼 꾸미며 찬사를 받는 것이 과연 자연스러운 일입니까? 그러나 하나님께서는 끊임없이 "교만한 자를 비웃으시며 겸손한 자에게 은혜를 베푸신다"는 것을 생각한다면 이러한 행동은 이전에 우리의 심중에 비추었던 빛을 비록 완전히 소멸시키는 것은 아니라고 할지라도 분명히 어둡게 하는 행위임에 틀림없습니다.

7. 그 발단이나 이유가 무엇이든지 간에 똑같은 결과가 분노에 여지를 제공함으로써 발생하게 될 것입니다. 그뿐만 아니라 그러한 분노가 비록 "진리를 위한 열정"이나 "하나님의 영광을 위한 열정"이라는 구실이 된다고 할지라도 그것은 마찬가지입니다. 사랑의 열정 이외에 모든 열정은 세속적이고, 육욕적이며, 악마적입니다. 그것은 분노의 불꽃입니다. 그것은 단순히 죄에 젖은 분노, 그 이상도 아니고 그 이하도 아닙니다. 온유하고 관대하신 하나님의 사랑에 대해 이보다 더 큰 적은 없습니다. 그들은 한마음 속에 공존하지도 못하고 그렇게 행할 수도 없습니다. 분노가 커지는 사실에 반해서 사랑과 성령에 의한 기쁨은 감소됩니다. 이런 일은 특히 무례하게 행할 때 분명하게 나타납니다. 즉 우리 형제들 가운데 어떤 사람에게나 분노하는 일, 사회적이거나 종교적인 유대를 통하여 맺어진 형제들 가운데 누구에게나 분노하는 일이 그것입니다. 만일 한 시간 동안이라도 정신이 이를 막지 못하여 무례한

일에 굴복당하면 우리는 성령의 사랑스러운 영향을 상실해 버립니다. 따라서 그들을 개심시키기는커녕 자신을 망치게 되고 우리를 공격해 오는 원수의 희생물이 되고 맙니다.

8. 그러나 우리가 사탄의 유혹을 알고 있다고 가정할지라도 우리는 또 다른 진영으로부터 공격을 받게 됩니다. 격정과 분노는 잠자고 단지 사랑만이 깨어 있을 때면 우리는 우리의 영혼을 위태롭게 하는 욕망에 빠질지도 모릅니다. 이것은 우리의 마음을 어둡게 하는 것입니다. 이것은 어리석은 욕망, 헛되고 과도한 열정의 분명한 결과입니다. 가령 우리가 세상의 물건이나 어떤 인물이나 태양 아래 어떤 일에 우리의 애정을 기울인다면, 또한 우리가 하나님이나 하나님을 섬기는 것 외에 다른 것을 욕망한다면, 또한 어떤 피조물 속에서 행복을 구한다면 질투하시는 하나님께서는 분명히 우리와 대적하실 것입니다. 왜냐하면 하나님께서는 다른 어떤 경쟁자도 용납하시지 않기 때문입니다. 그리고 우리가 만약 경고하시는 하나님의 음성을 듣지 않고 우리의 온 심령이 하나님께로 돌아오지 않는다면, 또 우리가 계속해서 우리의 우상으로 인해 주님을 슬프시게 하고 다른 신들을 추종하게 된다면 우리는 즉시 냉랭하고 황폐하며 메마르게 될 것입니다. 그리고 이 세상의 신은 우리의 마음을 눈멀게 하고 어둡게 할 것입니다.

9. 그러나 우리가 어떤 실질적인 죄에 굴복하지 않을 때라도 사탄은 끊임없이 그런 짓을 합니다. 만일 우리가 "우리에게 주어진 하나님의 은사를 불일 듯 일으켜 세우지" 않는다면, 그리고 우리가 "좁은 문으로 들어가려고 끊임없이 애쓰지" 않는다면, 우리가 "승리를 위하여

힘을 모아 싸우는 일"에 열심을 내지 않고 공격하는 자들이 하늘나라를 점령한다면, 그것만으로도 충분히 사탄에게 유리한 입장을 부여해 주는 것이 됩니다. 싸움이 필요 없다고 생각하는 것에 불과하다면 우리는 반드시 정복되고 말 것입니다. 관심을 두지 않거나 "우리의 마음이 쇠잔해"지도록 해봅시다. 그리고 완만하며 태만해지도록 해봅시다. 그러면 본래적인 어두움이 즉시 되살아나고, 그것이 우리의 영혼 속에 퍼지게 될 것입니다. 그러므로 우리가 정신적인 태만에 굴복한다면 그것으로 족하고, 결과적으로 우리의 영혼은 어둡게 될 것입니다. 이것이 빨리 오지 않는다고 할지라도, 살인이나 음행과 같이 하나님의 빛을 분명히 소멸시키고 말 것입니다.

10. 그러나 우리의 어두움의 원인이 (태만의 죄든 범죄든지 간에 또한 내적인 죄든 외적인 죄든지 간에) 꼭 가깝게 있는 것은 아닙니다. 때로는 현재의 괴로움을 초래하게 된 죄가 상당히 먼 거리에 떨어져 있을 수도 있습니다. 그것은 며칠 혹은 몇 주 혹은 몇 달 전에 범한 것인지도 모릅니다. 그래서 그렇게 오래전에 지은 죄 때문에 하나님께서 하나님의 빛과 평화를 지금 거두어 가시는 것이 (어떤 사람이 처음으로 상실했던 일인지는 모르겠지만) 하나님의 엄격한 권고가 아니라 오히려 하나님의 인내와 깊은 자비를 입증해 주는 것입니다. 우리가 잘못되었던 것을 알고 인정하고 바로잡기를 그분은 지금까지 오랫동안 기다리셨습니다. 그가 이렇게 하지 않는다면 하나님께서는 마침내 불쾌함을 나타내시며 우리를 회개하도록 하실 것입니다.

(II) 1. 어두움에 빠뜨리는 또 다른 일반적인 원인은 무지입니다.

이 무지에도 마찬가지로 여러 가지 종류가 있습니다. 사람들이 성서를 알지 못할지라도 구약이나 신약에 예외 없이 모든 신자들이 때때로 어두움에 빠진다는 구절이 있다는 것을 생각한다면 이러한 무지의 결과를 책임져야 합니다. 그리고 이것이 우리 사이에서는 얼마나 일반화된 사실입니까! 이것을 예상하는 사람이 거의 없지 않습니까! 그들이 이것을 예상하도록 교육을 받았으며, 그들의 지도자들이 그들을 그런 식으로 지도하고 있다는 사실을 생각할 때 이것은 놀라운 일이 아닙니다. 로마 교회의 신비주의적인 작가뿐만 아니라 우리 교회의 영적이며 경험적인 대다수의 작가들은 (이전 세기의 극히 소수의 사람들을 제외하고는) 의심의 여지 없는 확신을 가지고 분명히 성서적인 교리로써 이것을 설정하였으며, 또한 그것을 입증하기 위하여 많은 성구들을 인용하였습니다.

2. 영혼 안에서의 하나님의 역사하심에 대해 무지한 것 역시 빈번히 이러한 어두움을 일으킵니다. 사람들은 (왜냐하면 그들은 특히 로마 교회의 작가들에게 교육을 받아 너무나 많은 청교도들이 그 작가들의 그럴듯한 주장을 검토하지도 않고 받아들였기 때문입니다) 그들이 항상 찬란한 믿음 속에서만 살 수는 없다고 생각합니다. 이런 생활은 단지 저급한 생활 방법이고 그들이 한층 더 고상한 생활을 하려면 분별 있는 위로에서 떠나 적나라한 믿음으로(성령 안에서의 사랑, 평화, 기쁨이 박탈당한 의미에서 적나라하다는 뜻일 것입니다) 살아야 합니다. 사람들의 빛과 기쁨의 상태도 좋지만 어두움과 메마른 상태가 더욱더 좋다는 것이며, 우리가 교만이나 세상적인 사랑, 그리고 과도한 자기애로부터 깨끗해질 수 있는 것은 오직 이렇게 무지함으로써만 가능하다는 것이고, 그리하여 사람들은 우리가 항상 빛 가운데서 살아야 할 것을 기대하지도 말고 바라지도

말아야 한다고 생각합니다. (다른 이유가 있겠지만) 로마 교회의 대부분의 경건한 사람들은 어둡고 불안한 생활을 하였습니다. 그리고 그들이 한때 하나님의 빛을 받았다고 할지라도 곧 그것을 상실하였습니다.

(III) 1. 이러한 어두움의 세 번째 일반적인 원인은 유혹입니다. 주님의 촛대가 우리의 머리 위에 처음으로 비출 때는 유혹은 빈번히 달아나고 아주 사라집니다. 하나님께서 우리의 적들과 평화롭게 하여 주시는 동안에는 모든 것이 내적으로 평온하고 역시 외적으로도 평온할 것입니다. 그때 우리가 이제는 싸움이 없게 되리라고 생각하는 것은 아주 자연스러운 일입니다. 그래서 이 평온은 몇 주간은 물론 몇 달, 몇 년 동안이나 계속 유지되는 경우도 있습니다. 그러나 일반적으로는 오히려 그 반대입니다. 즉시 "바람이 불고, 비가 내리고, 홍수가 다시 밀려옵니다." 성자와 성부도 모르고, 결과적으로 하나님의 자녀들을 미워하는 사람들은, 하나님께서 그들의 입에 물린 재갈을 풀 때 여러 가지로 그들의 증오를 나타낼 것입니다. "육을 따라 난 사람이 영을 따라 난 사람을 박해한 것과 같이 지금도 그렇다"라는 옛 말씀처럼 똑같은 원인이 지금도 똑같은 결과를 나타내고 있습니다. 마음속에 아직 남아 있는 악이 또다시 새롭게 활동할 것이며, 그 외에 분노와 고통의 많은 원인들이 솟아나려고 할 것입니다. 동시에 사탄은 매서운 창을 던질 것이며, 영혼은 이 세상뿐만 아니라 "혈육을 가진 인간과 악마의 지배와 권력과 이 시대를 다스리는 어두움의 세력과 하늘에 있는 허다한 악한 영들을 상대로" 싸워야만 할 것입니다. 그래서 그렇게 다양한 공격들이 즉각적으로 가장 난폭하게 전개될 때 나약한 신도들에게 괴로움뿐만 아니라 어두움이 일어난다고 해서 이상할 것은 없습니다. 그들이 마음

에 경계하고 있지 않는다면 이러한 공격들이 있으리라고 예상하지 않 았을 때 순식간에 일어납니다. 그 일이 닥쳐오리라고 아무것도 기대하지 않고, "재앙의 날은 이제 더 이상 돌아오지 않으리라"고 자위하는 경우에는 더욱 그렇습니다.

    2. 마치 우리가 모든 죄에서 정결하게 된 것처럼, 이전에 우리 자신을 너무 높이 평가하고 있었다면, 마음속에 일어나는 이러한 유혹의 힘은 대단히 강렬하게 될 것입니다. 그런데 우리의 처음 사랑으로 마음이 뜨거워져 있는 동안은 이렇게 생각하는 것이 자연스러울지도 모릅니다. "하나님께서 권능으로 믿음의 역사를 우리 가운데 성취하셨다"는 사실을 우리가 얼마나 쉽게 믿습니까? 우리가 죄를 전혀 느끼지 못하였기 때문에, 자신에게 죄가 전혀 없고 영혼은 온통 사랑으로 차 있다고 얼마나 쉽게 믿습니까? 우리가 정복했을 뿐만 아니라 살해했다고 생각했던 적으로부터 오는 날카로운 공격이 우리의 영혼에 많은 괴로움을 던져 주고, 때로는 전적인 어두움으로 우리를 던지게 될지도 모릅니다. 우리가 단순한 신앙을 통해 즉시 하나님께 부르짖고 자신을 내맡기는 대신에 이러한 대적들과 상의하려고 할 때 더욱 그렇습니다. 그것은 하나님만이 "시련으로부터 구원하실 방법을 아시기 때문입니다."

III

    이런 것들이 어두움의 통상적인 원인입니다. 이제 우리는 이것을 무엇으로 치료할 수 있는가를 묻게 됩니다.

1. 치료 방법이 한 가지뿐이며 모든 경우에나 똑같다고 생각하는 것은 대단히 치명적인 잘못입니다. 그러나 이러한 잘못은 경험 있는 기독교인이라고 자처하는 많은 사람들에게도 대단히 일반적이며, 스스로 이스라엘 사람의 선생이며 타인의 영혼을 지도하는 자라고 자부하는 많은 사람들에게도 매우 일반적인 사실입니다. 따라서 병의 원인이 무엇이든지 간에 그들은 한 가지 약밖에는 모르고, 그것밖에 사용할 줄 모릅니다. 그들은 즉시 소위 복음을 전하기 시작합니다. 위로를 주는 것이 그들이 목표로 하는 유일한 초점입니다. 이 목적을 달성하기 위하여 그들은 가련하고 무력한 죄인에 대한 하나님의 사랑에 대하여, 또한 그리스도의 보혈의 효력에 대하여 매우 부드럽고 관대한 일들을 말합니다. 그러나 이것은 임시변통에 불과할 뿐이며 가장 나쁜 종류의 방법입니다. 왜냐하면 그것이 인간의 육체를 죽이는 것은 아니지만, 하나님의 특별한 자비가 없이는 "그들의 육신과 영혼이 모두 지옥에서 멸망하고 말기 때문입니다." 이렇게 "고르지 못한 칠을 하는 회칠장이들", 이런 약속을 파는 상인에 대해서 적절한 언급을 한다는 것은 대단히 어려운 일입니다. 그들은 무지하였기 때문에 다른 사람들에게 알지도 못하고 부여한 호칭에 잘 어울립니다. 그들은 영적인 거짓 의사들입니다. 결국 그들은 "계약의 죄를 불결한 것으로" 만듭니다. 그들은 이것을 분별없이 모든 것에 적용함으로써 하나님의 약속을 악하게 남용합니다. 그러나 실제로는 육체의 병을 치료하는 것처럼 영혼의 병을 고치는 것은 그 원인이 여러 가지인 만큼 고치는 방법도 여러 가지입니다. 그러므로 **첫째로** 할 일은 그 원인을 발견하는 것이며, 그래야만 자연히 그 치료 방법을 지시할 수 있을 것입니다.

2. 예를 들면 어두움을 가져오는 것이 죄입니까? 무슨 죄입니까? 어떤 종류의 외적인 죄입니까? 당신의 양심은 자신이 하나님의 성령을 슬프시게 하는 어떤 죄를 범했을 때 당신을 고발하는 것입니다. 하나님이 당신에게서 떠나시고, 하나님과 함께하는 기쁨과 평화가 사라지게 되는 까닭이 이 때문입니까? 그렇다면 당신은 가증한 것을 단호히 물리치기 전에는 평화와 기쁨이 다시 찾아오리라고 어떻게 기대할 수 있겠습니까? "악인은 그 길을 버리라", "죄인들아, 너희 손을 깨끗이 하라", "너희의 악행에서 돌이키라", 그리하면 "너희 빛이 어두움 속에서 비쳐오며" 주님께서 다시 오셔서 "풍성한 긍휼을 베푸실 것이다."

3. 만일 아무리 면밀하게 살펴보아도 당신이 자신의 영혼을 가리는 어떠한 죄악도 발견할 수 없다면 그다음에는 하나님과 당신 사이를 분리하는 태만의 죄가 다소라도 있는지를 살펴보십시오. 당신은 "형제의 죄를 묵묵히 참지" 않았습니까? 당신의 면전에서 죄를 짓는 것을 보고 그들을 비난하지 않았습니까? 당신은 하나님의 모든 규례를 따라 삽니까? 공중 기도나 가정 기도, 개인적인 기도를 하고 있습니까? 그렇지 못하고 당신이 잘 알고 있는 의무 가운데 어느 것 하나라도 습관적으로 소홀히 한다면 어떻게 하나님의 빛이 당신에게 끊임없이 비치기를 기대할 수 있겠습니까? 서둘러서 "당신에게 아직 남아 있는 것을 강하게 하십시오." 그러면 당신의 영혼은 살게 될 것입니다. "오늘 당신이 그분의 음성을 듣거든" 하나님의 은혜로 부족한 것을 보충하십시오. 당신이 자신의 배후에서 "이것이 길이다. 너는 이 길을 걸으라"고 말하는 음성을 들을 때에는 여러분의 마음을 완악하게 하지 마십시오. 더 이상 "하늘로부터 오는 부르심을 거슬러서는" 안 됩니다. 태만의 죄든

지 범법의 죄든지 간에 죄가 제거되기까지는 거짓이며 기만입니다. 그것은 겉만 치료하고 속은 여전히 상한 채 염증을 일으키는 것입니다. 당신이 하나님과 함께 평안을 누리기 전에는 마음의 평안을 찾을 수 없습니다. 그 평안은 "회개에 합당한 열매" 없이는 누릴 수 없습니다.

4. 아마도 여러분은 성령 안에서 당신의 모든 평화와 기쁨을 방해하는 태만의 죄에 대해서 조금도 의식하지 못하고 있을 것입니다. 그렇다면 쓰라림의 근원이 되는 내적인 죄가 마음속에서 일어나 당신을 괴롭히는 일이 없다는 말입니까? 당신의 영혼이 메마르고 황폐한 것은 당신의 마음이 "살아 계신 하나님으로부터 떨어져 있기" 때문이 아닙니까? "교만의 발걸음이 당신을 해치러" 다가오지는 않습니까? 당신은 "분수에 넘치는 생각을" 자신에 대해 해본 적은 없습니까? 당신은 어떤 점에서 "자신의 그물에 제사하며 자신의 투망 앞에 분향"하지 않았습니까? 당신이 어떤 일에 성공했을 때 그것이 자신의 용기와 힘과 지혜 때문이라고 생각하지 않았습니까? 당신은 "이미 받은 것을 받지 않은 것처럼" 자랑하지는 않았습니까? 당신은 "우리 주 예수 그리스도의 십자가 외의" 다른 어떤 것에 영광을 돌리지는 않았습니까? 당신은 사람들의 칭찬을 추구하고 그것을 열망하지는 않았습니까? 당신은 그러한 칭찬에 즐거워하지는 않았습니까? 만약 그렇다면 당신이 가야 할 길을 알고 있습니다. 만일 당신이 교만에 빠져 있다면 "하나님의 손길로 스스로 낮추십시오. 그러면 주님께서 여러분을 높이실 것입니다." 당신은 분노에 여지를 줌으로써 하나님께서 당신에게서 떠나가시도록 강요하지는 않았습니까? 당신은 "불경한 자 때문에 스스로 성내지" 않았습니까? 혹은 "행악자로 인하여 투기하지" 않았습니까? 당신은 형제의 죄

를 보고 (사실이든 상상이든지 간에) 형제에게 화낼 정도로 당신의 마음이 그들에게서 떠남으로써 위대한 사랑의 율법에 대하여 죄를 범하지 않았습니까? 그렇다면 주님을 바라보십시오. 그러면 당신에게 새로운 능력이 소생할 것이며, 까다롭고 냉담한 모든 마음이 사라질 것입니다. 또한 사랑과 평안과 기쁨이 모두 회복되고, 다른 사람들과 항상 서로 친절하게 지낼 수 있을 것입니다. 그리고 "하나님께서 그리스도 안에서 여러분을 용서하신 것같이 서로서로 관용하며 용서하는 심정"을 가질 수 있을 것입니다. 당신은 어떤 어리석은 욕망, 즉 어떤 종류이건 어떤 정도이건 간에, 과도한 애정에 굴복하지는 않았습니까? 만일 그랬다면 당신의 우상을 끊어버리지 않고서야 어떻게 하나님의 사랑이 마음속에 자리 잡을 수 있겠습니까? "자기 자신을 속이지 마십시오. 하나님은 조롱을 받으실 분이 아닙니다." 하나님은 분쟁이 있는 마음에 거하실 수 없습니다. 그러므로 여러분의 마음에 "들릴라"를 품는 한, 하나님께서 계실 곳은 없습니다. 여러분이 오른쪽 눈을 빼 던지기 전에 하나님의 빛을 다시 회복할 수 있다고 기대하는 것은 허사입니다. 더 이상 지체하지 마십시오! 하나님께서 당신에게 그렇게 해주실 수 있도록 그분께 부르짖으십시오! 자신의 무력함과 무능함을 탄식하십시오! 주님의 도우심으로 좁은 문으로 들어가십시오! "천국을 힘써 빼앗으십시오!" 하나님의 지성소에서 모든 우상을 내던지십시오! 그러면 주님의 영광이 곧 나타날 것입니다.

5. 대개 여러분의 영혼을 어둠에 빠뜨리는 것은 노력의 결핍, 정신적인 태만, 바로 그것입니다. 당신은 그러한 대륙 안에서 평안히 살고 있습니다. 당신의 해안선에는 싸움이 전혀 없습니다. 그래서 당신은

평온하고 관심도 없습니다. 당신은 겉으로만 의무를 지키는 평탄한 길에 주저앉아 거기에 머무르는 것에 만족하고 있습니다. 그러는 동안 당신의 영혼이 죽었다는 사실에 놀라게 될 것이 아닙니까? 주님 앞에서 생기를 되찾으십시오! 일어나 먼지를 털어 버리십시오! 강력한 복을 얻기 위해 하나님과 씨름해 보십시오! 기도로써 하나님께 당신의 영혼을 쏟아 놓으며 불굴의 노력으로 그것을 계속하십시오! 잠에서 깨어나십시오! 그리고 계속 깨어 있으십시오! 그렇지 못할 때 아무것도 기대할 수 없으며, 당신은 하나님의 빛과 생명으로부터 점점 소외될 것입니다.

6. 만일 자신을 철저히 그리고 가장 공정하게 검토해 본 결과 당신이 현재로는 정신적인 태만이나 어떤 다른 내적이며 외적인 죄에 굴복했다는 것을 발견할 수 없으면, 그때에는 과거를 회상해 보십시오! 당신이 예전에 가졌던 기질과 말과 행동을 생각해 보십시오. 이것들이 주님 앞에서 옳았습니까? "자리에 누워 주님과 교통하며 잠잠하십시오." 주님께서 당신의 마음의 근원을 살펴보시도록 주님께 구하십시오. 어느 때이건 하나님의 영광의 길을 거역한 일이 있는가를 기억해 보십시오. 만일 회개하지 않은 어떠한 죄책이라도 당신의 영혼에 남아 있다면 당신은 회개함으로써 새롭게 되고 "죄와 더러움을 씻기 위해 있는 샘"에서 믿음으로 씻음을 받을 때까지 어두움 속에 있을 수밖에 없습니다.

7. 만일 병의 원인이 죄가 아니라 무지라고 한다면 치료 방법이 전적으로 달라질 것입니다. 그것은 성서에 대한 무지, 즉 무지한 주석가들 때문에 일어난 무지일지도 모릅니다. 그들이 여러 가지 특수한 점에서는 박학다식할지 모르지만 적어도 이 점에 있어서만은 무지한 것

입니다. 이런 경우에 우리가 무지로부터 발생한 어두움을 제거하려고 한다면 바로 그 무지 자체가 제거되어야만 하는 것입니다. 우리는 잘못 이해해 왔던 성서의 참뜻을 밝히지 않으면 안 됩니다. 내 계획은 이런 식으로 해석되어 온 모든 성서 구절을 다 고찰하려는 것은 아닙니다. 나는 모든 믿는 자들이 조만간에 "어두움 가운데서 행할 수밖에" 없다는 사실을 입증하기 위해 흔히 인용되는 두서너 구절만을 언급하려 합니다.

8. 이들 중의 한 구절은 이사야서 50장 10절의 말씀입니다. "너희 중에 여호와를 경외하며 그의 종의 목소리를 청종하는 자가 누구냐. 흑암 중에 행하여 빛이 없는 자라도 여호와의 이름을 의뢰하며 자기 하나님께 의지할지어다." 그러나 본문이나 그 상황으로부터 고찰해 볼 때 여기에 언급된 인물이 이전에 빛을 소유했었다고 어떻게 증명할 수 있겠습니까? 죄를 자각하고 있는 자는 "주님을 두려워하고 그의 종의 목소리에 귀를 기울입니다." 한 사람의 영혼은 지금도 어두움에 잠겨 있고 하나님의 얼굴의 광채를 보지 못했으나, 그럼에도 불구하고 "주의 이름을 의지하고 그의 하나님께 끊임없이 거하도록" 그에게 권면하지 않으면 안 됩니다. 그러므로 이 본문은 그리스도를 믿는 자도 "때로는 어두움 속을 걸어갈 수밖에 없다"는 사실을 입증하는 데 불과합니다.

9. 똑같은 교훈을 말하는 또 다른 본문은 호세아서 2장 14절입니다. "그러므로 보라 내가 그를 타일러 거친 들로 데리고 가서 말로 위로하리라." 이 말씀에서 생각할 수 있는 것은 하나님이 모든 믿는 자들을 광야로, 즉 죽음과 암흑의 상태로 이끌고 갈 것이라는 사실입니

다. 그러나 이 말씀이 조금도 그런 뜻을 의미하지 않는 것은 분명합니다. 왜냐하면 이 말씀이 전혀 특정한 신자에 대해 말했다고는 볼 수 없기 때문입니다. 그것은 분명히 유대 민족을, 아마 그 민족만을 언급한 것 같습니다. 비록 특정한 사람에게 적용된다 할지라도 그 분명한 뜻은 다음과 같습니다. "나는 사랑으로 그를 이끌리라. 그다음으로 그의 죄를 자각시키리라. 그리고 나의 용서하는 자비로 그를 위로하리라."

10. 똑같은 추론을 가져오게 하는 세 번째 성구는 위에서 이미 인용했던 말씀입니다. 즉 "지금은 너희가 근심하나 내가 다시 너희를 보리니 너희 마음이 기쁠 것이요 너희 기쁨을 빼앗을 자가 없느니라." 이 말씀은 "하나님께서 잠시 후에는 모든 믿는 자들로부터 떠나실 것이며, 믿는 자들이 이런 슬픔을 맛보지 못한다면 사람들에게서 빼앗을 수 없는 기쁨을 소유하게 되지 못할 것이라"는 뜻을 의미한다고 생각해 왔습니다. 그러나 이 구절의 전체적인 상황을 고려해 볼 때 여기에서 우리 주님은 다른 사람들에게가 아니라 사도들에게 개인적으로 말씀하신다는 사실이 드러납니다. 또한 주님은 특정한 사건, 즉 자신의 죽음과 부활에 대해서 말씀하고 있습니다. "조금 있으면 너희가 나를 보지 못한다." 다시 말해서 "내가 무덤 속에 있게 된다." "그러나 다시 잠시 후에 나를 보게 될 것이다. 그때에는 내가 죽은 자들 가운데서 다시 살아나기 때문이다. 너희는 울고 애통하겠으나 세상은 기뻐할 것이다. 그러나 너희가 슬픔에 싸여도 그 슬픔이 기쁨으로 변할 것이다." "지금은 너희가 수심에 싸여 있다." 왜냐하면 내가 지금 너희에게서 떠나게 되기 때문이다. 그러나 내가 부활한 후에 "너희를 다시 만나게 될 것이다." 너희의 마음은 기쁨으로 충만하게 될 것이며, 그때에는 너희에

게 준 "그 기쁨을 빼앗을 사람이 없을 것이다." 우리가 알고 있는 이 모든 사실은 사도들에게 특별한 경우에만 문자 그대로 성취되었습니다. 그러나 여기에서 하나님께서 모든 신자들에게 이와 똑같이 취급하신다고 추론할 수는 없습니다.

11. (더 이상 설명하지는 않겠지만) 똑같은 교리를 증명하기 위해 흔히 인용하여 온 네 번째 본문은 베드로전서 4장 12절입니다. "사랑하는 이들이여, 여러분을 시험하기 위하여 시련의 불길이 여러분 가운데 일어나더라도 무슨 이상한 일이나 생긴 것처럼 놀라지 마십시오." 이것도 앞선 예처럼 그 요점과는 아주 무관한 것입니다. 문자 그대로 제시된 본문은 다음과 같습니다. "사랑하는 이들이여, 여러분들 중에서 불같은 일이 있거든 이상하게 생각하지 마십시오. 그것은 여러분을 시험하기 위해서입니다." 그렇다면 이 말이 내적인 시련에 적용될 수 있다고 할지라도 그것은 이차적인 의미이며, 본래 의미는 의심할 필요도 없이 순교에 대한 말이고, 순교와 관련된 고난에 대한 말입니다. 그러므로 이 성구도 역시 인용된 목적에 대해서는 전혀 의미가 없는 것입니다. 그리하여 우리는 구약이건 신약이건 간에 이것보다 더 나은 하나의 성구라도 있다면 인용해 보라고 모든 사람들에게 도전할 수 있을 것입니다.

12. 그러나 영혼을 위해서는 어두움이 빛보다 훨씬 유익한 것이 아닙니까? 마음속에서의 하나님의 역사는 내적인 고통을 당하고 있는 동안 가장 신속하게, 그리고 효과적으로 수행되지 않겠습니까? 믿는 자들은 기쁨보다는 슬픔에 의해, 즉 보다 신속하게 그리고 철저하게 순결해지지 않을까요? 즉 끊임없는 평화보다는 고민과 고통과 괴로움과

정신적인 순교가 훨씬 유익하지 않을까요? 신비주의자들은 이런 식으로 가르치며 책에다 이렇게 기록하지만, 그것은 하나님의 말씀에 근거한 가르침은 아닙니다. 하나님의 부재하심이 우리 마음속에서 하나님의 역사를 가장 완전하게 한다는 말은 성서 어느 곳에도 없습니다. 도리어 하나님의 임재와 성부와 성자와의 분명한 교통을 밝히고 있습니다. 이런 사실에 대한 강력한 인식은 한 시대 동안 하나님의 부재보다, 비록 한 기간 동안이라 할지라도 더욱 효과적입니다. 성령 안에서의 기쁨은 그 기쁨이 없는 것보다는 훨씬 효과적으로 영혼을 정결하게 할 것입니다. 그래서 하나님의 평안은 세속적인 감정의 불순물로부터 영혼을 정결케 하는 최상의 수단이 됩니다. 그렇다면 하나님의 나라가 둘로 쪼개져 있다든가, 하나님의 평화나 성령에 의한 기쁨이 의로워지는 데 장애물이 된다든가 하면서, 또한 우리가 구원을 받은 것은 신앙에 의해서가 아니라 불신에 의해서라든가, 희망에 의해서가 아니라 절망에 의해서라든가 하는 식의 우매한 독선을 버리십시오.

13. 사람들이 이와 같은 망상에 빠져 있는 한 그들은 당연히 "어두움 속에 행할" 수밖에 없습니다. 그래서 원인이 제거되기 전에는 결과가 중단될 리 없습니다. 그러나 우리는 원인이 제거되어 있지 않을 때라도 결과가 즉시 종식되리라고 생각해서는 안 됩니다. 무지나 죄 때문에 어두움이 생겼을 때 그중에서 어느 것이 제거되었다고 할지라도 지금까지 장애를 받았던 빛이 즉시 회복될 수 없습니다. 그것은 하나님께서 값없이 주시는 선물이기 때문에 하나님께서 조만간 기뻐하실 때 그 빛을 회복시켜 주실 것입니다. 죄를 지었을 경우 그 빛이 즉시 회복되리라고 생각하는 것은 합리적이지 못합니다. 죄는 형벌 이전에 시작되었

습니다. 그러므로 죄가 없어진 후에도 형벌은 남아 있을 것입니다. 이것은 사물의 자연적인 법칙에서도 같습니다. 화살이 살 속에 박혀 있는 한 상처는 치료되지 못합니다. 또 그 화살촉이 뽑히자마자 상처가 낫는 것도 아닙니다. 고통과 아픔은 그 후에도 오랫동안 남아 있습니다.

     14. 마지막으로, 만일 어두움이 다양하고 격심하고 예기치 않은 유혹 때문에 생겼다고 한다면 이를 제거하거나 방지하는 최선의 방법은 그들이 악한 세상에 살고 있고, 사악하고 교활한 악령들 사이에 살아야 하고, 모든 악을 행할 수 있다는 사실로 비춰 보아 믿는 사람들에게는 언제나 시험이 있다는 것을 예상하도록 가르쳐야만 합니다. 또한 그들이 생각하는 바와 같이 성화의 온전한 역사는 단번에 이루어지지 않는다는 사실을 깨닫게 해야 합니다. 그들은 처음 믿었을 때 갓 태어난 어린아이에 불과하였습니다. 그러나 그가 점차 성장해 가면서 그리스도의 장성한 분량에 이르기까지 수많은 폭풍우를 예상해야만 할 것입니다. 무엇보다도 그들에게 가르쳐 주어야 할 것은 그들에게 모진 강풍이 불어닥칠 때라도 사탄과 상의하지 말고 오직 기도할 뿐이며, 하나님 앞에 그들의 영혼을 쏟아 놓고 그들의 고민을 주님 앞에 내어놓도록 가르쳐야 합니다. 주로 이런 사람들에게 우리는 위대하고 귀중한 약속을 적용할 수 있습니다. 무지한 사람에 대해서는 그 무지가 제거되기 전에 이것을 적용할 수 없을 것이며, 하물며 회개하지 않는 죄인들에게는 더욱 그럴 것입니다. 이런 사람들에 대해서 우리는 아낌없이 또한 깊은 애정으로 우리 주 하나님의 마음을 알려 주며, 예부터 변하지 않고 계속되는 하나님의 온유한 자비를 상세히 설명해 주어야 할 것입니다. 이렇게 행할 때 비로소 우리는 하나님의 신실하심에 거하게 되며, 하나

님의 말씀에 최선을 다하고, 그리고 "우리가 모든 죄악에서 정결하게 되기 위하여" 우리를 위해 흘린 보혈의 공로 속에 거하게 될 것입니다. 그러면 하나님은 하나님 자신의 말씀을 입증하시게 되며, 우리의 영혼을 고통에서 구원하실 것입니다. 하나님은 "일어나라. 빛을 발하라. 이는 네 빛이 이르렀고 여호와의 영광이 네 위에 임하셨음이니라"고 말씀하실 것입니다. 그뿐만 아니라 만일 여러분이 겸비하게 하나님과 함께 걷는다면 그 빛은 "점점 밝아져서 밝은 대낮과 같이 빛날 것입니다."

41

여러 가지 시험을 통한 근심
Heaviness through Manifold Temptations

수산나 웨슬리
Susanna Wesley(1669~1742)

그러므로 너희가 이제 여러 가지 시험으로 말미암아 잠깐 근심하게 되지 않을 수 없으나 오히려 크게 기뻐하는도다 (벧전 1:6)

1. 바로 앞의 설교에서 나는 한때 하나님의 빛 가운데 거하던 사람들이 빠지게 되는 어두움에 대해서 특별히 말하였습니다. 이것과도 밀접한 관련이 있지만, 믿는 사람들도 일반적으로 영혼의 근심이 있습니다. 하나님의 자녀들은 대부분 비록 강약의 차이는 있지만 이와 같은 근심을 체험합니다. 그런데 어두움과 영혼의 근심은 유사성이 대단히 많기 때문에 이것들을 자주 혼동하게 됩니다. 그래서 우리는 분별없이 "그 사람은 어두움 속에 있다" 혹은 "그 사람은 근심을 겪고 있다"고 말하기 쉽습니다. 두 가지 사실이 똑같은 말로 보일지 모르지만, 사실은 아주 다른 뜻을 가지고 있습니다. 이 둘은 아주 거리가 멀고 매우 큰 차이가 있습니다. 어두움과 마음의 근심은 아주 별개의 것입니다. 전자와 후자는 차이점과 더불어 현격한 거리를 가지고 있고, 본질적인 차이를 가지고 있습니다. 하나님의 자녀들이 이 양자에 대해 깊은 관심을 가지고 이해해야 할 만큼 그 차이는 큰 것입니다. 그 차이를 이해하지 못하면 사람들은 근심에서 어두움으로 쉽게 빠져들 수밖에 없습니다. 이것을 방지하기 위해서 나는 몇 가지 사실을 밝혀 보려고 합니다.

I. 사도가 "여러분이 근심하지 않을 수 없다"고 말한 대상들은 도대체 어떤 태도의 사람들이었는가?

II. 그들은 어떤 종류의 근심 속에 있었는가?

III. 그 원인은 무엇이었는가?

IV. 그 결과는 무엇이었는가?

I

1. 첫째, 나는 사도가 "여러분이 근심하지 않을 수 없다"고 한 대상들은 어떤 태도의 사람들이었는가 하는 문제를 밝히려고 합니다. 그런데 사도가 설교할 당시 그가 언급하였던 사람들이 믿음을 가진 사람들이었다는 점은 논란의 여지가 없습니다. 왜냐하면 그가 이 사실을 분명하게 밝히고 있기 때문입니다. "여러분은 믿음을 통하여 하나님의 권능으로 보호를 받고 있습니다(벧전 1:5)." 또다시 그는 "믿음 때문에 시련받는 것은 불로 연단해도 결국 없어질 금보다 더 귀한 것이어서(벧전 1:7)"라고 말합니다. 다시 그는 "이것은 믿음의 결과인 영혼의 구원을 얻었기 때문입니다(벧전 1:9)"라고 말합니다. 그러므로 그들은 "근심하고" 있었음과 동시에 산 믿음을 소유하고 있었습니다. 그들의 근심이 그들의 신앙을 파괴하지 못했습니다. 그들은 "보이지 않는 그분을 보는 것같이 하여 꾸준히 참았던" 것입니다.

2. 그들의 근심은 평안을 파괴할 수 없었습니다. 그것은 "사람의 지각을 초월한 평안"이었습니다. 또한 진실하고도 산 믿음으로부터 분

리될 수 없는 평안이었습니다. 이러한 사실을 우리는 2절 말씀을 통하여 쉽게 파악할 수 있습니다. 이 구절에서 사도는 은혜와 "평안"이 그들에게 주어질 뿐만 아니라 "풍성하게" 되기를 기도합니다. 그들이 이미 누리고 있는 복이 더욱더 그들에게 풍성하게 주어지기를 기도합니다.

3. 사도가 본문에서 언급하는 사람들은 산 희망으로 가득 차 있었습니다. 왜냐하면 다음과 같이 말하고 있기 때문입니다. "우리 주 예수 그리스도의 아버지 하나님께 찬양을 드립시다. 하나님은 그의 크신 자비로 우리를 다시 나게 하셔서 산 희망을 가지게 하셨습니다(벧전 1:3)." 즉 나와 여러분과 우리 모두의 영혼은 "성령으로 거룩하게" 되었으며, "예수 그리스도의 피 흘림을" 즐거워하였고, 또한 "산 희망에 이르기까지, 상속에 이르기까지", "썩지 않고, 더럽혀지지 않고, 소멸되지 않는" 상속의 산 희망에까지 이르게 되었습니다. 그 결과 그들은 근심함에도 불구하고 불멸에 가득 찬 희망을 유지할 수 있었습니다.

4. 그리고 그들은 "하나님의 영광에 빛나는 희망을 가지고 기뻐하였습니다." 그들은 성령에 의한 기쁨으로 충만해 있었습니다. 그래서 "예수 그리스도의 마지막 재림"에 대해 말하고 나서 (즉 그분이 이 세상을 심판하러 오실 때) 즉시 여기에 첨부하여, "여러분은 그리스도를 본 일이 없으나, 즉 육신의 눈을 가지고는 보지 못하지만, 믿고 있으며 말로 다 표현할 수 없는 영광에 찬 기쁨을 가지고 있다(벧전 1:8)"고 말했습니다. 그러므로 그들의 근심은 산 희망뿐만 아니라 말로 다 표현할 수 없는 기쁨과 일치되는 것입니다. 그들은 이와 같이 근심함에도 불구하고 영광에 찬 기쁨으로 즐거워하였습니다.

5. 근심 가운데에서도 그들은 그들의 마음속에 밝게 비쳐오는 하나님의 사랑을 기뻐하였습니다. 사도는 "여러분은 그리스도를 본 일이 없으나 사랑하고 있다"고 말하고 있습니다. 당신이 얼굴을 맞대고 그분을 본 일이 없었지만 믿음으로 주님을 알며, "내 아들아, 네 마음을 내게 주라"고 하는 주님의 말씀에 순종하였습니다. 그분은 당신의 하나님이시고 사랑이시며 우리의 눈이 바라는 바이며, "지극히 큰 상급이십니다." 당신은 찾고 또 찾아서, 그분에게서 행복을 발견했습니다. 당신은 "주님을 기뻐하고", 그분은 당신의 "마음"에 원하는 바를 주셨습니다.

6. 다시 한번 말하면 그들은 비록 근심하였지만 거룩하였습니다. 그들은 죄를 이길 수 있는 똑같은 능력을 보유하고 있었습니다. 그들은 아직도 "하나님의 능력"으로 죄에서 "보호받고" 있었습니다. 그들은 "예전의 욕망에 따라 살지 않고 순종하는 자녀"처럼 살았습니다. "그들을 부르신 하나님이 거룩하신 것처럼" "모든 행실에 있어서 거룩하였습니다." 그들은 "점 없고 흠 없는 어린양 같은 그리스도의 존귀한 피로 구원받았다"는 것을 깨닫고, 하나님 안에서 소유한 믿음과 희망을 통해서 "성령으로 그 영혼을 정결케 하였습니다." 그 결과 그들은 근심 속에서도 믿음과 희망과 하나님과 인간에 대한 사랑, 하나님의 평안과 성령 안에서의 기쁨, 또한 내적이고 외적인 거룩함을 대체로 유지할 수 있었습니다. 그들의 근심은 마음속에 있는 하나님의 역사의 어느 한 부분도 해칠 수 없었으며, 하물며 파괴할 수조차 없었습니다. 그로 인해 모든 참된 순종의 근원이 되는 "성령으로 성화되는 것"을 방해할 수도 없었습니다. 또한 마음을 지배하는 은혜와 평안으로부터 필연적으로 열매 맺어야 하는 행복을 방해할 수도 없었습니다.

II

1. 그러므로 우리는 그들이 당했던 근심이 어떤 종류의 것인지를 쉽게 알 수 있습니다. 이것이 내가 밝히려는 두 번째 사항입니다. 그 말은 원어로는 "슬퍼하다" 또는 "비탄에 빠지게 되다"라는 뜻입니다. 그 말은 헬라어의 "비탄과 슬픔(λύπη)"이란 말에서 유래되었습니다. 이것이 그 말의 변치 않는, 문자 그대로의 뜻입니다. 그렇다면 표현이 모호하거나 이해하기 어려운 점은 조금도 없습니다. 여기에서 언급된 사람들은 비탄에 빠져 있었습니다. 그들의 근심은 슬픔과 탄식 바로 그것이었으며, 사람이라면 누구에게나 충분히 익숙한 감정이었습니다.

2. 성서를 번역한 사람들이 (흔히 사용되지 않는 말이지만) 그것을 근심이라고 번역한 것은 두 가지 사실을 나타내기 위한 것이 분명합니다. 첫째는 근심의 정도이며, 둘째는 그것의 계속성입니다. 여기에서 언급된 슬픔은 별로 대수롭지 않거나 하찮은 정도의 슬픔이 정녕 아닌 것 같습니다. 이것은 또한 한순간 지나가 버리는 일시적인 슬픔도 아닌 것 같습니다. 오히려 이것은 마음속에 깊이 자리 잡으면 이내 떨쳐 버릴 수 없는 정착된 기질로서 얼마 동안 계속됩니다. 심지어 그리스도 안에서 산 믿음을 소유하고, 마음속에 하나님의 진정한 사랑을 소유하고 있는 사람들에게도 마찬가지입니다.

3. 심지어 그런 사람들에게도 어떤 때는 근심이 너무 심각하기 때문에 그들의 영혼 전체가 압도당하게 됩니다. 말하자면 그것은 모든 감정에 색채를 가하는 것입니다. 이와 같은 것이 모든 행동에 나타나

게 됩니다. 그것은 똑같은 방법으로 신체에 영향을 미치게 됩니다. 천성적으로 허약한 체질로 태어났다든가, 우연한 병으로 인해 허약하게 되었다든가, 특별히 일종의 신경병으로 허약하게 된 사람일 경우에는 더욱 그러합니다. 많은 경우에 "썩어질 육신이 영혼을 괴롭히는" 것을 발견하지만, 이런 경우에는 오히려 영혼이 육신을 괴롭혀 점점 더 육신이 약해집니다. 그렇다고 나는 심각하고 계속적인 마음의 슬픔이 강한 육신을 허약하게 할 수 없다거나, 좀처럼 제거하기 힘든 육체적인 질병의 근원이 될 수 없다고 말하려는 것은 아닙니다. 그러나 이 모든 것들은 사랑으로 역사하는 믿음의 정도와 일치되는 것입니다.

4. 이것은 "불같은 시련"이라고 말해도 좋을 것입니다. 4장에서 사도가 언급하는 사실과는 일치하지 않는다고 할지라도, 여기서 사용되는 외적인 고난에 대한 많은 표현들은 내적인 고통에도 적용될 수 있을 것입니다. 그것들은 분명히 어두움 속에 있는 사람들에게 적용되기에는 적합하지 않습니다. 어두움 속에 있는 사람들은 기뻐하지도 않고 기뻐할 수도 없습니다. 또한 "영광의 영이신 하나님의 영이" 그들 위에 머물러 계신다는 것도 사실이 아닙니다. 그러나 하나님은 근심 속에 있는 자에게 자주 그렇게 하십니다. 따라서 비록 슬픔에 빠졌을지라도 그들은 항상 기뻐하게 됩니다.

III

1. 세 번째 질문으로 나가 봅시다. 진실한 신자들에게 그와 같

은 슬픔이나 근심의 원인은 무엇입니까? 사도는 분명히 우리에게 "여러분은 여러 가지 시련으로 근심 속에 있습니다"고 말씀하였습니다. "여러 가지"라는 것은 수적으로 "많다"는 뜻일 뿐만 아니라 "여러 가지 종류"라는 뜻을 내포하였습니다. 그 근심은 여러 가지 수많은 상황에 따라 변하거나 증가함으로써 수없이 다양하게 나타납니다. 그리고 이러한 다양성과 변화가 시련을 막아내는 일을 어렵게 만듭니다. 이들 중에서 우리는 신체 전체에 미치거나 작은 부분에 미치거나 간에, 여러 가지 종류의 육체적인 병, 특별히 극심한 병, 모든 종류의 격심한 통증을 들 수 있을 것입니다. 늘 건강을 누린 사람들은 이 같은 질병을 경시하게 되고, 질병이나 육체의 고통이 마음에 근심을 가져오게 되는 것을 이상하게 생각할 것입니다. 그리고 아마도 천 명에 한 명 정도는 다른 사람들처럼 고통을 느끼지 않을 정도의 이상 체질을 가진 사람들도 있을 것입니다. 가장 심한 종류일지라도 그것을 전혀 고통스럽게 생각하지 않는 것처럼 보이는 놀랄 만한 성품을 가진 사람이 나타남으로써, 즉 하나님의 전능하신 능력을 보여줌으로써 그로 인해 하나님을 기뻐하시게 하는 일입니다. 고통을 경시하는 것은 부분적으로 교육의 힘도 아니고, 초자연적인 원인도 아닙니다. 단순한 자연 상태 이상으로 이들을 끌어올린 것은 선한 정신이나 악한 정신의 능력 때문이 아니라는 말입니다. 그러나 이것이 특별한 경우에서 추론되었다고 하더라도 다음과 같은 말은 아주 정당한 관찰에서 비롯된 것입니다.

고통은 완전히 비참한 것이다.
그리고 극한의 고통은 모든 인내를 완전히 전복시킨다.

그러나 하나님의 은혜로 고통이 방치되고 사람들이 "참고 견딤으로 자기 영혼을 얻는다" 할지라도 사실 고통은 내적인 근심의 원인이 되는 것입니다. 왜냐하면 영혼은 육체와 공감하기 때문입니다.

2. 오랫동안 계속되는 모든 질병이 덜 고통스럽다고 할지라도 똑같은 결과를 가져오기 쉽습니다. 하나님이 우리에게 폐병이나 몸살이나 열병을 주실 때, 만일 그 병들이 쉽게 물러가지 않는다면 그것은 "눈을 멀게" 할 뿐 아니라 "마음의 슬픔의 원인"이 됩니다. 사람들이 신경쇠약이라고 부르는 경우에 이 사실은 현저합니다. 그리하여 믿음은 자연의 진로를 뒤집지 않습니다. 자연적인 원인이 자연적인 결과를 만들어 내기 때문입니다. 열병에 걸렸을 때 맥박의 고동이 방해받지 않는 것처럼 히스테리에 걸렸을 때 믿음이 영혼의 쇠진을 방해하지는 않습니다.

3. 다시 말한다면 거기에 "재앙이 폭풍같이 임하고 궁핍이 광풍처럼 임할 때" 그것이 대수롭지 않은 시련입니까? 그것이 슬픔과 근심의 원인이 된다고 해서 이상한 일입니까? 이것 또한 멀리 서 있는 사람이나 바라보면서 "멀리 피하여 지나가는 사람"들에게는 사소한 일로 보일지 모르지만, 고통을 느끼는 사람들에게는 그렇지가 않은 것입니다. "먹을 것과 입을 것이 있으면(여기에서 입을 것이라는 말은 헬라어에서는 의복이라는 뜻뿐만 아니라 있을 곳이라는 뜻도 있습니다)" 하나님의 사랑이 우리의 마음속에 있는 한, 그 때문에 우리는 "만족한 것"입니다. 그러나 이것을 하나도 갖고 있지 않은 사람은 도대체 어떻게 할 것입니까? 말하자면 그 사람은 "가릴 것이 없이 바위를 안고 있는" 사람이 아닙니까? 땅을 잠자리로 삼고 하늘을 지붕으로 삼는 자들이 아닙니까? 그들

은 자신을 위해 건조하고 포근한 집은 물론 깨끗한 집조차 가지고 있지 못한 자들이 아닙니까? 밤낮 떨리는 추위 속에서 자기 자신과 자신 다음으로 사랑하는 자들을 감싸줄 의복조차 없는 자들이 아닙니까? 나는 다음과 같이 외치는 어리석은 이교도들을 조소합니다.

가난에 깃드는 가장 큰 불행은
그것이 사람들의 웃음거리가 되기 쉽기 때문이다.
(Nil Habet infelix paupertas durius in Se,
Quam quod ridiculos homines facit!)

남에게 웃음거리가 되게 하는 것보다 사람들을 악하게 하는 것은 없습니다. 이 쓸모없는 시인은 자기 자신이 알지도 못하는 사실을 기계적으로 외워 말하고 있는 데 불과합니다. 먹을 것이 궁핍한 것은 남에게 웃음거리가 되는 것보다 더욱 악한 것이 아닙니까? 하나님은 인간이 "이마에 땀을 흘려" 먹을 것을 얻도록 하심으로써 이것을 인간에 대한 저주로 선포하셨습니다. 그러나 기독교 국가 안에서도 애쓰고 노력하며 땀을 흘려도 결국 먹을 것을 얻지 못하고 피로와 굶주림 가운데서 고군분투하는 사람들이 얼마나 많습니까? 궁색하고 싸늘하고 더럽고 누추하고 불편한 숙소로 돌아가서 탈진한 기운을 회복하기 위해 풍족한 음식조차 먹을 수 없다면 이것이 얼마나 잘못된 일입니까? 이 세상에서 안락하게 살고 있으며, 하나님께서 여러분을 얼마나 잘 대해 주셨나를 볼 수 있는 눈, 들을 수 있는 귀, 깨닫는 마음밖에는 아무것도 부족함이 없는 여러분이여, 매일 먹을 것을 구해도 아무것도 찾지 못한다는 사실이 얼마나 잘못된 일입니까? 먹을 것을 달라고 우는 대여섯

명의 어린아이들에게 아무런 위로도 줄 수 없다는 사실이 얼마나 잘못된 일입니까? 그 사람이 보이지 않는 손길에 의해 규제되지 못한다면 마침내 그는 "하나님을 저주하고 죽을 것입니다." 오, 굶주림이여! 굶주림이여! 스스로 창자에 경험해 보지 못했다면 이 쓰라린 경험에 대해 누가 감히 말할 수 있겠습니까? 나는 믿는 자들에게도 굶주림이 근심을 일으킬 수밖에 없다는 사실에 놀랐습니다.

4. 아마도 그다음은 우리가 자기와 가깝고 친근했던 사람을 장사하게 되는 경우입니다. 사랑하는 부모님의 죽음, 인생의 황혼기에 이르러 보지도 못했던 사람의 죽음, 인생을 막 출발하여 우리의 마음을 사로잡았던 귀여운 어린아이의 죽음, 우리 자신의 영혼처럼 친했던 친구의 죽음(그 친구는 하나님의 은혜 다음가는 최상 최선의 선물입니다)에 직면하는 일입니다. 이 수많은 상황들이 깊은 탄식을 자아냅니다. 아마 그 어린 것들이나 친구들은 우리의 품에 안긴 채 죽었고, 우리가 예상하지 못했을 때 빼앗겨 버리고 말았습니다. 한창나이에 꽃처럼 떨어진 것입니다. 이 모든 경우에 우리는 충격을 받아야만 되고, 받을 수밖에 없습니다. 그것은 우리가 당면해야 하는 섭리입니다. 하나님은 우리를 목석으로 삼으시려는 것이 아닙니다. 하나님은 우리의 감정이 조절되기를 바라시지 결코 소멸되기를 바라지 않으십니다. 그러므로 "비난받을 것이 없는 성격도 눈물을 흘려야 합니다." 죄가 없이도 슬픔에 빠지게 됩니다.

5. 살았지만 죽은 것과 같은 사람들 때문에 우리는 더욱더 깊은 슬픔을 느끼게 됩니다. 우리와 가장 가까운 사이로서 떨어지려야 떨어질 수 없었던 사람들이 불친절하거나 은혜를 모르는 행동을 하고 배교

적인 행동을 하기 때문에 슬픔을 느끼게 됩니다. 사람을 진정으로 사랑하는 자가 죽은 친구나 형제 때문에 하나님께 느끼는 심정을 누가 감히 말할 수 있겠습니까? 전쟁터로 달려가는 말과 같이 죄 속으로 돌진하는 남편이나 아내나 부모나 자녀들 때문에, 그리고 모든 권면과 설득에도 불구하고 자기 자신을 파멸의 구렁텅이로 자초하고 있기 때문입니다. 그래서 이러한 영적 고민은 한때 생명의 길에서 바르게 행하던 사람이 지금은 멸망의 길에서 행하고 있다는 것을 생각할 때, 그것은 생각할 수 없을 정도로 심각한 것입니다. 과거에는 그가 어떤 사람이었든지 간에 지금 그가 어떤 사람인가를 생각할 때 우리의 마음은 찔리고 아플 수밖에 없습니다.

6. 이 모든 경우에 우리가 확신할 수 있는 것은 우리의 대적들이 기회를 이용하기 위해 노리고 있을 것이라는 사실입니다. 그들은 항상 "삼킬 자를 두루 찾아다니며", 특히 버림받은 영혼에게서 어떤 이득이라도 얻을 수 있다면 능력과 기량을 다 발휘하려고 할 것입니다. 그들은 영혼을 공격하며, 그의 시험에 가장 알맞게 함으로써 매서운 창을 아낌없이 던질 것입니다. 그 창은 마음속을 가장 잘 꿰뚫으며 깊숙이 적중하는 것입니다. 그들은 불신앙, 신성모독, 불평하는 사상을 주입하기 위해 노력할 것입니다. 그들은 하나님께서는 세상에 관심도 없고 지배하시지 않는다고 주장합니다. 또는 적어도 이 세상을 올바르게 다스리지도 않으며, 정의와 자비의 법칙으로 다스리지도 않는다고 주장합니다. 그들은 하나님께 대항하여 마음을 선동하여, 하나님을 향한 천성적인 적의를 불러일으키려고 노력할 것입니다. 그래서 우리가 만약 자신의 무기로 그와 싸우려고 하거나 그와 함께 논의하기 시작하면 전

적으로 어두움에 빠지고, 더욱 심각하게 근심하게 됩니다.

  7. 만약 어두움이 아니라면 적어도 근심의 또 다른 원인이 있다고 흔히 생각해 왔습니다. 하나님이 인간의 영혼으로부터 자신을 거두어 가심은 그것이 하나님의 주권적인 의지이기 때문입니다. 만일 우리가 외적이거나 내적인 죄 때문에 하나님의 성령을 슬프시게 한다면, 우리가 악을 행하거나 선행을 게을리한다면, 교만하거나 성내거나 정신적으로 태만하거나 어리석은 욕심과 과도한 애정에 굴복하고 만다면, 하나님께서는 그렇게 행하실 것입니다. 그러나 하나님께서 자기 자신이 원하시기 때문에 자신을 거두어 가신다거나 그가 기뻐하시기에 자신을 거두어 가신다는 주장에 대해 나는 절대로 반대합니다. 그런 추측을 뒷받침해 주는 구절은 성서의 어느 곳에도 없습니다. 반면에 성서의 많은 특수한 구절들뿐만 아니라 성서 전체의 흐름에서도 어긋나는 일입니다. 그것은 하나님의 본성 그 자체와도 모순되는 것입니다. (어떤 저명한 작가가 강력하게 말하였듯이) 그것은 하나님의 존엄성과 지혜 아래 들어가게 되는 것이며, 하나님이 "피조물과 함께 시끄러운 소리를 지르며 노는" 것입니다. 그것은 하나님의 정의와 자비, 그리고 하나님의 모든 자녀들의 건전한 체험과도 일치되지 않습니다.

  8. 근심의 또 하나의 원인은 많은 "신비적인 작가"들에 의해서 언급되어 왔습니다. 어찌하여 그렇게 되었는지 알 수 없으나 그것은 심지어 그(사람)들을 전혀 알지 못하는 일반 사람들에게까지 파급되어 있습니다. 나는 이미 고인이 된 작가의 말보다 이 사실을 더 잘 설명할 수 있는 표현이 없다고 생각합니다. 그 여류 작가는 자신의 체험에 따라

이 사실에 대해 언급하였습니다. "나는 내가 사랑하는 분 안에서 너무 행복감에 젖어 있었기 때문에 광야에서 유랑자의 생활을 살도록 강요당했다 할지라도 그런 생활 속에서도 어려움을 느낄 수 없었습니다. 그 상태가 오래가지 않아서 결과적으로 나 자신은 광야 속에 이끌려 왔음을 발견하였습니다. 나는 매우 고독하고, 비참하고, 가엾고, 버림받은 자신을 발견하였습니다. 이 슬픔의 원인은 자신에 대한 인식 때문이었습니다. 이로써 우리는 하나님과 우리 사이에 극단적인 차이가 있음을 깨닫게 됩니다. 우리 자신이 하나님과 아주 대립하는 존재임을 알게 됩니다. 우리의 가장 깊은 곳에 있는 영혼은 철저하게 부패하고 타락했으며, 이 세상과 육신에 속한 모든 종류의 악과 악의로 가득 차 있으며, 여러 가지 종류의 혐오로 가득 차 있습니다. 이 사실에서 추정할 수 있는 것은 자기 자신에 대한 인식, 즉 그것 없이는 우리 자신이 영원히 멸망 받을 수밖에 없는 그런 인식이 심지어는 우리가 칭의의 믿음에 도달한 후에도 심각한 근심의 원인이 된다는 사실입니다.

9. 그러나 이 점에서 나는 몇 가지 사항에 대해 관찰해 보려고 합니다. (1) 앞의 문장에서 이 작가가 말하기를 "내가 그리스도 안에서 진정한 믿음을 갖지 못했다는 말을 듣고 내가 하나님께 나 자신을 드렸더니 즉각적으로 하나님의 사랑을 느꼈다"고 하였습니다. 사실 그럴 수도 있지만 이것이 칭의의 사실이라고는 생각되지 않습니다. 그것은 통상 "하나님께서 이끄심"이라고 부르게 되는 사실에 불과합니다. 만일 그렇다면 여기에 수반되는 근심과 어두움은 죄의 자각에 불과합니다. 이것은 사건의 성질상 우리가 그로 말미암아 의로워지게 되는 믿음에 선행되어야 합니다. (2) 믿음이 없다는 사실을 깨닫자마자 의로워졌다

고 생각한다면 그때에는 흔히 칭의에 선행하는 점차적인 자각을 가질 시간적 여유가 없습니다. 그러므로 이 경우에 칭의는 뒤에 오는 것이며, 그것은 더욱 심하면 심할수록 거의 예측하지 못합니다. (3) 칭의 이전의 상태보다 칭의 이후의 상태가 오히려 우리의 타고난 죄와 본성의 완전한 부패에 대해 보다 깊고 명백하고 충분한 인식을 가져오게 합니다. 그러나 이것이 영혼의 어두움을 가져오는 원인이 될 필요는 없습니다. 그것이 우리를 근심에 빠뜨릴 수밖에 없다고는 말하게 되지 않습니다. 만일 그렇다면 사도가 "필요하다면"이라는 표현을 사용하지는 않았을 것입니다. 그렇게 된다면 자기 자신을 인식하는 모든 사람들, 즉 하나님의 완전하신 사랑을 깨닫고 그로 인해 "빛 가운데서 성도에게 주어질 상속의 분깃을 받기에 합당한 모든 사람들"에게 근심은 절대로 필요 없는 것이 되기 때문입니다. 그러나 결코 사태가 그렇지만은 않습니다. 반면에 하나님께서 우리 자신에 관한 인식을 증가하시는 정도에 따라서 하나님 자신에 대한 지식과 하나님의 사랑에 대한 체험이 같은 정도로 증가합니다. 그래서 이 경우에는 "광야"든 "비참함"이든 "고독한 상태"든 아무것도 있을 수 없고, 사랑과 평화와 기쁨만이 영원한 생명을 점점 솟아오르게 할 것입니다.

IV

1. 그렇다면 (네 번째로 생각해야 될 것은) 무슨 목적을 위해 하나님께서는 그토록 많은 하나님의 자녀들에게 근심이 생기도록 허용하시는 것입니까? 사도는 이 중요한 질문에 대해 우리에게 분명하고도 직접적

인 답변을 해주십니다. "너희 믿음의 확실함은 불로 연단하여도 없어질 금보다 더 귀한 것이어서, 예수 그리스도께서 나타나실 때에 칭찬과 영광과 존귀를 얻게 할 것이니라(벧전 1:7)." 잘 알려진 4장 말씀에서도 이에 대한 암시(이미 말했던 바와 같이 그것은 전혀 별개의 사건을 말하는 것이겠지만)가 있을지도 모릅니다. "사랑하는 자들아 너희를 연단하려고 오는 불 시험을 이상한 일 당하는 것 같이 이상히 여기지 말고 오히려 너희가 그리스도의 고난에 참여하는 것으로 즐거워하라. 이는 그의 영광을 나타내실 때에 너희로 즐거워하고 기뻐하게 하려 함이라(벧전 4:12~13)."

2. 우리가 이 말씀에서 깨달을 수 있는 것은 다음과 같습니다. 하나님의 자녀들에게 근심을 가져오게 되는 시련을 그분이 허락하시는 첫 번째 위대한 목적은, 금이 불 속에서 연단됨과 같이 시련을 통해 믿음을 연단시키기 위해서입니다. 우리는 불로 연단되는 금이 그로 인해 순결해지고 불순물로부터 분리되는 것을 알고 있습니다. 시련의 불 속에 있는 믿음도 그와 같습니다. 믿음은 연단되면 될수록 더 순수해집니다. 더 순수해질 뿐만 아니라 더 많은 지혜와 능력과 사랑과 성실함의 증거를 깨달을 수 있는 까닭에 믿음은 더 강해지고 확실해지며 점점 풍부해집니다. 그렇다면 여러 가지 시련을 하나님께서 허락하시는 한 가지 은혜로운 목적은 우리의 믿음을 증가시키기 위함입니다.

3. 그 시련은 우리를 시험하며, 정결케 하고, 확신 있게 하고, 그리고 산 희망을 증대시킵니다. 이로써 "우리 주 예수 그리스도의 아버지 하나님은 그의 크신 자비로 우리를 다시 태어나게 하십니다." 실제로 우리의 희망은 믿음의 정도에 따라 증가할 수밖에 없습니다. 이러한 기

초 위에 희망이 서 있습니다. 하나님의 이름을 믿고, 하나님의 아들을 믿는 믿음으로 사는 우리는 장차 나타날 영광을 바라며, 확실한 기대를 갖게 됩니다. 그러므로 결과적으로 말한다면 우리의 믿음을 강하게 하는 것은 무엇이든지 우리의 희망을 증가시킵니다. 동시에 그것은 불멸에 가득 찬 희망으로 이끌어 줄 수밖에 없는 주님 안에서의 기쁨을 증가시킵니다. 이런 견해 속에서 사도는 다른 장에서 "여러분이 그리스도의 고난에 참여하는 것이니 기뻐하라"고 믿는 이들에게 권면합니다. 바로 이 때문에 "여러분에게는 복이 있습니다. 영광의 영이신 하나님의 영이 여러분 위에 머물러 계시기 때문입니다." 그리고 이것으로 인해서 여러분은 고난 중에서도 "말로 다 표현할 수 없는 영광스러운 기쁨을 가지고 즐거워"할 수 있습니다.

4. 믿는 자들에게 신앙과 희망을 증가시키는 시련은 그들의 사랑 역시 증가시키기 때문에 더욱 기뻐하게 됩니다. 여기에서 사랑이란 하나님의 자비에 대해 하나님께 감사드리는 것이며, 전 인류에게 선의를 베푸는 것입니다. 따라서 그들의 구주이신 하나님의 자애에 대해 깊이 느끼면 느낄수록 그들의 마음은 "먼저 우리를 사랑해 주신" 하나님께 대한 사랑으로 불타오르게 됩니다. 장차 나타날 영광에 대해 분명하고 강한 증거를 가지면 가질수록 그들을 위해 이것을 마련하고 "그들의 마음속에 진실을 주신" 하나님을 더욱더 사랑하게 됩니다. 그래서 믿는 자들의 사랑을 증가시키는 것은 그들에게 닥쳐오는 시련을 허용하게 되는 또 다른 목적입니다.

5. 또 다른 목적은 그들의 거룩함을 증진시키는 것입니다. 이것

은 마음의 성결과 행동의 성결을 의미하지만, 후자는 전자의 자연적인 결과입니다. 왜냐하면 좋은 나무는 좋은 열매를 맺기 때문입니다. 그래서 모든 내적인 성결은 사랑으로 역사하는 믿음의 직접적인 열매입니다. 이것에 의해 은혜로우신 성령은 교만, 아집, 격정으로부터 마음을 정결케 하며, 이 세상에 대한 사랑, 어리석고 해로운 욕망, 비열하고 헛된 애정으로부터 마음을 정결케 합니다. 그 외에도 거룩하게 된 고난은 하나님의 은혜를 통하여 즉각적으로 그리고 직접적으로 성결하게 되는 경향이 있습니다. 하나님의 영의 역사를 통하여 거룩함은 하나님 앞에서 그 영혼을 겸손하게 하며, 영혼을 더욱 겸비하게 합니다. 그것은 거친 정신을 평온하고 온유하게 하며, 사나운 성격을 길들이며, 우리의 강퍅함과 고집을 부드럽게 하며, 우리를 세상에 대해 죽게 하고, 우리가 우리의 모든 힘을 다해 하나님께 바랄 때 모든 행복을 하나님 안에서 구하게 합니다.

6. 그리고 만약 "하나님 자신으로부터"의 칭찬과 인간과 천사들로부터의 "명예와 끝까지 참고 견딘 자들에게 위대한 심판자가 주실 "영광"이 아직 나타나지 않았을지라도, 이 모든 것들은 "장차 나타나게 될" 믿음, 희망, 사랑, 거룩함의 위대한 결과를 가져오게 합니다. 이것은 무서운 심판 날에 "그들의 행위에 따라" 주어지게 될 것입니다. 그리고 하나님께서 그의 마음속에서 역사하신 바에 따라, 그가 하나님을 위해 행한 외적인 행위에 따라, 그가 고난을 받은 정도에 따라 이것이 주어지게 될 것입니다. 그러므로 이 모든 시련은 말할 수 없는 유익이 됩니다. 이를 얻기 위해 여러 가지 모양으로 "가벼운 환난을 당하게 되는 것은 그것이 일시적이며, 영원하고 큰 영광을 우리에게 가져오기 때문입니다."

7. 여기에 첨가해서 다른 사람들은 환난 가운데 있는 우리의 행실을 봄으로써 유익을 얻게 될 것입니다. 흔히 실제적인 실례가 규례보다 더 깊은 인상을 준다는 사실을 우리는 체험을 통해 알게 됩니다. 폭풍 중에서도 평온하며 침착한 영혼을 소유했던 구체적인 실례보다 강한 영향을 끼쳤던 예가 또 어디 있을 것입니까? 그것은 귀중한 신앙의 동참자들뿐만 아니라 아직 하나님을 알지 못하는 사람들에게까지도 영향을 끼치고 있는 것입니다. 그것은 슬픔 속에서도 늘 기뻐하며, 성격상 그것이 비록 처참한 것일지라도 하나님의 뜻이라면 겸손하게 받아들이는 것입니다. 즉 질병이나 고통 중에서도 "아버지께서 내게 주신 이 잔을 내가 어찌 마시지 않겠느냐?"고 말하는 것입니다. 죽음과 궁핍 속에서도 "주신 자도 여호와시요, 취하신 자도 여호와시니 여호와의 이름이 찬송을 받으실지니이다"라고 생각하는 것입니다.

V

1. 나는 몇 가지 추론을 가지고 결론을 맺으려 합니다. 첫째, 영혼의 어두움과 근심의 차이가 얼마나 큰 것인가 하는 점입니다. 체험적인 기독교인들도 일반적으로 이 양자를 혼동하고 있습니다. 어두움 또는 황폐된 상태는 성령 안에서의 기쁨을 완전하게 상실했음을 의미하지만, 근심은 그렇지 않습니다. 근심 가운데서도 우리는 "말로 다 표현할 수 없는 기쁨으로 즐거워"할 수 있습니다. 어두움 속에 빠진 사람은 하나님의 평화를 잃어버리지만 근심하는 사람들은 그렇지 않습니다. 오히려 그 반대로 근심 속에 있을 때 "은혜"뿐만 아니라 "평화"가 넘쳐

흐릅니다. 어두움 속에서는 하나님의 사랑을 전적으로 상실하지 않았다 할지라도 그 사랑이 점점 냉랭해집니다. 근심 속에서는 하나님의 사랑이 충만하게 유지되거나 오히려 날로 증가하게 됩니다. 반면에 어두움 속에 있는 사람은 믿음 자체를 완전히 잃어버리지 않았다 할지라도 믿음은 몹시 퇴보하게 되는 것입니다. 보이지 않는 것, 즉 하나님의 용서하시는 사랑의 증거를 확신하는 것은 과거처럼 분명하거나 강력하지 않습니다. 이에 비례하여 하나님께 대한 그들의 신뢰도 약해집니다. 근심하는 사람들은 하나님을 보지는 못하지만, 하나님에 대한 분명하고도 흔들림 없는 확신을 가지며, 그로 말미암아 그들의 죄가 용서받았다는 그 사랑의 영속적인 증거를 가지게 됩니다. 그러한 결과 우리가 불신앙에서 신앙을, 절망에서 희망을, 싸움에서 평화를, 세상에 대한 사랑에서 하나님께 대한 사랑을 확실히 구별할 수 있는 한, 우리는 분명하게 어두움에서 근심을 구별할 수 있을 것입니다.

2. 둘째, 우리가 여기에서 배울 수 있는 것은, 근심 속에 있을 필요성이 있을지는 몰라도 어두움 속에 있을 필요성은 전혀 없다는 사실입니다. 위에서 언급한 바와 같은 목적 때문에 우리는 "잠시 동안 근심할" 필요가 있을지 모릅니다. 최소한도 이러한 뜻에서 "여러 가지 시련"의 자연적인 결과들이 있게 됩니다. 우리의 믿음을 단련시키고 증가시키기 위해, 희망을 확신케 하고 확장시키기 위해, 마음을 모든 불경건한 기질에서 순결하게 하기 위해, 사랑 안에서 완전하게 되기 위해 그 근심이 필요한 것입니다. 결과적으로 여러 가지 근심은 우리의 면류관을 빛내기 위해, 우리의 영원한 영광의 무게를 더해 주기 위해 필요하게 됩니다. 이와 같은 목적들 중의 어느 하나를 얻기 위해서 어두움이

필요한 것이라고 말할 수 없습니다. 어두움은 결코 이런 목표로 인도할 수 없습니다. 믿음 희망 사랑의 상실은 분명히 성결로 인도할 수 없는 것이고, 지상에서 우리의 성결과 생명에 비례하게 되는 천국에서의 상급을 증진시킬 수 없습니다.

3. 셋째, 우리는 사도가 말씀하신 태도로 보아 근심조차도 항상 필요한 것이 아니라는 사실을 알게 됩니다. "지금은 잠시 어쩔 수 없이"라고 말하고 있듯이 그 근심은 모든 사람에게 필요한 것도 아니며, 언제나 누구에게나 필요한 것도 아니라는 뜻이 됩니다. 능력과 지혜를 가지신 하나님은 그가 기뻐하실 때는 어떤 영혼 속에서나 각기 다른 방법으로 동일한 은혜의 역사를 행하실 수 있습니다. 그래서 어떤 경우에 하나님은 실제로 그렇게 행하십니다. 하나님은 자신을 기쁘게 하는 사람들을 전혀 어떤 근심도 없이 그들이 "하나님을 두려워하는 생활 가운데 온전히 거룩하게" 될 때까지 능력 위에 능력을 더하십니다. 왜냐하면 하나님은 사람의 마음을 지배하는 절대적인 능력을 가지고 계시며, 자신이 기뻐하시는 대로 사람의 생각을 움직여 나가시기 때문입니다. 그러나 다음과 같은 경우는 드뭅니다. 하나님이 환난의 풀무불 속에서 연단시키는 것이 좋다고 생각하는 경우 말입니다. 따라서 다소간에 여러 가지 시련과 근심은 하나님의 가장 사랑하는 자녀들에게 일반적으로 주어지는 사실입니다.

4. 그러므로 결론적으로, 우리는 깨어 기도하며 어두움 가운데 빠지지 않도록 최대의 노력을 기울이지 않으면 안 됩니다. 그러나 우리는 어떻게 근심을 피할 수 있을까 염려하기보다는, 어떻게 근심 속에서

도 올바르게 행동하고, 그 속에서 주님을 바라봄으로써 우리가 근심하도록 하시는 하나님의 사랑의 모든 섭리에 충분히 응답할 수 있도록, 그리고 그것이 우리의 믿음을 날로 자라게 하고, 우리의 희망을 확실하게 하며, 우리를 모든 성결한 생활 속에서 완전하게 되기 위한 방법이 되도록, 어떻게 우리의 모든 주의를 집중시켜야 할까를 염려해야 합니다. 근심이 올 때는 언제나 하나님의 자비로운 목적에 눈을 돌려야 하고, 우리 자신에 대한 하나님의 충고가 무용하게 되지 않도록 모든 열심을 다하여야 합니다. "육과 영의 모든 더러움에서 떠나 자신을 깨끗하게 함으로써" 하나님께서 끊임없이 우리에게 주시는 은혜로 말미암아 하나님과 함께 진지하게 행합시다. 그리고 우리가 하나님의 영원한 나라를 유업으로 받을 때까지 우리 주 예수 그리스도의 은혜 안에서 매일매일 성장합시다.

42

자기 부인
Self-Denial

사무엘 웨슬리
Samuel Wesley(1662~1735)

또 무리에게 이르시되 아무든지 나를 따라오려거든 자기를 부인하고 날마다 제 십자가를 지고 나를 따를 것이니라 (눅 9:23)

1. 여기서 주어진 교훈은, 전부는 아니라고 할지라도 사도들이나 적어도 초대 교회의 신도들 또는 박해를 받는 사람들과 연관된 것이라고 흔히 생각해 왔습니다. 그러나 이것은 유감스럽게도 잘못된 생각입니다. 그 이유는, 은혜로우신 주님께서 육신을 입으신 동안 그를 섬기던 사도들과 제자들에게 보다 직접적으로 이 말씀을 전하셨다고 할지라도 이것은 어떠한 예외나 제한 없이 우리와 전 인류에게 하신 말씀이기 때문입니다. 이 말씀과 관련된 의무가 사도들이나 초대 교인들에게만 특별하게 부과된 것이 아니라는 점은 논란의 여지 없이 바로 그러한 이유가 되는 것입니다. 이 말씀은 어떤 특수한 국가를 염두에 두시지 않은 것처럼 특수한 계층의 인간이나 특수한 시대를 염두에 두신 것이 아닙니다. 모든 시대, 모든 인간, 모든 사건에 관한, 그리고 단지 먹고 마시는 일, 즉 감각을 지속하기 위해 해당하는 일만이 아닌 가장 보편적인 성격의 것입니다. 그 의미는 "어떤 인간"이든지, 즉 어떤 계급이나 신분이나 처지의 사람이든지, 이 세상의 어떤 국가, 어떤 시대에 살든지 충실하게 "나를 따르려면" 모든 점에 있어서 "자기를 부인해야 할" 것이며, 어떤 종류의 십자가든지 "자기 자신의 십자가를 지고" "날마다" "나를 따르라"는 것입니다.

2. 이 말씀을 완전하게 표현하자면, 자기 자신을 부인하고 십자가를 진다는 것이 그렇게 쉬운 일은 아닙니다. 이것은 어떤 종교처럼 단지 편법이 아니라 우리가 주님의 제자가 되고 제자로 남아 있는 일에서 절대적이고도 필수 불가결한 성격의 것입니다. 이것은 바로 그 일의 성격상 우리가 주님을 좇고 따르는 데서 절대적으로 필요한 일입니다. 그러므로 우리가 이것을 실천하지 않는다면 그만큼 더 주님의 제자가 될 수 없습니다. 끊임없이 자신을 부인하지 않는다면 우리는 주님에 대해 배우는 것이 아니라 다른 주인에 대해 배우는 것입니다. 날마다 십자가를 지지 않는다면 우리는 주님을 따르는 것이 아니라 세상의 임금이나 자기의 육적인 생각을 따르는 것입니다. 십자가의 길을 걸어가지 않는다면 우리는 주님을 추종하거나 주님의 발자취를 따르지 않고 주님께 등을 돌리거나 주님을 외면하게 됩니다.

3. 특별히 혁신과 부패로 인하여 교회의 종교개혁이 점차적으로 진행된 이래로 거의 모든 세대와 국가에 걸쳐 수많은 기독교의 성직자들이 공중 설교나 개인적인 권면을 통해 자기 부인의 중대한 의무에 대해 그렇게도 많이 쓰고 말해온 것은 바로 그러한 이유 때문입니다. 그러한 이유로 성직자들은 이 문제를 취급한 많은 소책자들을 해외에까지 널리 유포시켰고 우리나라(영국) 안에서도 이런 책자들을 많이 볼 수 있습니다. 그들은 하나님의 말씀이나 자기 경험의 입증을 통해 우리가 자신을 부인하지 않는다면 주님을 부인할 수밖에 없다는 것과 자신의 십자가를 날마다 지지 않는다면 십자가에 달리신 주님의 뒤를 따라간다는 것이 얼마나 무익한 일인지를 알았습니다.

4. 만일 그 문제가 그렇게까지 수없이 말로 전해지고 글로 기록

되었다면 더 이상 말하거나 기록할 필요가 있겠느냐는 질문이 타당하지 않겠습니까? 나는 헤아릴 수 없이 많은 사람들이, 심지어 하나님을 경외하는 이들조차 이 문제에 대해 언급하는 것을 듣거나 기록된 것을 읽을 기회를 갖지 못했다고 답변하겠습니다. 기록된 것을 많이 읽었다고 할지라도 마음에 유익을 얻지 못했을 것입니다. (그들 중 몇몇은 아주 방대한 책을 썼는데) 그들이 결코 이 문제를 이해한 것같이 생각되지 않습니다. 그들은 자기 부인의 본질에 대해서 불완전한 견해를 가지고 있거나(그리고 그때 그들은 다른 사람들에게 이 문제에 대해 결코 설명할 수도 없었습니다) 문제의 적절한 범위를 잘 알지도 못했습니다. 즉 그들은 이 명령의 범위가 얼마나 넓은지 알지 못했습니다. 그리고 이 명령의 절대성과 불가피한 필연성을 의식하지 못했습니다. 어떤 저자들은 일반 독자들에게 이 사실을 잘 설명하기보다는 오히려 대중에게 이것을 계획적으로 감추려고 하는 것처럼 모호하고 미혹적이며, 미묘하고 신비적인 방법으로 설명합니다. 그 반면에 또 어떤 저자들은 이 명령의 필요성에 대해 매우 분명하고 강력하게 경탄할 만큼 잘 설명합니다. 그러나 그때에도 특별한 경우를 고려하지 않고 일반적으로만 이 사실을 취급하고 있습니다. 그래서 대다수의 사람들, 즉 평범한 능력과 일반적인 교육을 받은 사람들에게는 별로 효용성이 없습니다. 그런데 만일 그들 중 어떤 사람들이 특수한 문제를 취급한다고 할지라도, 그 문제가 일상생활에 간혹 일어난다 해도 그러한 일이 거의 일어나지 않기 때문에 사람들의 일반적인 것들에 별로 영향을 미치지 않는 그런 특수한 문제만을 취급합니다. 즉 그러한 경우는 투옥을 당하거나 고문을 견디는 일입니다. 문자 그대로 말한다면 사람들의 가옥이나 토지, 남편이나 아내, 자녀들이나 또는 자신의 생명 자체를 포기하는 일입니다. 하나님께서 공공연한 박해가 다시 찾아오도록 허락하시지만 않는다면 그런 일을 정하도록 우리가 부름받은 것은 아니며, 그럴 것 같지도 않습니다. 반면에 일반적인 이해 수준에 해당하고 매일의 일상생활에서 일어나는 미세한 특수 사건에 이 문제를 적용할 정도로, 분명하고 지성적인 말로 자기 부인의 본질을 묘사하는 영어 계통의 저자는 없는 것 같습니다. 그러기에 이런 종류의 설교는 아직 필요한 것이고 더욱더 요청되고 있습니다. 왜냐하면 은혜를 얻고 은혜 안에서 성장하는 중에 여러 가지 특수한 장애가 있다고 할지라도 영적 생활의 단계에 있어서 우리는 모두 다음과 같은 일반적인 원칙으로 귀결되기 때문입니다. 즉 우리는 자기 자신을 부인하지 않든지, 자신의 십자가를 지지 않든지 합니다.

어느 정도 이러한 결함을 보충하기 위해서 나는 첫째, 사람이 자기 자신을 부인한다는 것이 어떤 것이며, 자기 십자가를 진다는 것이 무엇인가를 밝히도록 할 것입니다. 그리고 둘째, 만일 어떤 사람이 그리스도의 충실한 제자가 되지 못한다면 그것은 항상 자기 부인이 결핍되어 있기 때문이라는 사실을 밝힐 것입니다.

I

1. 첫째, 나는 사람이 "자기를 부인하고 날마다 자기 십자가를 진다"는 것이 어떤 것인가를 밝히도록 하겠습니다. 다른 무엇보다도 이 점이 우리가 생각하고 철저히 이해해야 할 가장 필요한 요점이며, 이런 까닭으로 다른 무엇보다도 수많은 강력한 대적들로부터 가장 심한 반대를 받았습니다. 우리의 본성은 심지어 자기 자신을 방어하기까지 하면서 여기에 대해 반대를 합니다. 결과적으로 세상, 즉 자기의 본성(은혜가 아니라)을 따라 사는 사람들은, 자기 부인을 듣기만 해도 싫어합니다.

그리고 이 중요성을 잘 아는 우리 영혼의 가장 큰 대적들은 여기에 대해 온갖 반대의 돌을 던질 수밖에 없습니다. 그러나 이것이 전부는 아닙니다. 특별히 근년에 와서 악마의 멍에를 어느 정도 벗어버리고 마음속에 은혜의 참된 역사를 경험한 사람들까지도, 자기 부인을 주님께서 특별히 강조하시는데도 불구하고, 아직도 기독교의 이 위대한 가르침에 동조하지는 않았습니다. 그들 중 어떤 사람들은 성서가 여기에 대해 일언반구도 하지 않은 것처럼 생각하여 극심하게 또한 전적으로 이 가르침에 대해 무지합니다. 나머지 사람들은 강한 편견을 가지고 이 가르침과 아주 거리가 먼 상태에 있습니다. 그들은 능력만을 원하고 성결은 전혀 원하지 않으며, 영만을 원하고 종교는 아무것도 원하지 않는, 비교적 언행이 훌륭한 기독교인들 밖에 있는 사람들로서 이 가르침을 부분적으로 받아들였습니다. 지금은 그렇지 못하지만 한때 "장차 올 세상의 능력을 맛보았던" 사람들이 부분적으로 이 가르침을 받아들였습니다. 그러나 스스로 자기 부인을 실천하지도 않고 이 가르침을 다른 사람에게 천거하지도 않는 사람이 어디 있겠습니까? 만일 이 사실을 의심한다면, 당신은 인간의 본성에 대해 거의 알지 못한 것입니다. 여기에 대해 공공연하게 반대하지 않는 사람들이 있습니다. 런던을 떠나지 않더라도 하나님의 값없는 자비로 본성의 어두움에서 믿음의 빛 속으로 부르심을 받았다는 예정론자들의 무리를 볼 수 있습니다. 그들이 자기 부인의 모형입니까? 이것을 철저히 실천하기를 고백하는 사람들조차 몇 사람 되지 않습니다. 이것을 스스로 천거하거나, 이것을 행하는 사람들과 함께 기뻐하는 사람들이 몇 사람이나 되겠습니까? 그들은 마치 "행위로 구원을 얻기" 위해 "자신의 의를 세우려고" 하는 자들처럼 가장 추악한 모습으로 끊임없이 이것을 드러내고 있습니다. 모든 종류의 도덕 폐기론자들, 즉 온건한 모라비안 교도들로부터 소란하고 욕 잘하는 랜터(Ranter, 1644년경 영국에서 발생한 도덕 폐기론자들의 일종-역자 주)들에 이르기까지, 우매하고 무의미한 합법성이라는 위선적 말투와 그리고 율법을 전파한다는 주장을 결부시켜 얼마나 소란하게 외쳐 왔습니까! 그러므로 이 가르침에 깊이 근거하지 않는다면 거짓 스승과 거짓 형제들(그들은 복음의 단순성 때문에 다소간 미혹당했습니다)에 의해 중요한 복음의 가르침을 전도시키며 위협받고, 기만당할 위험에 처하게 되는 것입니다. 그렇다면 당신은, 지금 읽으려고 하는 것을 결코 지울 수 없을 정도로, 당신의 마음속에서 하나님의 손으로 기록될 수 있도록 읽기 전과 읽는 지금과 읽은 후에 열렬하게 기도하십시오.

2. 그런데 자기 부인이란 무엇입니까? 어떤 점에서 우리 자신을 부인해야 합니까? 어째서 이런 필요성이 생기는 것입니까? 나는 하나님의 뜻이야말로 모든 지적인 피조물, 즉 하늘의 모든 천사와 땅의 모든 인간들에게 똑같이 구속력을 가지는 최고의 불변하는 법칙(rule)이라고 답변하겠습니다. 그것이 그렇지 않을 수는 없습니다. 이것은 피조물과 그들의 창조주 사이의 관계에 있어서 자연적이고도 필연적인 결과입니다. 그러나 만일 하나님의 뜻이 크든지 작든지 간에, 모든 일에 있어서 우리 행동의 유일한 법칙이라면, 우리가 어떤 일이 있더라도 자기 자신의 뜻대로 할 수 없는, 부인할 수 없는 결론에 도달하게 됩니다. 그러므로 이 사실로부터 우리는 즉시 자기 부인의 근거와 이유와 함께 그 본질을 알게 됩니다. 우리는 자기 부인의 성격을 압니다. 즉 하나님의 뜻이 우리 행동의 유일한 법칙이 된다는 확신으로부터, 우리는 자신의 뜻을 따른다는 것을 부인하거나 거부하게 됩니다. 그리고 우리가 피조물이기 때문이라는 바로 그 점이 자기 부인의 이유라는 것을 압니다. 즉 "우리를 만드신 분은 하나님이고 우리 자신이 아니기" 때문입니다.

3. 자기 부인에 대한 이러한 이유는 하늘에 있는 하나님의 천사들에게까지, 그리고 창조주의 손으로 만들어진 흠 없고 거룩한 사람들에게까지 적용됩니다. 그러나 자기 부인에 대한 보다 깊은 이유는 인간이 타락한 이후 사람이 처하고 있는 죄의 상태로부터 발생한 것입니다. 우리는 모두 "우리의 어머니가 우리를 잉태했던 사악함과 죄 속에서" 지음을 받았습니다. 우리의 본성은 모든 능력과 기능에 있어서 모두 타락한 것입니다. 그리고 나머지 모든 것과 함께 타락한 우리의 의지도 전적으로 본성적인 타락 상태에 빠지기 쉽습니다. 그 반면에 우리가 단지 어떤 때나 어떤 일에 있어서만이 아니라 언제나 모든 일에 있어서 타락에 저항하고 항거하는 것은 하나님의 뜻입니다. 그러므로 바로 여기에 영속적이고 보편적인 자기 부인에 대한 보다 깊은 근거가 있습니다.

4. 이 사실을 좀 더 부연하자면 하나님의 뜻은 우리를 하나님께 곧바로 인도하는 길입니다. 한때 하나님의 뜻과 일치해 가던 인간의 뜻은 지금은 다른 길이 되어 하나님의 뜻과 다를 뿐만 아니라 지금은 그 뜻과 전혀 반대가 되어 하나님을 떠나가도록 인도합니다. 그러므로 옳은 길을 가려고 한다면 다른 길은 반드시 버려야 합니다. 두 길을 다 걸을 수는 없습니다. 참으로 나약한 마음과 가냘픈 손을 가진 인간은 두 길을 교대로 갈지도 모릅니다. 그러나 결코 두 길을 동시에 걸을 수는 없습니다. 자신의 뜻과 하나님의 뜻을 동시에 좇을 수 없습니다. 이것이 아니면 저것을 선택해야 합니다. 즉 하나님의 뜻을 부인하고 자기를 따르든지, 자기를 부인하고 하나님의 뜻을 따르든지 해야 합니다.

5. 우리는 지금 기회가 허락하는 대로 자기 본성의 타락에 빠짐

으로써, 자신의 뜻을 추종할 때 잠시 동안은 틀림없이 기뻐할 것입니다. 그러나 우리는 어떤 일에 있어서나 자기의 뜻을 따름으로써 자기의 뜻의 사악함을 그만큼 더 강하게 하고, 거기에 깊이 빠짐으로써 우리의 본성의 타락을 끊임없이 증가시킵니다. 그래서 구미에 맞는 음식만을 섭취함으로써 우리는 흔히 육신의 질병을 심하게 하고, 미각을 만족시킴으로써 질병을 불러일으킵니다. 이것은 쾌락을 가져오는 것 같지만 또한 죽음을 초래하는 것입니다.

6. 그렇다면 대체로 자기를 부인하는 것은 하나님의 뜻에 어긋나지 않으며, 비록 자기의 뜻이 기쁨이 된다 할지라도 자기의 뜻을 부인하는 것입니다. 하나님으로부터 발생하지 않고 하나님께로 인도하지 않는 어떤 쾌락도 스스로 부인하는 것이며, 결과적으로 즐겁고 화려한 길로 인도할지라도 곁길로 가기를 거절하는 것이며, 취향에 맞더라도 우리에게 치명적인 독이 된다고 생각되는 것을 거부하는 것입니다.

7. 그리스도를 따르고 하나님의 참된 제자가 되려는 모든 사람들은 자기를 부인할 뿐만 아니라 자기 십자가를 져야만 합니다. 십자가는 자신의 뜻과 무언가 상반되는 것이며, 자신의 본성에 무언가 만족스럽지 못한 것입니다. 따라서 십자가를 진다는 것은 자기 자신을 부인하는 것보다 조금 더 어려운 일입니다. 십자가를 진다는 것은 더욱 높은 경지에 올라가는 일이며, 혈육을 가진 사람에게는 한층 어려운 과제입니다. 고통을 참는 것보다는 쾌락을 따르는 것이 훨씬 쉬운 일입니다.

8. 지금 하나님의 뜻을 따라 "우리 앞에 놓인 경주를" 달릴 때,

우리의 달리는 길에 흔히 십자가가 가로놓이게 됩니다. 그것은 무언가 즐겁지 않은 것일 뿐만 아니라 우리의 본성을 충족시키지 못하는 그런 성격의 것입니다. 그렇다면 어떻게 할 것입니까? 선택은 분명합니다. 우리가 자기 십자가를 지든지 하나님의 길, 즉 "우리에게 내리신 거룩한 명령"을 외면하든지 해야 합니다. 만일 우리가 함께 하나님을 외면하기를 멈추지 않는다면 영원한 지옥으로 되돌아갈 것입니다.

9. 모든 사람이 세상에 태어날 때 간직한 부패와 사악한 질병을 치료하기 위해서는 사실상 오른쪽 눈을 뽑아버리고 오른손을 자를 필요가 종종 있습니다. 이러한 일을 수행하는 일이나 수행하는 방법은 참으로 고통스럽습니다. 말하자면 어리석은 욕망과 과도한 애정에서 떠나는 일 또는 그 욕망과 애정의 대상으로부터 떠나는 일인데, 이런 일이 없이는 타락과 질병이 결코 소멸되지 않습니다. 전자의 경우 이것이 영혼에 깊이 뿌리 박혔을 때 이런 욕망과 애정을 떼어 버린다는 것은 예리한 칼로 가슴을 찌르는 것과 같고, "영과 육, 뼈마디와 골수"를 갈라놓는 것과 같습니다. 그때 주님께서는 인간의 불순물을 태우고 연단하는 불꽃으로 우리의 영혼 속에 자리 잡으십니다. 이것이 바로 십자가입니다. 이것은 본질적으로 고통스러운 것이며, 그 일의 성격상 그럴 수밖에 없습니다. 영혼은 이처럼 두 조각으로 찢어질 수 없으며, 고통 없이는 연단의 불길 속을 통과할 수 없습니다.

10. 후자의 경우, 죄로 병든 정신을 고치고 우매한 욕망과 과도한 애정을 고치는 방법은 그 일의 성격 때문에 고통스러운 것이 아니고 질병의 성격 때문에 고통스러운 것입니다. 그래서 우리 주님께서 부자

청년에게 "가서 네가 가진 것을 무엇이나 다 팔아 가난한 사람에게 주라"고 하셨을 때 (이것이 그의 욕심을 고치는 유일한 방법임을 잘 아셨기 때문에) 바로 그것을 생각하는 자체로도 그에게 고통을 주었기 때문에 그는 "슬픈 표정으로 근심하며 떠나갔습니다." 그래서 그 부자 청년은 지상의 소유를 버리는 것보다 하늘의 소망을 버리는 편을 택하였던 것입니다. 이것이 그가 듣기 원치 않았던 짐이었고, 그가 지지 않으려고 했던 십자가였습니다. 이런저런 경우를 통하여 그리스도를 따르는 사람들은 "날마다 자기 십자가를 지도록" 분명하게 요청받아야 합니다.

11. "십자가를 지는" 일은 "십자가를 견디는" 일과는 좀 다릅니다. 자기 스스로 선택하지 않고 온순하게 복종하는 마음으로 우리 앞에 놓여 있는 것을 참을 때, 그때에는 적절하게 "십자가를 견딘다"고 말하게 됩니다. 자신의 능력으로 피할 수 있는 것을 자진하여 감수할 때, 자신의 뜻에 상반될지라도 기꺼이 하나님의 뜻을 마음속에 품을 때, 또한 현명하고 은혜로우신 창조주의 뜻이기 때문에 고통스러운 일을 선택할 때, 우리는 "십자가를 지는" 것입니다.

12. 그러므로 이와 같이 그리스도의 제자가 된 모든 사람들은 자신의 십자가를 견디는 것은 물론 이것을 져야 할 의무가 있습니다. 사실상 어떤 의미에서는 십자가란 홀로 그 사람만의 것은 아닙니다. 그와 모든 다른 많은 사람들에게 공통적인 것입니다. 시험이 어떤 사람에게 일어나지 않는 것을 볼지라도 "그러나 그와 같은 것은 사람들에게 일반적인 것이며", 그런 것은 현세에 있어서 그들의 일반적인 성격과 상황에 흔히 일어나고 보조를 맞추는 것입니다. 그러나 또 다른 의미에서

는 그가 처한 모든 상황과 관련되기 때문에 그 십자가는 그 자신의 것이고 자기에게만 독특한 것입니다. 즉 십자가는 하나님의 사랑의 표적으로 그에게 주신 것입니다. 그가 십자가를 받아들이고 기독교의 지혜가 지시함을 따라 그런 방법을 압력을 제거하는 데 사용한 후에 도공의 손에 있는 진흙처럼 놓이게 된다면 그것의 질과 양, 정도와 지속성과 그리고 다른 모든 환경에 따라 하나님께서는 인간의 복지를 위해 지시하시고 명령하여 주시는 것입니다.

13. 이 모든 일에 있어서 우리는 우리의 은혜로운 주님께서 "단지 하나님 자신의 기쁨만을 위해서가 아니라 그분의 거룩함의 동참자가 될 수 있도록 우리의 유익을 위해서" 우리의 영혼의 의사로서 행동하신다고 쉽게 생각할지도 모릅니다. 만일 그분이 우리의 상처를 찾으시는 가운데 우리를 고통 가운데 내버려 두신다면, 그것은 오직 상처를 고치시기 위해서입니다. 하나님은 건강한 부분을 보존하기 위해서 곪고 부패한 부분을 잘라 버리십니다. 만일 우리가 온몸이 죽는 것보다 차라리 다리 하나를 잃는 것을 자유롭게 선택한다면, 비유적으로 말해서 우리의 온 영혼이 지옥에 던져지기보다는 차라리 오른손 하나를 자르기를 택하는 것이 바람직한 일입니다.

14. 그러므로 우리는 십자가를 진다는 사실의 본질과 근거를 분명히 알게 되었습니다. 십자가를 지는 것은 (어떤 사람이 말하듯이) 자기 자신을 훈련한다는 뜻이 아니며, 문자 그대로 자신의 몸을 찢는 것도 아니며, 두건이나 쇠로 만든 허리띠나 우리 몸의 건강을 해치는 어떤 것을 부착하는 것이 아니라(고의적이 아닌 무지를 통해 이와 같이 행동하는 사

람들을 하나님께서 어떻게 용납하실는지를 우리가 비록 알지 못한다고 할지라도), 우리 자신의 뜻에 상반되더라도 하나님의 뜻을 마음에 품는 것이며, 쓰더라도 몸에 좋은 약을 택하는 것이며, 고저나 진폭의 양에 상관없이, 그것들이 본질적이든 우발적이든, 영원한 기쁨에 필요할 때에는 잠시 고통을 자유롭게 받아들이는 것을 의미합니다.

II

1. 둘째, 나는 어떤 사람이든지 그리스도를 철저히 따르지 않거나 그리스도의 충실한 제자가 되지 못하는 것은 자기 부인이 결핍되어 있거나 자기 십자가를 지지 않기 때문이라는 사실을 밝히려고 합니다.

어떤 경우에 있어서 이것은 은혜의 수단의 결핍, 능력으로 말씀하시는 하나님의 참된 말씀을 듣는 일에 대한 결핍, 성례전이나 기독교적인 친교의 결핍 때문이라는 것도 부분적으로는 사실입니다. 그러나 이런 사실 중에 아무것도 결핍된 것이 없다면, 하나님의 은혜를 받거나 은혜 안에서 성장하는 데 커다란 장애가 되는 것은 항상 자기 자신을 부인하지 않거나 자기 십자가를 지지 않기 때문입니다.

2. 몇 가지 실례를 가지고 이 사실을 분명히 밝히겠습니다. 어떤 사람이 그의 영혼을 구원할 수 있는 말씀을 들었다고 합시다. 즉 그가 들은 바를 기뻐하고 진리를 인정하며 이로 인해 어느 정도 영향을 받는다고 합시다. 그러나 그는 아직 "허물과 죄"로 죽어 무감각과 무의식 상태에 남아 있는 것입니다. 왜 그런 것입니까? 지금 그가 주님을 혐오

하고 있다는 사실은 깨달았지만, 그의 마음속에 있는 죄에서는 떠나지 않으려고 하기 때문입니다. 그는 정욕과 불결한 욕망으로 가득 찬 채 말씀을 들으려고 왔습니다. 그는 그러한 욕망들과 떨어지지 않을 것입니다. 그러므로 깊은 감명이 그의 마음속에 일어날 수 없으며, 그의 우매한 마음은 아직도 완악합니다. 즉 자기 자신을 부인하려고 하지 않기 때문에 그는 아직도 무감각과 무의식 속에 빠져 있는 것입니다.

3. 그가 잠에서 깨어나 눈을 약간 뜨고 있다고 생각해 봅시다. 그런데 왜 그는 그렇게 빨리 다시 눈을 감습니까? 왜 죽음의 잠에 다시 빠져들어 갑니까? 그가 다시 마음속에 있는 죄악에 굴복하고, 달콤한 독을 다시 마시기 때문입니다. 그러므로 영속적인 감명이 그의 마음속에서 일어난다는 것은 불가능합니다. 그가 자신을 부인하지 않기 때문에 치명적인 무감각 속으로 다시 빠져들어 가는 것입니다.

4. 그러나 모든 사람들이 다 이 경우에 해당하는 것은 아닙니다. 일단 깨어났을 때 다시는 졸지 않는 사람들의 경우를 보게 됩니다. 일단 받아들인 감명은 사라지지 않고 깊게 남아 있을 뿐만 아니라 지속적으로 남게 됩니다. 그러나 이들 중의 많은 사람들은 그들이 구하는 바를 아직 발견하지 못하였습니다. 즉 그들은 애통하고 있지만 위로를 받지 못하였습니다. 왜 그렇습니까? 그들이 "회개에 합당한 열매를" 맺지 않기 때문이고, 받은 바 은혜에 따라 "악을 그치고 선을 행하지" 않기 때문입니다. 그들이 자신을 쉬이 둘러싸고 있는 죄, 즉 신체와 관련된 죄, 직업과 관련된 죄에서 떠나지 않고, 또한 그들이 행할 수 있고 마땅히 행해야 한다고 알고 있는 선을, 죄를 수반한 어떤 불쾌한 환경

때문에 행하지 않기 때문입니다. 즉 "자기를 부인하지" 않고 "자기 십자가를 지지" 않으려고 하기 때문에 그들은 믿음을 얻을 수가 없습니다.

5. 그런데 그 사람은 "하늘의 은사"를 받은 바가 있습니다. 그는 "장차 올 세상의 능력을 맛보았습니다." 그는 "예수 그리스도의 얼굴에서 하나님의 영광의 광채"를 보았습니다. "모든 지각에 뛰어난 평화"가 그의 마음과 생각을 지배했습니다. "그에게 주셨던 성령으로 말미암아" 그의 마음속에 "하나님의 사랑이 비치었습니다." 그러나 지금은 다른 사람과 같이 나약합니다. 그는 다시 세상의 일을 좋아합니다. 보이지 않는 것보다 보이는 것을 더욱 맛보려고 합니다. 마침내 그의 이해의 눈은 닫히고, "보이지 않는 하나님을 볼 수" 없습니다. 그의 사랑은 완전히 냉담하게 되고, 하나님의 평화는 이제 그의 마음을 다스리지 않습니다. 그렇지만 놀랄 필요는 없습니다. 왜냐하면 그가 다시 악마에게 자리를 내어주고 하나님의 성령을 슬프시게 하였기 때문입니다. 그는 외면적인 행위가 아니라고 할지라도 그의 마음속으로는 어리석고 쾌락적인 죄에 다시 빠진 것입니다. 그는 교만, 분노와 욕망, 아집과 완고함에 빠져버렸습니다. 또한 자기 안에 있었던 하나님의 은사를 불러일으키지도 않았습니다. 그는 정신적인 태만에 빠져 "항상 기도하며 모든 인내로써 조심하는" 수고를 감수하지 않았습니다. 즉 그는 자기를 부인하고 날마다 십자가를 지지 않기 때문에 믿음의 파선을 당한 것입니다.

6. 그러나 그는 믿음의 파선을 하지 않았을지 모릅니다. 자신이 하나님의 자녀라고 하는 사실을 자신의 영혼 속에 끊임없이 증거하는 것은 어느 정도 양자(養子)의 성령을 소유하고 있기 때문입니다. 그러나

그는 "완전을 향해 나아가고" 있지 않습니다. 예전과 같이 의에 굶주리지도, 목말라 하지도 않고, 사슴이 시냇물을 사모하듯이 하나님의 완전하신 형상과 충만한 기쁨을 갈구하지도 않습니다. 오히려 그의 마음은 지치고 연약하게 되어 사실상 삶과 죽음 사이에서 방황하고 있습니다. 그가 이렇게 된 이유는 무엇입니까? "행함으로 믿음이 완전하게 된다"는 하나님의 말씀을 잃어버렸기 때문이 아니라면 무엇이겠습니까? 그는 하나님의 역사를 행하는 데 전력을 다하지 않습니다. 그는 공적으로나 사적으로 "끊임없이 기도하지 않고", 교제하지 않고, 말씀을 듣지도 않고, 명상하지도 않고, 금식하지도 않고, 종교 집회에 참석하지도 않습니다. 만일 그가 이런 일들을 전적으로 등한히 하지 않았다고 할지라도 적어도 그는 온 힘을 다하여 이 일을 수행하지 않는 것입니다. 그는 성결의 행위는 물론이요 자신의 행위에도 열성이 없습니다. 하나님께서 주신 충분한 재질을 가지고 자기의 힘을 다하지 않습니다. 그는 그가 할 수 있는 모든 종류와 모든 정도로 사람들의 육신뿐만 아니라 영혼에 대해 선을 행함으로써 주님을 열심히 섬기려고 하지도 않습니다.

왜 그는 끊임없이 기도하지 않습니까? 메마른 시절의 기도는 그에게 고통과 슬픔을 주기 때문입니다. 그는 모든 기회를 통해서 계속하여 말씀을 들으려고 하지 않습니다. 그 이유는 잠이 달콤하거나 삶이 차갑고 어두우며 구질구질하기 때문입니다. 왜 그는 자비의 행위를 계속하지 못합니까? 옷의 경비를 절약하고 값싸고 맛없는 음식을 먹지 않는다면, 굶주린 자를 먹이고 헐벗은 자를 입히는 일을 할 수 없습니다. 그 외에도 병든 자와 감옥에 갇힌 자를 방문하는 데는 여러 가지 불쾌한 경우가 따릅니다. 대개의 정신적인 자비의 행위는 그런 것입니다. 특별히 비난도 받습니다. 때로는 수치심이, 때로는 공포가 끼어듭니다.

왜냐하면 비웃음을 받을 뿐만 아니라 더욱 큰 불편을 느끼면서 자기를 드러내야 하기 때문입니다. 이런 불편이나 그와 비슷한 생각들 때문에 그는 전부는 아니라고 할지라도 자비와 성결의 행위를 부분적으로 행하지 않게 됩니다. 그러므로 믿음이 완전하게 될 수 없는 그는 은혜 안에서 성장할 수 없습니다. 즉 그가 자기를 부인하거나 날마다 자기 십자가를 지지 않기 때문입니다.

7. 어떤 사람이 주님을 철저히 따르지 않고 전적으로 그리스도의 제자가 되지 못하는 것은 항상 자기를 부인하지 않고 자기 십자가를 지지 않기 때문이라는 사실을 명백하게 깨닫게 됩니다. 나팔 소리가 들려와도 죄 가운데 죽은 자가 깨어나지 못하는 것, 잠에서 깨어나기 시작한 자가 깊고 영속적인 확신을 갖지 못하는 것, 죄에 대해 깊고 영속적인 확신을 가진 자가 죄 사함을 받지 못하는 것, 하늘의 은사를 받았던 사람들이 이것을 지속하지 못하고 믿음이 파선되는 것은 바로 이러한 이유 때문입니다. 또 어떤 사람들이 멸망의 포구로 가지 않는다고 할지라도 그들의 마음이 지치고 연약하여 예수 그리스도 안에 있는 하나님의 높으신 부르심의 상급의 표적에 도달하지 못하는 것도 이러한 이유 때문입니다.

III

1. 직접적이든 간접적이든, 공적이든 사적이든 관계없이, 자기 부인과 날마다 지는 십자가의 가르침에 반대하는 자들은 성서의 말씀이

나 하나님의 능력에 대해 알지 못한다는 사실을 우리는 여기에서 얼마나 쉽게 깨달았습니까! 하나님의 모든 말씀의 일반적인 성격은 물론 수많은 특수한 본문들에 대해서 이런 사람들은 얼마나 전적으로 무지합니까! 진실하고 순수한 기독교인의 경험에 대해 얼마나 저들이 전적으로 친숙하지 못합니까! 성령께서 예전에 행하셨고 오늘날에도 행하시는, 인간의 영혼 속에서 역사하시는 방법에 대해 그들은 깨닫지 못합니다. 지금 그들은 하나님의 말씀이나 하나님의 자녀의 경험을 이해할 유일한 사람인 것처럼 큰 소리로 자신 있게 (무지의 자연적 열매를) 말할지도 모릅니다. 그러나 그들의 말은 모든 점에서 빈말입니다. 그들은 자신의 말을 저울질해 본 후 결핍된 것을 발견합니다.

2. 둘째, 우리는 많은 특별한 개인들뿐만 아니라 인간 집단조차도 한때는 열을 내고 빛을 비추었지만, 지금은 빛도 열기도 잃어버린 진정한 이유를 여기에서 배울 것입니다. 그들은 이 복음의 귀중한 가르침을 싫어하지는 않는다고 할지라도 적어도 가볍게 취급해 왔습니다. 그들이 만일 용감하게 "우리는 모든 자기 부인을 짓밟고 이것을 파괴하려고 전력을 다하겠다(Abnegationem omnem proculcamus. internecioni damus)"라고 말하지 않았더라도 아직 그들은 자기 부인의 중요성을 높이 평가하거나 그것을 실천하면서 어떤 수고도 하지 않았던 것입니다. "Hanc mystici docenf", "신비주의 작가들은 자기 부인을 가르친다"고 거인 같은 악한 인간들은 말했습니다. 천만의 말씀입니다. 자기 부인을 가르치는 사람들은 영감을 받은 작가들입니다. 하나님의 목소리를 기꺼이 들으려고 하는 모든 사람들에게 하나님께서는 그 교리를 가르치십니다.

3. 셋째, 여기서부터 우리는 복음을 전파하는 성직자가 자기 부인의 가르침을 반대하지 않고 거기에 대해 말하지 않는 것만으로는 충분하지 않다는 사실을 배우게 됩니다. 여기에 대해 다소의 찬성을 하는 것만으로 그의 의무를 다했다고 말할 수 없습니다. 사실 모든 사람의 피로부터 깨끗해지려면 종종 그리고 충분히 자기 부인에 대해 말해야 합니다. 가장 분명하고 강력한 방법으로 그 필요성을 가르쳐야 합니다. 그는 모든 사람들에게 언제나 어느 곳에서나 자기 부인을 강조해야 하며, "한 줄 한 줄, 한 교훈 한 교훈" 강조해 가면서 여기에 대해 외쳐야 합니다. 그렇게 되어야 그가 거리낌 없는 양심을 갖게 될 것이며, 자기 자신의 영혼과 그의 말을 듣는 자들의 영혼을 구원하게 될 것입니다.

4. 끝으로, 여러분 각자와 자신의 영혼에 이 가르침을 적용해야 한다는 것을 깨달으십시오. 당신이 골방 속에 거할 때 이것에 대해 깊이 명상하십시오. 마음속에서 그것을 골똘히 생각하십시오. 이것을 철저히 이해할 뿐만 아니라 생의 마지막 순간까지 기억하도록 유의하십시오. 이것을 깨닫자마자 실행할 수 있도록 능력 많으신 분에게 울며 간구하십시오. 시간을 지체하지 말고 바로 이 시간부터 이 가르침을 실천하십시오. 생의 제반 환경에서 발생하는 수천 가지 경우에, 즉 어떤 경우에서나 이것을 보편적으로 실천하십시오. 처음 일을 행한 시간부터 끝까지 견디며, 영혼이 하나님께 돌아갈 때까지 중단하지 말고 날마다 이것을 실천하십시오.

43

험담의 치료
The Cure of Evil Speaking

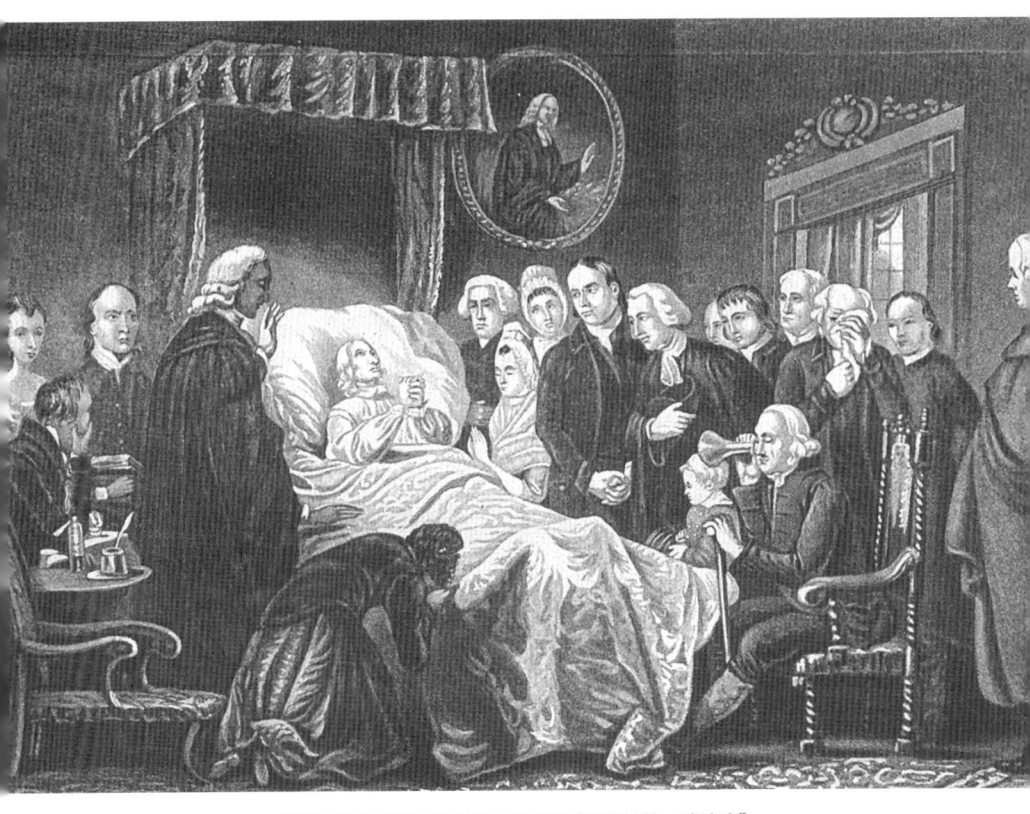

"가장 좋은 것은 하나님이 우리와 함께하시는 것이다."
〈The death-bed of John Wesley〉, Mezzotint by John Sartain, 1791

네 형제가 죄를 범하거든 가서 너와 그 사람과만 상대하여 권고하라 만일 들으면 네가 네 형제를 얻은 것이요 만일 듣지 않거든 한두 사람을 데리고 가서 두세 증인의 입으로 말마다 확증하게 하라 만일 그들의 말도 듣지 않거든 교회에 말하고 교회의 말도 듣지 않거든 이방인과 세리와 같이 여기라 (마 18:15~17)

1. "살인하지 말라"는 분명한 명령처럼, 위대한 사도는 "사람에게 험담하지 말라(딛 3:2)"고 말합니다. 그러나 기독교인들 중에서 누가 이 명령을 정말 중요시하고 있습니까? 그뿐만 아니라 이것을 충분히 이해해야 하지만 이해하는 사람들이 얼마나 소수입니까? 험담(evil speaking)이란 무엇입니까? 사람들이 생각하는 것처럼 그것은 거짓말이나 비방과는 다릅니다. 사람들이 말하는 것이 성서의 말씀처럼 진실할지는 모릅니다. 그러나 성서가 말하는 것은 험담에 관한 것입니다. 왜냐하면 험담이라는 것은 어쨌든 그 자리에 없는 사람에 대해서 나쁜 말을 하는 그 이상도 아니고 그 이하도 아닙니다. 그리고 그것이 언급되었을 때 그 자리에 없는 사람이 실제로 행하고 말했던 어떤 나쁜 일에 대해 언급하는 것입니다. 어떤 사람이 전에 술 취한 것을 보거나 그 사람이 저주하고 욕하는 것을 듣고 그 사람이 없을 때 이 일을 말한다면 그것이 험담입니다. 우리말로는 이것이 "헐뜯는다(backbiting)"라는 뜻으로 되어 있는데 아주 적절한 표현입니다. 또한 이 말과 우리가 보통

"소문을 퍼뜨린다(tale-bearing)"고 하는 말 사이에는 별로 실질적인 차이가 없습니다. 만일 이야기가 부드럽고 조용한 방법으로 전해진다면 우리는 이것을 "소근거린다(whispering)"고 말합니다(이것은 사람들에게 호의를 가지고 일이 나쁘게 되지 않기를 바라는 표현일 경우입니다). 그러나 어떤 방법이든 간에 그것은 마찬가지며, 비록 상황은 다르다고 하더라도 본질은 같습니다. 이것이 바로 험담이고 이런 경우 "사람에게 험담하지 말라"는 명령은 짓밟히게 됩니다. 만일 본인이 그 자리에 있어서 답변할 수 없을 때 제삼자의 결점에 관하여 다른 사람에게 말한다면 그것이 바로 험담입니다.

2. 사람의 지위와 계급의 고하를 막론하고 이 같은 죄가 얼마나 극도로 파급되어 있습니까? 지위 고하, 빈부귀천, 지혜로운 자와 미련한 자, 유식과 무식을 막론하고 사람들은 끊임없이 여기에 빠져 들어 갑니다. 다른 모든 면에서 의견이 다른 사람들도 이 점에서는 의견이 같습니다. "나는 이 점에 있어서 결백하다", "나는 항상 내 입에 파수꾼을 세우고 입술의 문을 지킨다"고 하나님 앞에서 증언할 수 있는 사람들이 몇 사람이나 되겠습니까? 당신이 들었던 상당히 긴 대화 가운데 험담이 들어 있지 않은 것을 들어본 일이 있습니까? 일반적으로 마음속에 하나님을 경외하는 사람들, 그리고 하나님과 인간 앞에서 양심에 거리낌이 없기를 바라는 사람들 사이에도 험담이 있습니다.

3. 그런데 이 죄는 너무 보편적이기 때문에 피하기가 어렵습니다. 모든 면에서 이 죄에 둘러싸여 있기 때문에, 만일 우리가 이 위험을

깊이 인식하지 못하거나 이 죄에 대해 끊임없이 자신을 보호하지 않는다면 우리는 그 급류에 휩쓸려 떠내려가기가 쉽습니다. 이런 경우에 사실인즉 모든 인류가 우리를 대적해서 음모를 꾸미고 있습니다. 그리고 그들의 실례가 어떻게 되는지 알지도 못하게 우리에게 침범해 들어와 우리는 무의식적으로 험담을 모방하는 일에 빠져들어 가고 맙니다. 더구나 험담은 외부에서는 물론 마음속으로부터 그렇게 하기를 바라게 합니다. 인간의 마음에는 때때로 험담하는 일을 만족하거나 결과적으로 험담하려고 하는 나쁜 기질이 있습니다. 우리는 스스로 허물이 없다고 생각하여 다른 사람의 결점을 말함으로써 자신의 자만심에 만족합니다. 분노, 원한, 그리고 모든 불친절한 기질들이 우리 불만족한 사람들을 험담에 빠뜨립니다. 그리고 많은 경우에 자기 이웃의 죄를 되풀이하면서 사람들은 자신의 어리석고 해로운 욕망에 빠지는 것입니다.

4. 험담은 흔히 가면을 쓰고 우리를 공격하기 때문에 피하기가 더욱 어렵습니다. (우리가 말하지 않으면 좋을 텐데도) 우리는 이와 같이 악한 사람들에 대하여 고상하고 관대하며 거룩한 분노를 가진 것처럼 말합니다. 우리는 죄에 대한 단순한 증오심 때문에 죄를 짓게 됩니다. 우리는 하나님께 대한 순수한 열정 때문에 악마에게 봉사하기도 합니다. 단지 악한 사람을 벌하려는 목적에서 이런 잘못에 빠져 들어 갑니다. (어떤 사람이 말하듯이) "그리하여 열정이 그런 모든 일을 정당화하게 합니다." 이른바 거룩이라는 탈을 쓰고 자기의 죄를 은폐하는 것입니다.

5. 그런데 이러한 함정을 피할 길은 없습니까? 분명히 있습니다.

우리의 은혜로우신 주님께서는 위에서 인용한 말씀에서 그의 제자들에게 분명한 길을 제시하셨습니다. 주의 깊게, 꾸준히 이 길을 걷는 자는 아무도 험담에 빠지지 않을 것입니다. 이 법칙은 험담에 대한 결함이 없는 예방 조치와 치료 방법이 됩니다. 앞에서 언급한 말씀 중에 우리 주님께서는 "사람을 죄짓게 하는 이 세상은 화가 있다"고 하셨습니다. 말할 수 없는 불행이 이 재앙의 샘으로부터 이 세상에 일어날 것입니다(범죄란 사람이 하나님의 길에서 벗어나고 방해를 받는 모든 것을 말합니다). 왜냐하면 "범죄의 유혹이 없을 수는 없으나(즉 사물의 본성이 그렇고, 인간의 사악함과 어리석음과 나약함 때문에 그렇습니다)", 주님은 "유혹하는 사람에게는 화가 있다"고 말씀하셨습니다(그 사람은 아주 불행한 사람입니다). "그러므로 손이나 발이나 눈이 너를 죄짓게 하거든", 즉 가장 재미있는 쾌락, 가장 사랑스럽고 유익한 사람이 당신을 하나님의 길에서 벗어나게 하거나 방해하거든, "그것을 빼버리라", 즉 그것을 자르고 내던져버리라는 것입니다. 그러나 다른 사람을 유혹하거나 다른 사람에게 유혹을 받는 것을 어떻게 피할 수 있겠습니까? 특별히 그들이 분명히 잘못하였고, 우리가 그 잘못을 우리 눈으로 본다면 말입니다. 여기에서 우리 주님은 어떻게 해야 하는가를 우리에게 가르쳐 주십니다. 즉 주님께서는 범죄와 험담을 모두 피하는 분명한 방법을 제시하십니다. "만일 네 형제가 죄를 짓거든 단둘이 있는 데서 그를 충고하라. 그가 네 말을 들으면 너는 그 형제를 얻은 것이다. 그러나 듣지 않거든 한두 사람을 데리고 가라. 두세 증인의 입으로 모든 사실이 확증되도록 하기 위한 것이다. 그러나 그들의 말도 듣지 않거든 교회에 가서 말하고 교회의 말도 듣지 않거든 그를 이방인이나 세리와 같이 여기라."

I

1. 첫째, "네 형제가 죄를 범하거든 가서 너와 그 사람과만 상대하여 권고하라." 실천할 수 있다면 이 첫째 법칙은 문자 그대로 따르는 것이 가장 좋은 방법입니다. 그러므로 만일 어떤 형제, 즉 동료 기독교인이 저지른 부인하기 어려운 죄를 당신 자신의 눈으로 보거나 귀로 듣기 때문에 당신이 그 사실을 의심하기 어렵다면, 그때 당신의 입장은 분명합니다. 주저하지 말고 우선 그에게 가십시오. 그리고 만일 당신이 가까이 갈 수 있다면, "당신과 그 사람만 단둘이 있는 데서 그 죄에 대해 충고하십시오." 참으로 올바른 태도로 매우 조심스럽게 해야 합니다. 그 충고가 성공하는 것은 어떤 정신으로 충고하느냐에 달려 있습니다. 그러므로 겸손한 마음으로 충고할 수 있도록 하나님께 열심히 기도하는 것을 잊지 마십시오. 당신을 변화시키는 분은 하나님뿐이시고, 지금 당신이 말한 것 때문에 선한 결과를 이루게 된다면 그것은 하나님 자신이 하신 것이라는 깊고 통찰력 있는 확신을 가지고 하십시오. 하나님께서 당신의 마음을 지키시고 생각을 밝히시며 하나님께서 기꺼이 축복해 주실 수 있는 그런 말을 당신이 할 수 있도록 인도해 주시기를 기도하십시오. 겸손하고 온유하게 말할 수 있도록 하십시오. 왜냐하면 "사람의 분노는 하나님의 의가 역사하지 못하도록 하기 때문입니다." 만일 상대방이 실수하게 되면, 온유한 마음이 아니고서는 상대를 돌이킬 수 없습니다. 만일 상대방이 진리를 반대할 때에 부드러운 마음이 아니고서는 그것을 깨닫게 할 수가 없습니다. "많은 물을 가지고도 끌 수 없는" 부드러운 사랑의 정신으로 말하십시오. 사랑은 정복할 수 없기 때

문에 오히려 모든 것을 정복할 수 있습니다. 누가 감히 사랑의 힘을 막을 수 있겠습니까?

> 사랑은 완고한 목을 숙이게 하며
> 돌 같은 마음을 부드러운 살같이 변하게 하네.
> 사랑은 견고한 마음을 부드럽게 하고
> 녹이고, 꿰뚫으며, 부순다네.

그렇다면 당신은 상대방에 대한 당신의 사랑을 확인하십시오. 그러면 악을 선으로 갚아 그를 매우 부끄럽게 할 것입니다.

2. 그러나 당신이 말하는 태도가 그리스도의 복음에 일치하는지를 살피십시오. 자존심이나 자만심을 느끼지 않도록 시선, 몸짓, 말, 목소리를 조심하십시오. 거만하거나 독선적인 것을 피하고, 교만하거나 거만하게 보이는 것을 모두 피하십시오. 경멸, 자만, 모독감이 가까이 오지 못하도록 하십시오. 똑같이 주의하면서 사람들에게 성내는 모습을 보이지 않도록 하십시오. 당신이 아주 분명한 말을 한다고 할지라도, 그 말 속에 견책이나 욕설이 섞인 비난을 담아서는 안 되고, 사랑 이외에는 어떤 것이라도 흥분된 표현을 하지 마십시오. 무엇보다도 증오와 악의의 그림자를 드러내지 말고, 신랄하거나 심술궂은 표현이 되지 않도록 하십시오. 다만 모든 것이 마음속에 있는 사랑으로부터 우러났다고 느껴지도록 관대함은 물론 부드러운 태도와 말을 사용하십시오. 그러나 이러한 부드러움 때문에 가장 심각하고 엄숙한 태도로 말하는 것을 방해할 필요는 없습니다. 이것이 바로 하나님의 계시 말씀

이고(하나님의 말씀과 같은 것은 아무것도 없기 때문입니다), 산 자와 죽은 자를 심판하러 오시는 하나님의 눈앞에 서 있는 한, 그럴 필요가 없습니다.

3. 만일 당신이 개인적으로 그에게 말할 기회가 없거나 또한 접근할 수 없다면, 그때에는 사람을 보내서 말할 수 있습니다. 당신의 이름으로 위에서 언급한 바와 같은 정신과 태도를 가지고 말하는 그런 사람은 당신이 철저히 신뢰할 수 있는 그런 공통적인 친구여야 합니다. 그와 같은 사람이 똑같은 목적에 부응할 수 있으면 상당한 정도로 당신이 행하는 봉사의 부족함을 보충해 줄 것입니다. 십자가를 피하기 위하여 기회가 없다고 핑계를 대지 않도록 조심하십시오. 노력하지도 않고 그에게 접근할 수 없다고 쉽게 단정하지 마십시오. 언제나 당신 자신이 개인적으로 말하는 것이 더 좋은 일입니다. 그러나 자신이 전혀 말하지 않는 것보다는 오히려 다른 사람을 시켜서 말하는 것이 더 좋으며, 즉 이런 방법이 전혀 말하지 않는 것보다 더 좋습니다.

4. 그러나 만일 당신 자신이 말할 수 없고 믿을 만한 대리자를 찾지 못하면 어떻게 하겠습니까? 사실상 이런 경우라면 그때에는 글로 전하는 방법만이 남아 있습니다. 그리고 이것이 가장 좋은 충고의 말을 전하게 되는 경우가 될지도 모릅니다. 이런 경우의 하나는 우리가 충고해야 할 사람이 너무 열정적이고 성급한 기질을 가진 사람이어서 특별히 자기와 동등한 신분을 가진 사람이나 자기보다 못한 사람에게서 충고를 받을 때 이를 쉽게 참지 못하는 경우입니다. 그러나 충고를 받아들이기 쉽도록 편지로 쓰거나 부드럽게 할 수는 있습니다. 더구나 듣기에는 견딜 수 없는 똑같은 말을 많은 사람들이 글로는 읽을 수 있을 것

입니다. 이것은 그의 자존심에 심한 충격을 주거나 명예를 훼손하지 않기 때문입니다. 처음에는 별로 인상적이지 않더라도 두 번 읽게 되어 생각을 더 깊이 하게 되면 전에 무시했던 것들을 마음속에 받아들이게 될 것입니다. 여기에 만일 당신의 이름을 첨부하면 대면하여 말하는 것과 거의 마찬가지 일이 됩니다. 만일 이 일이 어떤 특별한 이유 때문에 부적당하게 되지 않는 한 당신은 마땅히 그렇게 해야 합니다.

5. 이것이 우리 주님께서 절대적으로 명령하신 단계일 뿐만 아니라 다른 어떤 행동을 취하기 전에 우리가 먼저 이 방법을 취하도록 명령하셨다는 사실을 잘 유의해야 할 것입니다. 다른 방도가 없고 그 밖의 다른 선택은 없습니다. 이 길이 바른길이고 이 길을 걸어야 합니다. 만일 필요하다면 다른 두 개의 방법을 취하도록 주님께서 우리에게 명령하시겠지만, 그러나 이 방법을 택한 후에만 계속해서 다른 방법을 사용할 수 있고, 어느 것도 이것보다 앞서서는 안 된다고 하셨습니다. 더구나 이 방법 이전에는 이것을 제외하고 어떤 다른 방법을 취해서는 안 됩니다. 그러므로 어떤 다른 방법을 취하거나 취하지 않는 것은 둘 다 똑같이 잘못된 일입니다.

6. "내가 참을 수 없을 정도로 마음의 부담을 느끼기 전에는 어느 누구에게도 말하지 않겠다"고 말하면서 전혀 다른 방법을 취하기 위하여 자신을 변명하려고는 생각하지 마십시오. 정말 마음에 부담이 되었습니까? 만일 당신의 양심이 마비되지 않는 한, 하나님의 분명한 명령에 복종하지 않는 죄책감 아래 있기 때문에 그랬다면, 당연한 일입니다. 당신은 즉각적으로 그를 찾아가서 "단둘이 있는 데서" 당신 형제

의 허물에 대해 충고해야 합니다. 만일 그렇게 하지 않는다면(당신의 마음이 진정 완고하게 되지 않는 한), 당신이 하나님의 명령을 짓밟고, 당신의 마음속에 형제를 미워하게 됨으로써, 마음의 부담을 갖게 되는 것입니다. 그러면 어떤 방법이 마음의 부담을 없애는 길입니까? 하나님께서는 형제의 허물을 권고하지 않는 태만의 죄를 견책하실 것입니다. 그리고 형제의 허물을 다른 사람에게 알게 하는 범죄 때문에 하나님의 견책을 받으면서 스스로 위로해야 합니다. 죄로 손쉽게 사들인 것은 비싼 대가를 치러야 합니다. "당신이 형제에게 가서 그에게만 말하고 어떤 다른 사람에게도 말하지 않기 전에는" 내가 믿기로는 마음이 편할 수가 없고 점점 더 마음의 부담을 가지게 될 것입니다.

7. 그러나 이 법칙에 한 가지 예외가 있습니다. 어떤 특별한 경우에는 당사자가 없을지라도 자신이 결백한 자임을 변호하기 위해 범죄자를 고발할 경우도 있습니다. 예컨대 어떤 사람이 이웃의 재산과 생명을 탈취하려는 계획을 당신이 잘 안다고 가정합시다. 그 계획을 착수하지 못하도록 막고, 그런 행동을 모르는 사람에게 지체없이 알리는 길밖에는 다른 방도가 없는 경우가 있습니다. 이런 경우에는 "사람에게 험담을 하지 말라"는 사도의 법칙은 제쳐 놓게 됩니다. 다른 사람들과 당신 자신에게까지도 동시에 악을 행하려는 것을 막기 위해 그 자리에 없는 사람에 대해 험담하는 것은 합법적임은 물론이요 우리의 중요한 책임입니다. 그러나 그때에도 모든 험담은 그 본질에 있어서 치명적인 독이 된다는 사실을 기억해야 합니다. 그러므로 만일 당신이 때때로 약으로 사용하게 될 경우에도 두려움과 떨림으로 그것을 사용해야 합니다. 그것은 대단히 위험한 약이기 때문에 절대적으로 필요한 경우 이외

에는 이것을 전혀 사용해야 할 이유가 없습니다. 따라서 가능한 한 사용하지 말아야 하고, 그럴 필요가 있을 때를 제외하고서는 사용하지 말아야 합니다. 그리고 그런 때에라도 될 수 있는 한 적게 사용하십시오. 그러한 목적을 위해서 필요한 만큼만 사용하십시오. 언제나 "단둘이 있는 데서만 그의 죄에 대해 그에게 충고하십시오."

II

1. 그러나 만일 "그가 들으려 하지 않고", 선을 악으로 갚고, 자신의 죄를 인정하기보다 오히려 화를 낸다면 어떻게 하겠습니까? 그가 들은 척도 하지 않고 악한 길을 계속 간다면 어떻게 하겠습니까? 가장 온화하고 부드러운 충고라도 효과가 없고 다른 사람에게 바라던 축복이 우리 자신의 마음속에 되돌아오게 되는 경우가 흔하다는 것을 예상해야 합니다. 그러면 우리가 어떻게 해야 할 것입니까? 우리 주님은 분명하고 충분한 교훈을 우리에게 주셨습니다. 그때에는 "한두 사람을 데리고 가라." 이것이 두 번째 단계입니다. 사랑하는 정신을 가지고 하나님과 자기 이웃을 사랑하는 사람이라고 생각되는 한두 사람을 데리고 가십시오. 이렇게 하여 겸비한 정신을 가지며 겸손으로 옷 입도록 하십시오. 그들로 하여금 유순하고 온유하며 인내하고 오래 참도록 하십시오. 악을 악으로 갚지 않고, 욕을 욕으로 갚지 않게 하며, 오히려 그 반대로 축복으로 갚도록 하십시오. 위로부터의 지혜를 부여받은 이해심 있는 사람이 되게 하고, 공평하고 편파심이 없고 어떤 편견도 없는 사람이 되도록 하십시오. 이와 같이 그들의 인격과 성품이 그에게 잘 알

려지도록 유념해야 합니다. 그래서 그 사람에게 잘 받아들여질 수 있는 사람이라면 다른 사람에게도 호의적으로 선택될 수 있을 것입니다.

2. 그 일의 성격에 따라 그들이 취해야 할 태도를 사랑은 지시할 것입니다. 어떤 특수한 방법이라도 모든 경우 적용될 수는 없습니다. 그러나 대개 일반적으로는 그들이 그 일에 개입해 들어가기 전에 그 사람에 대해 분노나 편견을 가지지 않고, 지금 그들이 그에게 온 것이나 이 사건에 개입하는 모든 것은 단지 섭리의 원칙 때문이라는 것을 온화하고 사랑스러운 태도로 선언하도록 충고할 수도 있습니다. 이 사실을 좀 더 분명히 하자면 그들이 어떤 결정을 내리기 전에 당신이 이전에 그 사람과 대화한 것과 그리고 그 사람이 자신을 변호하여 어떤 말을 했는가를 반복하여 그들이 조용히 경청하게 할 수도 있습니다. "두세 사람의 증인의 입으로 모든 사실이 확증되도록" 그들의 권위의 무게를 더해 줌으로써 당신이 말한 것은 무엇이든지 더욱 강한 힘을 가지고 진행될 것입니다.

3. 이렇게 하기 위해서 그들이 (1) 당신이 무슨 말을 했으며 그가 무슨 대답을 했는지를 간결하게 되풀이할 필요는 없습니까? (2) 당신이 말한 이유를 확대하여 공개하거나 확인할 필요는 없습니까? (3) 당신의 견책이 얼마나 정당하고 얼마나 친절하고 얼마나 합리적인가를 밝히면서 당신이 부여한 견책의 무게를 더해야 하지 않습니까? 그래서 마지막으로 여기에 추가했던 충고와 설득을 강요해야 합니다. 그리고 만일 필요할 경우에는 그 말한 것이 후에 증거가 되도록 해야 합니다.

4. 앞에서의 법칙은 이 점에 있어서 우리 주님께서 선택의 여지나 다른 대안을 주시지도 않고 오직 이와 같이 하라고만 분명히 지시하셨을 뿐 달리는 어떻게도 할 수 없다고 말씀하신 것을 우리는 유의해야만 합니다. 주님께서는 이와 같이 언제 이렇게 할 것인가를 우리에게 지시해 주십니다. 빠르지도 늦지도 않게, 즉 첫째 단계를 취한 후 셋째 단계를 취하기 전에 하라고 말입니다. 그렇다면 형제애적 사랑의 위대한 일과 관련되기를 바라는 사람에게 다른 사람이 행한 죄에 대해서 이야기할 수 있는 권리가 있을 뿐입니다. 그러나 우리는 두 가지 단계가 취해지기 전에 다른 사람에게 그것을 어떻게 말할 것인가에 대해 조심해야 합니다. 만일 우리가 이런 단계를 취하는 것을 등한히 하거나 어떤 다른 단계를 취한다면 마음에 부담을 가지는 것이 당연하지 않겠습니까? 그것은 우리가 하나님께 대해서, 그리고 우리의 이웃에 대해서 죄인이기 때문입니다. 우리의 양심이 살아 있는 한, 아무리 이 사실을 아름답게 꾸민다고 하더라도 우리의 죄는 그대로 남아 있고, 우리의 영혼은 마음의 부담을 지니게 될 것입니다.

III

1. 이러한 중요한 일에 대하여 철저히 교훈을 받도록 우리 주님은 그 이상의 교훈을 우리에게 해주셨습니다. 즉 "만일 그 사람이 그들의 말도 듣지 않거든" 그때에는, 즉 그렇게 한 후에는 "교회에 가서 그것을 말하라." 이것이 셋째 단계입니다. 여기서 "교회"라는 말을 어떻게 이해할 것인가가 문제입니다. 그러나 그 일의 특성이 모든 합리적인 논

의를 넘어서 이것을 결정할 것입니다. 당신은 국가교회, 즉 "영국 국교회"라고 부르는 모든 사람들 전체에 대해서 이것을 말할 수는 없을 것입니다. 당신이 그렇게 하더라도 국가교회가 기독교적인 의미에 있어서 답변을 줄 수 없습니다. 그러므로 이것이 그 말의 뜻은 아닙니다. 당신에게 더욱 직접적인 관련이 있는 영국 국민 전체에 대해서 이것을 말할 수는 없습니다. 사실 그렇게 하는 것이 좋은 의미의 답변이 될 수 없습니다. 그러므로 교회라는 말이 이렇게 이해될 수는 없습니다. 교회(당신이 그런 뜻에서 정의한다면), 즉 런던에서 회집된 회중이나 협회에 대해 이것을 말한다는 것은 별로 가치 있는 답변을 얻지 못할 것입니다. 그렇다면 당신의 영혼과 그 사람의 영혼에 대해 "주님께 보고해야 하는" 사람들, 즉 여러분을 관장하는 장로(들)에게 말하는 것이 남아 있습니다. 만일 편리하게 한다면 그 일과 관련된 사람의 면전에서 행해야 하며, 비록 분명할지라도 그 일의 성격이 허락하는 한 관용과 사랑을 가지고 행해야 합니다. 자기 관할 아래 있는 사람들의 행동을 결정하고 "범죄의 죄과에 따라" 권위를 가지고 견책하는 일은 장로의 직책에 응당 속합니다. 그러므로 당신이 이렇게 했을 때는 하나님의 말씀과 사랑의 법이 요청하는 모든 것을 행한 것이 됩니다. 즉 이제 당신은 그 사람의 죄에 대해 책임이 없습니다. 만일 그가 멸망한다면 그의 피가 그 자신의 머리에 돌아간 것입니다.

2. 여기에서 역시 유의할 것은 다른 어떤 방법이 아니라 이것이 바로 우리가 취할 셋째 단계이며, 이 단계는 그 순서에 있어서 다른 두 단계 이후에 취하여야 하며, 어느 특수한 경우가 아니라면 둘째 단계 이전은 물론 첫째 단계 이전에 취해서도 안 됩니다. 사실 어느 한 경우

에는 둘째 단계가 이것과 일치할 수도 있습니다. 즉 방법에 있어서 똑같을 수도 있습니다. 교회의 장로나 장로들이 죄를 지은 형제와 관련되어 있기 때문에 장로들에게 한두 사람의 증인을 동반시킬 필요가 없고, 장로들이 이들을 대치할 수 있을 것입니다. 즉 "단둘이 있는 데서만" 당신 형제의 죄에 대해 말한 후에 그것을 장로들에게 직접 말하는 것이면 족합니다.

3. 당신이 이렇게 한다면 당신 자신의 영혼을 구원하게 됩니다. "만일 그가 교회의 말도 듣지 않거든", 즉 자신의 죄를 고집한다면 "그를 이방 사람이나 세리와 같이 여기십시오." 그러나 당신이 그를 위해 하나님께 기도할 때에만 더 이상 그에 대해 생각할 책임이 없습니다. 당신은 더 이상 그에 대해 말할 필요가 없고 다만 주님께 그를 맡기십시오. 실제로 당신은 다른 이방인들에게 대하는 것처럼 그에 대해서 열의와 부드러운 선의의 빚을 지고 있습니다. 당신은 그에게 예의 바르게 행동해야 하고, 그런 기회가 생긴다면 인간적인 모든 직무를 제공해야 합니다. 그러나 그에게 어떤 우정이나 친밀감을 가질 필요가 없으며, 공개적으로 이방인으로 대하는 것 외에는 다른 교제가 필요 없습니다.

4. 그러나 만일 이러한 태도가 기독교인이 걸어야 할 법칙이라면 기독교인이 사는 땅은 어떤 것입니까? 당신은 이 법칙을 준수할 만한 양심을 가진 사람들이 여기저기 불과 몇 사람밖에 안 된다는 것을 발견할 것입니다. 그런 사람들이 얼마나 적습니까? 지상에 이런 사람들이 얼마나 드물게 흩어져 있습니까? 보편적으로 이 법칙을 따르는 사람들의 집단이 어디 있습니까? 우리가 유럽에서 발견할 수 있습니까?

또는 멀리 갈 것 없이 영국이나 아일랜드에서 발견할 수 있습니까? 그렇게 말하면 안 될 것 같습니다. 우리가 이런 왕국을 아무리 찾아도 그 일이 헛수고라고 생각됩니다. 아! 기독교 세계여! 그리스도인들이여! 개신교도들이여! "누가 악한 자들과 대항해 나와 함께 일어설 수 있겠습니까?" 험담하는 자에 대해 누가 과연 하나님 편에 설 것입니까? 당신이 바로 그럴 수 있습니까? 당신이 하나님의 은혜로 그런 급류에 휩쓸리지 않는 사람이 되겠습니까? 당신은 바로 이 순간부터 당신의 도움이 되시는 하나님께 대해 끊임없이 "당신의 입을 감시하며 입술의 문을 지키는" 파수꾼을 세우도록 완전히 결정했습니까? 바로 이 시간부터 "사람에게 험담하지 말라"는 이 법칙을 따라 살겠습니까? 당신의 형제가 악행하는 것을 보면 "당신은 단둘이 있는 데서만" 그의 죄에 대해 권고하겠습니까? 그리고 난 후에 "두세 증인을 데리고 가며" 그런 다음에야 "교회에 가서 그 일을 말하겠습니까?" 만일 당신의 마음에 완전한 뜻이 있다면 "어떤 사람의 험담도 듣지 말라"는 교훈을 잘 배우십시오. 듣는 자가 없다면 험담하는 자도 없게 될 것입니다. 그리고 (일반 속담에 의하면) 도둑질한 물건을 받는 자는 도둑만큼이나 나쁘지 않습니까? 그렇다면 만일 당신이 듣는 데서 어떤 이가 험담을 하게 되면 즉시 그를 제지하십시오. 그렇게도 매혹적으로 말하고 있는 유혹자의 목소리를 듣기를 거절하십시오. 그가 어둠 속에서 칼로 찌르는 자, 즉 불의의 습격을 하는 사람들에게 그처럼 부드러운 태도와 유순한 말과 여러 가지 선의의 표현을 사용하도록 하십시오. 그가 "말하기 전까지는 마음의 부담이 되었다"고 수군거리는 자가 불평을 하더라도 그 말을 듣기를 단호하게 거절하십시오. 마음의 부담이라니! 여러분은 우매한 자들입니다. 여자가 자녀들 때문에 고생하듯이 당신은 저주받은 비밀 때문에 고민하고 있습니까? 그렇다면 가서 주님께서 정해 주신 방법으로 여러분의 마음의 부담을 벗어버리십시오. 첫째, "가서 단둘이 있는 데서 형제의 허물에 대해 충고하십시오." 그다음에는 "두세 사람의 공통적인 친구를 데리고 가서 그들의 면전에서 권고하십시오." 만일 이러한 단계도 효과가 없다면 그때에는 "교회에 가서 그것을 말하십시오." 그러나 당신의 결백을 보존하는 데 절대로 필요한 예외적인 경우가 아니라면 그 이전이든지 그 이후이든지 상관없이 당신의 영혼의 위험을 무릅쓰고서라도 다른 아무에게도 이것을 말하지 마십시오. 왜 당신은 그 사람을 당신의 죄에 동참시켜 자신은 물론 다른 사람에게 마음의 짐을 주려고 합니까?

    5. 그리스도의 꾸짖음을 몸에 지니고 메도디스트(Methodists)라고 불리는 조롱을 받는 여러분은 소위 기독교 세계에 적어도 이 한 가지 경우만은 모범을 보여주도록 하십시오. 험담, 험구, 수군거림을 버리십시오. 이런 말들이 하나라도 당신의 입에서 나오지 못하도록 하십시오. 선한 말 이외에는 사람이 없는 데서 그 사람의 험담을 하지 마십시오. 당신이 원하든 원하지 않든 간에 당신이 타인과 구별되기를 원한다면 이것을 메도디스트의 구별되는 표준으로 삼으십시오. 메도디스트는 사람의 배후에서 그를 책망하지 않습니다. "열매를 보아 당신은 그 사람을 알게 될 것입니다." 자기 부인의 축복된 결과를 우리 마음속에서 어찌 신속하게 느껴야 합니까! 이와 같이 "모든 사람들과 함께 평화를 추구할 때" 우리의 평화는 얼마나 많이 강물과 같이 흐르게 될 것입니까! 우리의 형제들에게 우리의 사랑을 이와 같이 확증할 때에 우리 자신의 영혼 속에 하나님의 사랑이 얼마나 철철 넘치겠습니까! 주 예수

의 이름으로 함께 연합된 우리 모두에게 그것이 얼마나 좋은 결과를 가져올 것입니까? 형제애에 대한 거대한 장애물이 제거되었을 때 형제의 우애가 얼마나 끊임없이 증가할 것입니까? 그러므로 신비한 몸에 속한 모든 형제들이 그때에는 서로를 돌보게 될 것입니다. "그들 중 한 사람이 고통을 당하게 되면 모두가 그로 인하여 고통을 받게 될 것입니다." "그들 중 한 사람이 칭찬을 받게 되면 모두가 함께 그것을 기뻐할 것입니다. 그리고 모든 사람들은 그들의 형제들을 순수한 마음으로 열렬히 사랑하게 될 것입니다." 그런데 거칠고 몰지각한 세상에서까지 이것이 얼마나 좋은 결과를 가져올 것입니까! 그들의 수많은 형제들 속에서 발견할 수 없었던 자를 그들이 우리 속에서는 재빠르게 발견하고[배신자 율리아누스가 이방 정신(廷臣)들에게 그랬던 것처럼] "기독교인이 서로 사랑한다는 것이 어떤 것인가를 보자"고 외치겠습니까! 주님의 최후의 엄숙한 기도 속에 나타난 이 괄목할 만한 말씀을 통해 우리가 용이하게 이 사실을 배우는 것과 같이, 대개 이로 인하여 하나님께서는 세상을 깨닫게 하시고 그의 나라를 그들을 위해 예비하게 하십니다. 즉 "나를 믿는 사람들을 위하여 내가 비옵는 것은 아버지께서 내 안에 계시고 내가 아버지 안에 있는 것과 같이 그들이 모두가 하나가 되며, 아버지께서 나를 보내셨다는 사실을 이 세상이 믿게 하옵소서." 주님께서 바로 그대를 기다리십니다. 그리스도께서 "말과 혀"로뿐만 아니라 "행함과 진실함"으로 우리를 사랑하신 것처럼 주님은 우리가 서로서로 사랑할 수 있도록 하십니다.

44

돈의 사용
The Use of Money

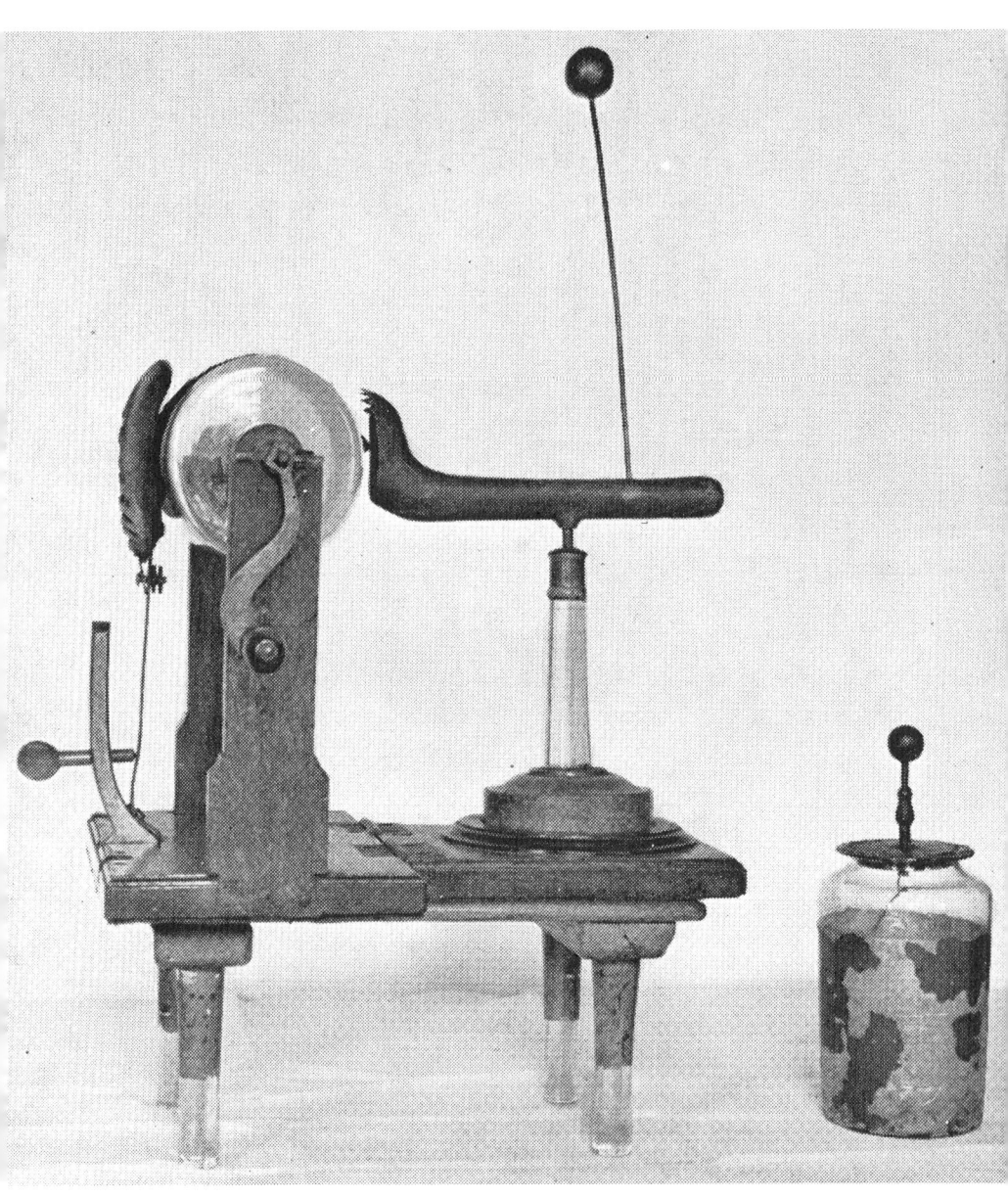

존 웨슬리가 개발한 치료용 전기 기구
Sketch of an electrical machine designed by Wesley

내가 너희에게 말하노니 불의의 재물로 친구를 사귀라 그리하면 그 재물이 없어질 때에 그들이 너희를 영주할 처소로 영접하리라 (눅 16:9)

1. 주님께서는, 세리들과 죄인들을 용납하신 사실에 대해 불평하는 자들에게, 방탕한 아들에 대한 매우 훌륭한 비유를 말씀하신 후에, 이번에는 특별히 또 다른 종류의 인간 관계에 대해서 하나님의 자녀들에게 말씀하셨습니다. 주님께서는 전에 말씀하셨던 율법학자들이나 바리새인들보다는 그의 "제자들에게" 말씀하셨던 것입니다. 어떤 부자에게 관리인이 있었습니다. 이 관리인이 재산을 낭비한다는 말이 들려, 주인이 그 관리인을 불러 놓고 말했습니다. "내가 네게 대해서 들은 말이 있는데 어찌 된 일이냐? 네 관리 사무를 청산하라. 이제부터 네게 관리인 직분을 맡길 수 없다(눅 16:1~2)." 그 불의한 관리인이 궁핍한 때를 대비해서 준비한 방책을 이야기한 후에 "그의 주인이 그 불의한 관리인을 오히려 칭찬했다"고 주님께서는 덧붙여 말씀하셨습니다. 즉 이 점에 있어서 그 관리인은 시의적절한 방책을 강구하였고, 주님은 여기에 다음과 같이 중요한 생각을 첨가하셨습니다. "이 세상의 아들들이 자기 세대에서는 빛의 아들들보다 더 슬기롭습니다(눅 16:8)." 이 세상 외에는 어떤 다른 문제도 요구하지 않는 사람들은 "빛의 자녀들보다 더 현명합니다(그들이 절대적으로 그런 것은 아닙니다. 왜냐하면 그들은

모조리 하늘 아래서 가장 어리석고 지독하게 미친 사람들이기 때문입니다. 그러나 그들은 "자기 세대에 있어서" 제 나름대로는 현명합니다. 보다 일관성이 있다고 생각하는 그들은 스스로 인정한 원칙에 대해서 더욱 충실하고, 자신의 목표를 한결 꾸준히 추구합니다)." 즉 "예수 그리스도의 얼굴에서 하나님의 영광의 빛을 본 자들보다 현명합니다." 그렇다면 위에 인용된 말씀을 따르십시오. 그리고 "나는" 하나님의 독생자, 창조주, 주, 하늘과 땅의 소유자, 만유의 주이며, 그리고 당신이 "더 이상 관리인 노릇을 할 수 없을 때" "당신의 관리직을 결산해야 하는" 여러분 모두의 심판자입니다. "내가 당신에게 말합니다." 이 점에 있어서 불의한 관리인에게 배우십시오. 필요한 때에 현명하고 시의적절한 대비책으로 "불의한 재물"로써 친구를 사귀십시오. "재물"이라고 함은 부(富)나 돈을 의미합니다. 재물을 압수할 때 흔히 불의한 방법을 사용하기 때문에 비록 그 재물이 정당하게 입수되었다고 할지라도 대체로 불의하게 사용되기 때문에 "불의한 재물"이라고 하는 것입니다. 특별히 하나님의 자녀들은 가능한 한 최선을 다함으로써 "재물로 친구를 사귀어야" 합니다. "당신이 실패하고" 빈털터리가 되어 하늘 아래 설 자리가 없을 때, 예전에 "당신에게 도움을 받았던 사람들이 당신을 영원한 거처로" 영접할지도 모르기 때문입니다.

2. 기독교의 가장 훌륭한 지혜 중의 한 부분을 주님이 여기에서 그를 따르는 모든 사람에게 훈계하고 계신데, 그것이 바로 "돈을 바르게 사용하라"는 말씀입니다. 이 문제는 세상 사람들도 거의 제 나름대로 말해 왔으나 하나님께서 세상에서 선택한 사람들에게서는 충분하게 논의되지 않은 것 같습니다. 이 문제의 중요성이 요청하는 것만큼 일반적으로 훌륭한 재능을 사용하는 것이라고 생각하지는 않았습

니다. 가장 큰 유익이 되도록, 어떻게 이것을 사용할 것인가를 이해하지 못했던 것입니다. 이것을 세상에 소개하신 일은 하나님의 슬기롭고 은혜로우신 섭리 가운데 하나의 경탄할 만한 예입니다. 사실 거의 모든 세대와 국가에 걸쳐, 시인들과 웅변가들 또한 철학자들의 태도는 돈이 세상을 몹시 부패시키고, 도의를 땅에 떨어뜨리고, 인간 사회를 패역하게 하는 것이라고 경계하는 일입니다. 따라서 다음과 같은 말은 우리의 귀에 아주 익숙합니다.

> 금은 날카로운 칼보다 더욱 유해하다.
> (Nocens ferrum, ferroque nocentius aurum)

여기서부터 비탄에 찬 불평이 나타납니다.

> 부의 축적은 모든 악을 유발시킨다.
> (Effodiuntur opes, irritamenta malorum)

뿐만 아니라 어떤 유명한 작가는 국민들에게 모든 악덕을 단숨에 물리치기 위해서는 "모든 돈을 바다에 내던지라"고 신중하게 권유하고 있습니다.

> 가장 가까운 바다에 모든 물질을 던져라.
> (In mare proximum : Summi materiem mali!)

그렇지만 이 모든 것이 단지 호언장담에 불과한 것이 아닙니까? 아니면 그 말 속에 보다 확실한 이치가 있습니까? 결코 그렇지 않으니다. 하지만 세상이 타락했다고 해서 그것이 금과 은 때문입니까? 우리는 "일만 악의 뿌리가" "돈을 사랑하는 데" 있다는 사실을 알고 있습니다. 그러므로 금이나 돈 자체가 악한 것이 아닙니다. 잘못은 돈에 있는 것이 아니라 사용하는 사람들에게 있습니다. 돈은 잘못 사용될 때도 있습니다. 무엇이든지 잘못 사용될 수 있지 않습니까? 반면에 바르게 사용될 수도 있습니다. 가장 악하게 사용될 수 있는 것처럼 충분히 선하게도 사용될 수 있습니다. 돈은 삶의 제반 문제들에 있어서 모든 문명 국가들에게 말할 수 없이 큰 공헌을 합니다. 돈은 모든 종류의 상업을 함에 있어서(기독교인들이 가지고 있는 지혜대로만 사용한다면), 그리고 모든 선을 행함에 있어서 가장 편리한 수단입니다. 만일 인간이 무죄한 상태에 있거나 모든 사람이 "성령으로 충만해 있다"면, 마치 예루살렘의 초대 교회에서 어떤 사람도 자기 것을 자기 것으로 여기지 않고 각자가 필요한 만큼 분배해 준다면, 천국 시민들은 어떤 종류의 돈도 가지고 있지 않다고 생각할 수 있는 것처럼 돈의 사용은 폐지되었을 것이 사실입니다. 인류의 현재 상태에서 가장 고귀한 목적을 충족시키는 돈은 하나님의 훌륭한 선물입니다. 하나님의 자녀들의 수중에 있는 돈은 배고픈 자들에게 먹을 것을, 목마른 자들에게 마실 것을, 헐벗은 자들에게 입을 것을 제공해 줍니다. 그리고 돈은 여행자들이나 타향인들에게 거처할 곳을 마련해 줍니다. 그것은 과부들에게는 남편과 같은 자리를, 고아들에게는 아버지와 같은 자리를 차지합니다. 우리는 억눌린 자들을 보호할 수 있으며, 병든 자에게는 건강을, 고통받는 자에게는 안위를 줄 수 있습니다. 눈먼 자에게는 눈과 같이 되고, 절름발이에게는 발이 될 수도 있습니다. 그뿐만 아니라 죽음의 문에서 끌어올릴 수도 있습니다.

3. 그러므로 하나님을 경외하는 자들이 이 가치 있는 달란트를 어떻게 사용할 수 있을까 하는 방법을 알고, 그리고 어떻게 이 영광된 목적에 응답할 수 있으며, 가장 최상의 수준으로 응답할 수 있을까를 배우는 것은 아주 중요한 일입니다. 즉 "불의한 재물"에 대한 진실한 관리인으로서 어떻게 자기 자신을 입증할 수 있는가 하는 사실을 정확히 관찰함으로써 이 일을 하기 위해 필요한 모든 교훈을 세 가지 단순한 법칙으로 축소해 볼 수 있습니다.

I

1. 첫째 법칙은 "할 수 있는 대로 돈을 많이 벌라(Gain all you can)"는 것입니다(귀 있는 자는 들을지어다). 이 점에 있어서 우리는 세상의 자녀들과 똑같이 말하고 있는지도 모릅니다. 그리고 우리는 똑같은 처지에서 그들과 만나게 됩니다. 그리고 이렇게 하는 것이 우리의 본분이기도 합니다. 본래의 값보다 더 비싸게 사들이지도 말고 그렇다고 너무 싸게 지불하지도 않으면서 우리가 할 수 있는 대로 많이 벌어야 합니다. 그리고 생명을 희생시키며 돈을 벌거나 (결과적으로 똑같은 일이 되겠지만) 혹은 건강을 해치면서까지 돈을 벌어서는 안 됩니다. 그러므로 우리는 어느 종류의 직업일지라도 그것이 너무 힘들거나 오랜 노동을 하게 되어 건강을 해치게 하는 직업은 어떤 이득이 있더라도 취하지도 말고 계속하지도 말아야 합니다. 우리의 본성이 요구하는 바에 따라 적당히 먹고 잠자는 시간마저 필연적으로 빼앗아 버리는 직업은 어떤 것이라도 시작하거나 계속하거나 하지 말아야 합니다. 실제로 커다란 차이점

이 여기에 있습니다. 어떤 직업들은 절대적으로 그리고 전적으로 비소를 많이 취급하거나 해로운 무기물을 취급하거나 또는 용해된 납이 들어 있는 오염된 공기를 들이마시게 해서 그런 직업을 가진 사람들이 결국 자신들의 건강한 신체를 파괴하게 됩니다. 개중에 다른 직업들은 절대적으로 건강을 해치게 되지는 않지만 허약한 체질을 가진 사람들은 건강을 해치게 됩니다. 저술하는 데 많은 시간을 소비하는 사람들도 그렇습니다. 앉은 자세로 글을 쓰면서 위장에 압박을 주거나 불편한 자세로 오랜 시간 앉아 있는 경우들입니다. 어떤 이유나 경험을 묻지 않고 그것이 건강이나 체력을 파괴하는 것이라면 우리는 그러한 것들을 찬성할 수 없습니다. "인간의 생명은 음식보다" 중하며, "몸이 또한 의복보다 귀중한" 것입니다. 그러나 우리가 이미 그러한 직업에 종사하고 있더라도 가능한 한 조속히 직업을 바꾼다면 우리의 수익이 다소 줄어들지라도 건강을 해치지는 않을 것입니다.

2. 둘째, 우리는 우리의 몸을 해치지 말아야 하는 것처럼 우리의 마음을 해치지 않으면서 할 수 있는 대로 많이 벌어야 합니다. 왜냐하면 이들 중 어느 편도 해쳐서는 안 될 것이기 때문입니다. 어떤 경우에 있어서도 우리는 건강한 마음을 지닌 정신을 보존해야 합니다. 그렇기 때문에 우리는 국법을 어기거나 하나님의 율법을 거역하는 죄악에 오염된 거래 행위에 종사하거나 이를 계속해서는 안 됩니다. 그와 같은 것은 법으로 보장된 국왕의 관세를 포탈하거나 사취하는 행위까지 필연적으로 포함됩니다. 왜냐하면 적어도 동료의 재물을 빼앗는 것이 죄가 되는 것처럼 왕의 권리를 사취하는 것도 죄악이기 때문입니다. 우리가 집과 의복을 소유할 권리가 있는 것처럼 국왕은 관세를 맡을 충

분한 권리를 가지고 있습니다. 직업 자체는 순수하다고 할지라도 지금의 처지로는 그렇게 할 수 없는 종류의 직업도 있습니다. 적어도 영국에서는 그렇습니다. 예를 들면 사기와 속임수 없이는 사업을 잘 유지할 수 없고, 양심에는 거리끼지만 고객들의 선심을 사지 않고서는 사업이 운영되지를 않습니다. 우리가 상업의 관례를 따르려면 어떤 이익이 있더라도 그런 직업을 절대로 피해야 합니다. 왜냐하면 돈을 벌기 위해서 우리의 영혼을 팔아서는 안 되기 때문입니다. 그러나 몸과 마음을 해치지 않고도 많은 사람들이 완전한 결백을 유지하면서 영위할 수 있는 직업도 있습니다. 그러나 당신에게는 이것이 불가능할지도 모릅니다. 당신은 반복되는 경험을 통해 영혼을 파괴하는 동료들과 반드시 어울리게 될지도 모르고, 그들과 분리될 수도 없다는 사실을 깨닫게 됩니다. 신체적인 구조가 다양한 것처럼 영혼의 구조 속에는 개별성이라는 특징이 있을지도 모릅니다(그래서 어떤 사람들에게는 안전하게 영위될 수 있는 직업일지라도 당신에게는 결정적으로 해로운 직업이 될 수도 있습니다). 나는 많은 경험을 통해서 무신론자가 아니라면 이신론자(理神論者)가 되지 않고서는 수학, 산수 또는 대수를 완벽할 정도로 연구할 수가 없다는 것을 깨달았습니다. 그러나 어떤 사람들은 아무런 불편조차 느끼지 않고 자기의 생애를 통해 그러한 학문을 연구하게 됩니다. 그러므로 아무도 다른 사람을 위해 결정을 내릴 수는 없습니다. 각자 자기 스스로가 판단해야 하고, 특히 자기 영혼에 해롭다고 생각되는 것은 무슨 일이든지 삼가야 합니다.

3. 셋째, 우리는 이웃을 해치지 않는 한도 내에서 할 수 있는 대로 많이 벌어야 합니다. 우리의 이웃을 자기 자신처럼 사랑한다면 그를

해칠 수 없으며, 해쳐서도 안 됩니다. 우리가 자기 자신처럼 모든 사람을 사랑한다면 그들이 가지고 있는 재산 중 어느 것 하나라도 해를 입혀서는 안 됩니다. 내기나 과도한 청구서, 혹은 우리나라의 국법이 금하고 있는 과도한 이자를 청구하거나 취득함으로써 토지나 가옥의 이득을 탈취해서는 안 됩니다(의약품이 아무리 필요하다고 할지라도 또는 법조문이나 그 외의 어떤 다른 경우 때문이라고 할지라도 말입니다). 그러므로 전당포업은 폐지되어야 합니다. 그 이유는, 아무리 우리가 그것 때문에 타인들에게 이득을 준다고 할지라도 공정한 사람들은 이 전당포업이 악으로 편만해 있다는 사실에 비통한 생각을 갖고 있기 때문입니다. 만약 그렇지 않더라도 "선을 가져오기 위해 악을 행하는 일을" 용납할 수는 없습니다. 우리가 형제애적인 우애에 부합되더라도 시장 가격보다 싸게 물건을 팔 수는 없습니다. 그리고 자신의 이익을 도모하기 위해 이웃의 사업이 망하기를 기도해서도 안 됩니다. 더군다나 이웃이 필요로 하는 타인들이나 고용인들을 꾀어내거나 채용해서도 안 됩니다. 이웃의 재산을 집어삼킴으로써 이익을 얻는 사람은 누구나 지옥의 형벌을 면하지 못할 것입니다.

4. 우리가 이웃의 육체를 해침으로써 이익을 도모해서도 안 됩니다. 그러므로 우리는 건강을 해치기 쉬운 물건을 어떤 것이라도 팔아서는 안 됩니다. 보통 럼주라고 부르는 불같이 독한 술이나 알코올성이 강한 주류들은 현저하게 건강을 해치는 것들입니다. 사실 이러한 주류들은 어느 모로 효력이 있는 것이 사실입니다. 기술이 좋은 의사만 있다면 이것들을 사용하게 할 경우는 거의 없겠지만, 사실 이런 주류들은 신체적인 질병에만 사용해야 할 것입니다. 그러므로 이런 목적만을

위해서 이런 주류들을 사고팔 때 사람들의 양심은 깨끗하게 보존될 수 있을 것입니다. 과연 그러한 사람들이 어디 있겠습니까? 자신의 건강을 위해서만 술을 구입하는 사람들이 어디 있겠습니까? 영국에서 단 열 명만이라도 깨끗한 양심을 가진 주정업자들이 있다는 말입니까? 그렇다면 내 말을 용서해 주십시오. 보통으로 이것을 파는 사람이나 사려고 하는 사람들은 모두가 독살자들입니다. 그들은 어떤 인정이나 소중히 생각하는 마음도 없이 폐하의 신하들을 도매금으로 살인했습니다. 그들은 양 떼를 모는 사람처럼 사람들을 지옥으로 내몰았습니다. 그들이 얻은 이득이 과연 무엇입니까? 그 사람들의 피밖에 무엇이 있겠습니까? 그렇다면 그들의 거대한 장원과 호화스러운 궁궐들을 누가 부러워하겠습니까? 저주가 그들에게 편만합니다. 하나님의 저주는 그들의 석조 건물과 대들보와 가구들을 쪼갤 것입니다. 하나님의 저주는 그들의 정원과 산책길과 작은 숲속에 떨어집니다. 이 저주는 지옥의 밑바닥까지 타는 불길입니다. 피, 피가 그곳에 있습니다. 주춧돌, 마루 벽, 지붕이 온통 피로 물들어 있습니다. 비록 당신이 "자색 옷을 걸치고 호사스럽게 먹을 수 있다"고 할지라도 당신은 피의 사람인 것이며, 그 외에 당신이 바랄 것이 무엇이란 말입니까? 또한 당신의 후손들에게 피밭을 물려주리라고 생각하는 것 외에 당신이 바랄 것이 무엇이란 말입니까? 당신은 희망할 수도 있으나, 그럴 수는 없습니다. 하나님께서 하늘에 계시는 분이시기에 당신의 이름은 뿌리째 뽑힐 것입니다. 당신이 육신이나 영혼을 파멸시킨 사람들처럼 "당신의 기념비도 당신과 더불어 파멸되고 말 것입니다."

5. 그러나 비록 정도는 낮다 할지라도 인간의 생명과 건강을 다

루는 외과 의사, 약제사, 내과 의사들이 자신들의 수익을 늘리기 위해 똑같은 죄의 동참자가 된 것은 아닙니까? 조속히 제거시킬 수도 있었던 고통이나 질병을 고의적으로 오래 끄는 자들이 아닙니까? 재물을 약탈하기 위해 환자 신체의 치료를 연장한 자는 누구입니까? "가능한 한 빨리 병을 고치지 않고", "가능한 한 조속히" 모든 병마와 고통을 제거하지 않은 자가 어떻게 감히 하나님 앞에 깨끗할 수가 있겠습니까? 결코 그럴 수 없습니다. "자기의 이웃을 자기 몸처럼 사랑하며", "대접을 받고자 하는 대로 남을 대접하지" 않는다면 어떤 사람도 하나님 앞에서 깨끗할 수 없다는 사실은 너무 명백한 일이기 때문입니다.

6. 그것의 대가는 너무나 큽니다. 자기의 마음속에 이웃을 해침으로써 획득한 것은 무엇이든지 다 그렇습니다. 직접적이든 간접적이든, 부인하고 무절제한 방법의 행위를 함으로써 얻게 된 이득이 이에 해당합니다. 그러나 이런 일은 하나님을 두려워하거나 참으로 그를 기쁘시게 하려는 자라면 도저히 할 수 없는 성질의 것입니다. 선술집, 음식점, 오페라 하우스, 연극 공연장, 그리고 다른 어떤 대중을 위한 장소나 유행적인 오락장에서 일하는 사람들은 누구나 이 점을 고려해야 합니다. 만일 당신이 하는 일이 모든 사람의 영혼에 유익을 끼친다면, 그 일에 종사하는 당신은 결백한 사람입니다. 그때에는 당신의 직업이 선하며 얻은 수익도 깨끗합니다. 그러나 직업 자체가 악하거나 여러 가지 죄 가운데 자연적으로 빠뜨리는 것이라면 당신은 그 직업을 두렵게 생각해야 하며 비통하게 여겨야만 합니다. 아! 그날에 하나님께서 "그들은 그들의 불의함 때문에 패망하였다. 나는 너희의 손에서 그들의 핏값을 도로 찾으리라"고 말씀하시지 않도록 조심합시다.

7. 이러한 주의나 제한성을 잘 지켜야 하지만, 돈에 관해서 "될 수 있는 대로 많이 벌라"고 하는 기독교적 지혜의 첫째가면서도 위대한 이 법칙을 지킨다는 것은 세속적인 직업에 종사하는 모든 사람들의 본분이기도 합니다. 정직하게 노력하여 "될 수 있는 대로 많이 벌어야 합니다." 당신의 소명을 통해 가능한 한 모든 노력을 다하십시오. 시간을 헛되게 보내지 마십시오. 만일 당신이 자신과 하나님과 인간관계를 잘 이해하게 된다면, 당신에게 주어진 어떤 것도 낭비해서는 안 된다는 것을 알게 될 것입니다. 당신이 마땅히 당신의 특별한 소명을 깨닫는다면 일손을 놓을 시간이 없을 것입니다. 모든 직업은 매일 그리고 매시간 충분한 일감들을 제공할 것입니다. 열심으로 일거리를 찾아 일하게 된다면 당신이 처해 있는 직업을 통해서 어리석고 무익한 오락을 즐길 여유가 없을 것입니다. 항상 보다 나은 일을 한다면 어쨌든 당신에게 유익함을 줄 일들이 언제든지 있습니다. 그러므로 무슨 일을 하든지 간에 전력을 다하십시오. 되도록 신속히 그 일을 하십시오. 지체하지 마십시오. "그날 할 일을 결코 내일로 미루지 말고" 그 시간에 할 일을 다음 시간으로 미루지 마십시오. 오늘 일을 내일로 미루어서는 안 됩니다. 가능한 한 최선을 다해 일하고, 졸거나 하품을 하지 마십시오. 온 정력을 그 일에 쏟으십시오. 수고를 아끼지 마십시오. 어떤 일이라도 중도에 그치지 말며, 경박하고 부주의한 태도로 하지 마십시오. 노동과 인내로써 성취될 수 있는 일이라면 그 일을 다 하지 않은 채 남겨 두지 마십시오.

8. 당신의 사업에 하나님께서 주신 모든 지혜를 사용함으로써 상식을 가지고 될 수 있는 대로 많이 버십시오. 이렇게 행하는 자가 얼마나 적으며, 어떻게 해서 조상들과 같이 잘못된 전철을 밟게 되느냐

하는 것을 생각해 볼 때 놀라게 됩니다. 하나님을 알지 못하는 자들이 하는 일은 무엇이든지 당신에게는 법칙이 못됩니다. 그리스도인들이 무슨 일을 하든지 일을 잘하지 못할 때에는 수치스러운 일입니다. 당신은 어제 한 일보다 오늘 더 좋은 일을 할 수 있도록 다른 사람의 경험과 자신의 경험, 독서, 사색을 통해 끊임없이 무엇인가를 배워야 합니다. 그리고 당신이 배운 것은 무엇이든지 실천하고, 당신에게 부과된 모든 일에 최선을 다하십시오.

II

1. 정직한 지혜와 불굴의 근면으로 될 수 있는 대로 많은 것을 벌었다면, 기독교인들이 신중하게 행해야 할 둘째 법칙은 "할 수 있는 대로 모든 것을 저축하라(Save all you can)"는 것입니다. 귀중한 달란트를 바다에 내던지지 마십시오. 그런 어리석은 짓은 이방인 철학자들이나 행하게 하십시오. 재물을 무익한 경비로 쓰지 않도록 하십시오. 그것은 재물을 바다에 던지는 것과 같습니다. 단지 육신의 정욕이나 안목의 정욕 그리고 생활의 허영심을 충족시키기 위해 재물의 일부를 사용하지 마십시오.

2. 귀중한 달란트의 일부를 단지 육신의 정욕을 만족시키기 위해, 즉 어떤 종류의 즐거움이든지 관능적인 기쁨을 얻기 위해 낭비하지 않도록 하십시오. 특별히 식도락을 증대시켜서는 안 됩니다. 내가 말하려고 하는 바는 단지 포식과 과음을 피하라는 뜻만은 아닙니다. 성실

한 이교도들도 이런 짓은 정죄할 것입니다. 그러나 정규적이며 평판이 비교적 좋은 종류의 관능, 즉 우아한 미식주의도 있습니다. 그것은 즉시로 배탈을 나게 하거나 (적어도 감각적으로) 이해력을 손상하는 것은 아닙니다. 그렇지만 그와 같은 쾌락들은(지금 여기서 이들의 어떤 다른 결과에 대해 말하려는 것은 아니지만) 많은 경비 없이는 유지하기 힘듭니다. 이 모든 경비를 끊어버리십시오. 멋을 내는 일이나 화려한 것을 경멸하고, 단지 몸에 필요한 것으로만 만족하십시오.

3. 단지 안목의 정욕을 만족시키기 위해 겉치레적이며 값비싼 의복이나 필요 없는 장신구를 가짐으로써 귀중한 달란트의 일부라도 낭비하지 마십시오. 당신의 집을 호화롭게 꾸미기 위해 그 일부라도 낭비하지 마십시오. 즉 불필요하고 값비싼 가구, 비싼 그림, 유화, 치장, 장서, 그리고 필요 이상의 훌륭한 정원을 꾸미는 데 낭비하지 마십시오. 단지 그렇게 할 줄밖에 모르는 당신의 이웃에게 "죽은 자들에게 죽은 자를 장사하게 하십시오." 그러나 우리 주님은 "그것이 너희와 무슨 상관이 있느냐?"고 하시며 "너희는 나를 따르라"고 말씀하셨습니다. 당신은 기꺼이 그 말씀을 따르기 원하십니까? 그렇다면 당신도 그렇게 할 수 있습니다.

4. 생활의 허영심을 만족시키기 위해서나 사람들의 존경과 칭찬을 받기 위해 아무것도 쓰지 마십시오. 낭비의 동기는 위에서 언급했던 사실 중에서 하나 아니면 양쪽과 흔히 관련됩니다. 사람들은 식사나 의복 그리고 가구에 경비를 쓰고 있는데, 그것은 단순히 식욕만을 즐기거나 눈을 만족시키거나 모든 상상력만을 만족시키기 위해서가 아니라

역시 그들의 허영심을 만족시키기 위해서입니다. 자기에게 훌륭한 일을 한다면 사람들은 당신을 칭찬할 것입니다. 당신이 "자색 옷과 고운 베옷을 입고 날마다 가장 호화스럽게 산다면" 의심할 필요도 없이 많은 사람들은 당신의 그 우아한 식도락과 관대함과 친절함에 대해서 칭찬할 것입니다. 그러나 너무 비싼 대가로 그들의 칭찬을 사서는 안 됩니다. 오히려 하나님께로부터 오는 칭찬에 만족하십시오.

5. 만일 그 사람이 이러한 욕망을 충족시키는 것이 욕망의 증대를 가져온다는 사실을 생각한다면 누가 감히 그러한 증대를 위해 경비를 지출하겠습니까? 이보다 분명한 사실이 어디 있겠습니까? 일상적인 경험이 말해 주듯이 욕망이 충족되면 될수록 점점 그 욕망은 자라게 됩니다. 그러므로 당신의 미각과 다른 감각들을 즐겁게 하기 위해 어쨌든지 낭비하게 된다면 그때 당신은 관능성을 위해 더 많은 대가를 지불하게 됩니다. 당신의 눈을 즐겁게 하기 위해 돈을 쓴다면, 즉 사용 도중에 없어지고 마는 어떤 쾌락에 더욱 집착하기 위해 돈을 쓴다면 당신은 호기심을 증가시키려고 하는 것입니다. 사람들이 흔히 칭찬하는 물건을 사려고 할 때 당신은 더욱더 허영심을 사는 것이 됩니다. 그렇지만 예전에 이미 충분한 허영심, 관능성, 호기심을 경험하지 않았습니까? 여기에 더 보태야 할 필요가 있다는 말입니까? 그래도 당신은 이런 것을 위해 돈을 쓸 것입니까? 도대체 그것은 어떤 생각에서입니까? 문자 그대로 돈을 바다에 던지는 것이 오히려 덜 어리석은 일이 아니겠습니까?

6. 왜 당신은 자신뿐만 아니라 자녀들을 위해 화려한 식사와 값

비싼 의복, 기타 사치스러운 물건을 구입하려고 돈을 함부로 낭비해야 됩니까? 왜 당신은 필요 이상의 자랑이나 정욕, 더 많은 허영심이나 우매함, 그리고 해로운 욕망을 그들에게 구입해 주어야 합니까? 그들에게는 그것이 더 이상 필요가 없습니다. 이미 충분히 가지고 있습니다. 자연은 그들을 위해 충분한 공급을 하고 있습니다. 왜 당신은 그들의 유혹과 함정을 증대시키기 위해, 그리고 많은 슬픔 속에 끼어들게 하기 위해 그렇게 많은 돈을 써야만 되겠습니까?

7. 자녀들에게 돈을 낭비하게 하지 마십시오. 만일 당신이 지금 소유하고 있는 재물을 그들의 육신의 정욕, 안목의 정욕, 생활의 허영심을 만족시키고 증대시키기 위해 낭비해도 좋다고 하는 충분히 믿을 만한 근거가 있을지라도, 자녀들과 당신의 영혼을 멸망시킬지도 모르는 이러한 함정을 저들의 인생길에 파 놓아서는 안 됩니다. 몰록신은 물론 바알신에게 당신의 자녀들을 제물로 바쳐서는 안 됩니다. 당신의 자녀들을 불쌍히 여기십시오. 죄악을 증가시키고 결과적으로 그들을 영원한 멸망의 구렁텅이로 빠져들어 가게 할 것이라고 당신이 쉽게 예측할 수 있는 것을 자녀들의 인생길에서 제거하십시오. 자녀들에게 아무리 많이 주어도 지나치지 않다고 생각하는 얼빠진 부모들이 있다는 것은 얼마나 놀라운 사실입니까? 당신이 자녀들에게 화살이나 선동자나 죽음을 아무리 많이 남겨 주어도 좋다는 말입니까? 어리석음이나 해로운 욕망, 교만과 정욕, 야망과 허영심, 그리고 영원히 타오르는 지옥의 불길조차 아무리 많이 남겨 주어도 좋다는 말입니까? 오, 가련한 인생이여! 당신은 두려울 것이 없는데도 두려움을 느끼고 있습니다. 만일 지옥 속에서 당신의 눈길을 돌릴 때 당신과 당신의 자녀들은 분명

모두 함께 "결코 죽지 않는 벌레와" "결코 꺼지지 않는 불을" 지겹게도 소유하게 될 것입니다.

8. 혹시 당신이 이와 같은 경우에 처한다면 어떻게 할 것입니까? 만일 당신이 막대한 유산을 남기게 된다면 말입니다. 내가 그렇지 않을지는 모르지만 마땅히 해야 할 바를 알고 있다는 사실은 의심할 여지가 없습니다. 내가 믿기로는, 만약 나에게 나이가 적거나 많거나 돈의 가치를 알고 돈을 올바로 사용할 줄 아는 아들이 하나 있다면 내가 가진 재산의 대부분을 그 아들에게 상속하는 것이 절대적으로 불가피한 의무라고 생각합니다. 그래서 나머지 자녀들에게는 그들이 지금까지 살아온 대로 생활할 수 있을 정도의 돈을 주겠습니다. 그렇지만 만약 당신의 자녀들이 모두 다 돈의 올바른 사용법을 모르고 있다면 어떻게 할 것입니까? 그렇다면 그때 나는 (말하기도 힘들고, 누가 들어 줄 수 있을지 모르지만) 그들에게 궁핍하지 않을 정도의 돈을 각각 줄 것이고, 나머지 돈은 하나님의 영광을 위해서 가장 최선이라고 생각되는 방법으로 쓸 것입니다.

III

1. 그러나 사람들이 "할 수 있는 대로 많이 벌고" 저축하는 데까지 가까스로 이르고 나서 여기에서 멈추고 다 된 것처럼 생각해서는 안 됩니다. 만일 사람들이 거기서 그치고 더 높은 목표를 향해 나아가지 않는다면 모든 것이 다 헛것이 됩니다. 만일 그가 쌓아 놓기만 한다면

진실한 의미에서 저축한다고 말할 수 없습니다. 돈을 땅속에 파묻느니 차라리 바다에 던지는 것이 낫습니다. 당신의 금고나 은행에 돈을 넣어 두는 것은 돈을 땅속에 파묻는 일이나 마찬가지입니다. 돈을 사용하지 않는 것은 절대적으로 돈을 던져 버리는 것입니다. 그러므로 만일 당신이 "불의한 재물로 친구를 사귈 생각이 있다면" 앞서 말한 두 가지 법칙에다 세 번째 법칙을 추가시켜야 합니다. 첫째, 할 수 있는 대로 많이 벌고, 둘째, 할 수 있는 대로 많이 저축하고, 그러고 나서 "할 수 있는 대로 모든 것을 주십시오(give all you can)."

2. 이러한 근거와 이유를 알기 위해서 천지의 소유주 되신 하나님께서 당신을 인간이 되게 하시고 세상에 두셨을 때 당신을 소유주가 아니라 청지기로 삼으셨다는 것을 생각하십시오. 이렇게 해서 하나님은 당신에게 잠시 여러 가지 종류의 재물을 위탁하셨습니다. 그러나 이 모든 것의 완전한 소유권은 아직 하나님께 있는 것이고 하나님으로부터 분리될 수 없는 것입니다. 당신 자신도 당신의 것이 아니고 하나님의 소유인 것같이, 마찬가지로 당신이 즐기고 있는 모든 것은 다 하나님의 것입니다. 당신의 영혼과 육체도 마찬가지입니다. 당신의 재물은 특히 더 그렇습니다. 그리고 하나님께서는 가장 분명하고 명확한 말씀으로, 예수 그리스도를 통해 받아들여지고 거룩한 재물이 될 수 있는 그런 방법으로 하나님을 위해 사용할 수 있다고 말씀하셨습니다. 그리하여 이와 같이 가볍고 용이한 봉사에 대해서 영원히 가치 있는 영광으로 상 주실 것을 약속하셨습니다.

3. 우리가 세상의 재물을 사용하는 것에 대하여 하나님께서 우

리에게 주신 교훈을 다음과 같은 조항으로 요약할 수 있습니다. 만일 당신이 충실하고 현명한 청지기가 되기를 바란다면 현재 당신의 수중에 위탁하셨으나 하나님께서 원하신다면 도로 그 권리를 회수할 수 있는 하나님의 소유물의 일부 중에서 당신에게 필요한 것을 공급하십시오. 즉 먹을 음식, 입을 의복, 신체를 건강하고 강하게 보존하기 위해서 적절히 요청되는 바를 공급하십시오. 둘째, 아내와 자녀, 하인 그리고 당신의 가족에 속한 다른 어떤 이들에게도 이것을 공급하십시오. 만일 이렇게 한 후에 여분이 있으면 "믿음의 식구들을 위해 선용하십시오." 만일 그래도 여분이 있으면 "기회가 있는 대로 모든 사람들에게 선용하십시오." 이렇게 함으로써 당신은 할 수 있는 대로 모든 것을 주는 것입니다. 그뿐만 아니라 건전한 의미에서 당신이 가지고 있는 모든 것을 주는 것이 됩니다. 그 이유는, 이런 방법으로 주는 것은 모두 진정 하나님께 바치는 것이 되기 때문입니다. 당신이 가난한 자들에게 주는 것뿐 아니라 당신 자신이나 당신의 가족에게 필요한 물건을 공급하기 위해 소비하는 것은 "하나님께 속한 물건을 하나님께 돌려보내는 것입니다."

4. 그렇다면 만일 당신과 당신 가족의 누구를 위해 돈을 쓰는데 마음속에 때로 의문이 생긴다면 이러한 의심을 없애기에 손쉬운 방법이 있습니다. 조용하게 그리고 진지하게 물어 보십시오. (1) 이것을 지출할 때 나는 나의 신분에 맞게 행동하고 있습니까? 이때 주님의 재산의 소유주로서가 아니라 청지기로서 행동하고 있습니까? (2) 주님의 말씀에 복종하는 마음으로 이렇게 하고 있습니까? 어떤 성서의 말씀 중에 나에게 그렇게 행할 것을 주님이 요청하고 계십니까? (3) 이러한 행동과 소비가 예수 그리스도를 통해서 하나님께 바치는 희생 제물이 될

수 있습니까? (4) 바로 이러한 일 때문에 내가 의로운 자들의 부활이 있을 때 상급을 받을 수 있다고 믿을 만한 근거가 있습니까? 이러한 문제들 때문에 발생된 의심을 제거하기 위해 당신은 더 이상 어떤 일도 할 필요가 없습니다. 오직 이 네 가지 항목만을 생각함으로써 당신이 가야 할 길에 분명한 빛을 받게 될 것입니다.

5. 만일 아직 어떤 의심이 남아 있다면 그러한 질문에 따라 기도로 자신을 더욱더 검토해야 합니다. 당신은 양심에 가책이 없도록 하고, 마음을 감찰하시는 하나님께 다음과 같이 말씀드릴 수 있는가를 시험해 보십시오. "주님, 당신은 제가 음식과 의복, 가구를 위해 이 돈을 쓰려는 것을 아십니까? 당신은 당신께서 나에게 맡겨주신 재산을 당신의 계획에 따라 그 일부를 지출할 때 당신의 재물을 맡은 청지기로서 성실하게 행동하고 있다는 것을 아십니다. 당신은 당신이 명령하신 대로, 당신께서 명령하셨기 때문에 내가 이렇게 행한다는 것을 아십니다. 제가 당신께 간절히 비옵기는, 이것이 예수 그리스도를 통해 받아들여질 수 있는 거룩한 희생 제물이 되게 하옵소서. 그리고 당신께서 모든 사람에게 행한 대로 갚아 주실 때에 이러한 사랑의 행위에 대해서 저도 보상받을 수 있으리라는 증거를 주옵소서." 지금 만일 당신의 양심이 성령 안에서 증거를 가지고 있다면 이 기도는 하나님께서 기뻐 받으시는 기도이며, 그때에는 의심할 필요도 없이 그 지출은 바르고 선한 것이고, 그리고 그와 같은 행동은 조금도 부끄러워할 필요가 없을 것입니다.

6. 그렇다면 당신은 "불의한 재물로 친구를 사귀라"는 것이 무슨 뜻인지를 알게 되고, 그리고 "당신이 실패했을 때 그들이 당신을 영

원한 거처로 영접할 수 있게 되기를" 어떤 방법으로 획득해야 할 것인가를 알게 됩니다. 당신은 그것이 (달란트와 돈에 관련되어 있는 한) 참된 그리스도인의 "신중성의 본질과 범위"라는 사실을 알게 됩니다. 그렇다면 당신은 하나님께서 주신 부단한 근면과 모든 지혜를 적용하여, 영혼으로나 육체적으로나 당신이나 당신 이웃을 해치지 않고 될 수 있는 대로 많은 것을 버십시오. 당신은 단지 어리석은 욕망에 빠뜨리는 데 사용되는 모든 비용을 중단함으로써 될 수 있는 대로 많은 것을 저축하십시오. 즉 육신의 정욕, 안목의 정욕, 생활의 허영심을 충족시키려고 하는 데 소비되는 모든 경비를 중단함으로써 말입니다. 살거나 죽거나, 자신이나 자녀들을 어리석음에 빠뜨리는 경비를 아무쪼록 낭비하지 마십시오. 그리고 당신이 가진 모든 것을 주십시오. 바꾸어 말한다면 당신이 가진 모든 것을 하나님께 드리십시오. 그리스도인이라기보다는 유대인처럼 이것저것 쪼개어 인색하게 굴지 마십시오. 십일조, 십삼조, 십오조만이 아니라, 하나님께 속한 것을 모두 하나님께 돌려 드리십시오. 당신이 가진 모든 것을 더하지도 말고 덜하지도 말고, 가족, 믿음의 식구, 그리고 인류를 위해서, 당신이 청지기 직분을 마치게 될 때 청지기로서 훌륭한 평가를 받을 수 있는 그러한 방법으로 모든 것을 사용하십시오. 당신이 일반적이거나 특별한 규칙을 따라 하나님의 명령이 지시하시는 그러한 방법으로, 당신이 행하는 모든 일을 하나님께 대해 "향기로운 맛"을 내는 그런 방법으로, 그리고 주님께서 모든 성도와 함께 재림하실 때 이 모든 행위가 보상받을 수 있는 그런 방법으로 말입니다.

7. 형제들이여! 우리가 만일 주님의 재물을 이와 같이 관리하지 않는다면 현명하거나 충실한 청지기가 될 수 있겠습니까? 우리는 하나

님의 말씀뿐만 아니라 자신의 양심으로도 이 사실을 입증할 수 없습니다. 그렇다면 무엇 때문에 우리가 지체합니까? 그렇다면 무엇 때문에 혈육이나 이 세상 사람들과 더 이상 의논해야만 합니까? 우리의 왕국, 우리의 지혜는 이 세상에 속한 것이 아닙니다. 이방인들의 관습은 우리에게 아무런 소용이 없습니다. 그들이 그리스도의 추종자가 아니라면 누구라도 더 이상 따를 수가 없습니다. 오늘이라고 부르는 바로 이날, 주님의 음성을 듣고 순종하십시오. 이 시간, 이 시간부터라도 주님의 뜻을 따르십시오. 이 일이나 또는 모든 일에서 주님의 말씀을 실천하십시오. 내가 주 예수의 이름으로 당신에게 간절히 비는 바는 "당신이 부르심의 존엄성에 맞도록 행동해야 한다"는 것입니다. 더 이상 타성에 빠지지 말고 당신의 손에 닿는 일은 무엇이든지 전력을 다하여 행하십시오. 더 이상 낭비하지 마십시오. 유행과 줏대 없음, 그리고 혈육이 요구하는 모든 비용을 삭감하십시오. 하나님께서 당신에게 맡겨주신 모든 것을 믿음의 식구들과 모든 사람에게 선을 행하는 데 사용하십시오. 이것은 "의로운 자의 지혜 중에서도" 중요한 것입니다. 당신은 당신 자신뿐만 아니라 당신이 가지고 있는 모든 것을 하나님의 아들, 그의 독생자를 당신에게 주신 하나님께 대한 영적인 희생 제물로 드리십시오. 이로 인해 "다가올 날에 대비해서 당신을 위해 선한 기금을 비축한다면 당신은 영생을 얻을 수 있을 것입니다."

존 웨슬리 표준설교집 Ⅱ
새로운 탄생 개정판

발행일 1999년 5월 24일 초판 1쇄
       2024년 2월 20일 개정판 1쇄

지은이 존 웨슬리
옮긴이 이계준
발행인 이　철
편집인 김정수
발행처 도서출판kmc
      서울특별시 종로구 세종대로 149 감리회관 16층
      (재)기독교대한감리회 도서출판kmc
      전화 02-399-2008 팩스 02-399-2085
      www.kmcpress.co.kr
디자인·인쇄 코람데오
Copyright (C) 도서출판kmc, 2024, *Printed in Korea*.

ISBN 978-89-8430-911-1 94230
      978-89-8430-909-8(세트)

- 값은 뒤표지에 있습니다.
- 파본은 구입처에서 교환해 드립니다.
- 이 책은 저작권법에 의하여 보호를 받는 저작물이므로 무단 전재와 복제를 금합니다.